国家社会科学基金重大项目“中国近代日记文献叙录、整理与研究”
(项目编号:18ZDA259)阶段性成果

樊昕整理

趙烈文日記

第一册

中国近代人物日记丛书

中华书局

图书在版编目(CIP)数据

赵烈文日记/樊昕整理. —北京:中华书局,2020.11(2022.4重印)
(中国近代人物日记丛书)
ISBN 978-7-101-14706-3

Ⅰ.赵… Ⅱ.樊… Ⅲ.赵烈文(1832~1894)-日记
Ⅳ.K827=52

中国版本图书馆 CIP 数据核字(2020)第 152705 号

书　　名	赵烈文日记(全六册)
整 理 者	樊　昕
丛 书 名	中国近代人物日记丛书
责任编辑	欧阳红
封面设计	刘　丽
出版发行	中华书局
	(北京市丰台区太平桥西里 38 号　100073)
	http://www.zhbc.com.cn
	E-mail:zhbc@zhbc.com.cn
印　　刷	三河市宏盛印务有限公司
版　　次	2020 年 11 月第 1 版
	2022 年 4 月第 2 次印刷
规　　格	开本/850×1168 毫米　1/32
	印张 106¼　插页 16　字数 2200 千字
印　　数	1501-3000 册
国际书号	ISBN 978-7-101-14706-3
定　　价	480.00 元

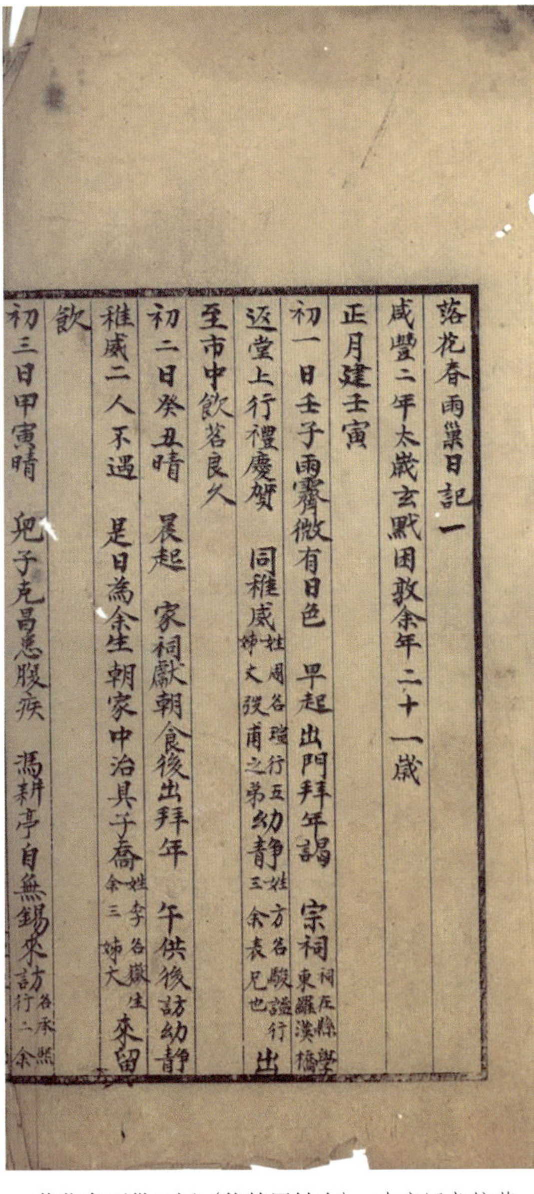

落花春雨巢日記一

咸豐二年太歲玄黓困敦余年二十一歲

正月建壬寅

初一日壬子雨霽微有日色　早起出門拜年謁　宗祠（祠在縣學東羅漢橋）返堂上行禮慶賀　同稚威（姓周名瑲行五姊丈葭甫之弟）幼靜（姓方名駿謨行三余表兄也）出至市中飲茗良久

初二日癸丑晴　晨起　家祠獻朝食後出拜年　午供後訪幼靜稚威二人不遇　是日爲余生朝家中治具子喬（姓李名嶽生余三姊丈）來留飲

初三日甲寅晴　兒子克昌患腹疾　馮耕亭自無錫來訪（名承熙行二余……）

落花春雨巢日记（能静居钞本）　南京图书馆藏

落花春雨巢日记（稿本）　南京图书馆藏

幼静雉成来同茗饮又邀其家闲好亦在步尘助○
初九日戊子时午后雨○是日余妇郑氏去止坐的
也○才将来月上后始去送之出门道访幼静○
初十日己丑时下午雨○　母亲疾瘳○
十一日庚寅时○同幼静茗雉成亦在○
十二日辛卯时○幼静来同早食及茗邀其家饭○
十三日壬辰时○访幼静○午刻六妹得一女作书
通知槐亭○
十四日癸巳时○偕雉成幼静早膳又茗饮○
十五日甲午时○小甥女三的记神贺喜○

落花春雨巢日记（钞本）　南京图书馆藏

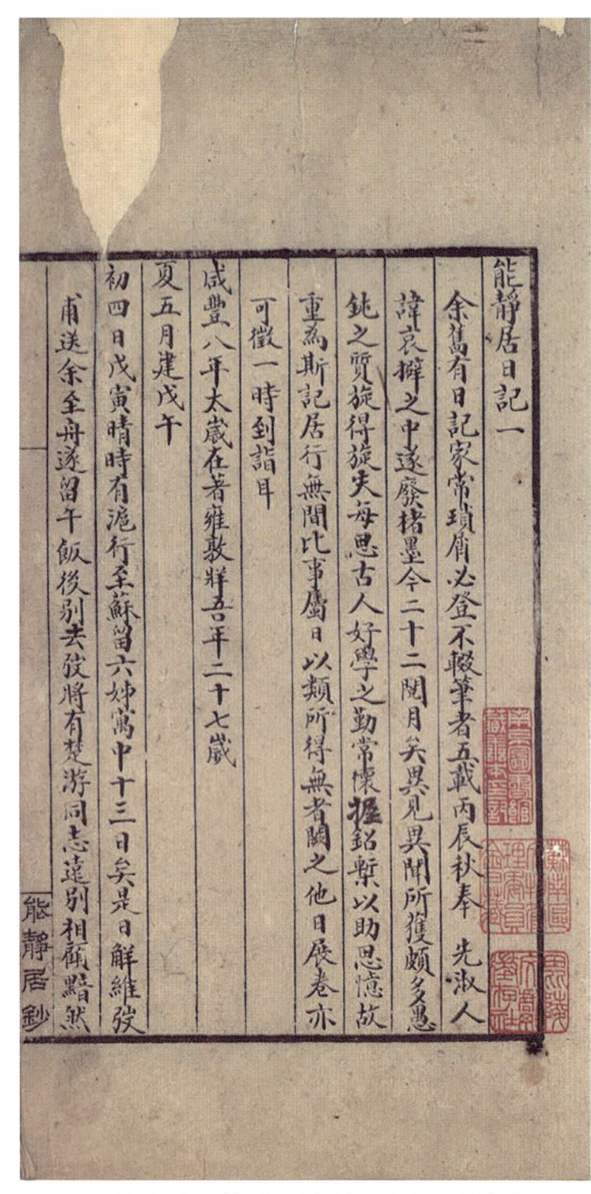

能靜居日記一

余舊有日記家常瑣屑必登不輟筆者五載丙辰秋奉　先淑人諱哀擗之中遂廢楮墨今二十二閱月矣異見異聞所獲頗多患鈍之質旋得旋失每思古人好學之勤常懷握鉛槧以助思憶故重為斯記居行無間比事屬日以類所得無者闕之他日展卷亦可徵一時到詣耳

咸豐八年太歲在著雍敦牂吾年二十七歲

夏五月建戊午

初四日戊寅晴時有滬行至蘇留六姊寓中十三日矣是日解維發甫送余至舟遂留午飯後別去發將有楚游同志遠別相顧黯然

能靜居鈔

能静居日记（能静居钞本）　南京图书馆藏

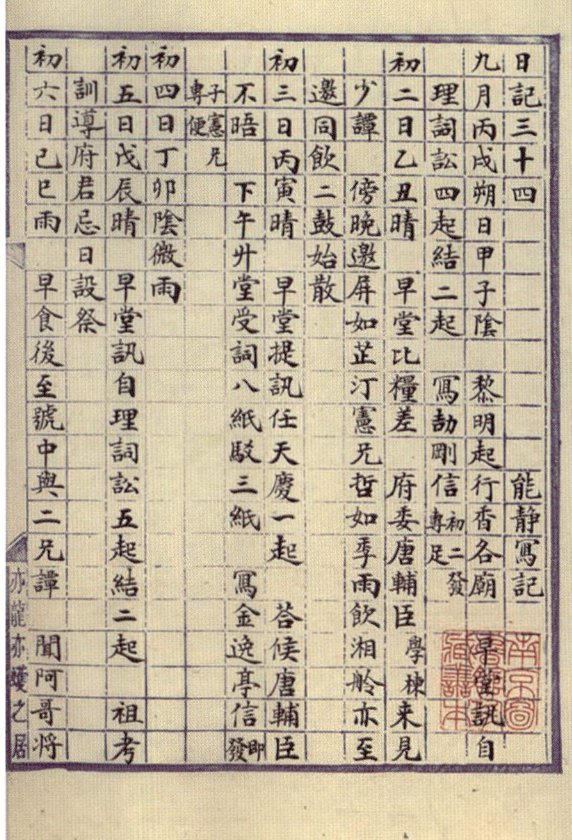
日記三十四　能靜寫記

九月丙戌朔日甲子陰　黎明起行香各廟　早堂訊自理詞訟四起結二起　寫劼剛信初二發專足

初二日乙丑晴　早堂比糧差　府委唐輔臣學棟來見少譚　傍晚邀屏如芷汀憲元哲如季雨飲湘舲亦至邀同飲二鼓始散

初三日丙寅晴　早堂提訊任天慶一起　荅候唐輔臣不晤　下午升堂受詞八紙駁三紙　寫金逸亭信即發子憲兄專便

初四日丁卯陰微雨

初五日戊辰晴　早堂訊自理詞訟五起結二起　祖考訓導府君忌日設祭

初六日己巳雨　早食後至號中與二兄譚　聞阿哥將

亦龍亦蠖之居

能静居日记（能静居钞本）　南京图书馆藏

毆打夫徐敬花之意該氏安得而知之耶恃婦逞刁情形已顯著
静候查復毋得多瀆干咎

批孟志遠稟

候據情轉請詳咨

批李齊氏稟

該氏與齊黑求情關手足焉能隱藏氏子勒贖且係月初之事天下至親者莫如母之於子又何以閱今半月有餘始行具控所呈毫無情理顯係恃婦妄瀆不准呈不列抱並飭

批謝坤稟

此案於去歲十二月十五日票差該役嚴傳勒限兩日到案如果原告票先外出即應先行具稟乃延擱月餘始行飾復豈原告外出患病被告亦外出患病耶昏憒疲玩實堪憤懣候換票勒限嚴傳敢再違延革懲不貸票銷另發

能静居鈔書

赵烈文磁州批牍（能静居钞本）
上海图书馆藏

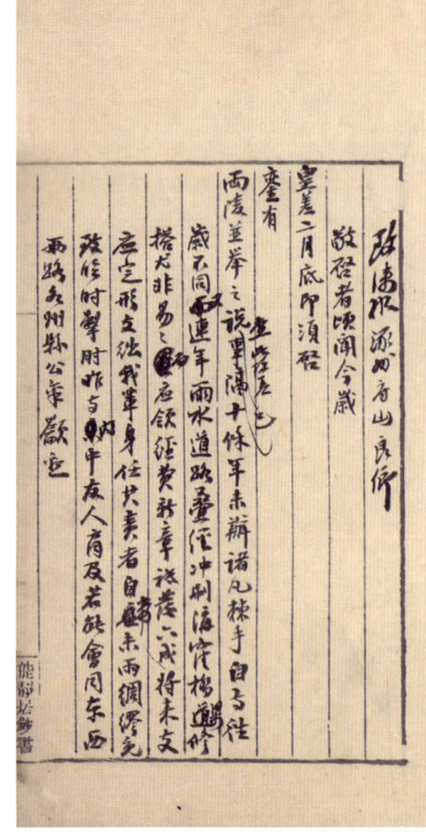

赵烈文易州函稿　南京图书馆藏

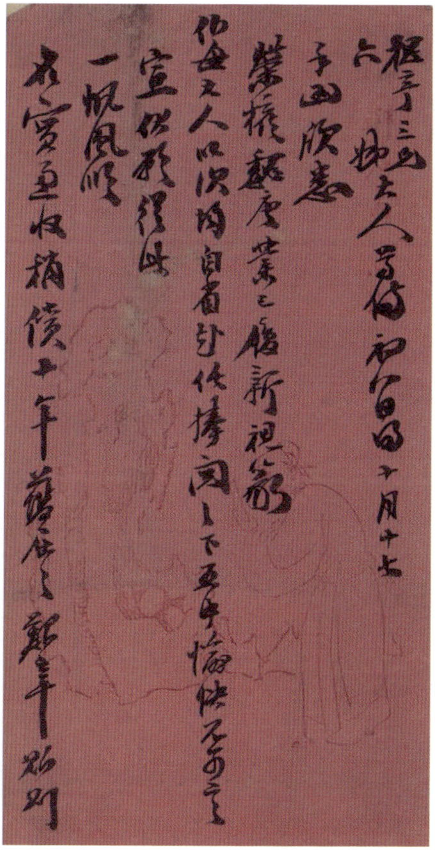

赵烈文致陈钟英及六姊赵细琼信
南京图书馆藏

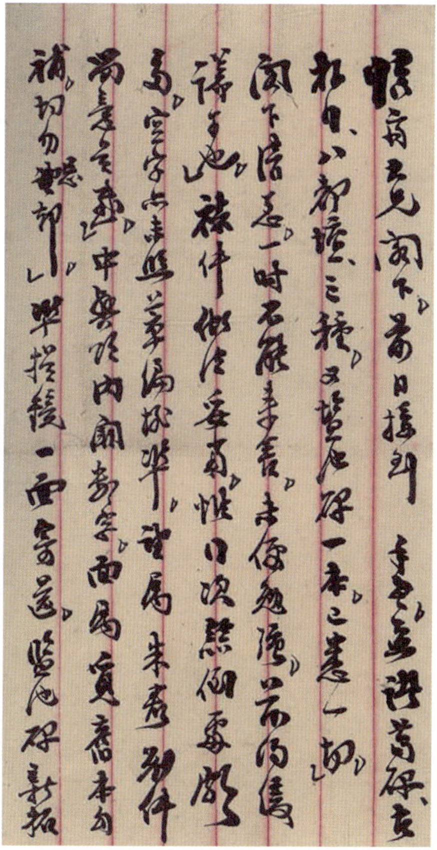

赵烈文致唐慎斋信　南京图书馆藏

天放楼

似舫（赵烈文题）

《中国近代人物日记丛书》出版说明

编辑出版《中国近代人物日记丛书》，旨在为学术界提供完备、可靠的基本资料。

日记体裁的特殊性，使其具有其他种类文献所不具备的史料价值。日记中的资料，有的为通行文献所不载，有的可与通行文献相互印证、补充，有的可以订正通行文献中的讹误。中国近代许多著名的历史人物都留有非常丰富的日记，较为著名的有晚清四大日记翁同龢《翁文恭公日记》、李慈铭《越缦堂日记》、王闿运《湘绮楼日记》、叶昌炽《缘督庐日记》等，都是具有较高史料价值、经常被学者征引的重要文献。

然而许多日记文献藏于图书馆、博物馆、研究机构或个人手中，学者访求不便。为此，系统发掘整理这类文献，是一项很有意义的工作。中华书局于二十世纪七十年代开始策划《中国近代人物日记丛书》，出版了多个品种，受到学术界的重视与好评，《翁同龢日记》、《郑孝胥日记》等至今仍是引用率较高的近代日记整理本。

新世纪以来，我们继承这一传统，加大近代人物日记的出版力度，试图通过进一步完善整理体例、新编更便利使用的索引、搜集更完备的附录资料等方式，使这套丛书发挥更大的作用，继续为学术研究贡献力量。

编好这套丛书，一定会遇到不少困难，但我们相信，在学术界、文博界和公私收藏机构与个人的大力支持下，这套有着悠久历史的基本文献丛书将会有更多更完备、精良的品种问世并传世。

中华书局编辑部

前　言

赵烈文（1832—1894），字惠甫，号能静居士，江苏阳湖人（今常州），少时声誉籍甚，不事举业，三应省试不中。时太平天国起义兴起，与族兄赵振祚（伯厚）、姊丈周腾虎（弢甫）等“讲求经世学，思以靖祸变而保乡里”。曾国藩督师江右，咸丰五年（1855）以币聘之，因对战事的敏锐判断，遂成为曾氏最为倚重的机要幕僚之一，参与了曾国荃同治三年（1864）克复金陵的军事行动。后经曾国藩保举，于同治八年（1869）初摄磁州，十一年（1872）官易州知州。光绪元年（1875）辞归，终老常熟山水之间。传见闵尔昌《碑集传补》卷二十六《清故奉政大夫易州直隶州知州赵府君能静先生墓志铭》。

赵烈文著有《落花春雨巢日记》与《能静居日记》两种。

《落花春雨巢日记》六卷，今藏南京图书馆，版本有三：一、赵氏手稿本，五册，开本为24.9＊13.0cm，半页版框17.7＊9.4cm，绿框，每半页10行，每行约二十三字。卷首钤有“南京图书馆善本图书”、“南京图书馆珍藏善本”、“毘陵文献徵存社”等朱文印，“惠父”、“延陵赵季”、“赵氏惠父”等白文印。起咸丰二年（1852）正月初七日戊午，迄咸丰六年（1856）六月二十五日庚戌。此本系赵烈文手稿，然字迹潦草，涂抹甚多，识读不易。二、赵氏能静居钞本，一册，开本为28.4＊19.2cm，半页版框18.8＊13.0cm，黑框，每半页十行，每行约二十三字。版心有“能静居钞”四字，无钤印。起咸丰二年正月初一日壬子，迄咸丰六年六月二十五日庚戌，字体工整；为三个版本中唯一从咸丰二年正月初一日起始，且经过书手的誊录与赵烈文次子赵宽（1863—1939）的校改，最称完善。三、钞本，五册，开本为22.9*15.5cm，无版框，每半页十行，每行约二十字，起迄同赵氏稿本，卷首钤“南京图书馆藏”、“南京图书馆珍藏善本”朱文印。抄写时间南京图书馆著录为1952年。

《能静居日记》五十四卷，有赵氏手稿本，现存台湾地区“国家图书馆”，台湾学生书局1965年曾据以影印。南京图书馆藏有钞本五十四册，第一至二十五册开本为28.4*19.2cm，半页板框18.8*13.0cm，黑框，每半页十行，每行约二十四字，版心有“能静居钞”四字；第二十六至五十四册开本为28.4*19.2cm，半页板框18.8*13.0cm，蓝格，每半页为13*22格，版心有“亦龙亦蠖之居”六字。起咸丰八年（1858），迄光绪十五年（1889）。

《落花春雨巢日记》迄今尚未整体公开，所记与《能静居日记》相隔两年，为咸丰二年（1852）至咸丰六年（1856）间二十一岁至二十五岁的赵烈文的乡居生活。如最后一次赴江宁应试、太平天国兴起及与湘军在长沙、武昌、南昌等地的攻战，以及受曾国藩聘，第一次赴南康大营的始末与细节，另外还记录了青年时的赵烈文在家乡的日常生活，如碑帖购藏、经方研记、山水游历、参与绿梅庵词会的文学活动等等。内容与《能静居日记》适相衔接，甚有裨于了解赵烈文早期的生活与思想。

《能静居日记》起咸丰八年（1858），迄光绪十五年（1889），记录赵烈文二十七岁至五十八岁间事，如咸丰十一年随曾国藩移营安庆，撰《上曾涤生大帅书》，畅言夷务要则、治乱之方；同治二年四月赴曾国荃幕，助其策划攻取江宁；同治三年六月官军破江宁城,获李秀成,七月参与审讯,录有李氏唯一口供;同年十月奖案内以花翎直隶州保叙;同治四年十二月常熟新宅落成,携眷自江宁卜居虞山;同治六年居曾国藩幕中,每晚必叙谈,朝政军事、诗文掌故,无所不包,并有著名的清廷气数之论;同治八年五月应诏至保定,十月奉署理广平府署之磁州;同治九年至十年在磁州任,十年五月去磁州任,十一月返保定,藩司札委通志局分纂;同治十一年署易州知州,十三年德宗奉两宫谒两陵过境,迎送如仪;光绪元年与陵工守护大臣不协,三月交印卸任,九月归常熟,自此不复出仕。之后所记多为乡居见闻,如园圃营造、金石碑帖收藏、诗文唱酬、江南记游等。本日记荦荦大观,举凡平定太平天国始末、庚申之乱、时政军事、机要人物之臧否、清廷夷务操办、北方官场实态,以及江南地方士绅的政治文化活动与日常生活,均有详细、生动的记载,具有十分重要的史料价值,向为治晚清史事者所重。

关于两部日记的详细版本情况及内容,详见本书附录二《论赵烈文日记的文史价值》。

本次整理,《落花春雨巢日记》以南京图书馆藏能静居钞本为底本,校以同馆所藏赵烈文稿本及 1952 年钞本。《能静居日记》则以南京图书馆藏能静居钞本为底本,校以台湾地区“国家图书馆”藏、台湾学生书局 1965 年影印赵氏稿本。两部日记均以能静居钞本为底本,因系书手工楷誊录,且有赵氏后人校改,字迹较为清晰,易于识别,更可避免因字迹潦草而造成的大量文字讹误;又相较于手稿,内容更为完备,如《能静居日记》钞本咸丰十一年(1861)八月九日(9 月 13 日),赵烈文曾撰《上曾涤生大帅书》,洋洋洒洒六千馀言,条陈治夷务、平内乱之策,是其毕生经济抱负之结晶,却为稿本所遗漏,当据钞本补入,以成全璧。毋庸讳言,钞本中也有不少抄写过程中造成的文字讹误，当择善而从，据上述诸本校正。

岳麓书社2012年曾出版廖承良先生以赵氏稿本为底本标点整理的《能静居日记》，有导夫先路之功，但因稿本字迹潦草且涂抹甚多，造成文字、断句方面的讹误亦复不少，为重新整理该日记留下了较大的空间。

本书整理、出版过程中，得到北京大学张剑、潘建国，中国社科院近代史所马忠文，国家图书馆张燕婴，南京大学赵益、徐雁平、卞东波，南京师范大学苏芃，常熟图书馆王忠良，常熟理工学院曹培根，北京徐家宁，上海杨月英及本单位韩凤冉等先生的诸多帮助；责编欧阳红女士从全书体例、文字方面亦提出很多意见，匡我不逮；北京大学袁行霈先生惠赐题签，于此一并深致谢忱。以上赵烈文的两部日记因时间跨度久远，兼之卷帙庞大，所涉内容又极其广博，虽有能静居誊抄与赵氏子嗣的部分校勘，仍有很多不尽如人意处。经年以来，承上述师友多方襄助，中华书局惠予接纳，竟灾梨枣；虽黾勉从事，然囿于学养，其中差讹疏漏，在所难免，尚祈方家批评是幸。

庚子清明樊昕谨识于秣陵缺甃室

凡　例

一、本次整理的《赵烈文日记》，内容包括正文、附录和索引三部分。

二、在原年、月、日后增加公元纪年，以圆括号“（　）”括注其后。

三、根据中华书局《中国近代人物日记丛书》的体例要求，日记原稿使用的繁体字、异体字、通假字、古体字，尽量改为简体规范汉字；某些特殊和习惯用法，则仍从其旧。

四、日记原稿中表示敬称的抬头、空格，现予取消，文字接排。

五、日记原稿因涉避讳作“玄”、“邱”等，径改不出校。

六、日记原稿确定误字者，以圆括号“（　）”括出误字，后继以方括号“〔　〕”括出改字；但明显的形近误字径改；底本因缺误而据他本补正者，则出校记说明。

七、原稿空缺待补字处，约略可计字数者用三角符号“△”；原空缺处，即从原稿以方括号“□”表示（原稿为“△”除外）；原稿缺漏而据他本补入者以尖括号“〈　〉”表示。

八、原稿中偶有钞写窜乱而有所更改的，径予改正。

九、钞本（即此次整理的底本）与原稿本（即参校本）遇有两歧者，校勘遵循以下细则：

1. 钞本因形近而误者，径改不出校。

2. 钞本与稿本如“余”、“予”、“我”“吾”、“谈”“谭”、“邀”

"要"、"到""至"、"要""邀"、"俟""候"、"记""纪"、"象""像"、"唯""惟"、"不""未"、"耶""邪"、"元""圆"、"廿""二十"、"早食""朝食"等同一语境下体异而义同者,均不出校。

3. 钞本与稿本于写信、接信日期,互有增省"日"(如同治八年八月初二日,钞本作"写家信,初三发",稿本作"写家信,初三日发";同治九年三月朔日,钞本作"接子宪兄正月二十五日信",稿本作"接子宪兄正月二十五信")、"信"(如同治十一年三月初二日,钞本作"写陈小铁、汪赉之信",稿本作"写陈小铁信、汪赉之信")等字,均不出校;互有增省如"交"、"发"等字,亦不出校。又,稿本写信、接信日期空格代补,而钞本未补且删除者(如同治三年五月十六日,稿本作"接黄子春 日信",钞本作"接黄子春信"),不出校。

4. 钞本与稿本于同一人名,或记本名,或记字号,或记称谓(如同治四年正月二十一日,钞本作"答候李勉庭于莫子偲处",稿本作"答候李勉庭于莫偲老处";光绪二年九月十二日,钞本作"写子宪兄信",稿本作"写子宪信";光绪十一年一月二十一日,钞本作"答候雷震初",稿本作"答候雷镇"),或增省其姓(如同治八年七月十八日,钞本作"到勉林处",稿本作"到李勉林处";),或同音替代(如同治八年三月初十日,钞本作"何廉昉",稿本作"何廉舫";同治十年十二月十二日,钞本作"并晤任筱沅",稿本作"并晤任小沅"等)而致互歧者,均不出校。

5. 钞本与稿本于同一日下记各人名序偶有不同者(如同治八年一月二十三日,钞本作"访张廉卿、莫子偲、王朴臣久谭",稿本作"访莫子偲、张廉卿、王朴臣久谭"),均不出校。

总　目

落花春雨巢日记(1852—1856)

能静居日记(1858—1889)

第一册目录

落花春雨巢日记(1852—1856)

咸丰二年(1852)

咸丰三年(1853)

咸丰九年(1859)

咸丰十年(1860)

落花春雨巢日记
（1852—1856）

咸丰二年(1852) 太岁玄黓困敦,余年二十一岁

正月建壬寅

初一日壬子(2月20日) 雨霁,微有日色

早起,出门拜年,谒宗祠。祠在县学东罗汉桥。返堂上行礼庆贺。同稚威、姓周名瑄,行五,姊丈弢甫之弟。幼静姓方名骏谧,行三,余表兄也。出,至市中饮茗良久。

初二日癸丑(2月21日) 晴

晨起,家祠献朝食,后出拜年。午供后访幼静稚威二人,不遇。是日为余生朝,家中治具。子乔姓李名岳生,余三姊丈。来,留饮。

初三日甲寅(2月22日) 晴

儿子克昌患腹疾。冯耕亭自无锡来访。名承熙,行二,余表侄,里人,侨居无锡。

初四日乙卯(2月23日) 下午阴,夜雨

访幼静、子迎、姓刘名达善,行三。子逊、名达敷,行四,子迎弟。才叔、姓管名乐,行五。稚威及挥伯方、名鸿仪。吕子中、名承忠。盛隽生,名久曜。皆在,少坐,归。接阿哥皖省来信,言广西贼洪秀全势甚猖獗。

初五日丙辰(2月24日) 薄阴

黎明起,祀路神,古行神也。访幼静、稚威、耕亭,同茗。

初六日丁巳(2月25日) 下午阴,夜三鼓大风,雨霰

才叔来。

初七日戊午(2月26日)[①] 天甚暖,下午阴

觅幼静,至恽伯方家遇之,稚威亦在,遂偕茗。至四姊处,母亲率六姊皆在,随侍午饭,乃返。

初八日己未(2月27日) 大风雪

访幼静,幼静亦访余,两不相值,在其家候之,返,同茗,仍至其家晚饭。

初九日庚申(2月28日) 阴

访幼静,早食市中,遂茗。吴桐孙名保丰,其尊人与先按察府君乙酉乡榜同年。见邀午酒。与子迎、幼静茗。

初十日辛酉(2月29日) 晴

访稚威、幼静,少坐。开生姓刘名翰清,行一。来,遂同茗。吕子中要饮。开孙来,登予书楼少坐。接阿哥来信。

十一日壬戌(3月1日) 晴

是日同稚威、幼静、恽伯方作主人设春酒,要客共三席二十二人。同金仁甫、名士麟,行一。董叔纯名孝贻,行四。书肆看书。稚威生子满月,往贺。同开孙、仁甫茗。至四姊处,二鼓后归。又接皖省来信。

---

① 整理者案:赵氏稿本及南图誊抄本自此日始。

十二日癸亥(3月2日)　细雨

子逊来访。

十三日甲子(3月3日)　雪

辰刻,到幼静处,上灯时归。

十四日乙丑(3月4日)　雪

幼静来,同市中早餐。访开孙,同茗。稚威邀晚间小酌。

十五日丙寅(3月5日)　元宵节。惊蛰。晴

至赵作梅先生名忠弼,婺源知县。与余家同姓不同谱。家祝寿。陈彦修来,名镕,行二。稚威、幼静来,同伯方、仁甫、稚威、幼静茗。

十六日丁卯(3月6日)　晴

赴子迎春酒之约。访张倬云。名复照。

十七日戊辰(3月7日)　雨

访幼静同茗及早餐。赴才叔春酒之约。至幼静处。

十八日己巳(3月8日)　阴

在四姊处饭。访幼静,并晤开孙、稚威,傍晚归。在四姊处见《天帝宗旨论》一本,即耶酥教,其书系外洋刊印,弢甫名腾虎,又名瑛,又名天民,行弟三,余四姊丈。新购得者。书中大要教人敬事上帝,间能说理,率多浅近,又依傍释氏而变易之。究其意旨,复微类黄老,然于三教无不排屏者。卷首所载年月,称耶稣降世一千八百四十九年,不系国号。按天主教古称大秦教,或称昺教,唐讳丙为景,故又称景教。唐有景教流行中国碑,即其祖也。书言耶稣降世系中国汉哀帝二年,不知何时始入中国。彼处先止奉天主教,后更有耶稣教,西海各国因此树党攻战者几百年。至是耶稣盛行,天主不敌之矣。

外国争教，每至兵连祸结，杀人盈野，吾儒汉宋、朱陆之争真雅道矣。

十九日庚午(3月9日) 晴

发皖省家信及妇家江宁邓处信。汪遂堂名庆源，阿哥内姑丈。来拜。赴管纶云春茗之约。晚饭后访幼静踪迹，至纶云名纪勋。处遇之，少坐，先归。

二十日辛未(3月10日) 雨

答拜汪遂堂。访幼静。候家伯厚大兄。名振祚，官詹事府左春坊左赞善。同子逊、稚威、伯方、幼静、仁甫、叔纯、彦修茗。又至幼静处饭，饭后再同稚威茗。

二十一日壬申(3月11日) 雨

幼静来，同市中早膳，又茗，又同至其家饭。

二十二日癸酉(3月12日) 阴

稚威、幼静同赴扬州，来辞行。送稚威、幼静下舟，至西门，饭于舟中，又上岸茗。

二十三日甲戌(3月13日) 薄阴

候伯厚大兄。宜兴诗僧扫叶名悟帚。来访。

二十四日乙亥(3月14日) 晴

扫叶来，惠草兰数本。同扫叶至崇法寺、即钟楼寺。护国寺随喜。至伯厚大兄处。扫叶又来，同过书肆。

二十五日丙子(3月15日) 晴

二十六日丁丑(3月16日) 晴

下午至北岸周宅、方宅，送甥槐生、四姊子。表侄畴宝幼静兄子。进塾。

二十七日戊寅(3月17日)　晴,甚暖

访开孙,同茗。

二十八日己卯(3月18日)　晴

才叔来,朱夑臣名仪训。来。

二十九日庚辰(3月19日)　晴

三十日辛巳(3月20日)　春分。晴

二月建癸卯

初一日壬午(3月21日)　阴

开孙招晚间饮。同吕子田、名承思。子敬名承懿。茗。

初二日癸未(3月22日)　晴

访恽伯方。访董叔纯。送子迎都门之行,及其兄云樵名翊宸。入闽。访朱夑臣,亦将北行,故往送之。

初三日甲申(3月23日)　晴

候伯厚大兄,不遇。

初四日乙酉(3月24日)　晴

子乔来访,渠下榻弢甫处。晚饭后往答访。

初五日丙戌(3月25日)　晴

至四姊处。杨子厚名△△。来访。

初六日丁亥(3月26日)　晴

晚饭后下舟,赴宜兴扫墓。

道光廿二年岁在壬寅，举家奉讳归里，卜居宜兴之西门。是年五月，英夷滋事，阑入长江，苏、常大震，民间有柩在室者，率举殡以避兵火。时先君灵榇尚停南门外地藏庵未葬，仓卒间，遂赁徐姓山地六分为暂厝之计，嗣以祖坟无穴，觅地甚艰，忽忽至今尚未改殡。其地于廿四年从徐姓购得，价洋银四十五圆。土名东山浜，在宜兴城南六里。

初七日戊子（3月27日） 晴，顺风

夜三鼓抵宜，泊斩蛟桥下。

初八日己丑（3月28日） 晴

访程叟维屏，名薇省，年七十馀。同早膳。同僧扫叶及齐小梅名学箕，婺源人，梅麓先生次子。家多法书名画、天球仪器等。茗。至梅谷二伯、芳洲四叔家少坐。二伯名学海，四叔名学修，俱老四房中书府君后。访小梅。至东山扫墓，傍晚返。访汪少韩。名学潮，旧邻也。小梅邀晚间小酌。少韩屋后一进，小楼数间，旧典与余家，尚未收赎，兹欲易主，故少留数日料理之。

初九日庚寅（3月29日） 大风，雨

汪雨人名近仁，少韩子。来，同扫叶及汪雨人茗及早餐。偕雨人访旧时邻里戴味琴、周存斋，遂在雨人处饭。同程维屏、僧扫叶、汪雨人茗。晚饭后维屏至舟相访。于扫叶处得明板杜氏《通典》。

阳羡旧居出售题壁二绝句补录，辛亥春作

物我原无系，临歧亦有情。愿随今夜月，还向故窗明。

前度刘郎去，玄都景未非。落花庭院满，不上故人衣。

初十日辛卯（3月30日） 风雨不止

遣约余麓泉、名△△。程维屏茗。候业师潘晓村先生，名光序，茂

才,邑之名宿。候芳洲四叔。连日风雨,舟中昏黑如夜,不能看书,闷极而卧。冷雨穿窗,时侵眉发,睡复不安。少韩来访,还屋价百二十缗馀。俟他日所事既毕,遂拟明早解维。

十一日壬辰(3 月 31 日)　细雨,风逆

夜三鼓抵家。

十二日癸巳(4 月 1 日)　阴

玉兰盛开,四姊及诸戚家来。

十三日甲午(4 月 2 日)　阴

患头眩怔忡,毛省庵来诊。

十四日乙未(4 月 3 日)　雨

咏如姓刘名曾撰,行四。自滇南归,稚威从维扬归,同才叔来访。是日病转甚,不能出门。

十五日丙申(4 月 4 日)　清明。阴

十六日丁酉(4 月 5 日)　晴

闻弢甫自邗上归,往访之。

十七日戊戌(4 月 6 日)　晴

十八日己亥(4 月 7 日)　晴

曹青岩名未。来视余疾。

十九日庚子(4 月 8 日)　晴

二十日辛丑(4 月 9 日)　晴

访弢甫姊丈。

二十一日壬寅(4 月 10 日)　晴

为李甥女望娥、三姊女,养于余家。陈甥女德容、六姊女。儿子克

昌、女子凤梧种痘,王子宏痘科来下苗。

二十二日癸卯(4月11日) 晴

子江来。姓刘名绍沅,行一。

二十三日甲辰(4月12日) 晴

诣茶山路三堡桥扫墓,龙游河阻塞,舟不得行,上岸步往,甚疲。

五世祖太原府君葬南门外三里之茶山路,内子山午向兼壬丙三分,外壬山癸向兼癸丁三分。中为府君及唐恭人,左右二冢为常安人、蒋安人、陈太君、马太君。高祖特征府君葬东门外三里之三堡桥万善村,癸山丁向。中府君及许安人,左长房曾伯祖豫簪公、讳朋男,即孟文大伯一支。余孺人,右四房曾叔祖乳塘公、讳澧,即修塍大叔一支。杨安人。曾祖朝议府君葬特征府君茔北十数武,庚山甲向兼申寅三分,中府君杨恭人,右杨节母,祭时设位,杨恭人反居府君之左,缘杨恭人先卒,即葬此地。比合葬启视,柩为紫金藤所裹,不敢移动,而柩左已不当穴道,故奉府君柩于右,提高迟许云。祖考训导府君墓与特征府君同茔,偏西数步,癸山丁向,暨恽太淑人。先妣高淑人、钱淑人墓在特征府君茔北略西,山向,中为二淑人,左亡兄伯渊公,右五姊及先考庶室王氏墓。茶山路坟户陈德大、德二兄弟每次上坟,与菜三色或钱二百,任所择。三堡桥坟户王荣德每次给菜三色、钱二百。

二十四日乙巳(4月13日) 晴

稚威来,同访开孙、咏如,同茗同饭,又偕访弢甫。

二十五日丙午(4月14日) 晴

到顾塘桥本家。即修塍大叔家。至弢甫处。

二十六日丁未(4月15日) 晴

二十七日戊申(4月16日)　晴,热甚

访弢甫,并晤开孙,遂同开孙、稚威茗。

二十八日己酉(4月17日)　晴

访弢甫,读其近作诗。

二十九日庚戌(4月18日)　晴

才叔来访。

三月建甲辰

初一日辛亥(4月19日)　晴

至顾塘桥本家。访弢甫、稚威。

初二日壬子(4月20日)　谷雨。晴

有疾,腹满,毛省庵来诊。

初三日癸丑(4月21日)　晴

腹满未愈,复增眩晕之苦,举步欲仆,请开孙来诊。

初四日甲寅(4月22日)　晴,午未间大风,天陡寒

疾少瘳,困顿有甚。

初五日乙卯(4月23日)　雨

子逊、开孙、稚威来视疾。接妇家江宁邓处来信,言妇弟伯紫名嘉绶,行一。姻期已近,纳吉礼物未备,欲取其姊奁中衣裙、皮棉夹、单纱各一套,并首饰等应用。先余以妇吉止嫁时,衣服过多,曾致书妇翁子期先生,名尔颐,簃筠先生次子,今官山西吉州知州。欲以半归之,故有书来取。

初六日丙辰(4月24日) 阴

初七日丁巳(4月25日) 阴

幼静旋里,来访。

初八日戊午(4月26日) 晴

初九日己未(4月27日) 晴

访幼静,又访弢甫,饭后归。表兄冯芝馨名琛,余业师士贞先生之弟,官翰林院编修。卒于京中其家,闻讣,成服因往吊。

初十日庚申(4月28日) 晴

十一日辛酉(4月29日) 晴

才叔来,同访弢甫,又偕到其家。幼静、稚威俱在,遂共饭,同开孙、咏如茗。

十二日壬戌(4月30日) 晴

访弢甫、幼静,遇之,并见子逊,遂同饭。

三堡桥坟户王荣德言坟旁高姓地内葬有一柩,系当年先府君在安徽任所寄归者,现在地主问过数次,恐有不便云云。余当即至顾塘桥本家询问,俱无知者。荣德又言此柩寄归时尚有一榇同返,系余家世仆陈午升护送,旋于万善村社庵停放,其后一榇附入高、钱淑人茔内,一即葬此,其言凿凿。问其年月,则云此系伊叔王棣郎经手,伊年在幼稚,已忘之矣。余复细考,府君在任时归榇凡三,一为杨节母,系附葬朝议府君茔内,此系道光八年事。一系五姊,均在江西任内寄归。一系府君侧室王氏,在安徽任内寄归,二榇俱附殡高、钱淑人茔内,未闻有他柩同返,所言殊不足信。然当年署中亲友甚多,贫而无归者自合有之,或曾令护送之人营葬,而仆辈潦草塞责,入资自肥,亦情理所有,若竟置不问,殊所不忍,遂购坟户隙地改葬,但取足容一棺,当与地价洋银两番,立有契据一纸,言明逐年钱漕俱伊代完,不另过户,即择月之二十日破土改殡。

十三日癸亥(5月1日)　晴

弢甫、稚威、幼静来访,同茗。又至弢翁处饭,饭后再茗。

十四日甲子(5月2日)　晴,夜雨

饭后出门,逢才叔,偕返少坐,因同茗,后同归余家。访弢甫,同人咸在,共晚饭,归。子江邀饮,未赴。

十五日乙丑(5月3日)　阴,下午晴

幼静来,同市中早餐,又同茗,又同访才叔,饭,饭后复茗。

十六日丙寅(5月4日)　晴

访幼静,同茗。咏如、才叔、子巽皆至,良久罢。余至幼静家。

十七日丁卯(5月5日)　立夏。晴

与幼静合请咏如,下午重访幼静。

十八日戊辰(5月6日)　晴

访幼静、弢甫,并晤开孙、才叔。

十九日己巳(5月7日)　晴,下午微雨

访幼静,在弢甫处饭。

二十日庚午(5月8日)　晴

杨子厚来,同早食。访存陔,姓陆名光迨,祁生先生子。先妣钱淑人姊甥。不遇。

二十一日辛未(5月9日)　阴

访幼静,视其疾。访开孙,同市中午餐,又偕访幼静。余有腹

疾，毛省庵来诊。

二十二日壬申（5月10日） 阴雨

访弢甫、幼静。弢甫来，复偕候幼静，开孙亦来。

二十三日癸酉（5月11日） 阴

二十四日甲戌（5月12日） 薄阴

弢甫来。访幼静。在四姊处久坐，啜新豆羹。傍晚才叔来。

二十五日乙亥（5月13日） 晴，饭后大风

至子江家贺其弟蓉生名绍灏。吉夕之喜。至杨村西表母舅名廷照。家。访陈德生。名之纯。至子江家晚饭。

二十六日丙子（5月14日） 阴，夜雨

弢甫来，曹青岩来。

二十七日丁丑（5月15日） 雨

访弢甫，并晤伯厚大兄，偕至幼静处。发江宁邓氏信。

二十八日戊寅（5月16日） 晴

阅藏画。才叔来。弢甫来。

二十九日己卯（5月17日） 晴

访幼静，同茗。弢甫、咏如等皆在坐，还至弢甫家饭。

三十日庚辰（5月18日） 晴，下午雨

幼静来，与访才叔、开孙。路遇弢甫，遂同茗。偕幼静至其家饭。同至朱燮臣家。

四月建乙巳

初一日辛巳(5月19日)　　晴,傍晚雨

访幼静。阿哥自安庆省抵里,嫂刘氏偕返。

初二日壬午(5月20日)　　薄阴

点心后同阿哥访弢甫,同市中饭。才叔来。

初三日癸未(5月21日)　　小满。下午雨

幼静来,同茗。还至其家饭,饭后复同弢甫、开生等茗。

初四日甲申(5月22日)　　晴

弢甫、幼静见访。

初五日乙酉(5月23日)　　阴

同弢甫、幼静、华迪初、无锡人。管纶云茗。族祖用久先生名受恒,督学府君一支,今为族长,余兄弟曾从受业。来。容生来,闻广西贼匪窜出永安州,平乐府属。围城,兵勇十馀万一时溃散,阵亡总兵四员,副参以下二十馀人,贼径扑桂林。

初六日丙戌(5月24日)　　雨,雷始发声

杨子英来。村西表母舅子。

初七日丁亥(5月25日)　　阴

初八日戊子(5月26日)　　晴

初九日己丑(5月27日)　　晴

初十日庚寅(5月28日)　　晴

咏如来。黄昏幼静来,甫去,弢甫又来。

十一日辛卯(5月29日) 晴

至四姊处,同幼静早食,又茗,至四姊处饭。弢甫、幼静赴邗江,送之。阿哥言怀宁渔户某于水獭腹中得一珠,凡为鱼骨所鲠者含此珠,少顷辄愈。才叔来。午刻闻外祖高桂轩先生讳拱辰,云南陆凉州吏目。之丧,往探丧。访子江,同茗。开孙及徐士安、名△△,仲平先生幼子。汪伯庸名△△,歙人。来访。

十三日癸巳(5月31日) 阴雨

下午至高外祖家送殓。

十四日甲午(6月1日) 晴

晚饭后子江来。

十五日乙未(6月2日) 晴

十六日丙申(6月3日) 晴

开孙、汪伯庸来。

十七日丁酉(6月4日) 阴雨

高绪堂母舅名峻,行二。使人来召饭,后往。

十八日戊戌(6月5日) 芒种。大雨

访子江。高外祖头七,往拜。

十九日己亥(6月6日) 阴雨

候伯厚大兄,闻广西贼攻桂林,不能克,由全州出境,犯湖南。

二十日庚子(6月7日) 午前晴

同阿哥访开孙、张倬云,茗饮。才叔、丁成孙名△△,行七。来,同茗。又访子江。

二十一日辛丑(6月8日)　雨

开孙、才叔、张倬云来访,同至伯厚大兄家少坐,仍返余家午饭,后偕茗。

二十二日壬寅(6月9日)　阴雨

往伯厚大兄家。伯厚大兄来。

二十三日癸卯(6月10日)　晴

晨起,至高外祖家。至伯厚大兄处,饭后方归。傍晚开孙来,又同访伯厚大兄。

二十四日甲辰(6月11日)　雨

往伯厚大兄处,不遇。傍晚又往,遇之。晚饭后归。

二十五日乙巳(6月12日)　雨

访子江。

二十六日丙午(6月13日)　雨,下午渐霁

候伯厚大兄。

二十七日丁未(6月14日)　阴

二十八日戊申(6月15日)　晴

访子江。访开孙,不遇,访才叔,遇之,同茗。子巽、开孙、倬云俱来,阿哥亦至。

二十九日己酉(6月16日)　晴

访子江。

三十日庚戌(6月17日)　阴雨

刘绳卿姻丈名汝毅,嫂刘氏父,近庵先生之弟。请饭。闻姑丈苏杏

庄先生名韵珂,官部曹,于去腊作古。之丧,归自京师,寄榇水月山房,同阿哥往拜。

五月建丙午

初一日辛亥(6月18日) 晴

才叔来。同阿哥至苏宅拜见姑母。姓匡氏,金坛人,姑丈继室,祖妣恽太淑人曾认为女。与士达表兄名际亨,行一。晤。访开孙,不遇,遂至子巽家午饭,后同访张倬云、才叔,成孙亦来,俱至才叔家少坐。

初二日壬子(6月19日) 晴,下午阴

高外祖三七治丧,往陪拜,日昃始返。伯厚大兄来,约吃晚饭。

初三日癸丑(6月20日) 细雨

伯厚大兄来。

初四日甲寅(6月21日) 夏至。阴

饭后整理书籍。

初五日乙卯(6月22日) 天中节。晴

陈杰人姻丈名伟,湖南衡山人。六姊丈槐亭尊人,任松江金山县知县。自江西归,道出常州,遣人来送礼,遂至其舟中候之。

初六日丙辰(6月23日) 阴雨

整理藏书竟日。汪伯庸来。

初七日丁巳(6月24日) 晴

张倬云、丁成孙相访,同候周公执,名瑮,行二,弢甫兄。同茗饮。访才叔,在其家午饭,饭后开孙亦来。

初八日戊午(6月25日)　晴

理家藏书。

初九日己未(6月26日)　晴

理藏书,是日甫毕。

初十日庚申(6月27日)　晴,傍晚大雨

十一日辛酉(6月28日)　大雨

儿子克昌三岁,祀寿星。

十二日壬戌(6月29日)　晴

饭后至四姊家。至杨村西表母舅处。

十三日癸亥(6月30日)　晴

到四姊处饭。门首水阁观竞渡。最近龙舟每日必至,金鼓镗鞳,颇憎其烦。是年系黄龙舟,较他岁为盛,河中游船填溢,日盛一日。汪伯庸、陆存陔来。至四姊处,一鼓归。

十四日甲子(7月1日)　雨

月食。

十五日乙丑(7月2日)　大雨

公执来。六姊丈陈槐亭自京师返。名钟英,行三,己酉举人。时六姊在家,故亦下榻于此。

十六日丙寅(7月3日)　阴,饭后晴

同槐庭早餐,又茗。至高外祖家,饭后归。

十七日丁卯(7月4日)　阴

子迎来。徐士安、孟祺名启荣,傅兼年伯孙。来。才叔、咏如来。

十八日戊辰(7月5日) 阴

伯厚大兄、子迎、咏如、开孙、才叔、公执、汪伯庸、黄仲孙名志述,仲则先生之孙。皆来。公执、伯庸、仲孙先去,馀在此午饭。存陔来,陆子全来,名△△,阿哥内姑丈。张倬云来。

十九日己巳(7月6日) 晴

伯厚、咏如、才叔、汪伯庸来,午饭后去。曼叔来,名俊孙,姓吕,行六。少坐去。子迎、子逊、公执、开孙来。是晚同人俱集余家水阁,二更尽,席始散。

二十日庚午(7月7日) 小暑。晴,午后雨

同阿哥及槐庭访才叔等,不遇。访开孙,遇之,在其家午饭。

二十一日辛未(7月8日) 阴

才叔来,伯厚大兄来。子迎、张倬云、徐士安来。子迎在此饭。才叔复偕存陔来。陆念祺名△△,绍闻先生之孙。来。

二十二日壬申(7月9日) 晴

在四姊处饭。

二十三日癸酉(7月10日) 晴

伯厚大兄来。

二十四日甲戌(7月11日) 晴

幼静旋里,来访,同至其家。公执、幼静、子迎来此午饭。

二十五日乙亥(7月12日) 晴

访幼静,不遇。傍晚才叔来。

二十六日丙子(7月13日) 晴

幼静、公执来,伯厚大兄、苏士达同来,子迎、开孙、徐士安来。

徐士安与幼静奕,不胜。晚饭于此,作东道主。

二十七日丁丑(7 月 14 日)　晴

伯厚大兄来。

二十八日戊寅(7 月 15 日)　晴

幼静、公执来,伯厚大兄来。里中赛会时有云车,一壮夫荷铁架于肩上,坐女童二人,饰诸剧戏,间以彩树,每架重至数百斤,负之行走如飞,绝艺也。是日城中为此戏凡十八架,毕集余家门外空场串演。车上人率二七妖鬟,罗襦绣带,与绿柳毵毵相映,洵足娱目。同人来者,自伯厚大兄以次凡十馀人。客散,奉母亲登楼观赏,召诸云车至窗外,车上女童正倚阑槛,吾母一一询其年齿姓氏,命余妇吉止出奁中长物分赐之,差其颜色,以为高下。高者八事、六事,下亦四事,凡罄一箱乃遍。诸人咸大欢喜,复呈技良久始去。龙舟正直盛时,河中游船每日多至数百艘,笙歌彻夜,不绝于耳,灯烛之光,凝结空际,星月为之掩色。夹岸居人,睡不安席,起而观听,往往达旦。余素不耐嚣,反为之早卧,且戒家人不得频往。水阁每至二鼓即闭门加锁,奴辈复就门外聚观,竟无以禁之。

二十九日己卯(7 月 16 日)　晴

幼静来。

六月建丁未

初一日庚辰(7 月 17 日)　晴,晡时雨

在四姊处晚饭。

初二日辛巳(7月18日) 晴

稚威旋里,来候。伯厚大兄来。同伯厚访幼静,与茗。

槐亭是日赴苏州。

初三日壬午(7月19日) 晴

同幼静、敬伯姓管名晏,才叔兄,行四。茗饮。下午复在幼静家,偕子迎唱昆曲。时交友中子迎、子巽兄弟及稚威皆好之,余逢场作戏,凡月馀,与笙笛谐者三十馀曲,诸人以为能顾,余视为鄙事,勿究学也。汤涉高来,诊吉止疾,缘素有小产失血之症,至是复尔也。

初四日癸未(7月20日) 晴

初五日甲申(7月21日) 晴

妇科汤涉高来。稚威来。

初六日乙酉(7月22日) 晴

母亲患疟,毛省庵来诊。才叔来,稚威、幼静来,咏如来。

初七日丙戌(7月23日) 大暑。晴,下午阵雨

四姊来。毛省庵来。

初八日丁亥(7月24日) 晴

是日母亲疾轻减。毛省庵来。幼静、稚威来,同茗饮,又至其家,开孙亦在,少坐,归。

初九日戊子(7月25日) 晴,午后雨

是日余妇邓氏吉止生朝也。才叔来,月上后始归,送至出门,遂访幼静。

初十日己丑(7月26日) 晴,下午雨

母亲疾瘳。

十一日庚寅(7月27日)　晴

同幼静茗,稚威亦在。

十二日辛卯(7月28日)　晴

幼静来,同早食及茗,至其家饭。

十三日壬辰(7月29日)　晴

访幼静。午刻六姊得一女,作书通知槐亭。

十四日癸巳(7月30日)　晴

偕稚威、幼静早膳,又茗饮。

十五日甲午(7月31日)　晴

小甥女三朝,祀神贺喜。

十六日乙未(8月1日)　晴

稚威来。

十七日丙申(8月2日)　晴

与幼静茗。

十八日丁酉(8月3日)　晴,午刻微雨

同阿哥出东门,登浮屠。携千里镜望,城中屋瓦可数。继至舣舟亭,亭为东坡先生舣舟处。南巡时建行宫,中有洗砚池,旧在稚威所居古藤书屋,筑宫时移此。殿侧一池,不甚广,多植荷芰,夹岸浓阴,蔽天古木,大逾数围。其南则修篁丛桂树,小山几满,吾常游观之所,无逾此矣。园中老叟年七十馀,自言生平辛苦,今归老丘壑间,夫何求。余感其言不失老氏知足之义,书之以告世之大夫君子焉。日晡,至玄妙观、天宁寺。槐亭自省垣归。

十九日戊戌(8月4日)　晴

二十日己亥(8月5日) 晴,午刻大雨

二十一日庚子(8月6日) 阴,大雨

幼静来,同早膳,又茗。吴桐孙来。

二十二日辛丑(8月7日) 立秋。晴

二十三日壬寅(8月8日) 晴

同幼静至其家,又往茗饮。

二十四日癸卯(8月9日) 晴

幼静约午饭,同集子迎、子巽、开孙、黄仲孙、李柱周名应麟,行六。及余兄弟,余以腹疾,不与席,另食饭焦。毛省庵来视余疾。

二十五日甲辰(8月10日) 阴雨

二十六日乙巳(8月11日) 阴,大风

伯厚大兄来。阅邸报,知粤西贼由全州犯湖南,道州失守。邑人陈甲自广西逃归,言先时桂林被围甚急,贼于四月初五驱众北去,至初七日,城尚闭不开,伊悬缒而出。壕堑内外,白骨如山,臭不可闻。去境既远,辄觉土石皆香。又言督师奏称所获贼谍,言攻城时屡见城中火光烛天,又有修伟丈夫持刀骑马,巡视城堞,从者皆状貌异常。又或见神灯,书"广福王字请旨加给关帝及蜀汉裨将武当即广福王。封号,得旨俞允",然当时并无其事,不知阃帅何所见闻而遽以上达也。

二十七日丙午(8月12日) 大风,阴曀

同幼静、稚威、槐亭茗饮。

二十八日丁未(8月13日) 大风,暴雨

二十九日戊申(8月14日)　阴

幼静来,少坐。与子巽、咏如、稚威在幼静处少谈。同才叔至其家,又访开孙。晚饭后稚威、幼静来。

七月建戊申

初一日己酉(8月15日)　晴

阿哥同稚威、幼静、子巽赴江阴督学衙门录遗,送至北门外。访才叔。傍晚才叔来。

初二日庚戌(8月16日)　晴

初三日辛亥(8月17日)　晴

才叔来,同访公执,在彼午饭,同座开孙诸人。饭后同开孙茗,又至公执处。

初四日壬子(8月18日)　晴

清晨阿哥自澄江旋里。幼静、稚威来访。

初五日癸丑(8月19日)　晴

访幼静,不遇,又候稚威,在其家午饭。同公执等茗饮。

初六日甲寅(8月20日)　晴

同槐亭访幼静,并晤伯厚、子迎、子逊。闻粤贼于我师将帅中,惟畏提督向荣、四川人。都统乌兰泰二人。其在永安时,曾张赏格,以向荣首至者赏千金,擢不次。乌兰泰次之,以督师赛尚阿首至者,赏银五钱。

初七日乙卯(8月21日) 晴,午刻大雨

同槐亭访幼静,茗。

初八日丙辰(8月22日) 雨

幼静过访,同早膳。是日为弢甫母储宜人寿日,往祝。同子迎等茗饮。

初九日丁巳(8月23日) 处暑。晴

稚威来。夜访幼静,不遇。

初十日戊午(8月24日) 晴

同访幼静,不遇,又访伯厚大兄,遇之。

十一日己未(8月25日) 晴

伯厚大兄来。

十二日庚申(8月26日) 阴,细雨

同槐亭及阿哥访幼静,又访稚威,其家于今日过中元节,以祭馀留余等饭。

十三日辛酉(8月27日) 晴

幼静过访,偕茗,稚威亦至。高绪堂二舅来。至伯厚家,不遇。

十四日壬戌(8月28日) 晴

同稚威、幼静、子迎、敬伯、才叔、刘贯如、行三,名曾传,咏如兄。杨用明、名金鉴。张倬云、丁成孙、陆子全早餐。同子迎出西门,在熙园茗。弢老旋里,来访。

十五日癸亥(8月29日) 中元节。阴

同幼静访才叔,坐未定,弢甫、稚威、子迎皆至,复同访子巽。开孙、敬伯招饮于龙城书院。弢兄见访。

十六日甲子(8月30日)　晴

稚威、幼静同访,早餐,又茗饮。

十七日乙丑(8月31日)　晴

伯厚大兄、才叔来。

十八日丙寅(9月1日)　晴

才叔来。

十九日丁卯(9月2日)　阴

弢甫来。

二十日戊辰(9月3日)　晴

赵佺甫名钧谟,有辈次,呼余为叔而不同谱,仕粤东某县令。之丧自广东归,往吊。

二十一日己巳(9月4日)　晴

同阿哥及幼静早餐,至其家少坐。

二十二日庚午(9月5日)　晴

同阿哥及弢甫、槐亭在惠厨午饭,齐小梅自宜兴来访。

二十三日辛未(9月6日)　阴,细雨

二十四日壬申(9月7日)　白露。晴

伯厚大兄来。择日下舟,赴江宁乡试。弢甫、公执、稚威、幼静、子迎、子巽来饭。弢甫亦于是晚赴维扬,下午同解维,移舟毗陵驿前。

二十五日癸酉(9月8日)　晴,顺风

泊新丰。

二十六日甲戌(9月9日)　阴,午刻晴,顺风

辰刻至丹徒镇,以运艘阻塞,出涧碧口。日晌午,舟抵象山渡,

停舟午餐。象山在江南岸，与焦山相对，石壁陡立，无草木径路。山下沿江筑石塘亘里许，塘尽处江柳毵毵，板桥曲涧，有庵曰石隐精舍。庵侧始见上山石级，景物明媚，非如向之雄浑矣。未刻雇小艇渡至焦山，先往定慧寺随喜。大殿翼然修敞，仪象壮严。复倩寺僧引入方丈，观周汉鼎。出寺门西行登山，江波莽然，极目无际。半里许至观音崖，崖有高阁曰夕阳楼，西望金山浮屠，如蜻蜓植尾。崖之东螺旋北上十数武，有石室祀焦隐居，被服如王者。又直上数十级，即山顶四面亭，亭蔽丛灌，不畅所观，遂复返观音崖。主僧烹茗相饷，出《瘗鹤铭》求售。下山，鼓棹还座，舟始西发。北固、钓鱼诸山皆掠舟而过，以风利不得游。申刻抵京口，至江干三层阁上茗饮。酉刻舟至新河口，夜二鼓泊舟。

二十七日乙亥(9月10日) 阴，夜雨，顺风

午刻到龙潭驿，申刻至栖霞，以雨故，泊舟。傍晚闲步江岸，见山顶白云滃起，如热甑初揭，吾乡平陆无山，此景殊未易见。

二十八日丙子(9月11日) 阴雨，顺风

凌晨发栖霞口，未刻进观音门夹江，酉刻抵金陵，泊舟旱西门外。阿哥上岸，至武阳会馆觅敬伯、才叔，上灯时始归。

二十九日丁丑(9月12日) 阴

辰刻上岸，到会馆，馆在朝天宫西，为汤雨生将军名贻芬，邑人，以难荫，仕至浙江乐清协副将，工诗，善书画，好宾客，侨居金陵。所建。据冶城山顶，最高一楼曰冶山弟一楼，开西南窗望江，开北窗，鸡鸣诸山历历可数，为馆中最胜，余兄弟即下榻其中。楼下为友贤堂，前一进中祀梓潼神，其左厢即敬伯、才叔居处。饭后谒祁方伯，名宿藻，行六。系先君乡榜同年，以伯厚大兄有函嘱致细事，故往见之。次至万竹

园,邓氏子楚、名尔晋,行四。子鱼名尔巽,行六,俱余妇翁子期先生弟。两丈,俱他出。与伯紫坐谈至晚,候之余妇翁,不至,遂归。

三十日戊寅(9月13日)　阴

子楚丈及妇从弟笏臣行二,名嘉绅,子久丈子。来。同阿哥至邓处晚饭。

八月建己酉

初一日己卯(9月14日)　阴,细雨

伯紫弟来,同至朝天宫东偏飞云阁一游,觉风景远逊冶山楼。邓子鱼来,与伯紫同去。

初二日庚辰(9月15日)　阴

汤雨生先生携榼来访,雨翁年七十馀矣,风雅健谈,步履矍铄,座中诸人皆邑子后辈,人人咸致款曲,良久始去。

初三日辛巳(9月16日)　阴雨

邓应甫来,名尔谦,妇翁族兄。言即须至山右,故来询吉止近况,因作书与携去。阿哥往拜汤雨翁,余往拜候补道胡公。名调元。

初四日壬午(9月17日)　阴,甚寒

答拜邓应甫,遂至万竹园午饭。

初五日癸未(9月18日)　晴

咏如来宁相访。以会馆去贡院太远,移寓石坝街。适幼静、子巽俱至,遂与同寓,咏如亦来合伴。

初六日甲申(9月19日)　阴,微有日色

同人偕往问柳,早膳。又增置考具。子楚丈及伯紫、笏臣来。

至间壁茗饮。主试监入帘。主考沈兆霖、葛景莱俱浙人,监临杨文定皖人。

初七日乙酉(9月20日) 阴雨

无锡钱揆初、名勖。华迪初来访,言讹传粤贼有东下之势。又宿松县民变事甚急,彼邑应试士子投卷而去者甚多。

初八日丙戌(9月21日) 阴,申刻雨,至夜不休

丑刻入场赴点,得西龙腮龙门两侧名龙腮。万字号,同人俱不可觅,姑归舍卧。辰刻至明远楼下,逢子巽、咏如,始知阿哥得西总门具字,幼静西文场馀字,子巽平江府性字,咏如西龙腮莫字,敬伯东文场菜字,才叔东文场宇字,容生西龙腮馀字。遂至阿哥号舍,坐良久,共煮饭,食饱始归。下午至幼静处谈良久。

初九日丁亥(9月22日) 晴

子刻得题,寅刻起构思,夜二鼓分终卷。

道之以政,齐之以刑,民免而无耻;道之以德,齐之以礼,有耻且格。

布在方策。

其实皆什一也。彻者彻也,助者藉也。

半潭秋水一房山。得居字。①

初十日戊子(9月23日) 秋分。晴

卯刻出场,独往茗饮。

十一日己丑(9月24日) 晴

入场如前,与容生同坐西龙腮胜字号,号舍极宽广。

---

① 稿本四题前依次有"首题"、"次题"、"三题"、"诗题",后抹去。

十二日庚寅(9月25日)　晴

戌刻完卷,掇拾考具。晚饭毕,与容生坐谈。

康候用锡马蕃庶,昼日三接。

锡土姓。

制彼裳衣,勿士行枚。

遂城虎牢。襄公二年。

孔子佩象环五寸。

十三日辛卯(9月26日)　晴

黎明出场,至永福园茗饮。

十四日壬辰(9月27日)　晴

入场坐西龙腮服字。携千里镜登明远楼眺望,以索观者众,不能极目,遂乃返舍。

十五日癸巳(9月28日)　中秋节。晴,月明如昼

申刻终卷,晡后出场,饭毕,至夫子庙前书肆,与幼静等游秦淮河,赏月以度佳节。水风峭急,同坐俱拥裘夹兜蔽耳,且又倦甚,下舟坐未定,各起去。余独游至三鼓尽,始归寓中,酣声四起,叩门良久乃得入。

问经学、史学、小学,官方、海运不录。

十六日甲午(9月29日)　晴

余兄弟欲俟邓伯紫同行,幼静、子巽、咏如返里。陆行至栖霞,下舟,余兄弟送之,遂游孝陵,过内城,出朝阳门,约二十里,日中方至。从陵西路入,步行过一桥,每门俱有守者索钱。入数十武,一敞殿内立圣祖、高宗宸翰。再后即孝陵,享殿九楹,纳陛三重,雕绘工整未坏。中设神龛,前列本朝列帝登极告祭文。殿后数百步过一

桥，始至宝城，城形正方，有高堞壮如将台而广，下为隧道，城后缭墙周数里，林木葱茂。复出至碑亭，有叟市茶其内，与三君同饮，讫分手去。吾兄弟复由内城绕道至鸡笼山，登观象台，系前明钦天监故址，纯皇南幸时易名旷观亭。御碑卧草中，已断为二矣。亭最高江流曲处，正当其西，一白如练，俯瞩全城，鳞鳞万瓦，可指而数。山东北不及半里即鸡鸣寺，因日已下舂，未往游。归途经妙相庵，少留，庵不广而结构颇佳，余前屡游，但今丛桂盛开，尤足赏耳。酉刻抵寓。

十七日乙未(9月30日) 晴

至万竹园午饭，饭后同子楚、子鱼返小寓，留晚饭后去。

十八日丙申(10月1日) 晴

饭后至市购物。

十九日丁酉(10月2日) 晴

游清凉山，坐船至朝天宫，左近地名点心桥，上岸行约五里始到。上山又约里许，休于四面殿之旁舍半刻，鼓勇登山顶翠微亭，远瞰大江，较旷观亭为空阔而高迥不及之。良久下山，复至会馆冶山楼，与子乔遇。时楼中已设茶肆，与茗谈久之，子乔诵其近作，有“作客文章贱，惊秋疾病多”之句，哀感顽艳，殊可诵也。至万竹园。

二十日戊戌(10月3日) 晴

坐双桨小舟到城北候汤雨翁，不遇，将返顾，见鸡鸣山寺即在巷尾，因往一游，直登山顶白衣殿，俯临后湖，仅隔城垣，湖外诸山若拱若揖，视旷观、翠微二胜别有幽致。前登鸡笼，薄此山之小而不游，若无此行，岂不失之交臂。今岁试后有数日之留，得历游秣陵城中诸山，各臻其妙，不图今日复得至此，谓与山水有缘，洵不诬矣。余先拟同伯紫、仲言名嘉纶，行四，南阳君次弟。至常，故候之数日，适得子鱼丈来字,言二人惮远出,不偕行矣。遂捡点行李,定次日启行。

余作冶山第一楼联语云:

举头明月初生,万里清辉渐东上;

遥指大江而外,千山紫气尽西来。

此联雨生先生极赏之,时同辈为之者共数十人,独书余作悬阁中,其意可感也。

友善堂一联云:

合邑会英才,风流被宏奖;馆为雨翁所建,故云。

依山成广厦,寒士尽欢颜。

阿哥作冶山楼联云:

龙气暮烟沉,凭栏十万松风,东顾峰岚齐碧汉;

鸡鸣山塔隐,回首大千水月,南朝城阙付浮云。

余又师此意作一联云:

携手登高,看万里风云,槛外鹰盘秋色老;

抚膺问古,数六朝城阙,山中龙卧暮烟沉。

二十一日己亥(10月4日)　晴

至邓处辞行,适逢子楚生日,兼往致祝,乘小舟至通济门,过舟,戌刻泊下关。

二十二日庚子(10月5日)　晴,顺风

卯刻过燕子矶,出观音门。辰刻过栖霞口,申刻至金山,泊舟上岸,倩寺僧为导,先至山顶登塔,塔七层,窗甚小而内逼窄,不畅观览,亦初无"横卧江心,登者栗栗"之说。塔旁江天一览亭甚空旷,可以瞩远。少顷由小径下山,至江天寺大殿,殿西文澜阁,藏四库书处。闻坡公玉带亦在其内,门扃不得入。循山足至山之后,上玉带桥,桥与善财石相对,桥右为印心石屋,最上处为朝阳洞,余以足软未登,

盘桓良久，觉其空阔雄浑，视山前殆不可同日而语，因叹近人所云“金不如焦”，大非平允之论。金山之阳为江沙涨成陆地，故一望平衍不足观。至山顶之江天一览，已愈于焦山之四面亭，而山后玉带桥诸胜更非焦麓所有，惟金山过事妆点，正如倾国之姿，脂污粉浣，反令减色耳。下山后舟发，顷刻至镇江口，泊舟西门。

二十三日辛丑(10月6日) 晴

午刻至丹阳，酉刻舣舟奔牛镇。

二十四日壬寅(10月7日) 晴，顺风

巳刻抵家。四姊在家，次甥槐生于初三日殇折，甥故聪俊，闻之悼惜。又闻高三母舅名△△。去世，吉止有恙甚剧。

二十五日癸卯(10月8日) 寒露。晴

幼静来访。至高处吊丧。同幼静啜茗。稚威来访。毛省庵来诊吉止疾。

二十六日甲辰(10月9日) 晴

访容孙。访开孙，同人皆在，少坐先归。

二十七日乙巳(10月10日) 晴

二十八日丙午(10月11日) 晴，傍晚风雨

公执、稚威、幼静来访，午刻幼静又来。至族祖用久先生处，未遇。

二十九日丁未(10月12日) 晴

至四姊处午饭，申孙、姓刘名怿，行二，开孙弟，新从都中返。庄耀采亦来，少谈而散。毛省庵来，为母亲定膏子药方，兼诊吉止疾，言即可愈。

膏子药方：

潞党参一斤　枸杞子三两　女贞子二两

大生地十二两　厚杜仲八两　野於术二两

白茯苓八两　缩砂仁一两四钱　桑寄生四两

绵黄芪八两　大麦冬四两　肥玉竹四两

大白芍四两　淮山药四两　元眼肉六两

当归身八两　川贝母二两　广陈皮一两

真阿胶六两　川续断四两

白蜜二斤成膏。

九月建庚戌

初一日戊申(10月13日)　阴雨

四姊将至邗江，往送行。饭后雇小舟送之西门外，始返。

初二日己酉(10月14日)　晴

初三日庚戌(10月15日)　阴

阅邸报。兵科给事中袁甲三劾定郡王载铨折内云定王广收门生，外间称为"定门四配十哲七十二贤"，又有对联云："知止而后有，小有才必酿大患；尽信不如无，下无法何以上人。"上联含一"定"字，指定王，下联含一"书"字，指刑部侍郎书元。

初四日辛亥(10月16日)　阴

同稚威、幼静早膳市中，又茗饮。

初五日壬子(10月17日)　阴

访稚威、幼静，同访开孙，不遇，与申孙少谈。

初六日癸丑(10月18日) 晴

同幼静等早食及茗饮,阅邸报。广西提督向荣违误军机,发往新疆,钦差大臣赛尚阿调度失宜,革职留任。

初七日甲寅(10月19日) 晴

访幼静,不遇。下午申孙来,同访幼静,又不遇。

初八日乙卯(10月20日) 晴

至东岳庙拈香,以诸小孩但有痧疹之疾,往祈谢故也。幼静同咏如赴扬州,来辞行,送之,一茶而别。开孙来访,同至茗肆。又同稚威茗。

初九日丙辰(10月21日) 重阳节。晴

至陆存陔家祝其母寿。

初十日丁巳(10月22日) 晴

访稚威,不遇。

十一日戊午(10月23日) 晴

稚威过访,同至开孙处,与偕茗。申孙代买怀素《千字文》一帙,系明拓,此为予购石墨之始。访容孙。才叔来。是日秋试报罢,同人无获售者。

十二日己未(10月24日) 晴

与稚威访开孙,遂偕开生、申孙及子巽、张倬云茗。

十三日庚申(10月25日) 晴

至子江处吊其祖母之丧。访稚威。儿子克昌留顶发,斋佛。

十四日辛酉(10月26日) 晴

十五日壬戌(10 月 27 日) 晴

稚威来。申孙来,午饭后去。

十六日癸亥(10 月 28 日) 晴

访稚威,复访容孙,皆不遇。

十七日甲子(10 月 29 日) 晴

幼静生子,往贺。开孙、申孙、稚威同茗。申孙独至余家,以残《云麾碑》一本为赠。

十八日乙丑(10 月 30 日) 晴

逢开孙、倬云,偕茗。买得《道因碑》、《争座位》、《多宝塔》、《中兴颂》。访开孙、申孙,晚饭后归。以《思古斋石刻》易申孙颜平原《东方画赞》。

十九日丙寅(10 月 31 日) 晴

二十日丁卯(11 月 1 日) 晴

小女周岁抓周。抓朝珠、银锞、算盘。申孙过访,倬云亦来。晚饭后同茗市中。

二十一日戊辰(11 月 2 日) 阴,细雨

访开孙、申孙,同茗。

二十二日己巳(11 月 3 日) 阴

得异菊,形如梅。

二十三日庚午(11 月 4 日) 雨

二十四日辛未(11 月 5 日) 晴

闻公执有病旋里,往候之。访申孙,茗饮,又至其家午饭,申孙

以古琴名画示余,饭后出北门茗。写邓伯紫信。

二十五日壬申(11 月 6 日) 晴

逢才叔,同至其家,又同茗。

二十六日癸酉(11 月 7 日) 晴

同申孙茗,又偕饭,又同访徐葆光,名△△,仲平先生孙。看帖。又访才叔,得王《圣教序》。阅邸抄。户部为筹备军饷事,凡贡廪增附捐银五千者,赏给军功。举人一体会试,监生曾经录科已取者,自必文理通顺,应亦准其报效。其平人捐银三百两者,赏给军功。附生归入学册,准与科岁等考,奉旨允行。后此例仍驳,系十月内事,亦见邸抄。

二十七日甲戌(11 月 8 日) 晴

至先茔祭扫。访公执,开孙、申孙、稚威、敬伯皆来。

二十八日乙亥(11 月 9 日) 晴

二十九日丙子(11 月 10 日) 晴

访申孙,觅遇之,敬伯亦至。访稚威,不遇,得《庙堂碑》及《十三行》二种,又东阳本《兰亭》。此种极良。至宜扫墓。

三十日丁丑(11 月 11 日) 下午细雨,风微逆

泊舟和桥镇。

十月建辛亥

初一日戊寅(11 月 12 日) 晴

辰刻抵宜兴。登岸访汪少韩、程维屏,次至二伯、四叔家,次往

起居潘晓村师。至东山扫墓。

初二日己卯(11月13日) 阴,寒甚,逆风

辰刻至和桥,上岸早食,戌刻泊镇洋桥。

初三日庚辰(11月14日) 晴

午刻抵家。

初四日辛巳(11月15日) 晴

初五日壬午(11月16日) 晴

访开孙、申孙,并遇稚威,遂在其家午饭,后同申孙茗。

初六日癸未(11月17日) 晴

同阿哥访申孙,北门外茗。是晚为申孙饯行,并邀开孙、公执、才叔诸君子。

初七日甲申(11月18日) 晴

才叔来,同茗。候伯厚大兄,不遇。稚威约饭,余有微恙,不终席,归。

初八日乙酉(11月19日) 晴

至申孙处送行,同茗饮。访才叔,不遇,又至北门外茗。

初九日丙戌(11月20日) 晴

至天井巷高外祖家。

初十日丁亥(11月21日) 阴,细雨

得《玄秘塔》。

十一日戊子(11月22日) 阴

得《九成宫》。

十二日己丑(11 月 23 日) 晴

于花肆始见早梅。

十三日庚寅(11 月 24 日) 晴

十四日辛卯(11 月 25 日) 晴

访汪伯庸。稚威来,同稚威、才叔茗。

十五日壬辰(11 月 26 日) 晴

才叔来,同茗。

十六日癸巳(11 月 27 日) 阴,细雨

遇开孙,同茗。候才叔,不遇。

十七日甲午(11 月 28 日) 阴,细雨

十八日乙未(11 月 29 日) 晴

才叔来,偕茗。

十九日丙申(11 月 30 日) 晴,入夜阴雨

访才叔及开孙,同子巽、咏如茗。

二十日丁酉(12 月 1 日) 晴

二十一日戊戌(12 月 2 日) 晴

得《郭家庙》。

二十二日己亥(12 月 3 日) 晴

同开孙、子巽、才叔市中早膳、啜茗,又同到稚威家饭。

二十三日庚子(12 月 4 日) 晴

至公执处。开孙、稚威过访。

二十四日辛丑(12月5日)　晴

接妇翁子期先生来信。

二十五日壬寅(12月6日)　晴

开孙、稚威来,得《灵飞经》。

二十六日癸卯(12月7日)　晴

发山西信、南京信。

二十七日甲辰(12月8日)　晴

冯耕亭来,同访开孙,并遇稚威及思一二兄,名振禋,伯厚弟。共至才叔家,又同茗同饭,饭后再茗,仍偕过稚威。

二十八日乙巳(12月9日)　阴

访伯厚大兄,稚威、耕亭皆在。

二十九日丙午(12月10日)　晴

访开孙至茗肆中,与阿哥等皆在。访稚威,不遇,逢耕亭,与偕返。

十一月建壬子

初一日丁未(12月11日)　晴,日食,几八九分

倬云来访。开孙来约饭,同座稚威、耕亭、思一及何伯冰、名裕,行一,宜兴人。技击过人,有膂力。陈炳然。名清照。

初二日戊申(12月12日)　晴

开孙来,与访稚威,不遇,行出遇之。闻听胪归,往访之,不遇。姓杨名传第,行六。

初三日己酉(12月13日) 晴

初四日庚戌(12月14日) 晴

开孙来,同早食,稚威亦至,遂偕访庄耀采,不遇,复同游谢园,出再茗。

初五日辛亥(12月15日) 晴

候伯厚大兄,次访开孙、听胪、子巽,咸不遇,后于徐葆光处逢开孙等。往才叔处少坐。

初六日壬子(12月16日) 晴,戌刻地震

伯厚大兄同开孙、稚威过访。伯厚先去,与开、稚二人茗,又饭。同汪伯庸茗。重访开孙,并遇听胪,俱往徐葆光家。

初七日癸丑(12月17日) 晴,大风

才叔来。幼静有函相致。

初八日甲寅(12月18日) 晴

访公执、稚威,与少谈别。

初九日乙卯(12月19日) 晴

子巽、开孙、听胪来,稚威来,汪伯庸来,吕定之名耀斗,子中侄,官庶常。来,皆在此饭。饭后同过家。伯厚大兄傍晚贳饮某氏垆。

初十日丙辰(12月20日) 晴

同开孙、稚威、听胪早食,又茗饮开孙处,复访才叔。

十一日丁巳(12月21日) 冬至。晴

听胪来。伯厚大兄来。

十二日戊午(12月22日) 晴

十三日己未(12月23日)　晴

倬云来,以新获琴嘱上弦,弹半阕,叹为佳品。

十四日庚申(12月24日)　晴

庄耀采来,稚威、才叔来,开孙来,稚威去又来。访才叔,不遇。与开孙等公分为稚威饯行,并要伯厚大兄等。

十五日辛酉(12月25日)　晴,下午薄阴

访才叔,留饭后访开孙,遇之。访听胪,不遇,又同开孙往吴桐孙家诊其疾,适逢听胪亦在,遂同茗。

十六日壬戌(12月26日)　阴,戌刻月蚀十六分,云蔽未见

访公执。母亲寿日,先一夕叩祝。俗名暖寿。得《皇甫玄宪碑》。

十七日癸亥(12月27日)　晴

清晨起,叩祝堂上寿,家人食汤饼。开孙、听胪、稚威、子巽、庄耀采、吕定之来祝寿,留面。

十八日甲子(12月28日)　晴

访稚威。作书寄幼静于扬州,寄槐亭于苏州。

十九日乙丑(12月29日)　晴

同稚威早餐,同访金仁甫及开孙,皆不值,又访子巽,并见才叔,复同候葆光看帖,又茗。稚威来辞行。仁甫来,才叔来,饭此。

二十日丙寅(12月30日)　晴

同才叔、吕定之家思一二兄早膳。同开孙、子巽、盛德生、名久荣,行五,隽生之兄。吕定之、思一茗,又饭,饭后再同茗。偕访才叔、倬云,皆不遇,遂至子巽家,少顷才叔来,共候听胪,与之茗。访公执视疾。

二十一日丁卯(12月31日) 晴

访才叔、开孙,不遇,过茗肆,逢子巽、倬云。又访听胪,亦不遇,乃出,遇之。

二十二日戊辰(1月1日) 晴

开孙、才叔来,倬云、叔纯来,同茗。

二十三日己巳(1月2日) 晴

二十四日庚午(1月3日) 晴

同开孙早餐市中。

二十五日辛未(1月4日) 晴

才叔来。子巽、开孙、汪伯庸来,在此饭。

二十六日壬申(1月5日) 晴

汪伯庸请饭。

二十七日癸酉(1月6日) 雨

二十八日甲戌(1月7日) 阴

同金仁甫访开孙等,皆不值。访倬云,听鼓琴三曲,复访开孙、才叔,同茗。

二十九日乙亥(1月8日) 阴,细雨

何伯冰来访,同至其家,斗室容膝,四壁悬刀、槊、戈、戟几满。

十二月建癸丑

初一日丙子(1月9日) 晴

访公执,候其疾。倬云、子巽、徐士安来,言近日系伯庸寿日,遂

同往祝之。下午仍同归,少选思一二哥及听胪来,共往茗饮,偕开孙访公执。闻楚省贼兵尚在岳州,有另股土匪至汉口焚掠一空,镇市居人十不存一,火三日夜不息。九江亦有土匪滋事,安抚蒋文庆闻变,误以为贼至,一日发六里文书四封至江省,各大府均不知所为。又言上年浙漕尚未至淮,上下俱各淤浅,不得已仍还故处,改由海道。有司文移俱称倒运,殆为语谶。吾常前月廿三至廿五三夜,正南有大星如盎,光色异常,见者甚众。廿七夜初鼓,天忽开裂,绿光遍空,一月之中,天裂地震,日食月蚀,星变叠示警象,恐非佳兆。

初二日丁丑(1月10日)　晴

吉止有疾,请毛省庵来诊。才叔、倬云来。

初三日戊寅(1月11日)　晴

才叔来。访公执。

初四日己卯(1月12日)　晴

毛省庵来诊吉止之疾。

初五日庚辰(1月13日)　晴

同思一兄早餐。访伯冰。是日系听胪母夫人寿,同开孙诸君称祝。又访伯冰,嘱余代人题小照。

秋江罢钓图图有一童烹茶,一姬擫管。

玉笛声长炉火红,颓鬟雏婢短衣童。村前黄叶家应在,江上青山曲未终。野荻夜喧声瑟瑟,寒波秋泻影溶溶。扁舟散发浑闲事,老向轻帆柔橹中。

初六日辛巳(1月14日)　晴

访仲明,名亮贻,行三,董子诜先生子,善书。以乳饼见遗,此味南人不易得也。访开孙、才叔,不遇。访倬云,听琴。

初七日壬午(1月15日) 雨雪

听胪来,同茗。

初八日癸未(1月16日) 大雪,寒甚

伯冰过访,同候思一二兄。

初九日甲申(1月17日) 晴

下午访公执。

初十日乙酉(1月18日) 晴

午后思一二兄同开孙来。

十一日丙戌(1月19日) 阴,雪

候思一二兄,不遇。访伯冰,同至子巽处,阿哥及开孙皆在,遂同茗饮。晚赴子巽之招,座客听胪、才叔、开孙、徐葆光及余兄弟。稚威是日旋里。先是,稚威欲以公执、文凭至山东候补道,以世乱故归。闻贼到九江。

十二日丁亥(1月20日) 晴

稚威来。

十三日戊子(1月21日) 午前晴,午后阴

至稚威处午饭。闻粤贼于本月初三日破湖南岳州府,初八日破湖北汉阳府,大肆焚掠。后闻是十二日,未知孰信。

十四日己丑(1月22日) 阴

吕定之来,稚威来。

十五日庚寅(1月23日) 阴

访公执。才叔来。

十六日辛卯(1月24日)　雨

公执是日至苏垣就医,往送之。是日为开生三十岁生日,往致祝,留饮到二鼓。

十七日壬辰(1月25日)　雨

十八日癸巳(1月26日)　雪

午前伯冰及思一二兄来。

十九日甲午(1月27日)　晴,日晡,寒甚

仲吉三兄名振祁。及子文侄名其相。来。

二十日乙未(1月28日)　晴

倬云来,同访稚威。访伯冰。候伯厚大兄。

二十一日丙申(1月29日)　晴

访稚威。伯厚大兄来,在此午饭。饭后同访伯冰、才叔,皆不遇。又访开生,才叔、稚威俱在其家。复访听胪,不遇,仍至子巽处,晚饭后归。

二十二日丁酉(1月30日)　晴

稚威来。访听胪、开孙、子巽,遇之,同茗,才叔亦来。又至子巽家,又访倬云,晚饭后归。

二十三日戊戌(1月31日)　晴

闻幼静旋里。

二十四日己亥(2月1日)　阴,夜雪

幼静来。同开孙、幼静、才叔、听胪、咏如、稚威、子巽茗饮,饭开孙处,饭后再茗,复到幼静家。为幼静洗装,并请伯厚大兄及开孙等。

二十五日庚子(2月2日) 阴雨

闻武昌于本月初四日失守,屠戮甚惨。

二十六日辛丑(2月3日) 阴

访幼静,不遇,乃遇开孙。接耕亭书,寄来代购之《十三行》二种,苏帖一种。发扬州信与四姊,发山西信与妇翁子期先生,发江宁信与妇弟伯紫。

二十七日壬寅(2月4日) 立春。晴

幼静来。同开孙、幼静茗,遂至开孙家夜饭。

二十八日癸卯(2月5日) 晴

同幼静早餐,后访咏如、才叔,饭才叔家。又同开孙、倬云茗,仍过才叔,复偕听胪茗。

二十九日甲辰(2月6日) 阴

伯厚大兄来,幼静、听胪来。同幼静等至市中早食。同开孙茗,午饭余家。

三十日乙巳(2月7日) 阴

吕定之来,至幼静家辞岁。幼静来。顾塘桥本家来。饭后奉悬先像,拜祭如故事。

(以上《落花春雨巢日记》一)

咸丰三年(1853) 太岁昭阳赤奋若,二十二岁

正月建甲寅

初一日丙午(2月8日) 阴雨

幼静来贺。谒家祠,到至亲本家拜年。

初二日丁未(2月9日) 阴

伯厚大兄来。子巽来,同访幼静、稚威,少刻咏如亦至,饭后又往同茗饮。开孙来。

初三日戊申(2月10日) 阴

访幼静,遇金仁甫。至家士伯兄处贺年。名家达,行一。仁甫来,同访幼静,偕茗。

初四日己酉(2月11日) 晴

开孙、听胪、子巽、定之来饭。访幼静。

初五日庚戌(2月12日) 晴

幼静家祀神,邀食祭馀,食既,遂偕访开孙,同茗,又饭开孙家。

初六日辛亥(2月13日) 晴

访幼静。高绪堂母舅来。幼静来,同觅才叔,不晤,又访子巽,二鼓归。

初七日壬子(2月14日) 晴

同听胪茗。访倬云,与开孙、幼静、子巽茗。听胪又来,至开孙家食汤饼,归。访稚威。丁佛持来。名承熹,若士先生侄孙。

初八日癸丑(2月15日) 晴

初九日甲寅(2月16日) 晴

初十日乙卯(2月17日) 阴,细雨

闻公执归,往访之。同开孙饭幼静家。讹言贼至安庆。

十一日丙辰(2月18日) 阴

同阿哥、幼静、才叔到伯冰家坐良久,筹避地。幼静来饭,才叔来访。

十二日丁巳(2月19日) 雨水。晴

幼静、稚威来,幼静留饭。听胪来。访子巽。又至幼静家,留晚饭。

十三日戊午(2月20日) 晴,夜雨

伯冰来。芳洲四叔至自宜兴。访公执并晤开孙,共食市中。

十四日己未(2月21日) 阴雨,大风

幼静、稚威来,同早食,又同茗。逢咏如、开孙、听胪,共饭稚威家。

十五日庚申(2月22日) 上元节。大雪

子巽、开孙、伯冰见访,在此饭。

十六日辛酉(2月23日) 阴

与阿哥、开孙、吕子中在幼静家午饭。傍晚又往晚饭,后返。

十七日壬戌(2月24日)　　阴

清晨幼静过访。同阿哥及听胪、幼静并同族数人茗。稚威请饭,同席开孙、幼静、才叔、张振远、名兆来,行九,年五十馀。龚少白、名建中。管纶云及余兄弟共十人。同才叔茶,又同返。子江祖母之丧,阿哥往陪吊。闻广西人作七律三十首指斥时事,句含诸大帅姓名而褒贬之,惜不能尽记,记其一首,复遗首联,录此:"达人知命身先退,达洪阿。巴客登场曲已终。忘其名,旗下大员。望似姚崇徒寂寂,姚莹,时任廉使。才如严武亦空空。严正基,任方伯。天边更有飞来鹤,邹鸣鹤,巡抚。辜负君恩奖许隆。"中有六首专美向军门,四首专诋赛督师。

十八日癸亥(2月25日)　　薄阴

幼静、稚威来,同访公执,开孙亦来,遂偕茗偕饭。阿哥动身至苏迎候六姊。

十九日甲子(2月26日)　　晴

逢伯冰、开孙、子巽、稚威、卜云泉,名△△。同饭,并要幼静来,饭后与伯冰茗。

二十日乙丑(2月27日)　　阴

耕亭自梁溪归,同定之来访。偕幼静、耕亭、听胪、定之、叔纯茗。

二十一日丙寅(2月28日)　　晴

同幼静、耕亭茗,及至郡庙内园,又偕早食。访才叔,逢听胪、子巽、咏如、开孙、敬伯,同到茶肆少坐。至开孙家瞻仰其所造旃檀佛菩萨像,又过敬伯,午饭。

二十二日丁卯(3月1日) 晴

清早访幼静,少坐。稚威、耕亭亦至,同早餐,同茗。少选开孙、听胪来,听胪是日即拟公车北上,同人以世乱劝缓行,听胪未以为是。同幼静归,饭其家。候伯厚大兄,不遇。闻江督陆建瀛全师覆没,遁归江宁。九江失陷,贼不日东下。特旨命苏抚杨文定进守江宁,河帅杨以增、漕帅杨殿邦防堵瓜洲,又命各省藩臬皆得专折奏事。

二十三日戊辰(3月2日) 晴,黄沙四塞,白日无光,自开正以来,连日如是

幼静、稚威来,同出早食及茗。候公执疾。候伯厚大兄及吕定之,皆不遇。倬云及仲吉三兄来,全叔名仁治,字子慎,行十。及思一兄来,吕定之、吴通孙、伯冰来。同伯冰到伯厚大兄家,幼静、稚威亦来,良久,共至余家。汪伯庸来。闻贼至大通,警报日急,阅弢翁与伯厚书,述贼破九江制军兵败事甚悉。弢翁已挈眷自维扬避至富安场矣。

二十四日己巳(3月3日) 晴

晨起肃衣冠诣家祠,拈阄决避难之所,本郡乡间吉。觅幼静至郡庙花园,遇之。开孙等咸在,遂同茗。午饭后同候家伯厚兄一茶。耕亭来,同至幼静处共议避难所,同人俱以张振翁所言之北新桥邹家巷为善地,遂决计先往观之。是日有向军门战捷之谣,警信少舒。

二十五日庚午(3月4日) 雨

访幼静,同访子迎,三日前抵里。不遇。闻其家决意至浙。访张振远,张住北门外至北新桥必由之路。是日拟共下乡,以雨止。访开孙,不遇,乏甚,姑少坐。而伯厚大兄同曼叔来,又良久,主人亦返,因共茗。子迎复来,言贼兵的于本月十七日破安庆,前信俱确。访

伯冰,约与同居。至幼静家饭。傍晚幼静来,又同到其家晚饭。

二十六日辛未(3月5日) 阴雨

至吕子中家陪吊。同幼静、稚威茗,访振远与下乡策。蹇行泥淖中三十里,半日方至。村民数十家皆邹姓,屋宇有可居者。天将晚,乃归,半途买饭,食毕即行,抵城夜已二鼓,复冒雨进城。至开孙处少坐,至幼静家。阿哥自苏城抵里,言途遇汪遂堂自江宁解饷归,述及南京居民大半逃徙,邓处合家已不知何往。

二十七日壬申(3月6日) 晴

访幼静,同访伯冰,遂归午饭。又至保卫总局设龙城书院内。寻伯厚大兄探听消息,亦殊无确耗。至子迎家,敬伯、振远亦来。振远言邹家巷房子价甚昂,每间索三五元不等,时拟结伴同往者张振远、陈彦修、刘开孙、周稚威、方幼静、何伯冰、周钧甫、名同毂,行六,稚威从弟,余业师叔程先生子。冯耕亭及余共九家七十馀人,约需屋二三十间。以渠所言每月需洋几百元,然舍此别无他处道路,不得已仍托振翁明日下乡说项。连日贼警叠至,朝不谋夕,入室则相对垂涕,出外则惟闻太息。兼之卜居未定,筹费无从,衣服器皿典质,恐后向之所珍,今且弃掷乱离,未至已觉憔悴难堪,乃知诸葛《出师表》所云"苟全性命于乱世",非自谦之言,特自许耳。

二十八日癸酉(3月7日) 晴

幼静来,同至其家,识无锡人钱子明。名诵清。同候伯厚大兄,又不遇。又同访开孙,亦不遇。访伯冰少谈,复访幼静,并遇开孙。伯厚大兄来,闻上海道往借英吉利火轮船五只,其国因粤匪滋事以来,货物昂贵,情愿助顺,自备资斧,由福山口入江,驶至九江协剿。昨日已过小河江口。又苏抚接到安抚来文,安省并未被兵,现在提督向荣已至九江。钦差大臣同周天爵、琦善亦各分道堵剿等语，此信虽未必确，闻之心神俱为宁谧。

二十九日甲戌（3月8日） 饭前雨，将晡晴

访幼静，遇张振翁，知屋事已得就绪，每间四五千文不等，立有笔据，下乡住屋算价。又知乡间已放小车十两至城每车往返制钱三百文。搬运行李，而同事诸人因昨日信息大好，俱有怠意，遂各捡粗重之物带去。同幼静、振远早食市中，开孙亦至，又同茗。复至幼静家，子迎、咏如、敬伯皆来，共至市中午餐。后到天宁寺复茗。酉刻候伯厚大兄，见南京来信，云贼至铜陵，为周军门天爵所破，刻下向提军扼其上游，周帅阻其下扰云云，则昨日安庆并未被兵之说不确，可知此虽非凶耗，然闻之不能无忧。闻各乡俱有阴兵之异，初至声如疾风暴雨，磷火杂沓，中复见有戈甲旗帜之象，其来自溧阳、宜兴，由西而东，每夜皆然，咏如、才叔皆目击之。

三十日乙亥（3月9日） 晴

幼静来，同食复同茗。业师周先生名仪灏，行四，伯恬先生弟。举殡，往送。访幼静，在其家饭，饭后同至总局，遇开孙、敬伯。同咏如、开孙、幼静、敬伯、仁甫茗，子迎、才叔亦来。访伯冰。才叔来。幼静、开孙、思一二兄来，言城中亦有阴兵之说，居人所蓄鸡俱被剪羽，幼静家亦然。捉鸡验之，良信。剪止半截，不平，剪但断管，其管所馀如燕尾形，断非人所为。

二月建乙卯

初一日丙子（3月10日） 晴，下午阴

侵晨六姊归宁抵家。幼静、稚威急走而至，言贼兵已过金陵，不

日当到。二君甫去,伯冰即来,言此信非确。少刻幼静又来,言其眷属即日下乡,稚威夫人亦去,来问余家何日前往,且嘱勿缓,送之出。伯冰又来,遂同访稚威、幼静,两家内眷已将登舆,无心留坐,即归。遣下人雇舆,舆值甚昂。下午伯冰又来,复至稚威处不遇,至伯厚大兄处少坐,亦未得真信。

初二日丁丑(3月11日)　阴,风雨

伯冰、稚威来,同至北门外候车。逢开孙,知车已至,各归发行李。申刻,母亲率六姊、阿嫂、南阳君及克昌、德音共坐轿四乘,凤梧、德容及婢媪数人坐车三两,铺盖一切用车三两,至北新桥。阿哥骑驴先去。才叔来。晚饭后稚威来,同至伯厚大兄处,闻贼兵于前月二十八日水陆并进,直犯金陵,城中兵饷俱绌。苏抚杨文定先奉旨防堵京口,因警信甚急,欲退保常州腰跕,已至吾常,先有兵勇蹂躏之厄等信,伯厚默默不作一语,唯劝速迁而已。以先祖神主及甥女望娥尚未下乡,遣人雇舟不得。

初三日戊寅(3月12日)　阴

以是日始每晨跪持《准提神咒》一百八遍,求合家免灾劫。丑刻即起,督率下人收拾先奉神主去匣脱座,与诰封安一处,裹缚已毕,复奉列代神影,亦去匣包扎,以便迁徙携带,然后将乡间必不可少之物掇拾一所,料理粗定,倦极而卧。天微明起,至稚威处,不遇,少刻稚威过访,少谈去。午后在家候车,久不至。时警报甚急而舟舆俱尽,不胜焦灼。日晡闻车声辚辚,自远而至,心计或是乡间所遣。少刻果报车六乘来,大喜过望,复接阿哥书言母亲以下均无恙,益忻慰,遂奉神主先象一车,并遣甥女望娥等下乡。下午率下人将粗重各物移置柴房封锁。刘绳卿来。耕亭来,同候伯厚大兄。是晚信息少定,并知杨文定已署江督,初拟来常扎营,为阳湖县侯贾益谦力阻

始止云云。贾山西人,有吏才,后杨以此恨贾,思中伤之。会杨奉旨拿问,不果。

初四日己卯(3月13日) 阴,下午大雨,始闻雷声

稚威、耕亭来,同早食,又茗。访伯冰,知已下乡。过张振翁,同访子迎。

初五日庚辰(3月14日) 阴

稚威来。访公执、稚威,访振远,子迎亦至,共往茗饮。又饭振翁家,饭后稚威同至北新桥,傍晚始到。合家均无恙,与幼静家合居一楼,甚逼窄。阿哥及幼静另居土室一间,在厢楼下,昏暗卑湿,草帘蔽窗,白昼不见日色,梁木脱缝数寸,以门闩拄之,稍一相触,即兀兀动不止。厅后二间,叔程师家居之。厅东偏一间,稚威居之。恺孙及耕亭住右邻,伯冰及陈彦翁住对门,振远家尚未下乡。至开孙处。

初六日辛巳(3月15日) 阴

阿哥与耕亭上城。是晚偷儿入间壁行窃,惊觉,各家咸起大呼,始去。

初七日壬午(3月16日) 晴

同伯冰、稚威至新桥镇,离村一里。

初八日癸未(3月17日) 晴

偕诸同人至安家舍点心,离村四五里。

初九日甲申(3月18日) 晴

初十日乙酉(3月19日) 晴

阿哥、耕亭自城来乡,子迎亦来相访。是日叔程师家移住对门。

十一日丙戌(3月20日)　晴

见抄录贼渠姓名太平王洪秀泉,广东花县人。东平王杨秀清,西平王萧朝贵,南平王冯云山,北平王韦正,翼王石达开。同子迎上城,傍晚抵家。稚威来,晚饭后又至其家。

十二日丁亥(3月21日)　春分。晴

思一二兄及稚威来。春分合祀,遣人至庖肆取菜。至天井巷高处。访才叔,不遇。访子迎,同往贳饮。听胪自清江闻警折回,亦在坐。酒终仍至子迎处,稚威先在,并逢倬云,闻向军门已至句容拦截贼前之信。高绪堂母舅处下人新从金陵逃归,言前月二十八日贼警甚急,已闭十二门,惟朝阳门尚开,各坊市店口俱先已罢市,伊即于是日出城,居城外。廿九日,贼纷纷薄城下,炮日夜不绝,挑土筑围为久守计。四出虏掠,驱年壮力强者为之作工,羸弱者令炊汲。贴伪示甚多,首称开国平满大元帅杨秀清,示语多指斥本朝。是日乡间移居,幼静家以正楼三间相让,迁至后楼,余兄弟榻移至楼西间,伯冰家移住周钧甫前所居之厅后二间。

十三日戊子(3月22日)　晴

接阿哥乡间来信。访稚威,早膳及茗,逢子迎、伯庸,复茗。访思一二兄及稚威,不值。闻贼匪初九日梯攻太平门,为守兵歼杀甚众。又见伪示,东平王称左辅正军师,西平王称右弼副军师。是夜本栅督巡,与稚威同伴,天明方睡。

十四日己丑(3月23日)　晴

才叔来。同稚威早食又茗。子迎于是日挈眷至浙,同稚威往送,相见无几,甚为怆然。少坐,还至稚威家饭。

十五日庚寅(3月24日)　晴

饭后访稚威,不遇。思一二兄来,说知南京已于十一日失守,词色仓遽,数语即行。子迎、下船后尚未行。稚威来,闻信皆变色急去。

十六日辛卯(3月25日)　雨

闻幼静上城,往送访之,并遇振翁,遂在公执处饭,后归。傍晚又往,与幼、稚等同榻。

十七日壬辰(3月26日)　晴

同诸人早食及茗,遇振远、咏如、敬伯,再茗。至总局,知江宁失守信确。同幼静归家,饭。幼静同至其家,夜饭。座中并有开孙、耕亭、振远、敬伯等。

十八日癸巳(3月27日)　晴

午后同幼静等至北新桥,并以舟载母亲寿器往寄开孙房东邹东川家。

十九日甲午(3月28日)　阴,大风

至北新桥市上。

二十日乙未(3月29日)　晴

是日开孙房东邹东川设席相款,以下人口角,故设饮和事。

二十一日丙申(3月30日)　晴

二十二日丁酉(3月31日)　晴

至北新桥茗,闻西南炮声不绝。六姊生日。

二十三日戊戌(4月1日)　晴

饭后至镇上。

二十四日己亥(4月2日) 阴

同开生等至镇上早食。闻镇江为贼攻陷,前锋已至丹阳,吕城、奔牛等处居民逃至本村者络绎于路。又闻贼分兵犯苏,一由丹阳、常郡,一由溧水、宜兴,俱于二十二日出队,不日即至云云。

二十五日庚子(4月3日) 晴

是日公分,请邻居及村中父老至新桥镇市。伯冰以"金童十八变"棍法授同辈数人。邻人邹君惠佳木一枝,制作梃重五斤十三两。

二十六日辛丑(4月4日) 晴

至镇上,与诸人同登一土阜眺望。吴圣俞名咨,硕甫先生子,善篆籀八分,工镌刻,花卉极佳。亦挈眷来居是村。

二十七日壬寅(4月5日) 晴。清明

至新桥市上,因未往扫墓,于是日望祭,如合祀礼。

二十八日癸卯(4月6日) 晴

弢甫自富安渡江来探视,言四姊等均无恙,举家慰甚。弢甫谈贼事甚详,录二则于下:

正月初旬,有差官至陆帅军营,口称向提军前锋和春来请陆帅至老鼠湾会剿。来文鄙俚,不类官牍,印篆亦模糊难辨。其人头戴白石顶,足穿多耳麻鞋,从兵六百人,俱内裹女衣,踪迹诡异。或疑之,以告陆帅,乞察之,不听。越二日而告者益众,始下令付广济县狱。收者未至,彼兵已拔刃相向,贼援亦到,我师败绩,镇将恩长死之。陆帅与左翼领兵官王彦和遁至东流,始觅衣冠入县署,上章自劾,而贼遂破安庆,系十七日。破池州,破太平,水陆并进,舟师蔽江。二十七日至东西梁山,水军参将周鳌将艇船七只环击,歼贼甚众,贼遂挥兵登岸,守兵先溃,艇船无援,亦遂败。二十八日抵下关,廿九

日扎营城下，顿兵不攻。二月初九日，有伪檄至城中，言定于明日破城，尔等须各预备，城中大乱。初十日梯冲，并至百道进攻。十一日寅刻城破，陆帅为贼兵所杀，漕帅杨殿邦、都转刘良驹先俱奉旨协守扬州，贼将至，俱已以办理粮台为辞，避至邵伯。合城员弁有力者率随往，各官眷属皆居舟中，停泊僻处，廨宇为之一空。粤匪红巾战袄，往来城外，无敢致诘。良驹知事急，谋脱身计。一日与漕帅对语忽仆地，遂以疯疾卸事，即欲至家眷舟中。漕帅心知其伪，佯令避风勿出，良驹知计不行，复起视事。二十二日贼破金山防兵，焚毁寺宇，遂破京口。良驹托言巡视江口，下舟欲行。二十四日扬州陷，乃率眷遁去。

附录：湖南李君在围城中致靖江县令书

粤寇初至时，即于孝陵卫茶烟口一带扎兵营，每营六十人，在粤中来者为内营，各处裹胁者为外营。外营兵十名，一内营兵监之。伪军师住船上，每出巡营，坐皮包大轿，外人不得见面。有长枪、藤牌、铜炮拥护，马兵二三十人随之。孝陵卫营中二渠帅，一帅深处民房，未有人见。一帅头披金边红风帽，身穿大红袍，脚穿薄底靴，手执长刀约三十馀斤。内营兵皆凶猛，脸上均带杀气，无一善相。头扎红布，身穿短衣，腰带双刀，手执长枪。外营兵亦扎红布，腰悬一牌，手持短刀，兵船多湖广划子及大小剥船，自下关至上河接次排泊。军师之船有女兵卫护，大约船上四万馀人，攻城兵三万馀人。所招土匪流民数亦相等，总计不下十馀万人。军中有术士号三先生，善作法，能起雾及飞沙走石。又四处出示，教人送礼物。有一小旗插孝陵卫街，上书“奉令收贡”四字。凡各村庄送猪羊米面者，给与执照，上书“某村送物若干，吾等兄弟不得上门滋扰”，末书“太平天国三年日给”，送礼之后有人来抢夺者，可去彼处告状。号角一吹，各营毕至，即将抢夺之人锁住，少顷有两人披红风帽坐公案审讯,罪轻论杖,重即杀之。一切庙宇俱毁,惟教人敬天,给人通书有闰日无闰月,按西洋各国皆如此。以三百六十六日为一年,每日下止有干支及二十八宿值日名。看此光景,的是楚粤天地会附和天主教者。前各省奏折止言长毛贼数千,岂知长毛皆其渠魁,未蓄发之羽党何止数十万。金陵围已十天,外无援兵,初八日一日夜炮声不绝,闻之寒心,用将眼见耳闻、实情实境缕陈左右,伏乞言之上宪,速请调兵救护金陵为目前第一要著。再吾乡与天地会匪打仗,破妖之法,用犬血、麻雀血、鸽子血和作一处,用涂刀、涂箭、涂炮子、涂军士脸上,彼术即无用矣。又用女人血衣悬于城前及营前,彼即不能作雾飞砂。闻彼到利害时,每令女兵赤体相向,我兵即溃,惟用勇力和尚数十人,露出阳具与战,可以胜之。又一法:彼作雾飞砂魇住我炮时,即令一人左手扬雷印,右手扬剑诀,以舌血喷之,其法亦解矣。

二十九日庚辰(4月7日)　　夜雨,大雷

阿哥同弢甫、稚威、幼静、振远上城,送之三里外,遇雨而归,遣人送伞与诸人。同伯冰、开孙至新桥镇上茗饮。

三月建丙辰

初一日乙巳(4月8日)　　阴,午后晴

饭后至新桥。

初二日丙午(4月9日)　　晴

阿哥同幼静归自城中,言向提督已奉旨特授钦差大臣,赏给霍钦巴图鲁名号。现率川贵兵勇驰至金陵,屯兵孝陵卫,檄示远近,令各固要隘无得听信谣言,自弛守备云云。羽书所到,人心大定,贼兵

于前月二十四日已至丹阳西三十馀里之马陵,闻其来乃退归京江,其威望如此。

初三日丁未(4月10日) 阴

至新桥。

初四日戊申(4月11日) 阴

弢甫自城中归,言伯厚大兄与汪衡甫、名本铨。方伯俱奉廷寄,协同地方官办理防堵。

初五日己酉(4月12日) 大风,阴

伯冰欲以"十绝单刀法"相授,募铁工制刀二口。阿哥、弢甫、恺孙、稚威上城。张振远来乡,闻向帅拨兵二千守丹阳。

初六日庚戌(4月13日) 雨

初七日辛亥(4月14日) 雨,夜二鼓地震

至北新桥,偕同人茗饮。

初八日壬子(4月15日) 阴,细雨,微有雪意

丑刻地震,午间复震,二鼓又震,偕同人至镇市茗饮。

初九日癸丑(4月16日) 阴

至新桥。阿哥同弢甫等下乡。

初十日甲寅(4月17日) 阴

弢甫归江北,同人送之至郭郎桥始分手。至新桥。

十一日乙卯(4月18日) 晴

十二日丙辰(4月19日) 晴

同伯冰、稚威至城,申刻甫到,即访才叔,遇之。又至总局,又同

贯饮,思一二兄及敬伯皆至,良久散去。余同才叔等归,是晚伯冰、稚威、才叔皆住余家。

十三日丁巳(4月20日)　谷雨。晴

同稚威早餐又茗。同敬伯、稚威、刘贯如、龚少白茗,同伯冰饭。思一、稚威来,夜饭。

十四日戊午(4月21日)　微雨

稚威、才叔、贯如来。接刘近庵先生名汝刚,阿哥岳丈,官刺史。来信,其家现避无为乡间,俱无恙。

十五日己未(4月22日)　大雨

十六日庚申(4月23日)　阴

访苏士达。访敬伯,下午同伯冰下乡,车行泥泞中,甚难。徒步七八里,屡颠蹶,衣履尽沾泥淖。

十七日辛酉(4月24日)　阴雨

酉刻地震。同伯冰至新桥。

十八日壬戌(4月25日)　阴,夜雨

十九日癸亥(4月26日)　阴

二十日甲子(4月27日)　晴

同伯冰、恺孙、稚威、幼静、振远上城。未刻抵家,同茗。又至总局。开孙、稚威、仁甫、伯冰、幼静来余家夜饭。开孙、仁甫去,馀俱下榻于此。

二十一日乙丑(4月28日)　晴

丑刻地震。同幼静早食并茗。访开孙,不遇,访咏如、敬伯,遇之。开孙来,张振翁来。上灯后开孙、幼静来饭,后开孙去。

二十二日丙寅(4 月 29 日) 下午大雨

开孙来,同早餐同茗。接四姊信,云皆平安。

二十三日丁卯(4 月 30 日) 阴

开孙、仁甫来,同早餐同茗。访开孙、敬伯皆不遇。

二十四日戊辰(5 月 1 日) 阴

振远、咏如、开孙来,同早餐,饭后同幼静等下乡。

二十五日己巳(5 月 2 日) 阴

二十六日庚午(5 月 3 日) 阴,下午雨

作函寄妇翁子期先生,由六姊家书同至京师,托槐庭转寄。

二十七日辛未(5 月 4 日) 阴雨

二十八日壬申(5 月 5 日) 阴雨。立夏

二十九日癸酉(5 月 6 日) 阴

六姊等食寒茵中毒,南阳君尤剧,饮热酒升许方解。

三十日甲戌(5 月 7 日) 阴

午前至新桥。

四月建丁巳

初一日乙亥(5 月 8 日) 阴

阿哥同稚威上城。

初二日丙子(5 月 9 日) 阴

同家人至村外,游观良久。

初三日丁丑(5月10日)　晴

初四日戊寅(5月11日)　晴

傍晚至邻村看剧。

初五日己卯(5月12日)　晴

同幼静至新桥。

初六日庚辰(5月13日)　薄阴

阿哥自城至乡。

初七日辛巳(5月14日)　阴雨

午前至新桥市上。伯冰至宜兴返。

初八日壬午(5月15日)　阴雨

食蛤蜊,佳甚。

初九日癸未(5月16日)　阴,下午晴

晚饭后同幼静等步月。

初十日甲申(5月17日)　晴

偕诸同人在新桥市上贳饮。

十一日乙酉(5月18日)　晴

十二日丙戌(5月19日)　阴雨

稚威自城下乡。

十三日丁亥(5月20日)　晴

同伯冰至新桥。

十四日戊子(5月21日)　阴,大风雨

开孙自城中来,言署督杨文定革职,新任制军怡良从福建来。

十五日己丑(5 月 22 日) 晴

伯冰晨赴苏,起送之不及。

十六日庚寅(5 月 23 日) 晴

阿哥是早上城。始食鲥鱼,颇美。同周钧甫至市上茗饮。

十七日辛卯(5 月 24 日) 晴

是晚设小酌,请开孙等赏月,临流布席,饮极欢,内亦设席,请同住诸戚。

十八日壬辰(5 月 25 日) 晴

下午独至新桥。

十九日癸巳(5 月 26 日) 晴

与诸同人习射邻家废圃。

二十日甲午(5 月 27 日) 晴

阿哥至自城中,闻贼分军为四,原起事之人曰右一军,裹胁精壮民人曰右二军,降贼兵勇曰左一军,所收盗贼、乞丐、狱囚曰左二军,每至一城,即令四军轮往搜掠,先右后左,四军毕而地无寸草矣。

二十一日乙未(5 月 28 日) 阴

辰刻至市上茗。

二十二日丙申(5 月 29 日) 晴

下午至新桥。

二十三日丁酉(5 月 30 日) 晴

是早同耕亭上城,至总局。才叔来。夜耕亭下榻余处。城中新设盘查局十馀处,每间五家,树一黑旗,粉书“齐心杀贼”四字,各局分设日巡,枪械林立。是日盘获贼匪四名,搜得伪诏伪示及妖书二本,一名《天条》,书其教禁例,一名《太平军目》,则兵制也。才叔言如此,余未见之。

二十四日戊戌(5月31日)　晴

同耕亭早食及茗。

二十五日己亥(6月1日)　晴

至大局。

二十六日庚子(6月2日)　晴

咏如来。雇小舟晚发下乡。

二十七日辛丑(6月3日)　晴

卯刻抵乡。下午至市上茗,观剧。接槐庭来信,知于三月二十八日方抵都门,未及会试。

二十八日壬寅(6月4日)　晴

二十九日癸卯(6月5日)　晴

傍晚至新桥。

三十日甲辰(6月6日)　芒种。晴

傍晚至新桥。

五月建戊午

初一日乙巳(6月7日)　晴,将晚大雨

吴圣俞言曾见贼中通书,前列伪衔。首为禾乃师、赎病主、左辅正军师东王杨,右弼又正军师西王萧,前导副军师南王冯,后护副军师北王韦,右丞相翼王石共五人,皆不名。单月三十一日,双月三十

日。又改地干丑为好,卯为荣,亥为开,本年即称癸好三年,不知何义。

初二日丙午(6月8日) 晴

饭后往市上茗。接四姊处信。

初三日丁未(6月9日) 雨

初四日戊申(6月10日) 雨

初五日己酉(6月11日) 晴

至新桥。天中节。

初六日庚戌(6月12日) 晴

傍晚至新桥。遣四姊处专足还江北。

初七日辛亥(6月13日) 晴

初八日壬子(6月14日) 晴

开孙、稚威、耕亭、幼静雇舟上城,至新桥送之。

初九日癸丑(6月15日) 晴

傍晚至新桥市上。

初十日甲寅(6月16日) 晴

十一日乙卯(6月17日) 晴

早起,至黄下村趁舟上城。离邹家巷六里。午刻至家。傍晚访稚威,不遇。

十二日丙辰(6月18日) 晴

同稚威、敬伯、咏如、开孙茗,又至敬伯家饭,饭后再茗。稚威来。伯庸自浙中归,过访,言子迎在彼无恙。晚饭后访周五,遂留住其家。

十三日丁巳(6月19日)　晴

同稚威早食,茗饮。访伯庸。饭后访稚威。

十四日戊午(6月20日)　晴,夜大雨

饭后附稚威船下乡,二鼓方到,甫至家大雨。

十五日己未(6月21日)　夏至。大雨

十六日庚申(6月22日)　雨

有腹疾,疲甚。

十七日辛酉(6月23日)　雨

十八日壬戌(6月24日)　雨

开孙自城中来。

十九日癸亥(6月25日)　雨

二十日甲子(6月26日)　雨

下午至新桥茗。

二十一日乙丑(6月27日)　雨

二十二日丙寅(6月28日)　晴

于新桥市中见一人,背有猪鬣一片,大如掌。

二十三日丁卯(6月29日)　晴

同人为振远祝寿,振远觞同人。讹言镇江已复。

二十四日戊辰(6月30日)　晴

阿哥上城。

二十五日己巳(7月1日) 晴

开孙于是早举一子。

二十六日庚午(7月2日) 晴

二十七日辛未(7月3日) 晴

至开孙家赴汤饼会。傍晚至新桥。

二十八日壬申(7月4日) 晴

闻贼由蒙城间道直犯豫省,勾结捻匪攻陷归德府,开封戒严。又有分犯江西之信。

二十九日癸酉(7月5日) 晴

阿哥自城中归。

六月建己未

初一日甲戌(7月6日) 晴

初二日乙亥(7月7日) 小暑。晴

初三日丙子(7月8日) 晴

幼静挈眷上城避暑,傍晚送至北新桥。

初四日丁丑(7月9日) 晴

母亲决计上城,命余率吉止先行,傍晚下舟。

初五日戊寅(7月10日) 晴

辰刻抵家登岸。伯冰归自苏,同访幼静,并遇听胪、敬伯,少坐归。伯冰同开孙过访,在此午饭。下午伯冰下乡,余同开孙又至幼

静处。

初六日己卯(7月11日)　　晴

稚威来此午饭,后去。下午又同咏如、开孙等来,同茗。稚威将至江北,同人送之登舟。访吕定之及敬伯,皆不遇。

初七日庚辰(7月12日)　　晴

下午母亲率全眷到城。

初八日辛巳(7月13日)　　晴

初九日壬午(7月14日)　　晴

吕定之来午饭。候伯厚大兄,访幼静。

初十日癸未(7月15日)　　雨

下午访幼静。

十一日甲申(7月16日)　　雨

访幼静,午饭。思一兄来。

十二日乙酉(7月17日)　　晴

访幼静,饭后再访之,又访思一。

十三日丙戌(7月18日)　　晴

访吕定之。汪雨人来。

十四日丁亥(7月19日)　　晴

访幼静。闻镇江贼兵出城袭破邓提军营,邓名绍良。我兵败退至丹阳。此信一至,合城复大扰。下午复有贼破丹阳之说,人心惕惕。候伯厚大兄及敬伯。敬伯来。

十五日戊子(7月20日)　　晴

黎明至伯厚大兄家,以时尚早,复归少卧。日出时又往遇之,并逢伯冰、定之,谈良久,亦未知确信。伯冰来,同至总局。伯冰下榻吾处。

十六日己丑(7月21日) 晴

同伯冰早膳,后同往西门外看怡制军阅勇。访苏士达,访幼静。

十七日庚寅(7月22日) 晴,有时微雨

是夜讹言贼至,合城乱窜,城门及各栅洞开。余四鼓始闻其信,其时城中舟舆赁雇已尽,一小舟如叶泊僻处,令送至新桥,索价三十元。方在惶惑间,适伯厚大兄至,因同至局中探听,知是讹传,遂归安慰家人,已俱起包裹作行计矣。又至幼静家安慰之,天将明始归卧。

十八日辛卯(7月23日) 大暑。大风,时晴时雨

候伯厚大兄,不遇,同思一二兄至总局同访幼静。买得小婢名兰兰,年十岁,姓薛氏。

十九日壬辰(7月24日) 大风,下午大雨

阅元徵大兄姓方名骏谟,幼静胞兄。余兄弟幼时曾执贽门下。致幼静书,言贼攻开封不克,转掠而西,中牟、荥阳一时失陷,其东人吕君现知新郑县事,贼锋所过,相去不百里,家眷逃出,十日而返云云。遂送至幼静处交与之。憩堂二叔祖名钟英。去世,往探丧。饭后送幼静家下乡。

二十日癸巳(7月25日) 风雨如故

用久叔祖来,至顾塘桥本家送殓。

二十一日甲午(7月26日) 大风,天色阴晦

才叔来,良久乃去。傍晚伯厚大兄偕敬伯来,晚饭后先后去。

二十二日乙未(7月27日)　天色如昨

伯冰来访,同至总局寻伯厚大兄,与访敬伯,共往听胪、开孙处。开孙闻河南有警,其尊甫子豫先生名瀛,行三。久无信归,欲于月内束装前往省视。同人劝少缓候信,不可,悲哭失声,同人皆为陨涕。

二十三日丙申(7月28日)　风雨不止

伯厚、思一两兄来,同访开孙。是晚伯冰仍下榻余家。

二十四日丁酉(7月29日)　风雨如故

耕亭来,思一二兄来,同访开孙,开孙决计于二十九日动身,余今晚亦将至宜兴省墓,谈半晌,相与决去,至总局。同伯冰趁舟赴宜,舟中挤甚,与伯冰同席而卧。

二十五日戊戌(7月30日)　大风雨不止

下午至宜。访汪雨人。同伯冰出南门,往访扫叶师。至二伯、四叔家。又至雨人处晚饭,即下榻其家。

二十六日己亥(7月31日)　天色稍霁

同雨人茗饮,往寻伯冰,复同茗。访程维翁,不遇。访余六泉。扫师过访,四叔亦来,又去茗饮。汪少韩以《竹深荷净图照》嘱题为作五古二百二十字。

二十七日庚子(8月1日)　晴

扫师来,同至其庵。又至本家二伯处午饭。扫叶来,同往茶肆兼访小梅,闻伯冰将至苏,又往觅之。是晚移榻地藏庵。

二十八日辛丑(8月2日)　晴

至东山谒墓,扫师亦往,松楸无恙。乱离之际,展拜涕零。归访汪雨人,同扫叶、雨人及万香巢名贡璆,荔门方伯兄。茗。访麓泉,访程维翁,少谈。

二十九日壬寅(8月3日) 晴

同维翁、雨人、孙子期名△△,郡人,寓宜兴。早膳又茗。同出南门,至扫公处午斋。同子期访万香巢,至雨人处辞行,趁舟旋常。

三十日癸卯(8月4日) 雨

辰刻抵家登岸。敬伯来访。稚威已从富安场归,来访。

七月建庚申

初一日甲辰(8月5日) 晴

访稚威,遇龚少白。闻幼静家眷仍来城,往候之。连日患泄泻,腹痛,毛医省庵来诊。

初二日乙巳(8月6日) 天色乍阴乍晴

傍晚稚威来。访幼静并遇叔纯、敬伯,少刻皆去,余独留,晚饭后归。

初三日丙午(8月7日) 晴

稚威来。

初四日丁未(8月8日) 立秋。晴

访幼静,午饭乃返。

初五日戊申(8月9日) 晴

访幼静,同早膳。

初六日己酉(8月10日) 下午雨

同幼静茗,时幼静病已两月,尚未愈,坐间疟作而返。又访幼

静,并遇耕亭。

初七日庚戌(8月11日)　七夕。晴

同幼静、耕亭市中早餐。幼静请午饭。

初八日辛亥(8月12日)　晴

下晡访幼静。

初九日壬子(8月13日)　晴

初十日癸丑(8月14日)　晴

访幼静。

十一日甲寅(8月15日)　晴

访幼静,才叔亦至。幼静来,要至其家晚饭。

十二日乙卯(8月16日)　晴

访才叔,同赴总局,途值咏如,仍归才叔处,稚威亦至。

十三日丙辰(8月17日)　晴,夜雨

访幼静,留吾午饭。才叔来。阿哥有恙,延省庵诊视。

十四日丁巳(8月18日)　阴

才叔来。

十五日戊午(8月19日)　晴

访幼静、稚威,并遇耕亭,耕亭以《曹娥碑》为赠。

十六日己未(8月20日)　大雨

稚威来,同访幼静。

十七日庚申(8月21日)　雨

访幼静,饭后同一茶。

十八日辛酉(8 月 22 日) 微雨

同幼静早餐。

十九日壬戌(8 月 23 日) 晴

至用久叔祖家。同幼静等饭庖肆。同访才叔,茗。归途逢稚五,再茗。四姊专下人来迎母亲至江北,定期二十四日启行。

二十日癸亥(8 月 24 日) 晴

访幼静。

二十一日甲子(8 月 25 日) 晴

庄耀采来。

二十二日乙丑(8 月 26 日) 晴

访耀采。

二十三日丙寅(8 月 27 日) 晴

二十四日丁卯(8 月 28 日) 晴,将夕大雨

稚威来,伯厚大兄来。母亲率六姊、阿哥及儿子克昌等下舟赴江北,当晚解维。

二十五日戊辰(8 月 29 日) 大风雨

得玉版《十三行》。

二十六日己巳(8 月 30 日) 晴

至家子文侄处。访幼静、稚威。

二十七日庚午(8 月 31 日) 晴

访幼静,接阿哥自江阴寄归之信。

二十八日辛未(9 月 1 日) 晴

高二母舅来。

二十九日壬申(9月2日)　晴

思一二兄来,同访幼静、稚威,皆遇之,并逢仲明、耀采诸人。

八月建辛酉

初一日癸酉(9月3日)　晴

访幼静,又访才叔。

初二日甲戌(9月4日)　晴

访幼静,见开孙致同人书。耕亭有书见寄。

初三日乙亥(9月5日)　晴

初四日丙子(9月6日)　晴

初五日丁丑(9月7日)　晴

稚威来,幼静亦来,同茗。幼静疟病复作,因送返其家。何泰生来,伯冰令郎。子文侄来。

初六日戊寅(9月8日)　白露。晴

午前访幼静。

初七日己卯(9月9日)　晴

访幼静。

初八日庚辰(9月10日)　晴

访幼静,在其家饭。闻上海城为广闽会匪攻陷之信。

初九日辛巳(9月11日)　晴

初十日壬午(9月12日)　阴雨

作家书寄江北。候思一二兄。

十一日癸未(9月13日) 晴

伯冰有书见寄,言上海于初五日五更失陷,系当地土匪勾结闽广小刀会起事,现在戕官据守,遍贴伪示,贼首名刘丽川,称“天下大元帅”,置将军以下官甚多。苏省戒严。

十二日甲申(9月14日) 晴

下午同幼静、稚威茗。阿哥侧室于是晚举一子。

十三日乙酉(9月15日) 晴

访幼静,饭后与同公执、稚威、敬伯茗二次。访倬云。

十四日丙戌(9月16日) 阴

公执过访,小侄三朝设供。

十五日丁亥(9月17日) 中秋节。阴,晚间无月

同振远、稚威、幼静、咏如、敬伯茗。接富安来信。

十六日戊子(9月18日) 晴

汪遂堂来,言上海贼事,与前略同。发富安信。

十七日己丑(9月19日) 阴

答拜汪遂堂。同幼静、公执一茶,饭幼静处,饭后往郡庙花园。作书与耕亭。

十八日庚寅(9月20日) 雨

同幼静茗。至天井巷高宅。

十九日辛卯(9月21日) 阴

访幼静。

二十日壬辰(9月22日) 晴

下午同幼静、公执茗。

二十一日癸巳(9月23日)　秋分。阴,夜雨

饭后同幼静等茗。

二十二日甲午(9月24日)　大雨

听胪祖太夫人丧,往陪吊。

二十三日乙未(9月25日)　雨

同幼静茗,饭于其家。至管纶云家探丧。其太夫人去世。下午敬伯来。

二十四日丙申(9月26日)　雨

同幼静茗。

二十五日丁酉(9月27日)　晴

访徐葆光,看碑帖。访幼静。

二十六日戊戌(9月28日)　晴,夜大雨

访苏士达,不遇。

二十七日己亥(9月29日)　晴,夜雨

访幼静,知稚威已返,同至其家,谈良久。

二十八日庚子(9月30日)　薄阴

下午访幼静,并遇公执、稚威、敬伯等。

二十九日辛丑(10月1日)　晴

伯冰自省垣归,过访。言苏州流寓闽广人多与上海埒。先是,嘉定衙蠹周立春霸漕,倡乱上海。小刀会继起,遂亦谋起应之。月之十三[①]日,乱将作,先期祀神,饮齐心酒,爆竹之声彻夜不绝。居民

① 三,稿本作"二"。

闻信搬移几尽，会嘉定逆渠授首上海，调往攻剿之兵数千适至苏，逆谋遂弭，安危间不及寸殆哉。

三十日壬寅(10月2日) 晴

同伯冰早食，又同访幼静，茗。傍晚候伯厚大兄，不遇。

九月建壬戌

初一日癸卯(10月3日) 阴雨

请伯冰、振远、幼静饭，与公执作主人，饭后茗。

初二日甲辰(10月4日) 雨

幼静请饭及馎饦、水角，在会公执、伯冰、稚威、敬伯，食后茗。伯厚大兄过访。

初三日乙巳(10月5日) 阴雨

清晨阿哥抵里，知母亲身体安善，两姊亦无恙。伯厚大兄来。

初四日丙午(10月6日) 阴

幼静来，同早食及茗。下午访之，傍晚归。

初五日丁未(10月7日) 晴

幼静要同茗。

初六日戊申(10月8日) 寒露。晴

初七日己酉(10月9日) 晴

至袁厚庵名绩懋。家陪吊。稚威自新渎桥归，来访。

初八日庚戌(10月10日) 晴

访幼静，不遇。

初九日辛亥(10月11日)　重阳节。阴雨

幼静请饭,饭后一茶。

初十日壬子(10月12日)　晴

访幼静,不遇。访容生。

十一日癸丑(10月13日)　晴

同幼静茗,饭后再茗。访士达。

十二日甲寅(10月14日)　晴

同幼静早食及茗。是日送粗重行李至富安。

十三日乙卯(10月15日)　晴

为小孩作满月,阿哥取名馨儿。公执、伯冰、幼静来,作汤饼会。饭后同伯冰至其家少坐。访敬伯,遇之,访徐葆光、张倬云及听胪,不遇。

十四日丙辰(10月16日)　晴

徐葆光过访。下午同振远、幼静等茗。接耕亭来函。得《四面碑》、《圭峰碑》。

十五日丁巳(10月17日)　晴

弢翁自江北归,振远等俱来余家访之。晚饭后散,弢翁留宿。

十六日戊午(10月18日)　晴

同弢甫早餐,同幼静茗。下午幼静来,既去,又来,遂同茗。在座弢翁及周瀛士。名士煃,行八,吴江县人。阿哥下乡。至陆少逸先生处。名葆。

十七日己未(10月19日)　晴

同瀛士及弢甫等早膳并茗。

十八日庚申(10月20日) 晴

访幼静,觅遇之。耕亭来,幼静、仁甫来,同食市中。弢兄来,稚威从无锡归,亦来。

十九日辛酉(10月21日) 晴

耕亭来。

二十日壬戌(10月22日) 晴

访幼静,不遇,遇稚威,与茗。

二十一日癸亥(10月23日) 霜降。晴

清早同公执、稚威、幼静、咏如、耕亭早食及茗于市肆。

二十二日甲子(10月24日) 晴

觅弢甫,遇之。

二十三日乙丑(10月25日) 晴

访苏士达,不遇。得宝晋斋小铜合一枚,古色斑烂,款识精妙。发富安信。

二十四日丙寅(10月26日) 晴

访幼静,午饭。幼静欲扫墓,遂与偕行,归途茗肆小休。

二十五日丁卯(10月27日) 晴

与同人茗饮。弢甫同伍赐生来,伍曾游硕甫姚公幕中。姚按察广西,以是知贼在永安事甚详。同在庖肆饭,席间娓娓言之,略就所述,梗概录于左:

广西向多盗,四出摽掠,官司莫敢捕。巡抚郑祖琛但事粉饰,亦不欲捕,以是盗益炽,羽党遍地,渐合为一,始有不轨心。元年于浔州府贵县之金甸乡起事,建城堡,拜官爵,设立伪号。有司督兵往

捕,大败,遂出兵纵掠郡邑,我兵莫能撄之。嗣后赛尚阿以辅臣视师,麾下将帅勇名称著者,推乌兰泰、向荣二人,其馀将佐不下千人,兵勇二十馀万,粮饷充足,士气未挠。贼攻据永安州,我兵围之数重。永安险阻之地,城延广六里,南界浔梧,北连省会,城东有山曰仙回岭,岭凡三重,跌而复起,磴道曲折。西曰花城岭,猺獞所居,古无人迹。向荣率十总兵营城北,赛尚阿中军复在其后,乌兰泰率四总兵营城南。一总兵以兵数千守花城岭之内口,一总兵以兵数千守仙回岭之外隘,率去城数里,远者或数十里。坐困月馀,赛惟日登将台,南望蹙额。而乌、向二帅以论功积不相能,向故为赛所委信,晨朝帐中辄云乌畏葸,赛因以令箭命乌克期攻复,兼致诘责。乌不能平,屡移书诟,向猜嫌益甚,会叠奉严旨,促攻甚急,赛转促二帅,二帅约期进攻,以怨故期会多不信。贼城守固严,攻亦不能克。既复令诸将迭攻以疲之,贼坚定如故,往辄舆尸返而二帅不之悟,日必攻,攻必败,如是五十馀日,死者数万人,兵气大沮。赛知事益绌,忧甚,或为赛言,城之不破,皆兵少不能合围故耳,盍尽调诸军同日进击。赛然之,并撤诸隘口兵诣城下。识者忧其弃险,谏不听。时天大雨,贼果倾城突出,我军披靡,贼奔据仙回岭之第一重,整兵而退,以次立营于第二、三重。越二日,乌、向二人始率馀兵至岭下,雨益甚,士卒饥疲,向欲且止,乌不可,兵皆痛哭,不肯从。强率镇将以下偏裨百二十八员、兵三千人往,甫入而贼伏扼其归路,二帅仅以身免,将士咸死之,精锐遂尽。

二十六日戊辰(10 月 28 日)　晴

阿哥赴宜祭扫。访幼静同茗,又同饭弢甫舟中。

二十七日己巳(10 月 29 日)　晴

同公执、稚威、幼静早餐早茗。

二十八日庚午(10月30日) 阴雨

访幼静。黄仲孙来。

二十九日辛未(10月31日) 阴雨

同振远、幼静等茗及饭。下午访弢甫舟中。阿哥至自宜。

十月建癸亥

初一日壬申(11月1日) 阴

幼静、稚威来访,同早膳,后茗。同弢甫至西门外观伯厚大兄挑选洲勇。

初二日癸酉(11月2日) 阴

至弢甫舟中送行,候其解维后返。

初三日甲戌(11月3日) 阴

偕幼静、稚威茗。

初四日乙亥(11月4日) 阴

初五日丙子(11月5日) 晴

同诸友人茗,下午又茗。

初六日丁丑(11月6日) 阴

初七日戊寅(11月7日) 立冬。晴

同幼静等茗,午后易肆复茗。

初八日己卯(11月8日) 阴,时有日色

赴春泉茗肆观剧。

初九日庚辰(11 月 9 日) 阴,夜大雨

觅幼静,遇之,与茗二肆,中饭后又茗。是晚为幼静、稚威、振远诸人作寿,今年振远五旬,方、周皆三旬,召女优至幼静家演剧。

初十日辛巳(11 月 10 日) 晴,寒甚

同幼静茗,傍晚又访之。

十一日壬午(11 月 11 日) 晴

至仲吉三兄家作吊。四伯母刘孺人丧。同稚威等茗,下午至小肆贳饮。是晚幼静、稚威两君赴江北,送之。

十二日癸未(11 月 12 日) 阴

十三日甲申(11 月 13 日) 阴

同公执茗家中,食不托,甚美。

十四日乙酉(11 月 14 日) 阴,夜雨

傍晚小饮,薄醉而止。

十五日丙戌(11 月 15 日) 阴,大风

与同族诸人小饮。

十六日丁亥(11 月 16 日) 阴

饭后同阿哥茗。访士达。是日兄嫂同赴富安,傍晚下舟送行。归后与南阳君言及合家离散之苦,涕不能止。

十七日戊子(11 月 17 日) 阴雨颇大

十八日己丑(11 月 18 日) 阴

访公执,不遇。

十九日庚寅(11 月 19 日) 阴

访公执,又不遇。时吾全家在江北,幼静、稚威亦在江北,弢甫、

子迎、才叔在浙江，开孙、申孙在河南。故乡几无友生，仅公执一人，复连访不遇，可为岑寂。

二十日辛卯(11月20日) 阴

二十一日壬辰(11月21日) 细雨

开孙从河南归，来访，良久始去。同开孙、公执茗。又同至公执家，复偕开孙、仲明小饮。

二十二日癸巳(11月22日) 小雪。晴

访仲明，少坐返。同公执等茗，伯厚大兄亦来。接江北来信，知幼静、稚威、敬伯、振远在七围港被盗，抢劫一空。

二十三日甲午(11月23日) 晴

同开孙茗。至祖墓拜扫。

二十四日乙未(11月24日) 晴

至学旁本家。访开孙，遇之，访公执，不遇。

二十五日丙申(11月25日) 晴

元丰桥积之六叔作故，往吊。同开孙访朱燮臣。西横林村民姜继崧、姜堃槐等通贼，事发被擒。先是，谣言日至，言常城旦夕且不测，邑人富者纷纷迁徙如春时。诸当道初不置意，二十二日，镇江军营二十四羽来文照会，始大惊，掩捕获八人，是日骈斩于市。府县陈兵防不测，观者夹道数万人，莫知谁何，斩囚讫始散。事定邑人回思，其中戴白布缘边毡帽者几半之，不应丧服者，如是之多，以为皆逆党云。

二十六日丁酉(11月26日) 晴

同开孙早餐后至总局，又偕茗，遂饭公执家，饭后再茗。接阿哥

信,舟尚守风小河口。

二十七日戊戌(11月27日)　晴

自辰迄午,同公执、开孙茗,未散。

二十八日己亥(11月28日)　晴

子文侄来,同至九叔处。同开孙茗,访思一二兄不值,乃偕至余家晚饭,公执亦在坐。同子文侄访毛子瑶。名△△。

二十九日庚子(11月29日)　阴

访公执、开孙,下午遇之茗肆。思一二兄来。遣下人至小河,恐舟尚未开也。

三十日辛丑(11月30日)　阴

饭后公执、开孙来,同往总局寻思一二兄,不遇,遂同茗。

十一月建甲子

初一日壬寅(12月1日)　晴,下午阴

思一二兄来。

初二日癸卯(12月2日)　晴,下午阴

访公执,同访开孙,不遇,因茗,茗散又同访士达,留午饭。

初三日甲辰(12月3日)　薄阴

士达过访。

初四日乙丑(12月4日)　晴

同开孙游谈竟日。

初五日丙午(12 月 5 日) 晴

访公执。同开孙、徐葆光茗。又同开孙贳饮,下午同公执、开孙茗,公执先散。

初六日丁未(12 月 6 日) 晴

开孙、公执来,同早食,后观义勇巡城,傍晚茗。

初七日戊申(12 月 7 日) 大雪。晴

开孙来,同访徐君葆光,不遇。逢首破逆案之周三言姜继崧事甚详。悉姜继崧者,邑之富民,旧与一湖广人相识。五六月间,有贼从镇江城中来,言奉是人命,要继崧往。既去,相待甚厚,约与共富贵,并嘱伺隙为内应,姜诺之。嗣后来往五次,送入伙者不下千人,近其所居,无不被诱。以村中尼庵为聚人堂,凡与逆者傍晚集堂内,狂言无忌,叛迹日萌。十月将望,姜复至贼中,贼帅促令举事,姜以乏饷辞。贼令于外间借贷,自书券授之,曰事成当倍还,且不吝爵赏也。姜奉命返,与周遇于丹阳。周同行一朱姓,行二,一杜姓,行四,俱贾人,与周皆有拳勇,姜旧识之,要与同事,三人佯诺之而首于丹阳某汛千总苏。苏曰:"此大狱也,事无左证,子盍更图之。"周诺而退,会贼令促姜甚急,姜与其党约以二十六日夜三鼓于东西门外先后举火,伺有司奔救往返,伏人于隘杀之,然后入城。计已定而苦无犒饮资,方谋以贼券质银,为椎牛酾酒之费。三人皆曰此易事,但请微示其券,姜出与之,遂约至郡城同取。周恐其党多不易擒,以计散遣之,己与姜同乘一舟,朱、杜亦皆往,绐云至常而实径趋京口。姜意得甚,不之察,至张官渡见闸,乃诧问,三人以目示意,蹴而擒之,姜犹未悟,就缚始叩头乞释。翼日至大营,以提督和札返,令捕馀党,时已二十二日。当局见札乃大恐。二十四日,陆续擒到二十馀人。

副贼姜堃槐亦伏法。事定行赏,以朱为首,给六品衔,银六十两。周、杜各七品衔,银二十两。或言三人终始劳悴,蒙犯众怨,区区爵赏不足酬其功,同时有市侩薛某充教习,縻饷数月,身无寸功,以善马吊得当事欢,亦与六品阶,权其轻重,得无有误,里中皆不平其事。

初八日己酉(12月8日)　阴,大风

午后访公执,与之茗。

初九日庚戌(12月9日)　晴

同开孙早膳及茗,又访公执,与偕至总局。

初十日辛亥(12月10日)　晴

饭后访开孙,道逢之,与之茗。复逢子江,新从河南归。

十一日壬子(12月11日)　晴

开孙来吾家饭,公执亦来。下午同开孙、仲明茗。

十二日癸丑(12月12日)　晴

公执来。同子江访徐葆光。访开孙,索观其家藏内府所赐名画,卷中咸有"三希堂精鉴"玺及御笔题咏。最佳者如南唐郭熙《溪山秀》大幅、宋院本《会吟图》、明人项圣谟《东篱秀色图》、无名氏《秋景鹑鹊图》、明沈石田山水大帧,更有米颠、倪迂山水小轴,尺幅之中,云烟变幻,笔精墨妙,尤为至宝。日将午,尚未视毕,遂留其家饭,饭后乃同茗。访子江。姚彦嘉来。名岳望。

十三日甲寅(12月13日)　晴

访仲明,不遇,归途乃遇之,少谈即散。同南阳孺人饮,烹羊和汤饼为食。

十四日乙卯(12月14日)　晴

闻敬伯归,访之不遇,觅诸朱燮臣家,乃与开孙皆在,遂同茗,又

贯饮良久，柱周亦来，仲明来访。

十五日丙辰（12 月 15 日） 晴

同思一二兄、听胪茗，又访开孙，不值。下午开孙、仲明过访，同茗饮，又同开孙访公执。

十六日丁巳（12 月 16 日） 晴

访公执，与之吾家，适开孙、听胪过访，乃同早餐。访仲明，同茗二肆，又同公执、开孙、士达饭市中，公执之友蒋佑如作东道，至公执家。

十七日戊午（12 月 17 日） 晴

堂上设烛遥叩太夫人寿。仲明来同早餐，又同访开孙，不遇，啜茗而散。接富安家信。

十八日己未（12 月 18 日） 晴

仲明来同早餐。访开孙、听胪，不遇，访敬伯，遇之，开孙、公执食市中。与吾遇时振翁从江北归，亦在坐。饭后偕茗及访公执。

十九日庚申（12 月 19 日） 晴

辰刻同振远、柱周、公执、开孙、敬伯早食及茗，同公执至金仁甫、吴通孙家贺喜，两家结姻也。仲明来。发富安信。

二十日辛酉（12 月 20 日） 晴

开孙来，同访公执，在其家饭，饭后茗。仲明亦在坐。同仲明访曼叔。

二十一日壬戌（12 月 21 日） 晴

陆存陔、孙子期来，仲明来，开孙、敬伯、振远、汤松龄名△△，雨生先生侄。来，同开孙、仲明早食，馀人皆散，又同茗饮，曼叔、耀采皆来，复至仲明处看帖。

二十二日癸亥(12月22日)　冬至。晴

傍晚公执来,仲明来。

二十三日甲子(12月23日)　晴

访仲明于曼叔家,即留午饭,饭后往茗。

二十四日乙丑(12月24日)　晴

伯冰自省垣归,遗余当十钱一枚,吾里尚未有也。仲明来,同去茗。访伯冰,开孙等亦至,少坐。接家信知槐亭已拣选,分发浙江,现已在江北迎六姊矣。

二十五日丙寅(12月25日)　阴

同伯冰、仲明茗,同仲明归,又同茗。途逢开孙等,与偕。同伯冰访公执。

二十六日丁卯(12月26日)　阴

访伯冰。访徐葆光,葆光以石刻《麻姑仙坛记》相示。访开孙不遇。

二十七日戊辰(12月27日)　晴

饭后访仲明于曼叔家,遇之,同往茗饮。曼叔及其从兄新田皆在坐,新田名倌孙,官广东雷州府。雅好书画,颇知鉴别。答访汤松龄,出视雨翁殉难事略一纸。

二十八日己巳(12月28日)　晴

访伯冰。觅开孙遇之,同茗,又同至朱逸卿名△△,燮臣兄。家。

二十九日庚午(12月29日)　晴

伯冰来。访伯冰。访子江,不遇。仲明来,同茗,逢子江、容生,

至其家晚饭。

十二月建乙丑

初一日辛未(12月30日) 晴

下午访仲明,同茗,公执、敬伯、振远、松龄皆在坐。

初二日壬申(12月31日) 晴

同听胪、公执、开孙茗,同返朱逸卿家,仲明来,同茗。扬州于前月二十七日收复。

初三日癸酉(1854年1月1日) 晴

同仲明茗,又至郡园。至总局。访公执并遇开孙、听胪。

初四日甲戌(1月2日) 晴

公执来,与访开孙,茗。

初五日乙亥(1月3日) 晴

同公执访听胪,同早餐及茗。逢开孙、振远、松龄等。振远先去,馀人复至郡园。耕亭来,遣人要往观帖。

初六日丙子(1月4日) 晴

访开孙,途遇之,偕过朱燮臣饭,饭后复茗,晚饭吾家。

初七日丁丑(1月5日) 小寒。晴

巳刻同振远、公执、伯冰、开孙茗,同伯冰至其家,饭后访耕亭。至顾塘桥本家送殓。二叔祖母丧。访政甫弟。子广大叔之子。

初八日戊寅(1月6日) 晴

访毛子瑶,同早食,后至其馆中,复偕返余家。仲明来同茗,余

至伯冰家贺喜,其令姊出阁。仍偕仲明归。得族叔味辛先生所藏小端砚,椭圆如鹅卵,额为泰卦,后图五岳真形,左侧七言铭三句,右篆书“守真叶泰之砚”六字,篆系吴山子书,铭则收庵叟自作也。砚质美甚,匣剜黄杨为之,亦精绝。

初九日己卯(1月7日)　晴

访伯冰,同候耕亭,不遇。同公执、仲明茗,开孙亦至,同晚饭吾家。

初十日庚辰(1月8日)　晴

耕亭祖树臻先生之殡至自梁溪,寓僧寮治丧,来请陪吊。傍午槐亭忽来,知已同六姊从江北至常,闻吾在冯处,故来,午饭,饭后遂与同返。六姊述知母亲在富无恙,合家及四姊处皆好。六姊因槐亭催促甚急,即于当晚下舟,晚饭后复送至舟乃返。

十一日辛巳(1月9日)　阴

朱燮臣来。下午访伯冰,不遇,复访金瑞甫。名士麟,仁甫弟。访开孙、公执,不遇。写富安家信及山西信。

十二日壬午(1月10日)　雨

闻幼静归,访之,与同至敬伯处,又同茗,逢开孙等,偕午饭。访伯冰。下午仍与幼静等茗,归复往幼静处晚饭。

十三日癸未(1月11日)　雨

幼静来同早餐。访耕亭于冯士明家。名绍庭,又名琳。返同开孙等茗及饭。是晚趁舟赴郑庄收租。

十四日甲申(1月12日)　阴

辰刻至郑庄,步行往大干村,离镇二里,佃户三十馀家,率居是村。今年登谷颇丰，而升斗细民皆以贼烽在迩，官司无暇为人理田事，辄欲强减旧数，田舍翁斤斤持之，往往相哄，此间民风视他处尤狡。议已久，定亩租仅三斗二升，余家薄田百亩馀，去折去耗，计所入不及三十石，然较之遭难流徙、田园零落者，目前为犹幸矣。

十五日乙酉(1月13日) 晴

十六日丙戌(1月14日) 晴

十七日丁亥(1月15日) 晴

十八日戊子(1月16日) 阴

收租已毕，共得若干石，傍晚趁舟上城。

十九日己丑(1月17日) 阴

巳刻抵城西门上岸。闻幼静至梁溪，故不往候。候公执、开孙，至朱燮臣家乃遇，遂共饭。访伯冰，同至总局，又同伯厚大兄茗。访陈彦翁，时新从江右归。

二十日庚寅(1月18日) 晴

伯冰、公执过访，少选伯冰去，与公执访开孙，同茗。又至伯冰家，伯厚大兄、敬伯来。

二十一日辛卯(1月19日) 阴

访伯冰。子文侄来。

二十二日壬辰(1月20日) 大寒。大雪

开孙、咏如来，同访公执。幼静时已归，遂共一茶。又访敬伯，再茗，又往贳饮御寒。

二十三日癸巳(1月21日) 阴雨

同幼静至其家饭。

二十四日甲午(1月22日)　阴雨

同幼静午餐市中,又至其家。

二十五日乙未(1月23日)　阴

饭后访幼静,并遇开孙。

二十六日丙申(1月24日)　阴,雨雪

同幼静茗及在其家午饭,饭后开孙亦来。

二十七日丁酉(1月25日)　阴

幼静同公执来,与茗饮,同访开孙,不遇。下午访幼静,途遇开孙,遂同访幼静,并遇柱周。

二十八日戊戌(1月26日)　阴

幼静下乡,送之,即偕开孙茗,复在公执处谈至下午,与开孙再茗。

二十九日己亥(1月27日)　阴

思一二兄同茗饮,同觅开孙,至公执处遇之,留共午饭,饭后一茶,归途逢咏如等。

三十日庚子(1月28日)　阴

遇咏如,同访开孙,开孙以《郭家庙》残本见赠,同一茶。弢甫寄来银一百五十两,嘱寄江北,接眷属至浙。其函交吴俊甫名△△。带归,故往访之。是年以景况窘迫,神影前祭桌减五为三,馀礼如前岁仪。

(以上《落花春雨巢日记》二)

咸丰四年（1854） 太岁阏逢摄提格，二十三岁

正月建丙寅

初一日辛丑（1月29日） 阴

清晨谒祠，归佛前行礼，影前上早供，复望北遥叩堂上春禧。余以遭时丧乱，骨肉流离，凡我亲知，同此戚戚。故先与同人约，不论亲族，概不拜年。饭后访公执。

初二日壬寅（1月30日） 阴

访公执，少坐归。午供，饭后与开孙等茗，又至丁氏近园。

初三日癸卯（1月31日） 雨

访公执。

初四日甲辰（2月1日） 雨

初五日乙巳（2月2日） 大雪

访公执、开孙、振远，骑驴踏雪至新桥，访幼静，申刻行至，相见极欢，夜谈至三鼓，与幼静同榻。

初六日丙午（2月3日） 晴，下午复阴

是日拟上城，因幼静亦需同行，约俟至明早。

初七日丁未（2月4日） 立春。大雪

登三层楼观雪，旷野迷漫，翻琼捽玉，复策蹇绕田塍一周，寒光

袭衣，衿袖间雪集盈把，归扫中庭净雪，煮桂英苦茗，啜之甚以为乐。下午纵谈觉倦，酣卧至晚。是日大雪阻行，遣仆夫策卫先返。

初八日戊申(2月5日) 雪霁

辰刻与幼静同舟上城，酉刻抵家。

初九日己酉(2月6日) 阴

与幼静至开孙家，公执、咏如、听胪等偕在，遂同啜茶，复午餐。

初十日庚戌(2月7日) 阴

下午访幼静、公执，同茗，复访幼静，晚饭。

十一日辛亥(2月8日) 阴

思一二兄来。写江北信。

十二日壬子(2月9日) 晴

访幼静，与访咏如、开孙，后茗。晚饭后同开孙、幼静在公执处。

十三日癸丑(2月10日) 阴

稚威归自江北，携来信三函。同稚威、幼静茗。归途逢开孙，复茗，茗散同夜膳。扬州克复后，稚威于去腊曾入城观之，由城缺处入，至其所居东关约半里，夹道积骸不下数百人，其旧寓为贼火药局，门前大书“红粉重地，闲人禁入”。贼名火药为红粉。贼帅真大才居运署室中，以黄纸饰壁，头目占居民房，门首亦贴公馆条，称“太平天国某军某官某馆”而无“公”字。入城十馀步作地室，意伏甲之所也。

十四日甲寅(2月11日) 阴

寻开孙遇之，同至幼静处饭。下午开孙、幼静、公执来。

十五日乙卯(2月12日)　晴

饭后访幼三,不遇。

十六日丙辰(2月13日)　晴

访幼三,遂留其家午饭,饭回同李君柱周等茗。写家书寄富安。

十七日丁巳(2月14日)　晴

同幼静等早餐,访开孙,茗,访敬伯,饭。

十八日戊午(2月15日)　阴

访伯厚大兄于西门练局,不遇。又访幼静亦不遇。

十九日己未(2月16日)　雨甚大

至敬伯处观幼静、公执、柱周博。

二十日庚申(2月17日)　阴

与开孙早餐,又同幼静、柱周茗,后至刘贯如家。

二十一日辛酉(2月18日)　晴

擢才大叔名△△。丧,其家请陪吊。在幼静家饭,后送渠下舟至乡。同公执访开孙,道逢伯冰,立谈数语,既至开孙处少坐,偕茗。仲明来访。

二十二日壬戌(2月19日)　雨水。晴

访仲明,同茗。

二十三日癸亥(2月20日)　阴雨

访公执、开孙、伯冰皆不值。下午伯冰同钱子明过访。仲明过访。

二十四日甲子(2月21日)　阴,细雨

访公执。访伯厚大兄于西局,午饭后归。

二十五日乙丑(2月22日) 阴,雪

二十六日丙寅(2月23日) 晴

访伯冰,同候开孙,不见,遂同早餐,又返至其家。

二十七日丁卯(2月24日) 雪,甚寒

接弢甫、槐亭浙中来书。

二十八日戊辰(2月25日) 雪霁

二十九日己巳(2月26日) 阴

思一二兄来。

二月建丁卯

初一日庚午(2月27日) 阴

初二日辛未(2月28日) 雨

写富安信。

初三日壬申(3月1日) 薄阴

捡家中书。

初四日癸酉(3月2日) 阴

捡家中书。

初五日甲戌(3月3日) 阴

捡家中书。傍晚弢甫自杭州来。

初六日乙亥(3月4日) 阴雨

早起,至弢甫舟中。下午开孙来。捡家中书甫毕,定明日赴

江北。

初七日丙子(3月5日)　阴

饭后稚威来。

初八日丁丑(3月6日)　惊蛰。薄阴

同伯厚大兄及幼静、董叔纯等早餐,初鼓与稚五下舟赴江北,同行一须三姚。

初九日戊寅(3月7日)　阴,大风

巳刻至奔牛。戌刻泊舟石桥湾。

初十日己卯(3月8日)　阴雨

巳刻至小河,河道挤塞不得行,下午稚五上岸,至巡防局。局系敬伯同振远所设。

十一日庚辰(3月9日)　雨,夜大风

早起至总局,以舟阻不得行,盘桓及晚方下舟。作家书托褚守然寄归。褚名景锠。

十二日辛巳(3月10日)　雨

仍不得行,复往局中破闷。

十三日壬午(3月11日)　阴

又作家书,适振翁至舟,交令寄归。开船行三里许,仍阻不通。是日有沙洲上人与巢湖人械斗。

十四日癸未(3月12日)　阴雨

停舟未动。

十五日甲申(3月13日)　早晴,复阴

华山局董事朱其相来访,留午饭,后去。是日移舟至口外,面江

停泊，一望辽廓，心目爽然。快临东阳本《兰亭》二过。

十六日乙酉(3 月 14 日) 雨，夜大风

总巡江阴许月溪名△△。来拜，留午饭，后去。下午至其舟答拜。将晚风涛大作，不得已仍移舟入口。清夜波声聒耳，不能成寐，愁感沓来，天明始睡片刻。

十七日丙戌(3 月 15 日) 大风雨

十八日丁亥(3 月 16 日) 晴，风狂如故

午前同稚五等至局中，与振翁谈至晚饭后下舟，泥泞载道，夜行甚难，半途蹶仆，幸同行许月翁相扶而行，始得返舟。月溪年五十馀，步履矫健，余年甫二十三而疲羸若此，自愧亦自怜也。许习"金钟罩法"，伸臂以利刀斫割不损，又自言能隐身异术，始学时立誓传徒，须得富贵福泽聪慧兼全之人，数十年不遇，连日与余聚处，极见推重，再三欲以是术相授，余笑问适得君术当于何处用之，许无以对，始罢其说。

十九日戊子(3 月 17 日) 晴，风亦顺

黎明至月溪总巡船，座船适同解维，残月在天，洲渚历历。是日风色便利，午刻至过船港收口，共八十里，探知其内河仍不通，大舟遂拟明日开江进三江营口。江中遇刀鱼船，买鲜鱼七尾，尚活，味美不可言，相传此鱼腹中脂为绝品，渔者多自食不售，今乃知其妄。

二十日己丑(3 月 18 日) 晴，顺风

黎明开行，风甚大，巳刻行四十馀里，将至三江营，见江岸集数百人，缚一人投江中，路远不可诘，意是盗耳。午刻收口小住，开舟至中闸关，关吏求索良苦，天又晚，遂不行。

二十一日庚寅(3月19日)　晴

清晨过大桥,或呼带桥。两岸多髡柳列植,间以木桥竹舍,与江南风景各殊,于舱中静临《兰亭》等帖,亦途中一乐也。饭后至白塔关,又以候关不得行。白塔距中闸四十二里,中闸距过船港六十五里。与稚威上岸茗。

二十二日辛卯(3月20日)　晴

卯刻过广福桥。又名寡妇桥。日中至张家桥,桥低碍舟,绕道仍不得过。上岸与土人商之,与一贯钱,始来抬桥过舟。河道纡曲,港浦纵横,颇似松江等处水路。夹岸俱水田,无庐舍阡亩。日晡抵一镇名港口。与稚五上岸。

二十三日壬辰(3月21日)　春分。阴,逆风甚大

因河阔风逆,复须守风计,自里中解维已一旬,五日仅行三百七里。舟中闷甚,殊不可耐,乃与稚五乘小舟改道泰州而行,留座船交须、姚诸人守之。午刻抵州城,上岸进北门,出南门约二里许,复雇一舟名蓬船,连夜开行至海安镇。

二十四日癸巳(3月22日)　晴,大风

辰刻至海安,舍舟登陆。巳刻乘小车前进至贲家集,少憩。午刻至九里庵,未刻到富安场寓中。母亲以下均平安,相见之顷,喜怆交集。四姊先已定期动身而望舟不至,家中行李俱已收拾,遂商定舟至即行。

二十五日甲午(3月23日)　晴

至大圣寺一游。

二十六日乙未(3月24日)　晴

午前同稚威至本垣盐堆,积雪中春,高若冈阜,亦异观也。

二十七日丙申(3 月 25 日) 阴雨

辰刻座船俱至,捡发行李。戌刻母亲下舟,共船五只,余家用一舟,周处眷属一舟,公执一舟兼载粗重,又周瀛士眷属及公执女等一舟,同来须姓押行李一舟。本日移舟半里。

二十八日丁酉(3 月 26 日) 晴,逆风

辰刻至安丰场,与阿哥、稚五等上岸食面,尚是扬州大盎宽汤款式。傍晚行抵溱潼镇泊舟。各场俱产小雀名桃花,鸟身不盈咫而喙长三寸,每遇日曝则卷不得伸,辄以首埋淤泥中,故捕之甚易。土人以醋烹为胙,味不甚佳,若煮之作脯则特美,适于村市见之,买归佐食,味果胜于他禽。

二十九日戊戌(3 月 27 日) 晴,顺风

晚泊丁钩镇。

三十日己亥(3 月 28 日) 晴

饭后行四十三里至大邗子,即邗江,又名孔家邗子,有闸,水流甚急,晚泊宜陵镇。

三月建戊辰

初一日庚子(3 月 29 日) 晴

侵晨至白塔关,上岸早餐。

初二日辛丑(3 月 30 日) 晴,大逆风

辰刻至大桥,上岸早餐,下午到中闸。

初三日壬寅(3 月 31 日) 晴,风小而顺

辰刻开江逆流,进月河,下午收口,又十馀里至建壁镇,住舟月

河闸。

初四日癸卯(4月1日)　　晴,逆风

饭后过丹阳县,夜泊吕城。

初五日甲辰(4月2日)　　晴

未刻到家,申刻母亲上岸,周太夫人及四姊皆住余家。开孙来,言江宁管小异敬伯同族,其尊甫异之先生系先大夫乡榜同年。从贼中来,曾见伪示甚多。其招贤榜云:"江南人才最多,英雄不少,或木匠,或瓦匠,或竹匠,或铜铁匠,或吹鼓手。你有那长,我便用你那长;你若无长,只可出出力的了。"又出示,改小便曰"润泉",大便曰"润化",尾闾曰"化关"。又云"尔等军民交头接耳,殊为失体,以后说话止许化关对化关,违者重处"云云。其官之异者,有典天舆,专司伪天王洪秀泉舆,豆腐衙专管豆腐。其男女之别甚严,而逆渠俱有妇女数千人,欲使天下灭绝人类,独留其子孙,设心之愚,一至如此。天王称万岁,东王以下以次递减。新又有一人伪封"太平天国顶天候",称"四千岁",位俱在丞相之上。

初六日乙巳(4月3日)　　晴

才叔自浙归,来访。

初七日丙午(4月4日)　　晴

张振远自小河上城来访,言局事妒者甚多,于月尽将撤云。

初八日丁未(4月5日)　　清明。晴

阿哥上坟,余以疾未行。幼静至城来访。

初九日戊申(4月6日)　　雨

四姊家是日先行赴浙,约在梁溪相候。下午访幼三,不遇。

初十日己酉(4月7日) 晴

同幼三访伯冰,不遇,遂同茗。又同访才叔,复访伯冰。下午幼静来。与阿哥同奉太夫人至浙。

十一日庚戌(4月8日) 阴,顺风

午刻至横林,酉刻到梁溪,与周处座船同泊。晚饭后耕亭来访,留住舟中。

十二日辛亥(4月9日) 阴,逆风

辰刻同公执、稚威、耕亭至映湖亭点心,解维行七十里,过浒墅关,泊。

十三日壬子(4月10日) 细雨,下午渐霁

辰刻至山塘,闻上海围城,兵勇新败,溃还至苏,抢夺民舟,舟不敢行,泊斟酌桥候信。同阿哥及二周上岸,租水阁半日,请太夫人以下上岸闲坐。

十四日癸丑(4月11日) 晴,顺风

黎明至苏州城,未泊。巳刻过吴江,午刻至八尺明宪庙,选妃江南,嘉禾以姚氏女应,女发素短,一夕委地,可长八尺许,人因以名其处。见《涌幢小品》。未刻到平望,岸西即莺脰湖。申刻到王江泾,乃江浙接界,有大桥,极高广。是夜月色明朗,登眺移时,始下舟。

十五日甲寅(4月12日) 晴,下午雨霰

辰刻到嘉兴泊舟。太夫人幼时从外祖永康公任奉讳,归途结一女伴,系嘉兴人,冯姓,适杭州汪氏,工诗歌,善谈笑,同行相得约为姊妹。别后垂三十年未通一札,分袂时疏一纸,载居址甚详,遂奉命往候。询十馀家始有知者,引至其家,乃言作故已久,家遗孤孙在,始

废然而返。下午解维,宿毛家渡。

十六日乙卯(4 月 13 日)　　阴雨

午刻至石门县,嘉兴府属。酉刻至长安坝,坝两边是石,过舟处是泥,用大缆络舟,逆行而过。

十七日丙辰(4 月 14 日)　　下午雨

辰刻至临平,酉刻到杭州省,弢甫至舟。

十八日丁巳(4 月 15 日)　　雨

饭后至槐亭公馆,与六姊谈至下午。

十九日戊午(4 月 16 日)　　天霁

六姊至舟。至弢甫寓中晤槐亭、子迎,拟明早渡江,至绍兴谒年伯王蓉坡先生。名藩,丙戌进士,由给谏外除赣州守。

二十日己未(4 月 17 日)　　晴,夜雨

坐轿出望江门,渡江至西兴,雇舟。申刻至萧山县,舟行四望皆山,夹岸多长松古柏,景象秀丽,如在画图。古云"行山阴道上,令人应接不暇",诚非虚语。

二十一日庚申(4 月 18 日)　　雨

巳刻舟抵绍兴。饭后候王先生,主人意甚殷,留下榻其家,其弟芋塘名△△。亦长厚,迭相陪待。

二十二日辛酉(4 月 19 日)　　微雨

饭后蓉坡先生邀出城,谒大禹陵。舟由城南偏门出十里许,舟中望会稽、秦望诸山,如屏如障,青翠罗列。经贺监镜湖,湖不甚广,水色明净可鉴。舟至陵下,上岸行不及半里,享殿新修落成,栋宇巍焕,夹陛松栝皆远年物。陵址已不可考,庙东南百馀步有一亭,下有

"大禹陵"三字大碑。碑后一峰,形势环抱,似即主山,而庙后偏左立一窆石,有亭覆之,或云陵即在其下云。

登会稽山谒禹陵

神御竟何往,风雨闷陵园。大麓栖雕楝,平峦接画阍。衣裳新庙貌,随刊古乾坤。谁使千秋后,登临不敢喧。

二十三日壬戌(4月20日)　谷雨。晴

辰刻觅舟返杭,晚抵西兴,宿逆旅。戴氏作谢札寄王公。

二十四日癸亥(4月21日)　晴

清晨过江,辰刻到运司河下新开衖,弢甫新寓。母亲于前日上岸,居周寓。同虔生弢甫长子。登吴山,高约一里许,旁一峰名紫霞峰,峰顶布石象,坎卦,镇城中火灾,游人多憩息其上。环视诸山,或高或下,湖波镜静,江光练飞,洵为寰中最胜之处。

二十五日甲子(4月22日)　晴,下午雨雹,闻雷声

同稚威至子迎处。子迎患腹疮,委顿甚,少坐,弢甫亦至。饭后同登吴山,啜茶。下午子逊来,与偕出涌金门,至湖边茶肆茗,阿哥亦来,进城又共小饮。

二十六日乙丑(4月23日)　晴

至六姊处,饭后返。

二十七日丙寅(4月24日)　晴

同阿哥及周氏昆季游云林寺,登冷泉亭,亭对飞来峰,峰下泉瀑激湍石隙中甚疾。寺宇广大,未能竟游。次至圣因寺,又至平湖秋月,筑室湖中,与岸不相属,周遭以曲桥通之,红阑绿水,一望怡然,将暝遂返。

二十八日丁卯(4月25日)　晴

是日同弢甫再游西湖,历灵芝寺、苏公祠、圣因寺、平湖秋月、岳少保墓、金沙港、湖心亭。

二十九日戊辰(4月26日)　晴

四月建己巳

初一日己巳(4月27日)　晴

晨起,同阿哥至吴山谒恭毅公祠。访子迎,午饭后归。

初二日庚午(4月28日)　晴

访槐亭,午饭后归。

初三日辛未(4月29日)　晴

至六姊处,下午归。

初四日壬申(4月30日)　雨

子逊来。

初五日癸酉(5月1日)　雨

同阿哥登吴山,茗。至子迎处饭。

初六日甲戌(5月2日)　雨霁

访子迎,饭后同子逊至吴山后一游,大佳,较胜前山。

初七日乙亥(5月3日)　晴

是日两姊奉太夫人舟游西湖,吾肩舆陆行,出清波门,到净慈寺雷峰塔。出寺左行,经花港观鱼十馀里,至天竺三寺,俱在山麓寺外。涧泉甚清，一峰石骨瘦露，飞来峰阴面也。到云林寺进香，登韬光，由云林大殿旁上山，约三里许，夹道皆修篁，道旁卧大竹。引泉声泠泠可听，石级高峻，舍舆步行至寺，在殿侧精舍少憩。下到玉泉寺，寺已废，临池水榭尚可坐。池中多鱼，投以面饼，相夺激水高数尺，有鱼一尾白如雪，颇异。西北行，上葛仙岭，宝石寿星山之支麓也。山之半为初阳台，东向，前无屏蔽，适携远镜望，见湖中钜舫泛波缓行，窗中一女子着茜红衫，隐几若卧。湖之东迤南为南屏诸山，与此山相值者即凤凰山。稍北为吴山，山顶林木及南屏之雷峰如在眉睫间。山之外即钱塘江，再东为西兴山，山之峰，江之舟楫无不历历。下山望南，过苏小小墓。至文渊阁藏四库书处。次至平湖秋月，逢家中游湖舟，下舟少坐。又登孤山，往西泠书院、梅鹤亭、巢居阁诸处草草一游。循白堤过断桥，抵大佛寺，复下舟午饭。饭后上岸，途过昭庆寺，亦下舆入瞻仰。未刻还至寓，坐未定，又步出清波门，棹小舟迎太夫人船，偕返。

初八日丙子（5月4日） 晴

同弢甫等至净慈寺。是日佛诞，杭俗是日烧香须到八处，名“八寺香”。傍晚同稚威至湖上茗话，又偕子迎至其家，复与登吴山。

初九日丁丑（5月5日） 晴

公执、稚威同访子迎，上吴山茗。至六姊处。

初十日戊寅（5月6日） 立夏。晴

同阿哥及子迎在槐亭处午饭，后返。傍晚同稚五茗。

十一日己卯（5月7日） 晴，午后雨

访子迎，不遇，同稚威、子逊等登吴山，茗。至六姊处。二鼓下舟返里，拟绕道往见朱朵山年伯。名昌颐，丙戌状元。

十二日庚辰(5月8日)　晴,夜大雨兼雹

申刻至临平,上灯后到长安坝。

十三日辛巳(5月9日)　阴,顺风,酉刻大雨

下午到海盐县,离海塘二里许。以时晚不得往观海,甚懊丧。闻朱公在平湖青阳卫,更须绕道而往。

十四日壬午(5月10日)　晴,顺风,夜大风雨

午刻到平湖县,夜抵青阳卫,往见朱朵山。致王年伯信,朱意甚寥落,少坐归舟。

十五日癸未(5月11日)　雨

辰刻解维,一日到嘉善县。

十六日甲申(5月12日)　雨,顺风

早到嘉兴府,未泊。午到王江泾。申至平望,大雨,舟不行。作家书寄杭。

十七日乙酉(5月13日)　阴雨

是日到苏,途中接吉止家信。上岸访伯冰,闻已丁内忧返常矣。

十八日丙戌(5月14日)　晴,顺风

清晨过关,日晡到无锡县。访述甫、耕亭,留其家晚饭,并看所藏帖。

十九日丁亥(5月15日)　晴,顺风

黎明开行,午抵家。访幼静,同茗。

从常至富安场:

七十里孟河口,八十里过船港,六十里三江营,五里中闸,四十二里白塔关,五十里港口,十八里泰州城,一百廿里海安镇,三十里

富安场。

从富返常:

九十溱潼镇,一百十五里丁钩镇,四十三里大邗子,二十三里宜陵,七里白塔关,四十二里中闸关,六十里月河口,二十里月河闸,五十里丹阳县,一百里常州府。

从常至绍兴府:

一百里无锡县,七十里浒墅关,二十里山塘,十里苏州府,六十里吴江县,四十七里平望,三十里黄江泾,三十里嘉兴府,七十里石门湾,二十里石门县,二十里长安坝,四十里临平关,六十里杭州府,十里西兴镇,十里萧山县,一百里绍兴府。

从杭绕道至常:

一百里长安坝,六十里峡石镇,四十里义成桥,二十里海盐县,八十里平湖县,三十六里青阳卫,三十六里张金湾,十二里嘉善县,三十六里嘉兴府,一百七里吴江县,六十里苏州府,百里无锡县,百里常州府。

二十日戊子(5月16日) 阴

幼静来,同茗,至伯冰处作吊。返幼静家饭,至思一二兄处贺其女出阁。是晚趁舟至宜兴县扫墓。

二十一日己丑(5月17日) 阴

下午到宜,上岸茗,茗后至本家及地藏庵视扫师疾,至汪少韩处晚饭,回本家借榻。

二十二日庚寅(5月18日) 雨

同本家二伯及汪少韩早餐茗饮。下午扫墓,遇雨,望祭而归。戌刻趁舟返常。

二十三日辛卯(5月19日)　阴雨

酉刻至常城行,抵家已傍晚。

二十四日壬辰(5月20日)　阴,夜大雨

访幼静,同茗,访仲明,不遇,又访幼静,来家午饭。董二自山左邓处下人。来常,询悉吉止家中于去岁正月十九日合宅动身,由清江走汴梁省到山西,卜居太平县乡间,眷属俱无恙,外舅子期先生于去冬因公罣吏议。

二十五日癸巳(5月21日)　雨

同幼静早膳及茶。才叔来。幼静来午饭。

二十六日甲午(5月22日)　小满。雨

二十七日乙未(5月23日)　天霁

幼静来,同点心及茶。访才叔。访伯冰。

二十八日丙申(5月24日)　晴

访刘绳卿,候伯厚大兄。访苏士达,其家留午饭。写浙江家信。

二十九日丁酉(5月25日)　雨

幼静来,同至其家。

三十日戊戌(5月26日)　阴

幼静来,同茗,访吕曼叔、吴圣俞。

五月建庚午

初一日己亥(5月27日)　晴

同幼静茗,又至其家饭。

初二日庚子(5月28日) 阴

到家十叔处看帖，访幼静，夜饭后归，渠日来贫迫，以所居宅之半与一须姓，得钱四百缗。寄山西信。

初三日辛丑(5月29日) 晴

候伯厚大兄，午饭后返。同幼静等茗，下午市食，接杭州家信二函。

初四日壬寅(5月30日) 晴

送幼静下乡至北郊。访仲明。

初五日癸卯(5月31日) 端午。晴

至吕曼叔家拜寿。子江来，才叔来。

初六日甲辰(6月1日) 晴

访思一二兄。

初七日乙巳(6月2日) 下午雨

同幼三茗。

初八日丙午(6月3日) 晴

幼三来，同访庄耀采，不遇，又同茗。仲明来。

初九日丁未(6月4日) 晴

初十日戊申(6月5日) 晴

访圣俞。访仲明看帖。

十一日己酉(6月6日) 晴。芒种

同幼三茗数肆，访才叔。发杭州信。

十二日庚戌(6月7日) 晴

同幼三食市中。才叔来。

十三日辛亥(6月8日) 晴

访幼三,不遇。饭后访子江,不遇。

十四日壬子(6月9日) 晴

同幼三茗,又至其家饭。

十五日癸丑(6月10日) 阴雨

到用久叔祖家,午饭后归。下午同幼静茗。

十六日甲寅(6月11日) 阴

寻幼静,因到徐葆光家。又访才叔、伯冰,皆不遇。至学旁本家送殓。仲吉长子去世。又访幼静。

十七日乙卯(6月12日) 晴

同幼静早餐又茗。

十八日丙辰(6月13日) 阴雨

访幼静。才叔来。

十九日丁巳(6月14日) 下午大雨

幼静要食市中,傍晚归。

二十日戊午(6月15日) 晴

二十一日己未(6月16日) 晴

同幼静到伯厚大兄家,又访伯冰,在其家饭。仲明来。接杭州信。耕亭书扇作《两都赋》全篇见惠,字大逊于蚁而笔画有寻丈之势,真当世绝艺。

二十二日庚申(6月17日) 晴

幼静来访,同茗,晤六围港人杨某,议靖江县设局抽捐事。

二十三日辛酉(6 月 18 日) 雨

幼静、士明来访,才叔来访,同茗。又同访盛德生,不遇,复茗。发家信。

二十四日壬戌(6 月 19 日) 晴

同幼静合访杨姓议前事。吴圣俞来。

二十五日癸亥(6 月 20 日) 晴

同幼静茗,议前事,遂至其家饭。

二十六日甲子(6 月 21 日) 晴

二十七日乙丑(6 月 22 日) 夏至。晴

子江来访幼静。

二十八日丙寅(6 月 23 日) 雨

请幼三来早膳,又至其家。才叔来访。

二十九日丁卯(6 月 24 日) 大雨

复与幼静茗,议前事。下午幼静煮汤饼见招。

六月建辛未

初一日戊辰(6 月 25 日) 阴

下午阿哥自浙归,抵里。幼静来。

初二日己巳(6 月 26 日) 晴

同阿哥到幼静处。访圣俞。

初三日庚午(6 月 27 日) 晴

同才叔在幼静家饭,又偕茗。见西洋夷人医书《全体新论》,其

言人身血脉脏腑,与《同人图》大异。言男子精中有动物,形类蝌蚪,游行经宿犹活,血之色本与水同,其中有赤轮至多,细不可辨。赤血管分新血,灌溉一身,回血管接受死血,达于肺,以接生气,无三焦命门,另有腑名甜肉经,其语异如此。接母亲信。

初四日辛未(6月28日)　　晴

家十叔及子文侄来,同茗。

初五日壬申(6月29日)　　晴

幼静来,同茗。下午访伯冰,又到幼静家食饼。

初六日癸酉(6月30日)　　晴

初七日甲戌(7月1日)　　阴,夜大雨如注

同阿哥至伯厚大兄西局,饭后同伯冰、幼静、钱子明茗,至子明寓。

初八日乙亥(7月2日)　　大雨

访子明兼过伯冰。访幼静。下午靖江人及幼静茗,与商前事。

初九日丙子(7月3日)　　雨

访幼静。寄杭州家信。

初十日丁丑(7月4日)　　早晴,下午复大雨

同阿哥、伯冰、子明、幼静早餐,又茗饮。饭后又与靖江人茗肆晤商。

十一日戊寅(7月5日)　　大雨

同幼静早餐。幼静来余家饭。下午又访幼静。作函寄仲明乡间。

十二日己卯(7月6日) 晴霁

同阿哥、子明、幼静早餐。

十三日庚辰(7月7日) 小满。晴

振远自杭州归,同与茗。

十四日辛巳(7月8日) 晴

访倬云与诸同人,才叔来。晚饭后才叔、幼静来。

十五日壬午(7月9日) 晴

幼静来,同茗,又同返。才叔亦来,遂共饭。饭后振远亦至,又偕茗。

十六日癸未(7月10日) 晴

在幼静家,同振远、才叔午餐复茗。仲明以造象见赠。

十七日甲申(7月11日) 晴

至家十叔及子文处,遂同返。幼三等先来吾家,稚五归自杭州,亦来同茗。

十八日乙酉(7月12日) 晴

振远、彦修、稚威、幼静同来午饭。同阿哥及才叔在幼静处。

十九日丙戌(7月13日) 晴

稚威、幼静等同茗又同食。食后返幼静家,两君归,夜饭。

二十日丁亥(7月14日) 晴

访幼静。稚威来。幼静来,饭后才叔亦来,同才叔至东门,同幼静等茗。

二十一日戊子(7月15日) 晴

同稚威、幼静候伯厚大兄,不遇。至肆中茗,才叔来,到幼静家

午饭,饭后同返吾家。适伯厚大兄来,言靖江设局,以事属吾及幼静。是晚与幼、稚赴澄江。

二十二日己丑(7月16日)　晴

午后抵江阴,觅水勇总目周春,访祝尔英。名△△,子常先生子。

二十三日庚寅(7月17日)　晴

同尔英两子受谦、培之早膳,又饭其家,后至某寺纳凉。

二十四日辛卯(7月18日)　晴

同幼静上岸,与周春晤,同饭。春年四十馀,爽宕有豪士风,其党羽千馀人,是日会者数百,与言靖江事,略得梗概。二鼓解维返城。

二十五日壬辰(7月19日)　晴

巳刻到三河口,稚威有事上岸,约在陈渡桥候之。下午至陈渡桥泊舟,傍晚稚五来。

二十六日癸巳(7月20日)　晴,夜微雨

仍泊舟候周春,下午来,同发。酉刻到常,留周春等饭吾家。稚威下榻余家。接山西信。

二十七日甲午(7月21日)　阴

午前同幼静及周春至西门见伯厚大兄,又同饭。同振远等茗。仲明来。接母亲信。

二十八日乙未(7月22日)　晴

振远来,同至幼静家,又同早膳及茗。稚威在余家设酌,请祝君、受谦等。伯厚大兄来,晚饭后去。

二十九日丙申(7月23日)　大暑。晴,午前微雨

幼静来,同早食市中。访敬伯、振远、伯厚大兄。幼静来,夜饭。

周春等以所谋不成,辞去。

三十日丁酉(7月24日) 晴

振远、幼静、稚威、才叔同来,因饭。访仲明及圣俞。

七月建壬申

初一日戊戌(7月25日) 晴

幼静来。同幼静等茗。

初二日己亥(7月26日) 晴

同幼三至保卫局,又访伯冰。

初三日庚子(7月27日) 晴

访幼静,不遇,至才叔处饭,伯厚大兄来,同访幼静,余归,留午饭,后返。

初四日辛丑(7月28日) 雨

访稚威、幼静,同早餐,又至伯厚大兄处午饭,才叔来,接杭州信。

初五日壬寅(7月29日) 阴

初六日癸卯(7月30日) 阴

初七日甲辰(7月31日) 雨

同阿哥、振远、稚威、幼静、才叔早餐及茗,又至幼静家。幼静来,晚饭后复同到其家。

初八日乙巳(8月1日) 晴

访幼静。至稚威家拜寿。傍晚复访幼静,晚饭后归。芳洲四叔来,下榻厅舍。

初九日丙午(8月2日) 晴

同四叔早餐市中,伯厚大兄来,饭后同四叔茗,访幼静。写杭州信。

初十日丁未(8月3日) 晴

同振远、稚威在幼静处。下午幼静复来,请再往少坐。

十一日戊申(8月4日) 晴

访才叔。又访幼静,并遇振翁。

十二日己酉(8月5日) 晴

稚威、幼静来,同访陈彦修,茗,茗后其家午饭。

十三日庚戌(8月6日) 薄阴

同阿哥及才叔早食市中。又同在幼静家饭。接家信。

十四日辛亥(8月7日) 晴

访幼静并遇振远、才叔,下午再往,晚饭后归。

十五日壬子(8月8日) 立秋。晴,下午大风雨

访张倬云,不遇。访幼静。

十六日癸丑(8月9日) 晴

同振远、幼静茗,至保卫局。午后访幼静,与偕振远、才叔茗。

十七日甲寅(8月10日) 晴

访幼静,与同振远、敬伯等茗。归其家饭,饭后再茗。

十八日乙卯(8月11日) 晴

稚威还无锡乡,同人为饯。伯厚大兄来,下午又来。

十九日丙辰(8 月 12 日) 晴

两次访幼静,一遇。

二十日丁巳(8 月 13 日) 晴

幼静来。饭后访幼静,偕茗。

二十一日戊午(8 月 14 日) 晴,下午雨

振远等来,下午同茗。仲明亦来,茗散同返。

二十二日己未(8 月 15 日) 雨

二十三日庚申(8 月 16 日) 晴,傍晚暴风大雨

寻幼静茗,与偕返。访圣俞、仲明。伯冰自省归,来访。

二十四日辛酉(8 月 17 日) 晴

同阿哥及伯冰等候伯厚大兄至,饭后还。访幼静,同茗。写杭州信。

二十五日壬戌(8 月 18 日) 阴

二访幼静。

二十六日癸亥(8 月 19 日) 晴

市中早餐,同座伯冰、振远,又茗。晤才叔,闻贼至黄池东坝,上游告警,至保卫局问信。又访幼静,告之议定,雇一舟备急。

二十七日甲子(8 月 20 日) 晴

同幼静茗。至保卫局探信,知贼警渐退。访才叔,再茗,又到幼静家。下午又访幼静。

二十八日乙丑(8 月 21 日) 晴

同振远等在幼静家饭,后同茗,接家信。

二十九日丙寅(8月22日)　　晴

稚威来自乡间,与茗。又访幼静,不遇。稚威、听胪来饭。振翁来。

三十日丁卯(8月23日)　　处暑。晴

写杭州信。

闰七月

初一日戊辰(8月24日)　　晴

幼静、稚威同其家人来,约共至舣舟亭游赏。与幼静、稚威茗,复到其家晚饭。

初二日己巳(8月25日)　　晴

饭后同幼静、稚威访冯士明。

初三日庚午(8月26日)　　晴

访稚威,不遇。是日同才叔下舟,赴新塘乡潘家桥卜宅。地属阳湖。

初四日辛未(8月27日)　　雨,顺风

下午抵乡上岸,至村人丁达泉才叔世交。肆中少坐。镇去城七十里,其南有山名陈宦,又名城湾,又名陈墓,山不甚大,绵延十馀里。

初五日壬申(8月28日)　　风雨

午刻解维,至阳湖村看屋,系村塾先生边竹筠居间,同往。

初六日癸酉(8月29日)　　风雨

同丁达泉、汤老开茗。汤系镇上富人。下午同丁达泉至王公山下

看屋。酉刻舟行返城。

初七日甲戌(8月30日) 大逆风,舟行甚缓

下午至戴奇镇,同才叔上岸小酌,并沽酒劳榜人。

初八日乙亥(8月31日) 雨

黎明抵家。

初九日丙子(9月1日) 阴

访伯冰,适至宜兴未返。振远、稚威、幼静来,午饭后同茗。

初十日丁丑(9月2日) 晴

访幼静,觅至丁氏近园遇之。傍晚幼静、稚威来,晚饭后复送至其家。

十一日戊寅(9月3日) 晴

访幼静,在其家饭。

十二日己卯(9月4日) 晴

同振远、敬伯、幼静午饭市中,又茗,茗后返幼静家。

十三日庚辰(9月5日) 阴

访幼静,茗,同稚威访伯冰,同赴保卫局,即午饭。

接家信。

十四日辛巳(9月6日) 晴

与同人早食市中,又茗,茗后复食某庖肆,食后更茗,同振远往伯冰家。

十五日壬午(9月7日) 阴

同家人舣舟亭观荷,卢墅湾食菱。

十六日癸未(9月8日)　白露。晴

访伯冰、幼静,皆不遇。

十七日甲申(9月9日)　晴

访幼静并逢陈彦修。仲明来。访伯冰,同茗,又访幼静,不遇。

十八日乙酉(9月10日)　晴

十九日丙戌(9月11日)　晴

访幼静。

二十日丁亥(9月12日)　晴

稚威、幼静来。饭后访幼静。仲明来。

二十一日戊子(9月13日)　晴

二十二日己丑(9月14日)　晴

政甫弟来,同至其家观收庵公所遗书画。见年大将军诗册一本,用笔一宗吴兴,行间殊无英特之气,可怪也。访幼静、敬伯、才叔,不遇。

二十三日庚寅(9月15日)　晴,傍晚雨

稚威等来同茗,散后至幼静家。下午访幼静。

二十四日辛卯(9月16日)　阴雨

同幼静早餐又茗,同归余家饭,饭后访陈彦翁。

二十五日壬辰(9月17日)　阴雨

至政甫弟处。访幼静。至子文侄处。

二十六日癸巳(9月18日)　晴

同幼静茗,后至其家饭,后又同茗。

二十七日甲午(9月19日) 阴

幼静将赴河南,振远、彦修、稚威、听胪、才叔及余兄弟与饯行。

二十八日乙未(9月20日) 阴

同稚威、幼静早食又茗。同到天宁梵寺。幼静扫墓,伴之行。途见小河南厢练勇,董其事者为曹青岩,其人幼亦贫,年二十馀不识只字,然性聪敏好学,就村塾假书读之,稍稍知大义。既壮去而业医,著方立论,一宗仲圣,该博通洽,多读异书,著《医学读书录》若干卷。晚复涉猎孙吴之学,遭时多故,慨然出而驱驰,年七十馀,精神矍铄,志气不衰,观其人可敬。

二十九日丙申(9月21日) 雨

同稚威市中饭,又茗。访仲明,不遇。

八月建癸酉

初一日丁酉(9月22日) 晴

同振远、稚威、徐孟祺早食市中。访幼静午饭,饭后同茗。

初二日戊戌(9月23日) 秋分。晴

饭后同阿哥访幼静,同茗,茗后访伯冰,送伊赴省垣,又访陈彦修,不遇。

初三日己亥(9月24日) 晴

同幼静早食及茗,又至其家,同幼静茗。

初四日庚子(9月25日) 晴

访幼静,不遇,幼静来。

初五日辛丑(9 月 26 日)　晴

同幼静茗。幼静今日赴汴,送之至西门,复茗而散。

初六日壬寅(9 月 27 日)　晴

振远来。仲明来。发杭州信。

初七日癸卯(9 月 28 日)　晴

徐孟祺来,同至其家。

初八日甲辰(9 月 29 日)　阴

下午访仲明,访存陔。

初九日乙巳(9 月 30 日)　晴

吉止表亲许异甫自贼中逃出,甚狼狈,留之家中。才叔来。

初十日丙午(10 月 1 日)　晴

许异甫言贼凡一物一事皆立一馆,而以“典”字冠之,如掌金银器皿则曰“典金馆”之类。馆有一总制,僚属咸备,所辖繁剧,则置丞相捡点一人。伊在贼中所隶曰“典天袍”,掌画天王袍。丞相名唐正才,湖南道州人。饶勇,善大刀,现已升殿前丞相。别有“典东”、“典北袍馆”,分掌东、北二王袍。舆则有“典天舆馆”,亦有丞相。前管小异云典天舆八人皆位丞相,盖误也。官制,王以下有侯,次六官,正丞相,次丞相,次捡点,次指挥,次将军,次总制,次监军,次军帅,次师帅,次旅帅,次百长,次两司马,次五长女。馆中设官亦同,皆以湖广人妇女领之。各王府俱有典丞,宣衙亦置丞相,计所署丞相无虑数百人。捡点位亚于丞相而尊崇过之,每出皆以鼓吹导引,丞相惟刀、矛各二为卫而已。军法分前、后、左、右、中,凡四十八军,水军皆以沿途裹胁水手为之,故帆桨便利云。

十一日丁未(10月2日) 晴

敬伯来。

十二日戊申(10月3日) 晴

侄长庚周晬斋佛。晨至周钧甫家贺其吉夕之喜。敬伯来。

十三日己酉(10月4日) 晴

访士明。敬伯、振远、听胪来。接家信。

十四日庚戌(10月5日) 晴

同许异甫及振远、敬伯茗,敬伯来。

十五日辛亥(10月6日) 中秋节。晴

是日申初二刻得一女。振远来。

甲寅 癸酉 辛亥 丙申

十六日壬子(10月7日) 晴

十七日癸丑(10月8日) 寒露。雨

小孩三朝,祀神祭祖。

十八日甲寅(10月9日) 阴

振远来。访仲明,不遇。

十九日乙卯(10月10日) 晴

二十日丙辰(10月11日) 晴

到政甫弟、子文侄家,敬观先恭毅公立像及《耕读传家图》,图凡七世,首为西溪公力田肇绪图,次复溪公服畴贻谷图,次见澜公庄桥施赈图,次元台公艺兰肯构图,次止庵公蓬门教读图,次恭毅公整旅格苗图,次裘萼公玉堂校书图,系长水王大鹏笔。

二十一日丁巳(10月12日)　晴

访仲明,坐良久。

二十二日戊午(10月13日)　晴

访政甫弟、子文侄及吕定之,不遇。振远来。

二十三日己未(10月14日)　晴

振远将至小河,来访。

二十四日庚申(10月15日)　阴

宜兴芳洲四叔来。

二十五日辛酉(10月16日)　晴

仲明来。圣俞弟子慎名徽。来。接家信。

二十六日壬戌(10月17日)　阴

咏如自江北归,来访。至本家士伯兄处。

二十七日癸亥(10月18日)　雨

圣俞来访。咏如、敬伯来午饭。作书与耕亭。

二十八日甲子(10月19日)　雨

发家信。

二十九日乙丑(10月20日)　雨

许异甫善绘,属图止庵公以下至余八世小像,曰"世读图"。访仲明,同访圣俞,仍至仲明家午饭,饭后同茗。

三十日丙寅(10月21日)　晴

访政甫弟。仲明来。

九月建甲戌

初一日丁卯(10月22日) 晴

访仲明。访士达。

初二日戊辰(10月23日) 晴

听胪、孟祺来饭,饭后同孟祺访定之,不遇,又访丁成孙。接家信知槐亭已委署杭州府富阳县。

初三日己巳(10月24日) 晴

访政甫弟。徐孟祺及吴晋壬名唐林。来,闻先公厝址旁为路姓盗葬之信,拟明日往料理之。

初四日庚午(10月25日) 晴

卯刻下舟赴宜,至钟溪过夜。

初五日辛未(10月26日) 晴

巳刻到宜兴,访扫公和尚。下午至东山墓旁看察盗葬之处。归后又访扫公。

初六日壬申(10月27日) 晴

至本家伯叔处,至晓村先生处,访小梅及程君维屏,同茗。小梅请饭,饭后同访扫叶。坟丁俞东福至路家询问,归言其人名住大,素业屠。葬者系其胞叔,据云此山共七亩,其家祖产,嘉庆十四年其父以地六分买与徐姓,嗣后徐姓转卖,伊皆未知,此次实系误葬云云,其语殊不可信。

初七日癸酉(10月28日) 晴

访汪少韩、余六泉,同茗。开舟至东山拜扫。访扫叶。遣唤路姓来，与约明早上山同踏界石。

初八日甲戌(10月29日)　　晴

黎明开船，同路住大至东山看明，伊允于冬间迁让。访扫叶，留素餐。同程维屏访齐小梅，与茗。访少韩、小梅，不遇。小梅来，留与晚饭。余六泉来。

初九日乙亥(10月30日)　　重阳。晴

同六泉早餐。同四叔及坟山原主徐理亭等茗。访小梅。下午复会理亭，同至东门觅路住大。

初十日丙子(10月31日)　　晴

同程维翁茗，四叔来。维屏来，留舟中午饭。申刻解维，夜过和桥镇。

十一日丁丑(11月1日)　　晴

辰刻到家。耕亭至常来访，以宋拓王《圣教序》售洋三十元，阅之爱不忍释，脱细君头上珠易钱得之，灯下复展阅数过，喜不能寐。

十二日戊寅(11月2日)　　晴

候伯厚大兄。访耕亭，不遇。下午耕亭来。

十三日己卯(11月3日)　　晴

访伯厚大兄。访耕亭、张倬云及才叔，皆不遇。才叔、耕亭来，午饭去。访吕定之。觅耕亭，至朱君燮臣家遇之，同返余家。

十四日庚辰(11月4日)　　晴

同耕亭早餐。访仲明，同茗二次，中间访圣俞、存陔，茗散又访存陔，均不遇。

十五日辛巳(11月5日) 晴

访政甫弟,同仲明茗。

十六日壬午(11月6日) 晴

访政甫弟,观字画,访圣俞。

十七日癸未(11月7日) 晴

嫂氏祖母钮太宜人丧,归往吊。访仲明,见其戚瞿氏所藏恽南田画扇一册,甚佳。稚威归,带来安信一件。太夫人思归,命余往迓,遂定明日下舟。

十八日甲申(11月8日) 阴雨

候伯厚大兄。饭后访敬伯、才叔,少坐遂归。访稚威,不遇,返,乃在余家。候舟不至,改明早进发。

十九日乙酉(11月9日) 晴,大顺风

稚威来,同早食市中,食后下舟开行,风甚便利。酉刻到无锡,访耕亭,其家言已至江阴。述甫留余晚饭。

二十日丙戌(11月10日) 晴,顺风

巳刻过浒关,未刻至苏。访伯冰,不遇。

二十一日丁亥(11月11日) 晴

得《中兴颂》、《兖公颂》,携《一统志》交书肆托售,候之,故停舟不进。

二十二日戊子(11月12日) 晴

午后游狮子林,园广不及三亩,累石为两山一水一陆,石笋错落高下凡三层,或危梁驾空,或狭磴俯水,或幽暗如入深瓮,或显豁如对疏棂。跬步之间,倏更霄壤。中间息足之处,为亭为阁,为榭为

轩,凡八九处。闻春时游女如织,轻裙窄履,出没岩磴间,观者莫不神往。来岁有暇,当际其盛耳。出狮林,又至玄妙观,购得湘竹聚头箑一柄。

二十三日己丑(11 月 13 日) 晴

书售不成,下午遂解维,酉至吴江。

二十四日庚寅(11 月 14 日) 晴

辰至平望,由间道行,晚至张涉。

寄内

姑苏南入苕溪路,六日离家梦亦稀。野市日斜烟欲暝,芜原秋老叶横飞。

但怜江上旌旗近,时贼据京江未退。漫讶湖干景物非。五十衰亲归未得,敢因小别重依依。

二十五日辛卯(11 月 15 日) 晴,逆风

辰至乌镇,属桐乡县。未至连市,酉至新市,属归安县。

二十六日壬辰(11 月 16 日) 晴,逆风

巳至塘栖镇,晚抵杭州水关外。

二十七日癸巳(11 月 17 日) 晴

辰刻上岸至寓,知母亲于昨日至富阳县,仅迟至一日。访子迎,登山,茗,又在其家晚饭。

二十八日甲午(11 月 18 日) 晴

同公执访子迎,同食羊饭,又茗饮。同虔生访莲衣和尚。

二十九日乙未(11 月 19 日) 晴

再至灵芝寺访莲衣,观所藏帖。偕公执至孤山圣因寺前茗。子

迎、子逊来访,同茗。肩舆出清波门,趁舟赴富阳县。

舟中口占

一夕之江渡,更深客尚嚣。夜云帷远岫,霜气咽秋潮。方喜瞻云近,还怜涉屺遥。不因乡思重,终是可怜宵。

十月建乙亥

初一日丙申(11 月 20 日)　晴

辰至富阳,登岸,城南门临江口。进城不三十步已至署中,老母安善,六姊无恙,忻慰无似。

初二日丁酉(11 月 21 日)　晴

早膳后同记室李君晴湖至城东观山登眺,山下临江水,岩下即子陵钓台,上有小祠,邑人卖茶其中,设子陵先生像,被以龙章,又并设女像称夫人,与焦山焦隐居像黻冕而坐同,一可笑。闻桐庐西七里泷亦有钓台,皆后人附会为之也。

初三日戊戌(11 月 22 日)　晴

发家信。

初四日己亥(11 月 23 日)　晴

登观山顶,望隔江上下,枫叶如张锦屏。又游城西沧晓阁,访邑人周子定,名基,号石麓。见帖数种。

初五日庚子(11 月 24 日)　晴

代槐亭作观风告示

照得圜桥明学,俊乂因之登涉;鸿都雅化,胶序所以如林。翩翩之士,冠四民而称首;洋洋之文,总百家而为盛。盖植躬期于明理,通经可以辅德。而内必形外,悫行兆于出言;文以载道,明识依于立论。是以佐世则有经济之术,勖行则有箴规之作。发扬经义,则片言宣秘;综核典制,则卓见通达。莫不宗意写情,因事立说。绎恢廓之大义,达委宛之区奥。方诸他艺,尤为特美。富邑西浙胜区,之江剧治。桐庐之险阻萦其左,山阴之秀丽襟其右。川原绮错,江壑组带。风雨波潮,变其气候;晦明阴晴,异其景物。山川之美,甲于东南;贤杰之兴,郁为瑰宝。洵四达之要冲,而人文之渊薮也。本县起自寒畯,膺兹繁重。下车之始,首询民情;拥牍之馀,更求士习。缅文翁之治蜀,肇立宫墙;法延寿之居淮,先崇儒术。思欲求贤斯野,观美是邦。吉士茅茹之占,征之象系;太史輶轩之政,式采歌谣。爰于求治之暇,敬举观风之典。其有硕德通才,名儒师传。元音戛戛,巨制煌煌。论治则轩轾管萧,诂义则颉颃郑孔。当置于异等,礼之上宾。奉以周旋,尊为模楷。又或冠裳雅士,裙屐胜流。行气如虹,组文成锦。经经纬史,为休明之鼓吹;含英咀华,助江山之秀色。亦当登之上第,刊诸前茅。俱加束帛之酬,更致焚膏之助。至于学不通经,文不达义,支离其说,冗蔓其辞。帛屡勒于行间,笔不灵于腕底。既理途之多舛,岂奖借之能加。便拟齿于末流,抑为下列。凡以扬清激浊,冀砥柱夫颓波;征实去名,共扶轮于大雅。尚其各抒元识,勿闷英辞。如明玑之耀璇,若珍球之辉谷。高文浩瀚,克膺拔萃之求;醇学渊深,仰答右文之化。凡百多士,慎求令誉。特示。

初六日辛丑(11月25日)　雨

访周君子定。

初七日壬寅(11月26日)　晴

初八日癸卯(11月27日)　阴

与槐亭较射署后废圃。

初九日甲辰(11月28日)　阴

初十日乙巳(11月29日)　雨

登沧晓阁望江中雨景。

十一日丙午(11月30日)　阴,大风

十二日丁未(12月1日)　晴

槐亭嘱写对联赏催科书吏。余与槐亭分撰,内有佳者一联云:

范我驰驱无诡遇,莫非王事独贤劳。

十三日戊申(12月2日)　晴

访周君子定。

十四日己酉(12月3日)　晴

十五日庚戌(12月4日)　晴

肩舆由陆路至省,黎明动身。辰刻至华墅塔,午刻至流芳岭。岭下临江水,背负诸峰,途中一胜处也。晡时绕道至理安一游,峰环岭合,古木夹植,所经之路,无十丈不曲,寺居山坞中。对面高峰名慧日峰,竦拔云表。寺有泉曰法雨泉,点滴如雨,出石岩下,声琤琮可听。下一小池,广不及丈,足供一寺炊汲,亦一奇也。法堂后小楼依岩结构,曰松巅阁,为寺中最高处。寺后登山不数里即龙井,以时晚未游。申刻到省城。

自富阳陆行至杭中途纪游四首

黎明出富春郭

破晓出江城,寒天欲露晴。苍烟依谷聚,白日隔河明。霜

湿蓝舆重,云随襆被轻。胜游端不易,似为慰离情。

辰刻抵华墅

华墅群耕早,相随倚陌看。野人惊啸傲,村犬吠衣冠。晓日峰巅紫,寒林涧外丹。回观众山顶,飘渺曙云端。

日中过流芳岭

半日登临处,遐观及四周。滩沙潮后净,岚气日中收。小市依依近,远江缓缓流。如何行役地,踪迹愿勾留。

将晡游理安寺

入山未一里,林麓已千回。老木缘溪合,荒泉隔障来。当舆疑谷底,转径又山隈。闻道最高处,前头般若台。

十六日辛亥(12 月 5 日)　晴

至槐亭省寓。访子迎,午饭后同上吴山,茗饮,公执亦在坐。

十七日壬子(12 月 6 日)　晴

拜邑绅钱秋岩、名廷薰,因太夫人寿器托其寄放,故往谢之也。金绍伯。名曰修,其尊人与先府君同年。访子迎,不遇,二鼓子迎来访。

十八日癸丑(12 月 7 日)　晴

访子迎,未晤。作函与王蓉坡年伯。发家书。

十九日甲寅(12 月 8 日)　晴

至子迎处,并遇丁君佛持、李君通甫,名方泰。遂同子迎市中羊饭。至吴山茗,又至子迎处。接吉止家信并寒衣。

二十日乙卯(12 月 9 日)　晴

与子迎、通甫换帖。通甫人长厚,笃于友谊,年长余四岁,子迎长余七岁。通甫是日赴绍兴,送伊登舆后与子迎茗饮。

刘达善,字子迎,道光乙酉年正月二十日未时生。世居同里玉带桥。

曾祖容。祖筠。父文蔚,母氏赵,赵慈侍下。

兄达揆、达典。弟达敷。妻氏裴子亹。

李方泰,字通甫,行三。道光戊子年十二月初七日吉时生,世居石柱里。

曾祖父瑞冈,母吴氏。祖父汝雨,母潘徐沈氏。父新斡,母杨氏,庶母祁氏,严侍下。

本生胞兄应咸,字子受,行二。弟景成,行五。妻雍氏,女二。

制楹语书送子迎:

一夕壮怀同起舞,十年心事独传经。

二十一日丙辰(12月10日) 晴

同子迎、子巽茗。

二十二日丁巳(12月11日) 阴

访子迎,未晤。

二十三日戊子(12月12日) 晴

偕虔生游虎跑寺。出涌金门,乘小舟达苏堤映波桥、杨堤濬源桥。至赤山埠登岸至寺,寺在大慈山坞中,夹道松桧,一望苍蔚。循寺殿右廊进一小院,虎跑泉在焉。泉味甘美特异,非如他泉之虚有其名、难可寻辨者。回舟至净慈寺,前日已错。午又登雷峰一眺,仍下舟,到水心保宁寺,即放生池,就湖中作小堤,围为一池,中架曲桥,堤外数武即三潭石塔,一已倒。日将夕,至城。

二十四日己未(12月13日) 晴

访子迎,同茗。

二十五日庚申(12月14日) 晴

同公执至孤山僧寺观关壮缪玉印。渡西泠桥,过苏小墓,入凤林寺访君子泉。又到曲院风荷,仅见瓦砾。登苏堤,徘徊半晌,返至孤山茗。访子迎。

二十六日辛酉(12 月 15 日)　晴

同虔生羊饭。趁舟到富。

二十七日壬戌(12 月 16 日)　晴

晨至富阳。访周子定。

二十八日癸亥(12 月 17 日)　晴

访子定。

二十九日甲子(12 月 18 日)　晴

访子定,未晤。

三十日乙丑(12 月 19 日)　晴

十一月建丙子

初一日丙寅(12 月 20 日)　晴

同槐亭较射。

初二日丁卯(12 月 21 日)　阴雨

饭后访子定。

初三日戊辰(12 月 22 日)　冬至。晴

未刻下舟,奉太夫人旋里。傍晚住舟,三鼓风定复行。

舟中女郎钱氏,名二妹,富春名姝也。长句赠之

等闲谈笑水云间,半日低回识玉颜。远岫张眉秋扫黛,平

江对影晓开鬟。年前细语春前约,镜里相逢梦里还。惆怅东风归棹急,晚来已隔几蓬山。

初四日己巳(12 月 23 日) 晴

辰至闸口,巳刻抵岸。拜金君绍伯。太夫人上岸,仍至四姊处。

初五日庚午(12 月 24 日) 晴

访钱君叔盖。名松,善篆刻,多藏法书,六庵居士孙。访子迎,不晤,同子逊茗。

初六日辛未(12 月 25 日) 阴

子迎来,同茗,早至舟中料理行李。

初七日壬申(12 月 26 日) 阴

访叔盖。访子迎,同饭。钱叔盖来访。是晚奉太夫人下舟。

初八日癸酉(12 月 27 日) 阴,夜大雪,逆风

泊舟许村,去杭八十里。

初九日甲戌(12 月 28 日) 雪

辰刻到长安坝,午至石门县,宿石门湾。

初十日乙亥(12 月 29 日) 晴

酉刻到嘉兴府,上岸茗。

十一日丙子(12 月 30 日) 晴

宿平望。

十二日丁丑(12 月 31 日) 晴

午过吴江县,傍晚至苏州府。

十三日戊寅(1855 年 1 月 1 日) 晴

停舟买物。

十四日己卯(1月2日) 晴

移舟阊门,上岸访伯冰,同茗,复移舟山塘。

十五日庚辰(1月3日) 晴

早行,晚至无锡县。耕亭来,同上岸茗。

十六日辛巳(1月4日) 晴,大风

访耕亭,饭后下舟,晚间述甫要饭。

十七日壬午(1月5日) 晴

母亲寿日。辰至高桥,河冻不得行,遣人至城中市面、酒,至舟中称庆。下午移舟二十里到洛社。

十八日癸未(1月6日) 阴

守冰。

十九日甲申(1月7日) 晴

下午河道通行,抵戚墅堰。

二十日乙酉(1月8日) 晴

午抵家,访咏如、稚威。

二十一日丙戌(1月9日) 阴

茗饮,晤开孙等,子迎今早从浙至常,亦在坐。茗后同访才叔,不晤,又茗。振远来。

二十二日丁亥(1月10日) 晴

二十三日戊子(1月11日) 雨

访开孙,同访张倬云,与茗。阿哥同子迎先在。访仲明,遇之,又访子迎,不遇。道逢振远,同茗。茗后又往,仍不遇,遂访听胪。

晚餐后归。

二十四日己丑(1月12日) 阴,雪

子迎、徐孟祺来。同子迎候伯厚大兄。寻稚威,在其家晚饭。

二十五日庚寅(1月13日) 晴

书与弢甫。

二十六日辛卯(1月14日) 晴

下午访稚威,并晤开孙、子迎,遂同访仲明,问其疾,又偕茗。

二十七日壬辰(1月15日) 晴

归道遇稚威。

二十八日癸巳(1月16日) 晴

阿哥至星渎桥,访钱君子明。同稚威茗。少选、咏如、才叔来,偕访开孙,遇茗。同才叔午餐,后同至余家,子迎亦来。

二十九日甲午(1月17日) 晴

十二月建丁丑

初一日乙未(1月18日) 晴

访子迎。阿哥同耕亭来。于书肆见水拓《瘗鹤铭》,于耕亭处见《岳麓寺碑》,复售南阳君珠饰,得钱买之。耕亭下榻余家。

初二日丙申(1月19日) 晴

清晨偕耕亭茗,稚威来。

初三日丁酉(1月20日) 晴

偕耕亭访子迎,同茗。子迎、咏如、开孙来,同耕亭在此饭,饭后

茗,才叔来。

初四日戊戌(1月21日) 晴

同稚威至其家,又与同开孙茗及饭,饭后复茗。才叔来,子迎来,同至朱居逸卿家。

初五日己亥(1月22日) 晴

同耕亭早餐。访仲明。子迎、开孙、听胪来。

初六日庚子(1月23日) 晴

同开孙茗,下午同耕亭至幼静家看帖。

初七日辛丑(1月24日) 晴

阿哥生日,同稚五、耕亭早膳,柱周、存陔来,同至稚威家,因共午餐。同开孙茗,又往贳饮,晚餐。耕亭返锡。

初八日壬寅(1月25日) 晴

钱君子明来,见访,同茗,遇开孙等。晚饭后子明来。

初九日癸卯(1月26日) 晴

与诸同人市中早餐及午饭,又茗。

初十日甲辰(1月27日) 晴

至钱外祖家,吊二舅母之丧。访孟祺。同子明等茗,及访子迎,不遇,同返晚饭。省垣练勇,头目同里曹锦荣、字松午。褚金昌来。

十一日乙巳(1月28日) 晴

偕子迎答访曹松午,遂至子迎处饭,饭后又同候伯厚大兄。至子明处,子明时寓其戚余厚坡敬轩家,系力甫年伯子。留余晚饭,后复送余归。

十二日丙午(1 月 29 日) 晴

同子迎、陈彦修早餐,后至通甫家,见其尊甫晴芳先生。返至开孙处午饭,饭后访才叔并晤稚威。

十三日丁未(1 月 30 日) 晴

觅子迎至茗肆,同人皆在,茗散到余家饭,稚威茗,夜饭。

十四日戊申(1 月 31 日) 晴

圣俞来。子迎、开孙来。

十五日己酉(2 月 1 日) 雨雪甚大,倏霁见日

钱君子明旋星渎桥,往送。访开孙,同贳饮,仍至其家饭,饭后茗。

十六日庚戌(2 月 2 日) 晴

访汪君叔明。名昉。访仲明、圣俞。

十七日辛亥(2 月 3 日) 晴

稚威来,与共开孙等茗又饭。才叔来。

十八日壬子(2 月 4 日) 立春。晴

访子迎、才叔,谈良久,又同开孙茗。

十九日癸丑(2 月 5 日) 晴

访陈彦修及子迎,早食,又同访振远,归途始遇之。至子迎家,复偕访稚威。

二十日甲寅(2 月 6 日) 阴

访稚威、子迎。同开孙、才叔茗,再至保卫局。

二十一日乙卯(2 月 7 日) 阴

才叔来。开孙、稚威来饭,饭后同至其家,候子迎目疾。

二十二日丙辰(2月8日)　晴

送稚威至浙,同市中早餐,后散。

二十三日丁巳(2月9日)　晴

访子迎,并遇听胪、才叔。同才叔至其家饭,饭后共茗,散,同至盛德生家,贺其弟隽生吉夕之喜。

二十四日戊午(2月10日)　晴

访子迎、开孙,俱有疾,未获晤。适才叔亦至,遂共贳饮,道逢德生,与偕酒,后同茗。访仲明。

二十五日己未(2月11日)　晴

伯冰归自苏,来访。访伯冰,不遇。访子迎,遇才叔,复同至其家午饭。又访伯冰,仍不遇。

二十六日庚申(2月12日)　晴

到子文家。

二十七日辛酉(2月13日)　晴

二十八日壬戌(2月14日)　晴

访伯冰,同访陈君彦修,遂留午饭,饭后同到开孙家,子迎、开生扶疾出,茗。才叔亦来,傍晚归。

二十九日癸亥(2月15日)　晴

伯冰来。同阿哥访伯冰。

三十日甲子(2月16日)　晴

是日悬像复始恺宜公世。

(以上《落花春雨巢日记》三)

咸丰五年(1855) 太岁旃蒙单阏,二十四岁

正月建戊寅

初一日乙丑(2 月 17 日) 晴

晨谒家祠及至族中拜像。同阿哥拜年,饭后至诸至好家。

初二日丙寅(2 月 18 日) 晴

咏如来,偕访诸同人,多不遇。过吕太保祠,见其遗像,衣大红蟒衣,不穿外挂,亦无珠,两袖较今式更窄,显宦服制,自合典章,当是国初制度,固与今异耳。

初三日丁卯(2 月 19 日) 雨水。阴,细雨

到陈彦修翁家贺其子朋三吉夕之喜。田谚云:"雨打春丁卯,十人九饿倒。"今日之雨非吉征也。振远云道光廿九年春丁卯日亦雨,先二日亦晴,遂有淫霖之害,野无青草,今年复如此,未卜得免否。闻上海元旦夜三鼓克复,贼首就诛。

初四日戊辰(2 月 20 日) 晴

振远来,出门遂遇开孙等,偕茗。到才叔家午饭,饭后觉微恙,归卧。阿哥亦患疹未愈。叔祖用久先生于是日作故,以有恙未往探丧。

用久叔祖小传

先生讳受恒，字用久，邑茂才。生平诚笃朴实，家寒，未尝有不足。屯夷迭更，贫富不偶，而一门怡怡，处之如一。生四子，长次幼俱。前先生卒，其叔子甚勤学，于家中多为人所难。父子训诂自食，所得甚微，必以分家之孤独者，久之无德色。呜呼，其当世之君子欤！顾未有人称道之者。余欲夫世之富商大贾，拥厚资，视物低昂，居奇垄断，所得既赢出十一，为妇人之仁而天下争仰望，望一二贤士大夫亦从和之，一盲相引，群愚若狂，白屋之下，有孝于其亲，恭于其兄，友于其弟，高行卓然而泯焉默焉，遂以终世。岂宇宙之广，人伦之鉴，遂无乎无他。利不迨外则名不立，惠不及众则誉不广。使今人家有父母兄弟，不得其所，或贫贱交游，卒来相恐，悻悻之色达于面目矣。非厚乎人薄于己也。取名之术固如是。平仁者以亲及疏，先生如此者也，非取卷者也。某于先生为族孙，少从读书，所知以为先生传，且以诒今之为善士者。

初五日己巳(2月21日) 晴

在家养疴，才叔来问疾。

初六日庚午(2月22日) 晴

开孙、才叔来。

初七日辛未(2月23日) 晴

疾瘳。

初八日壬申(2月24日) 晴

初九日癸酉(2月25日) 晴

接杭州信，知四姊产后病危，拟买舟往候，作书寄弢甫清江。访开孙,在其家饭,饭后茗。至朱燮臣家。同子迎过倡家徐氏。余为北里游,实子迎怵之使往,余坐定,尚未知为何人也。俯仰三十年,所见非一,幸免毁堕家业,亦危矣哉!然子迎弟好事,非有他肠,故吾垂训子弟:血气未定之时,以不出门交游为上策。后人以其鉴之。

初十日甲戌(2月26日)　暖甚,下午阴,微雨

访伯冰,同访余镜轩、刘子江,皆不遇。

十一日乙亥(2月27日)　晴,大风,甚寒

至陈彦修家饮,饮散后同开孙至其家候子迎目疾,复共开孙、才叔茗,茗散复返其家。

十二日丙子(2月28日)　晴

至伯冰处,同访才叔。余又至开孙家,与开孙返伯冰处,而咏如亦至,复偕访仲明。幼静家延师,余为宾副。

十三日丁丑(3月1日)　晴

访才叔、开孙,同开孙茗。开孙、咏如、盛君德生要与张氏倡家,张女小巧,字韵初,年十八,芳冶无匹。吾久从开孙,知之是日适他客邀去,深欲缘悭,遂至他倡家,赴振远、咏如之约。是座中四客两倡,是家亦张氏,亦名巧,余未终席返。

十四日戊寅(3月2日)　晴

接弢甫来信,云自袁江归,至小河浅不得行,方患吐血甚剧云云。遣仆刺小舟往迎之。晡同子迎、咏如、开孙、才叔诸君再至小巧家,获见之,美盼腾光,发云霄玉,始知名下竟无虚士。是日才叔饮我,狂欢而散,散后与诸君茗,又至开孙家。

十五日己卯(3月3日)　元宵节。晴

访开孙、子迎,又访陈君彦修。

十六日庚辰(3月4日)　晴

午饭后访开孙,茗。晚饭其家,弢甫自小河来,下榻余家,其病止,齿衄已瘳矣。

十七日辛巳(3月5日)　晴

访开孙,同寻才叔,遂饭,后偕返。子迎亦来,访弢甫,傍晚同去。

十八日壬午(3月6日)　惊蛰。晴

振远来,同咏如早食。子迎及张君倬云等咸在,弢夫因生子,饮同酒。接浙中信,言四姊疾渐愈。

十九日癸未(3月7日)　夜风雨,大雷电

子迎来,饭后同茗,又同访吴君申之。名达尊。仍至开孙处,开孙延师,要余作陪。

二十日甲申(3月8日)　晴

子迎、开孙将入都,是晚为饯行,酒散共茗。

二十一日乙酉(3月9日)　晴

候伯厚大兄,不遇,遂逢子迎、开孙,与过才叔家,子迎、咏如同吾归,午饭,饭后茗。弢夫、开孙、才叔来,同子迎访巧。

二十二日丙戌(3月10日)　阴雨

弢夫赴浙,送行,饭后共茗。复同在陈彦修家晚饭,乃下舟。

二十三日丁亥(3月11日)　雨

二十四日戊子(3月12日)　雨

饭后访诸同人,不遇。访张倬云,遇之。

二十五日己丑(3月13日)　阴

访子迎、开孙茗,仍至开孙处,二鼓尽归,至渡口而渡船已撤,不得过,仍返,与子迎同榻。

二十六日庚寅(3月14日)　晴

清晨咏如、才叔来子迎处,与偕返余家少坐,仍出食市中,访巧。

二十七日辛卯(3月15日)　阴

访咏如,盛君德生亦来,遂同茗。

二十八日壬辰(3月16日)　阴霰

访开孙,不遇。访才叔,遇之。振远来。

二十九日癸巳(3月17日)　阴

阿哥是晚赴浙。至用久叔祖家陪吊,伯厚大兄点主,余及子文襄事。

二月建己卯

初一日甲午(3月18日)　晴

至元丰桥送族祖用久先生灵柩下舟。访彦修、子迎,同茗。又访开孙,偕饭。复与开孙、振远茗。才叔来。

初二日乙未(3月19日)　阴,下午渐霁

下午访诸同人,不遇。

初三日丙申(3月20日)　晴

访开孙,开孙尚卧,与子迎茗。又同开孙、子迎、才叔饭。

初四日丁酉(3月21日) 春分。晴

访开孙,遇之茗肆,遂偕来余处饭。同开孙、咏如访巧,盛君德生先在,巧留小酌,肴核俱手制。又同开孙茗。

子迎开孙谒选都门送之四首

北望中原揽辔衔,春风马首历巉岩。离家作赋同王粲,方毂论心肖阮咸。开孙是子迎族侄。古渡寒烟帆影疾,荒城斜日鼓声严。乱时千里成殊域,更望临风致一椷。

论才当世果璠玙,岂独文章擅令誉。几辈衣冠番割席,一时豪杰尽牵裾。闭门升斗谋偏拙,揽辔澄清志有馀。此去帝京休作赋,濡毫先上万言书。

汪洋雅度气如云,十载论交意谊殷。四壁寒蛩秋说鬼,一尊清茗夜论文。春风江浦愁为别,旧雨天涯欲失群。一语凭君问方叔,谓幼静。请缨何地赋从军。

纵横豺虎已三年,百里军烽旦夕连。避地岂真无僻壤,谋生何处有良田。相期意气虽终合,无几欢游亦怆然。蒿目中原同一欲,更谁先着祖生鞭。

初五日戊戌(3月22日) 仲春。上戊。晴

子明自星渎桥来,同至开孙、才叔家。

初六日己亥(3月23日) 晴

与子明早食。是日买舟,同子明赴郑庄择墓地。

初七日庚子(3月24日) 晴

辰抵郑庄,终日往返,择地十馀处,至晚乃得二所。定明日归。

初八日辛丑(3月25日) 晴

巳刻舟过陈渡桥,上岸候柱周疾,见所患甚剧,中心怆然,遂不

复多谈,即返舟。午刻抵南河沿,上岸。访开孙。

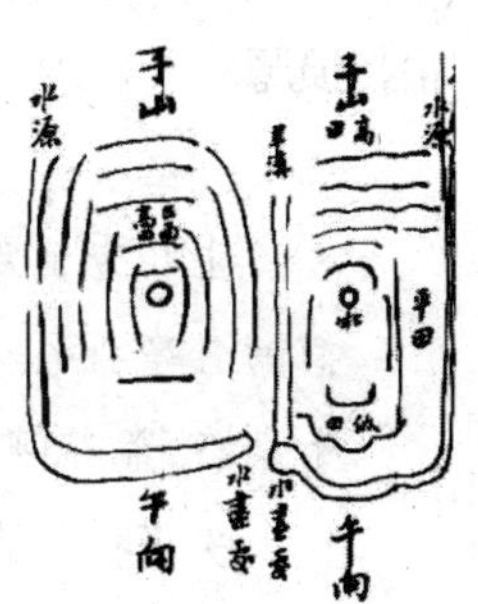

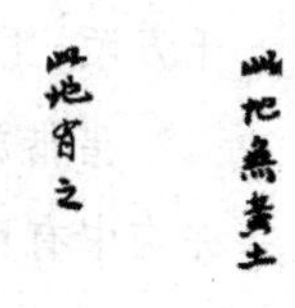

初九日壬寅(3月26日)　阴,细雨

同子明、开孙茗,晚间设酌酬子明。

初十日癸卯(3月27日)　晴

公执、稚威自浙归,来访,同茗。子明是日返星渎桥。

十一日甲辰(3月28日)　晴

清晨访巧,巧抱恙,卧未起。出至某食肆,与诸友晤。傍晚访仲明,又访巧。

十二日乙巳(3月29日)　晴

才叔来,同访开孙,不遇。复同咏如至茗肆,遇之。又往贳饮。至余家夜饭。发山西信、河南信。

十三日丙午(3月30日)　晴

市中早午食,与开孙等俱闻徽州失守,遂安、淳安防兵溃散,守御都尽,浙西大震。江省金陵、京口二城俱出骁贼,冲至龙潭、高资等处立营,势甚猖獗。我军大衄,死者千馀人,上海胜兵应调甫至,亦歼数百人。人心惴惴,吾常有复迁徙者。

十四日丁未(3月31日)　晴

耕亭来,同人皆在,同茗及饭,饭后觅开孙,不遇。下午访巧,公执等先在,偕出茗。

十五日戊申(4月1日)　晴

同开孙访才叔,子迎亦来。座中言及京口逆锋甚盛,当局无人,相与愤臆。

感事杂诗八首

上相专征锡宝力，从戎八部冀门豪。请缨谋勇如云雨，汉简勋名等羽毛。十日沉阴兵气尽，五更月落角声高。仙回岭上千盘路，荒谷何人问莫敖。

吹箫挟瑟古吴天，击鼓鸣笳作远边。未许金汤当日固，番成铁瓮此时坚。商屯垒外同持算，姹女河间工数钱。孰挽明河千万顷，凭高一为洗腥膻。

猎猎旌旗江上行，西风一夜过湓城。相期眼底消氛祲，共许胸中有甲兵。猿鹤虫沙仓卒恨，南箕北斗半生名。同时老将偏持重，翘首东南细柳营。

乡关落日怅如何，恤纬何人涕泪多。百里狼烟空寂寂，一城雉堞自峨峨。铁骑西去春前恨，铜马东来夜半讹。龙汉劫中轻一瞬，相从无地觅盘阿。

寒宵列戍炮如雷，已信浮生视劫灰。幸有乡闾能恤患，岂宜江表竟无才。苍头选士宁忘战，赪尾劳臣亦可哀。蹩躠方隅安所骋，不堪凭吊遍蒿莱。

荆湘千里扼西陲，曾驻平藩一旅师。自古建瓴称上策，但论坚壁竟谁知。东连吴越无人问，北顾关原有客思。寄语楼船诸将帅，于今天堑是潢池。

胜游侠气擅声华，草泽谁怜起陆蛇。白昼探丸矜绝技，朱门弹铗叹无家。迷途枉自夸身手，圣代何当惜爪牙。岭峤鹃啼归不得，荒荒寒日掩黄沙。

辛夷花发又将残，零落朱楼独倚栏。莺鸠晓啼春事尽，鱼龙夜卧壮心阑。遭时未止贫寒累，有学方知出处难。犹把吴钩勤拂拭,未甘身世等闲看。

十六日己酉(4月2日)　晴

与子迎及同人早食、午食。同开孙至保卫局。耕亭来。接浙信,言贼警甚急。

十七日庚戌(4月3日)　晴

同稚威茗。同开孙访陈彦修,即饭。又同开孙、子迎、稚威、才叔、仲明、耕亭茗,复同开孙贳饮。

偶成

薄眼残醉未惺忪,息息襟怀梦里逢。入世才能惭察察,经春心绪渐慵慵。悲来自捩风前笛,醒后犹惊月下钟。如此年时甘一掷,莫将憔悴论孤踪。

十八日辛亥(4月4日)　晴

访开孙,不遇,访巧亦不遇。偕子迎、耕亭小肆同饮又同茗,谈茗后至开孙家。芳洲四叔来。

十九日壬子(4月5日)　清明。晴

偕开孙等早食,偕耕亭饭,饭后茗,又与开孙、稚威同沽饮。至巧家。复访子迎。

二十日癸丑(4月6日)　晴

先茔祭扫。巳刻返,与诸同人庖肆午饭又茗。至才叔家又茗。子迎、开孙俱将入都,子迎结伴先行,才叔要同人与之作饯,杯酒相向,寂寥寡欢,饮散,匆匆各去。

二十一日甲寅(4月7日)　晴

访稚威,不遇。同听胪茗,又至才叔家,开孙亦来,偕食素面。

二十二日乙卯(4月8日) 晴

与开孙换帖。晨衣冠至其家。同稚威茗,又沽饮。

二十三日丙辰(4月9日) 阴雨

开孙来送帖。同开孙早食,同稚威茗,并逢仲明,张振远自小河来,亦在,同开孙沽饮。

刘翰清,字恺生,一字清臣,道光癸未年十二月十六日戌时生。

曾祖召扬,妣庄氏,祖逢禄,妣潘氏,父瀛,母赵氏。

弟怿、怡、憓、忱、恂,妻李氏,子三,女二。

二十四日丁巳(4月10日) 晴

访才叔,同开孙等饭及茗。至保卫局。

二十五日戊午(4月11日) 阴

访公执,偕与出,道逢开孙、才叔,遂至才叔家。又同开孙沽饮。

二十六日己未(4月12日) 晴

访巧,其疾尚未痊。访仲明,茗。

二十七日庚申(4月13日) 雨

同听胪、开孙茗,遂饭,又同到吴圣俞家。

张巧索赠诗,为赋四律

望衡门巷屡徘徊,此日相逢且举杯。蕙草香风应自惜,芙蕖隐语不须猜。几疑艳福生初种,似有神光座上来。最是春前惆怅地,未秾桃李已疏梅。

轻裙广袖踏春阳,鬟髻谁怜世时妆。镜里朝霞融作雪,帐中明月自生光。南陵诗酒新相识,北里琵琶旧擅场。为我当筵歌一曲,风前珍重口脂香。

走马长安旧愿违,一枝秾艳独芳菲。妆成静日疑图画,病起轻寒怯缕衣。雕阁夜长金烬暗,华围春重玉栏低。看花底事成辜负,何处东风一燕飞。

误入梵天七市游,花光月色雨盈眸。垂垂斗帐低罥网,琐琐珠帘不上钩。已分闲情抛绮日,未拚薄倖说青梅。夜阑莫唱乌栖曲,极目穷尘处处愁。

二十八日辛酉(4 月 14 日)　雨

访开孙、陈彦修家,遂留午饭,饭后偕茗。接阿哥浙省来信,言徽警渐平。

二十九日壬戌(4 月 15 日)　雨

同公执早食,访开孙,食饮肆中。又在丁氏近园游览,既复茗。

三月建庚辰

初一日癸亥(4 月 16 日)　雨

初二日甲子(4 月 17 日)　雨

同开孙访德生,不遇。同才叔茗。

初三日乙丑(4 月 18 日)　雨

同人集茗,又饮酒小肆。下午再集,茗谭。

初四日丙寅(4 月 19 日)　阴

辰刻与开孙访巧。是夜觞某客,供具张巧官家,予携小巧往酒肆,数人顾之无色。初鼓酒散,吴君申之复要,赴其王君叔渊家饮。王公名彤,字叔渊,金陵人,曾仕山东某令县。

初五日丁卯(4月20日) 雨

访才叔,偕茗。

初六日戊辰(4月21日) 谷雨。阴

同诸人早食及茗。访巧,少坐。同才叔访德生,不遇。同吴申之茗,又同访公执、稚威,不遇。

初七日己巳(4月22日) 雨

闻李君柱周之丧,同人集资为赙,商其后事。

初八日庚午(4月23日) 雨霁,微有日色

同振远茗,同稚威等茗。又访开孙,更茗及肆中小酌。同人偕访巧,又至张倡巧官家。吴申之请夜饮,同座王子仙金陵人,名准。及余。

初九日辛未(4月24日) 阴

早茗,食诸同人。与开孙、稚威过巧家。复同开孙等饭,稚威来。是晚趁舟赴宜扫墓。

初十日壬申(4月25日) 阴

黎明至塞桥,上岸早食。下午到宜城。访扫叶,即下榻庵中。

十一日癸酉(4月26日) 雨

至四叔处。访徐理庭,东山坟地卖主。不遇。下午觅小舟至东山浒,上岸扫墓。

十二日甲戌(4月27日) 雨

至四叔处。访程君维屏,遣约余君麓泉、汪君少韩茗,逢齐君小梅,要饭,同座朱君小坪、任君韫山。

十三日乙亥(4月28日)　下午大雨

徐理庭来访,同茗。下午同四叔访理庭,述路姓言赵处尚未过粮,如何令人迁让云云,意殊叵耐,可恶。

十四日丙子(4月29日)　阴

访汪君少韩。在四叔处见徐理庭,言及彼时伊祖得此地时,曾立有徐晋丰户贯短字三百十三号山粮六分,及道光廿四年转卖时候,其事已隔两世,历数十年,原契又经遗失,其地之大小、粮之有无俱未细考。因宜兴有"无粮不成地"之说,不得已于同字同号之俞永茂户内即俞德二族中。挖粮一亩,写立推付,故契亦载一亩。迨询其叔徐禄闻,始得底细,自愿另换推付以便吾家过粮之后,再与路姓理直,余诺之,遂当推付见交而散。下午同四叔茗,俟理庭来,写后偕赴本区书办王大家中,住西门北水关口。嘱其将在城徐晋丰名下短字三百十三号山粮六分推入在城赵公威户下,办粮推付,即交其处存查。

十五日丁丑(4月30日)　晴

四叔及程君维屏同早餐、午饭。余因东山原契系写民山一亩与推付粮数不符,且契价洋四十五元之多,纳税甚重,乃与理庭商明,另立三契:卖契三十元,增契十元,杜契五元,俱改写六分,并请程维屏等与名。是晚访理庭,嘱令画押。

十六日戊寅(5月1日)　晴

侵晓即进城,访程维翁,以杜契属代过税。因同早膳及茗,遣人到路姓询其果否迁让,与月尽为限。不让即在常呈府办理。是日趁舟归。

十七日己卯(5月2日) 辰刻大雨,雨后开霁,复大风

午抵里门。稚威来,偕茗。

十八日庚辰(5月3日) 下午大雨

下午茗同开孙等。

十九日辛巳(5月4日) 晴

偕诸同人茗及饭。因访咏如。

二十日壬午(5月5日) 晴

访巧。见开孙、稚威、德生等,茗肆。

二十一日癸未(5月6日) 立夏。晴

访开孙,同茗,又贳饮。吴君兰孙以索饼,来酒肆中充午餐。同至巧家,坐良久。张君云卿要小酌。

二十二日甲申(5月7日) 晴

咏如来,同往,与开孙等茗,又往沽饮。访巧,不遇。

二十三日乙酉(5月8日) 下午大雨

二十四日丙戌(5月9日) 晴

开孙遣人邀饭,又茗及市饮。

二十五日丁亥(5月10日) 雨

稚威来,同早食。与稚威、吴申之往陈渡桥吊李君柱周之丧。访巧,遗以所佩玉合。归逢稚威,与茗,开孙亦来。傍晚同到余处。是日与稚威设席,重为德生、开孙、容孙、丁定甫作饯,并招咏如及吴申之。

二十六日戊子(5月11日) 阴

吴申之、王君子仙为开孙等饯行,并招余往。

二十七日己丑(5 月 12 日) 晴,夜雨

与德生、稚威、开孙、咏如、丁君定甫、吴君申之茗。咏如供俱东门外徐氏倡家,为开孙等饯,吾与坐,初鼓始返。

二十八日庚寅(5 月 13 日) 阴

至丁定甫家拜寿,与德生换帖,送帖至舟中。至巧家赴开孙约,初鼓时归。

二十九日辛卯(5 月 14 日) 晴

同开孙等早食。送恺生等下舟,至西门分手。至熙园茗,遣人视开孙等,舟尚未开,又强之上岸共茗。里人吴君席珍吴伯葵子。要共午饭,饭后始决去。同咏如至其家,稚威、咏如前俱与余招换帖,癸丑春警日逼,仓悴移徙失之,至是重订,与德生谱俱录于后:

盛久荣,字子鹤,号德生,行一。嘉庆丁丑九月二十六日吉时生。

曾祖纲,祖惇大,父思骞,母氏朱,生母氏罗,具庆下。朱夫人于是年六月作故。

胞弟久徵、久曜、久顺,妻朱氏,女一。

周瑄,字稚威,行五。道光甲申六月十八日辰时生,住同里北岸里。

曾祖溱,祖情,父仪玮,母氏储七十八岁,七月八日寿。慈侍下。储夫人于丙辰正月作故。

兄森林、瓛、腾虎,妻祝氏,女三。

刘曾撰,字咏如,号芙孙,行四。道光丁亥年六月初九日午时生,住同里长生里。

曾祖汝器,祖嗣绾,父延和,胞兄曾颐、曾传。

娶管氏,子四:康来、庆来、序来、廙来。

三十日壬辰(5月15日) 晴

稚威、吴申之来。王守静以扇属书《杂感》八首。守翁年已望七,步行自南河沿来访,可为矍铄。同人自开孙已下凡廿馀人,各有扇索,录是诗时,目眚未平,潦草应之。同稚威茗,访咏如,饭。候伯厚大兄,不遇。

四月建辛巳

初一日癸巳(5月16日) 雨

访稚威,道逢咏如及吴申之。稚威将赴浙,同人约送之东门道,茗饮,散食,稍作逗遛,又至倡家徐氏少坐,俟登舟乃返。至巧处,逢申之,同茗。

初二日甲午(5月17日) 大雷雨

思一二兄自浙归,来候。吴申之来,与出行,因晤才叔,时自澄江甫返。

初三日乙未(5月18日) 阴

访咏如、才叔,同茗。下午仲明来。才叔来。

初四日丙申(5月19日) 阴

振翁自小河上城,来访,同茗。咏如、吴申之皆在。少刻才叔亦来,遂要之饭,饭后又茗。至才叔家。伯冰自省归,来访。

初五日丁酉(5月20日) 阴

同振远、才叔、咏如、伯冰茗。至伯冰家中饭,观令郎泰生舞刀,伯冰又新学一器,下如戟而上如钩,刀身两刃如剑,其名曰翟。两手各执一柄,共有解数十二,精于此者,虽长枪亦畏之云。

初六日戊戌(5月21日)　晴

候桥君子逸饭,后答拜王君叔渊,前月曾来访也。

初七日己亥(5月22日)　小满。晴

至幼静本家送殓。访巧,尚睡熟,撼之醒,起,谭到午方归。巧方学诗,出语清隽,嘱吾改削,因与点定数字,亦甚能领解。妍质慧心,诚尤物不可多得也。访伯冰,同访才叔。

小游仙四首

一径微波路不遥,蕊珠宫里坐吹箫。玉郎有术通仙籍,不用天边乌鹊桥。

闲游北烛朵云轻,侍女偷调月下笙。曾识人间春游恨,箫台岂独一寒成。

宝帐流苏覆夜光,慢劳烧烛照红妆。铅波流尽人间恨,但到蓬莱已便忘。

芙蓉溪畔水双流,十二阑干在上头。未拟白云乡里住,此中有地可埋愁。

初八日庚子(5月23日)　晴

访巧,不遇。同振翁、咏如、才叔茗。吴申之要午饭。仲明来,同茗。散后又同振翁茗。

初九日辛丑(5月24日)　晴

至伯冰家为其次子太仓作媒,聘徐傅兼先生孙女。访巧,不遇。才叔来,闻江西玉山失守,浙中大震。

初十日壬寅(5月25日)　阴晴不定

同吴申之访才叔,茗,仲明来。伯冰来,夜饭。接浙信,弢甫全眷不日旋里。

十一日癸卯(5月26日)　雨

振远及祝君培之来。

十二日甲辰(5月27日)　晴

咏如、吴申之来。

十三日乙巳(5月28日)　晴

同振远茗。里人羊念思请饭,同座伍仲常太守名恂,湖南辰州守。及龚君少白等。请王叔渊饭。

十四日丙午(5月29日)　晴

振远、听胪、咏如、才叔同茗。同才叔等访伯冰。又茗,请伯冰饭。

十五日丁未(5月30日)　晴

与伯冰、振远、咏如、才叔、龚少白、吴申之、王叔渊、王锡之茗。是日叔渊为其兄容甫太守子仙尊人。赁屋一所,房东即羊念思,要余饭作中。吴申之来。

十六日戊申(5月31日)　晴

访王君子仙,同茗。访仲明,饭。同访汤君乐民,名禄名,雨生先生子。善画仕女。又同仲明茗。

十七日己酉(6月1日)　晴

振远、咏如、才叔来。送伯冰至苏。振远、咏如、才叔请王叔渊晚饭,并请余。弢甫处专人返里,言全眷已抵苏。

十八日庚戌(6月2日) 晴

才叔来。吴申之来。

十九日辛亥(6月3日) 晴

才叔遣人来约,同再往潘家桥卜居。于今晚下舟,遂访才叔,遇之,约。接四叔来书,言路姓有迁坟拦向之意。遣仆至宜料理之。二鼓下舟,赴潘家桥,同行才叔、咏如,又才叔族兄子扬。

二十日壬子(6月4日) 晴,下午风微顺

申刻抵岸,才叔先往祭扫,吾同一游。其墓在陈湾山,离镇七里,山南临太湖,可以眺远。抵山天已昏暝,遂至山中鸿安寺借宿。寺为韫山先生助建,枕山面麓,幽寂无人居。寺僧适他往,莫为具餐,饥甚,就寺中香火乞馀饭升许,分而食之。其坟户某来,更以糯米作糜,人得二小瓯,乃免枵腹之患。夜二鼓分,各据僧榻而卧。

二十一日癸丑(6月5日) 晴

清晨起,寺僧已归,出角黍为早膳,食既饱,偕咏如登山,一路不甚峻而多石,确荦难行,约半里至山凹。东望即见太湖,湖中离岸十里为马碛山,全湖为所蔽隔,望不甚远。平行迤南数十武,至山崖南望,乃得纵目。时朝日初出,水云未收,洞庭诸山俱不可见,但浩淼无际而已。山下三里许有庵名蓼莪,晋孝子王褒葬处,以时促未往。返寺后俟管氏,祭扫毕乃下山。下午相宅,多不合意。

二十二日甲寅(6月6日) 芒种。晴

同丁达泉侄芳桂至离镇三里之唐家头看屋,屋颇佳,两宅相并,拟与咏如各典一所。归,与丁达泉商明,属询价相告。是午解维返常,风甚逆。

二十三日乙卯(6月7日) 晴

卯刻抵家,知弢甫全眷于二十日到常,明日即下乡。祝桐君、周瀛士俱来,与弢甫同往访之,不遇。闻汤君伯缊归,亦访之,又不遇,将归,道逢弢甫,偕茗,吴申之来。又访弢甫。

二十四日丙辰(6月8日) 晴

稚威从乡下上城,同弢甫来访,同茗,又同至其家,与桐君等游郡庙花园,访王叔渊。至咏如处,又至弢甫处饭,饭后听桐君鼓琴,就学,指法爬抄,半日学二小法未成,遂罢。

二十五日丁巳(6月9日) 晴

访仲明,同食饼又茗。访稚威。弢甫请桐翁晚饭,作陪。

二十六日戊午(6月10日) 晴

咏如招饮,赴之。席散后同桐君、瀛士、弢甫、稚威、咏如至倡张巧官家、周三宝、陆新宝家。归,到弢甫处晚饭。接伯紫弟来信。

二十七日己未(6月11日) 晴

访桐君等。弢甫来,请桐君、瀛士晚饭,并请弢甫、稚威、仲明、倬云、咏如、才叔。桐君与倬云携琴来鼓《佩兰》、《水仙》、《平沙》、《樵歌》等各数阕。桐君之琴音清而疏,倬云音圆而润,其间优劣,虽非门外所知,然澄心听之,盖有雅俗之别矣。桐君等旋浙,以书物嘱带富阳。

二十八日庚申(6月12日) 晴

稚威来。咏如及吴隶庵、徐孟祺来。仲明来。咏如、吴隶庵兰孙弟,行七。又来。吴申之来。

二十九日辛酉(6月13日) 晴

弢甫来,与茗饮。仲明来,同茗。弢翁及稚威皆至,晚散,归,坐未定,弢翁复来,偕候伯厚大兄,不遇,晚饭余家。

五月建壬午

初一日壬戌(6月14日)　晴

访稚威,不遇。访仲明,同食饼,又茗。再访稚威,仍不遇。晚饭时乃来访,又接伯紫弟来信。

初二日癸亥(6月15日)　晴

作书寄子迎。恺生、德生茗饮,逢稚威等。访才叔,至近园遇之。下午稚威来。

初三日甲子(6月16日)　晴

初四日乙丑(6月17日)　晴

访稚威,遇之茗肆,振翁自小河上城,亦在。接阿哥来信二函。

初五日丙寅(6月18日)　端午。晴

下午访稚威,遇之酒肆中,弢甫亦在。余又至才叔处少坐。

初六日丁卯(6月19日)　阴,傍晚雨

访稚威。稚威来访,同至咏如处,遂偕食饼。龚君孝拱名橙,杭州人。定庵先生子。来拜,至弢甫处答访之。同弢甫至其所居横沟村,当晚下舟,不能出城而返。又访孝拱于其新寓。

初七日戊辰(6月20日)　阴,夜细雨

申刻至三河口,离横沟村十里,逢四姊等上城,仍与偕返,初鼓尽抵家。

初八日己巳(6月21日) 午前雨

又至庖肆午饭,同坐稚威、弢甫、孝拱、振远、龚少白、吴申之,饭后茗饮。至倡周三宝处,孝拱属意其人,遂命酒觞余及弢甫等。

初九日庚午(6月22日) 夏至。晴

稚威来,同茗。公执自江北归,亦在。同稚威访才叔、咏如,均不遇。

初十日辛未(6月23日) 晴

公执来访,同访孝拱,遂请之饭又茗。公执、孝拱来。

十一日壬申(6月24日) 晴

下午孝拱来。听胪来。

十二日癸酉(6月25日) 晴

公执、弢甫、孝拱来,同茗。同弢甫等饭。同孝拱、公执、咏如至倡周氏家,复留饮,才叔亦至。

十三日甲戌(6月26日) 晴

同咏如访孝拱,同饭又茗。

十四日乙亥(6月27日) 晴

王锡之来。叔渊侄。公执来。

十五日丙子(6月28日) 晴

与振远等茗,下午才叔来。

十六日丁丑(6月29日) 雨

同振远、申之及里人丁姓茗,与商郑庄田事。访陈彦修,新从江北归。是日又有山左之行,故往送之,因同饭。访才叔,见《同车图》,图李申耆先生讳兆洛,邑之三河口人,姊丈子乔之叔祖。属张怀白所

绘,而自为之记。凡十四人,中惟周伯恬先生讳仪玮,姊丈弢甫之尊人。余犹及见风范,今归道山已八年矣。展卷视之,如欲起而语也。记言图中诸人无不神似,其他笔墨之美,盖无论矣。记简而甚明,先辈笔墨自是难到。访张倬云。

李申耆先生《同车图记》

露车一辕,中马左骖驴,跨驴而从者,三车之中,白须坐者子常,仰而与语者乡珊,青兜蔽耳、侧坐露半面者宛邻、若士,对之举手若相语。若士之后,左山子,右彦闻,绍闻背宛邻坐,撚须若有思。善之坐右辕,回首与伯恬语。孝佚曳一足坐左辕,若与驴者人相盼也。驴傍车而少后,前为彦惟,后则赞卿、竹吾并而语。竹吾拄鞭若听者,驭夫结束,傍右辕而趋。扬鞭而顾,若指示车中人者为保绪。先是,怀白为诸人各写照,欲汇为一图,又欲俟宛邻,邻归,并图之。会宛邻自京师径赴山左,不复归,怀白不识宛邻,故为侧写,不能求似也。馀人则栩栩如对面矣。他日相思,但一展视,亦可以稍释瘏痱矣。夫子常说"大名百十",宛邻张二名琦,若士丁四名履恒,绍闻陆九名耀遹,乡珊庄四名绶甲,伯恬周大名仪玮,赞卿魏大名襄,山子吴五名育,保绪周二名济,孝佚管大名绳莱,彦惟张大名成孙,彦闻方大名履篯,竹吾康大名兆奎,善之鲍六名继培,此其齿序也。竹吾,山西兴县人。善之,安徽歙县人。山子,吴江人。子常,江阴人。保绪,宜兴人,馀皆武进人。道光二年正月集于常州之东坡旧馆,再集于扬州之静修俭养轩。三年三月属怀白画此,在吾家枕芸书屋,其年十月,装于江阴暨汤书院,乃记之。时孝佚、竹吾、善之在京师,赞卿在云南,宛邻在山东,山子、彦闻在河南,绍闻在浙江,乡卿在安徽,保绪、彦惟在扬州,若士、伯恬家居不常见,见余记此者,子常也。为日之十有八日,李兆洛记。

十七日戊寅(6月30日) 大雨

振远、稚威、咏如茗,雨至散归。下午冒雨访稚威,同至酒肆贳饮,又同访才叔等。

周瀛士题《棣园春宴图》,共十五人,皆其从祖昆弟

家近烟波万顷湖,天伦有乐赏心俱。凭床展卷吟方就,隔坐分曹博未输。此日风尘期骸佩,瀛士候铨郡守,兄弟多仕者。他年尊酒共莼鲈。侍臣莫上鸰原颂,草野于今有此图。

妙绘丹青岂浪夸,能从腕底画随骊。如闻珂里筼篪奏,坐对名园棣萼花。鸣鼓传餐冠履整,闭门欢宴舄觥斜。披图我有伤时感,羁旅西东亦可嗟。

十八日己卯(7月1日) 雨,下午天霁

访公执、稚威,同食饼。吴申之来,稚威亦来。同访才叔,又访倬云,又访振远,同小饮而散。

十九日庚辰(7月2日) 晴

同稚威等茗。访才叔等,遇之。仲明来同茗,咏如、稚威亦在坐,同倬云茗。

二十日辛巳(7月3日) 晴

申刻同公执、稚威、咏如、才叔在茗。访才叔。

二十一日壬午(7月4日) 晴

逢公执,遂访咏如,才叔、稚威先在,遂留饭。下午归。

二十二日癸未(7月5日) 晴

偕稚威茗,访才叔,下午归。

二十三日甲申(7月6日)　晴

访仲明,以恙未晤。公执来。

咏萤　调寄满庭芳

栏底依花,阶前斗月,景华宫宇无人。小窗灯火,天气已黄昏。一桁珠帘斜卷,都疑是、屋角疏星。低徊处、世间儿女,小扇扑频频。　记年时相共,幽林野岸,流水孤村。纵难寻芳草,苦忆前身。此日纱囊笼护,却辜负、几度良辰。更窗外、晚来风急,何处觅平榛。

二十四日乙酉(7月7日)　晴

访吴申之,张倬云来。写伯紫弟复书。

二十五日丙戌(7月8日)　小暑。雨

访稚威,不遇,再访不遇。

二十六日丁亥(7月9日)　晴

访才叔,不遇。傍晚公执来。

二十七日戊子(7月10日)　晴

张倬云、丁成孙、吴损轩名汝庚,山子先生子。来访,同倬云访公执,偕至才叔家,稚威亦至。同稚威至伯厚大兄家,又偕返。傍晚同稚威贯饮,偕才叔、咏如茗。

二十八日己丑(7月11日)　晴

吴申之家饭,饭后至郡庙花园访仲明,以恙未晤。同人纠词会,才叔、稚威、听胪、咏如、吴晋英、盛隽生、徐孟祺、汤伯温及余为会友。

二十九日庚寅(7月12日)　晴

访稚威,同至才叔处、吴兰孙家。

三十日辛卯(7月13日) 晴

咏如、徐孟祺、吴隶庵来,听胪来。傍晚同稚威、听胪、咏如茗。绿梅庵词会第一期。

贺新凉 咏蝉

春色归何处,记来时、夕阳村里,绿阴无数。病翼高枝飞难到,一抹凄凉谁诉。闲睡醒、满庭芳楙。水阁凉亭谁伴我,听声声依约章台路。又忽被,风吹去。　　绿杨芳草西陵渡。过征帆,向人啁哳,几多情绪。唱彻秋凉知音少,只数丝丝金缕。凭谁问、夜深零露。齐女生前休更化,恐重来风景都非故。频断续,向何许。

六月建癸未

初一日壬辰(7月14日) 晴

同稚威茗,饭后访公执,同访王锡之,遂偕至才叔处赴会饮,戌刻始归。又同公执、伯温茗。

初二日癸巳(7月15日) 晴

同申之茗。访稚威,与咏如、才叔、盛隽生等皆在伯温处,因留饭,后始归。申之、公执、孟祺来。稚威来。

初三日甲午(7月16日) 晴

徐孟祺来,在茗肆闻余兄冰悦先生子说广西事,缕缕可听,最异者,合省官文递往来俱不能用印,另以"勤政堂"戳记代之。城之外乡市村庄连结为一,各立名号,如"虫义"、"聚义"、"结义"等堂,蜂屯蚁聚,屈指难数。一见印文,辄便毁弃,馀地情势又类推矣。

初四日乙未(7月17日) 晴

下午才叔及隽生、吴隶庵来。公执二兄来。

初五日丙申(7月18日) 晴

稚威诸人来,孟祺、隶庵来。

绿梅庵词会第二期。

咏竹夫人 调寄绮罗香

睡醒匡床,清凉无汗,却忆者番相识。玉骨冰肌,似有泪痕点滴。谁怜取、瘦损亭亭,镇相伴,粉消香熄。纵幽怀、千种玲珑,相逢无语向君说。　晓来慵对宝镜,只是伴他罗幙,梦魂沉寂。便唤青奴,能否一生怜惜。听夜雨,旧梦惊回,又秋风,新愁堆积。愿他生、只作孤筇,更无时抛掷。

初六日丁酉(7月19日) 晴

访吴申之,同早膳,又茗。才叔、听胪皆来,公执、稚威复至。振翁自小河归,亦来。稚威、才叔来家午饭,饭后申之来,龚孝拱自苏州来。张振翁来,公执来,日晡皆去。彀翁有书相致,渠已至江西矣。

初七日戊戌(7月20日) 晴

公执、稚威、孝拱来访,偕早膳,又茗,振翁等亦在。下午公执来,孝拱来。发山西信复伯紫弟。

初八日己亥(7月21日) 晴

与稚威、振翁、才叔、咏如赴吴君申之请饭,席设郡庙园中,散后与孝拱先归。

初九日庚子(7月22日) 晴

访孝拱,下午汤伯温来。

绿梅庵词会第三期。

咏闽兰　调倚多丽

太匆忙，落花送尽韶阳。剩幽兰、烟凝雨洗，丰姿不是寻常。画帘遮、重风犹暖，纱笼护、晓露微凉。空谷当年，晚风凄急，未妨众草共低昂。纵春色、相逢无日，应不怯秋霜。却何日、倩他纤手，栽向回廊。　试晓来、闲坐花侧，知他何处疏香。但盈眸、倡条冶叶，都疑是、浪蕊孤芳。号亦馨侯，名曾香祖，任同心未解行藏。却怜春花烂熳，更雨横风狂。相看久、花如解语，合共评量。

初十日辛丑(7月23日)　大暑。晴

茗饮，逢稚威等，又同稚威返。孝拱择寓，振远来，同茗。

十一日壬寅(7月24日)　晴

访孝拱，逢伯厚大兄、稚威。同孝拱、公执早膳，又至郡庙园赴振翁之招，散，共至丁氏近园。

十二日癸卯(7月25日)　晴

访孝拱，因饭。

十三日甲辰(7月26日)　晴

太夫人疾，见肝风惊惕之象。是日延曹君青岩，处方用高丽参等。稚威、听胪设席要同社，未赴。

十四日乙巳(7月27日)　晴

太夫人疾少间，仍服曹青岩药。孝拱同公执来，饭后去。

十五日丙午(7月28日)　晴

太夫人较昨渐愈，脉少平，惊惕亦渐止，仍请青岩加减前方服

之。稚威来,吴申之来。才叔来。

十六日丁未(7月29日)　晴雨相间

公执来,与同往药市购台参。先访青岩及陆君子全,子全言医师余敏求家有佳者。至其家购得一两仅两枝,种参中之最大者。太夫人是日疾大减,惊慉亦止。青岩来,仍用前药。听胪来,才叔、振远亦来。吉止复半产,疑劳碌所得。

十七日戊申(7月30日)　晴

至才叔、听胪诸公处道谢,太夫人疾来问候也。在才叔处饭,饭后同孝拱归。

十八日己酉(7月31日)　晴

公执来,同赴吴隶庵之招。青岩先生来诊太夫人疾。稚威来。公执、孝拱来。

十九日庚戌(8月1日)　晴,甚凉,不似暑月

孝拱来。

二十日辛亥(8月2日)　晴

晨起衣单衣,夜卧盖夹被,袭两衫,行日中无汗。吉止所苦颇甚,而不似前屡次半产之症,请汤涉高,未来。是日太夫人仍请青岩服药。孝拱迁寓对河水阁,偕申之、公执往访之。

二十一日壬子(8月3日)　雨

茗饮逢才叔,访孝拱,假英吉利书十馀种归。饭后孝拱来,公执来,请两君晚饭。至倡家陆氏,孝拱思张饮,遣人招才叔来觞。聚至二鼓。

二十二日癸丑(8月4日)　晴

孝拱来,同早膳,又茗。下午孝拱又来。

二十三日甲寅(8月5日)　晴

访孝拱，申之亦在，遂至徐孟祺家，赴词会第四集之饮，系无题《菩萨蛮》五首，余浼稚威代作。候伯厚大兄。是晚携榼至孝拱水阁小饮，并要公执、听胪、才叔。

二十四日乙卯(8月6日)　晴

访稚威，申之先在，孝拱亦至，遂与俱至才叔处，同茗又饭。至保卫局见伯厚大兄。

二十五日丙辰(8月7日)　晴

同才叔、申之等茗，又至才叔家饭，闻德生太夫人作故，往送殓毕，与才叔等茗，复同访稚威疾。

二十六日丁巳(8月8日)　立秋。晴

因阿哥本年讼事，亲往见总捕古公，名道魁，广东人。以伯厚书往。下午青岩来，是时太夫人疾已脱体，因值立秋，微有不适，故请青岩诊视。

毛省庵前后各方，撮录其三：

入夏神倦，少感暑风则咳逆痰多。刻诊两脉歇止，右濡滑，左弦关挺，纳谷甚少。中虚，脾胃阴弱，木火内犯，津阻为痰，姑拟柔托调㱔。

本月初二日

上潞党二钱　川石斛四钱　醋半夏钱五　六一散三钱　大麦冬钱五　云茯苓二钱　北杏仁二钱，去皮尖研　大白药钱五，フ①　白

① 按：此符钞本《能静居日记》咸丰八年十一月十四日所记曹青岩方中，赵宽校作“炒”。

扁豆三钱 广藿梗一钱 白疾藜三钱,半研

引 荷梗尺许

倦怠、痰多、咳甚、筋惕,阴伤风动之象。前方佐以柔熄。

初四日

上潞党三钱 怀山药三钱 大麦冬钱五 白扁豆三钱 茯苓神各二钱 杭菊一钱 醋半夏钱五 刺疾藜三钱,フ 益元散三钱 白芍钱五,フ 甘杞子二钱

引 钩尖二钱,后入 荷梗尺许

脾元不充,肝胃阳盛,脘下痞满,肩背汗多,筋脉间惕,易饥,不能多纳,寤不安。帖仍宜柔,益心脾之阴,兼护肝胆。

初十日

炒洋参钱五 生地四钱 甜陈皮七分 大麦冬二钱 醋半夏钱五 茯神三钱 枣仁三钱,フ 怀山药三钱 蒺藜三钱 大白芍钱五,フ

引 元眼肉五枚 鲜竹茹五分,姜汁炒。

曹青岩前后各方:

伤暑发热,退而复作,脉左滑大,筋惕,喜寤,此肝木虚风为邪所曳而动,惟咳痰尚爽,当与益气化痰降逆法。

十三日

高丽参钱五 归身钱五 炒山药三钱 茯苓三钱 大白芍钱五,酒フ 陈皮五分 法半夏二钱

引 藕二两

左脉滑而不大,微见歇至。内惕较昨少平,然处风尚不收敛,仍宜益气降逆,以化虚痰。

十四日

高丽参二钱　归身钱五,酒半　陈皮六分　茯苓三钱　白芍钱五,酒半　竹茹一钱,姜汁フ　陈胆星四分　山药三钱,フ　法半夏钱五

引　准小麦五钱　藕二两

脉与症差觉安帖,仍用前法。

十五日

高丽参三钱　炒山药五钱　法半夏钱五　茯神三钱　归身二钱,酒フ　陈皮五分　陈胆星五分　白芍钱五,酒フ

引　准小麦五钱　藕二两

脉左已和,惕亦止,惟右脉尚嫌滑大,仍宜益气以定逆。

十六日

参二钱,另煎　法半夏钱五　归身二钱,酒フ　茯神三钱　炒山药五钱　白芍钱五,酒フ　陈胆星五分　天冬三钱　陈皮五分

引　准小麦五钱　藕二两

脉和惕止,肝风渐敛,惟气觉怫逆,宜兼平降。

十八日

参二钱　法半夏钱五　归身二钱,酒フ　茯神三钱　天冬三钱　广郁金一钱　白芍钱五,酒フ　陈胆星四分　陈皮五分

引　准小麦五钱　藕二两

昨晚言多寤少,今复左脉歇至,心中微觉不舒,当与镇静法。

二十日

人参二钱　法半夏钱五　炒山药三钱　茯神三钱　陈皮八分　归身钱五,酒フ　酸枣仁三钱　兔丝子四钱　生牡蛎五钱

引　准小麦五钱　藕二两

立秋气至,又觉疲倦欲寤,脉间歇至,但宜培气化痰。

本日

人参二钱　菟丝子五钱　生牡蛎五钱　茯神三钱　归身钱五　炒白芍钱五　法半夏二钱　生山药五钱　陈皮八分

引　藕二两

二十七日戊午(8月9日)　晴

孝拱、申之同来早膳,又同茗,后访咏如。

二十八日己未(8月10日)　晴

申之、孝拱来,同早食。访才叔,饭,日晡乃返,又同孝拱访申之,不遇,因茗。

二十九日庚申(8月11日)　晴,热甚,夜雨,旋止,时望雨甚急

仲明请饭。访才叔,不遇。访申之并遇孝拱、咏如。同咏如访稚威。阿哥自武林归里。

三十日辛酉(8月12日)　晴

访孝拱,不遇。同申之至才叔处,同咏如、才叔在稚威家饭。

七月建甲申

初一日壬戌(8月13日)　晴

申之、孝拱来,同孝拱、申之茗,遂在申之家饭,饭后更茗。

初二日癸亥(8月14日)　久晴,是晚始得雨

申之来,同早食,并呼孝拱同往。孝拱寓与余家仅隔一河,每相招约,辄隔河呼之。同申之访才叔。下午孝拱、稚威来,同贳饮,复同孝拱

来,晚饭后去。

初三日甲子(8月15日) 阴,夜复雨

访孝拱,同茗,申之来。振翁来访孝拱,同访申之。

初四日乙丑(8月16日) 雨

傍晚稚威来,同至孝拱处晚饭。

初五日丙寅(8月17日) 晴

访孝拱、申之,与同振远、稚威等茗。访才叔,访申之,又同振远、稚威茗。阿哥至丹阳,作书致槐庭。

初六日丁卯(8月18日) 雨

访伯温,遇芳叔,与偕至稚威处,遂留饭。同稚威、曼叔、伯温茗,钱子明自无锡来,亦在。访孝拱。

初七日戊辰(8月19日) 七夕。雨

访子明,同访稚威,共早食又茗,逢申之,孝拱亦来,散,归途值振远,又茗。孝拱、稚威来饭,后同茗。又同孝拱、才叔、申之、子明、稚威等贯饮。

初八日己巳(8月20日) 大雨

孝拱来,同茗,遂偕至稚威处拜寿。周太夫人生日。饮散偕茗,至孝拱家,晚饭后归。

初九日庚午(8月21日) 大雨如注

访仲明,送帖与之。又至孝拱处送帖,与申之访才叔,不值,归遇雨,孝拱请饭,同座稚威、申之、才叔,俱是日与孝拱易帖。

龚橙,浙江杭州府仁和县人。嘉庆二十二年九月二十七日未时生。

曾祖敬身,号匏伯。乾隆己丑科进士,官至云南楚雄府知府,奏申迤南兵备道。诰授朝议大夫赠中宪大夫、江南苏松太兵备道,以侄守正官累赠荣禄大夫,吏部右侍郎加一级。

曾祖母陈,福建延邵道同府名文钊运风先生女。诰封恭人,累赠夫人。

祖丽正,字赐谷,号暗斋。嘉庆丙辰恩科进士,官至江南苏松太兵备道,诰授中宪大夫。

祖母段,四川巫山县知县金坛名玉裁若膺先生女,诰封恭人。

父巩祚,原名自珍,字尔玉,号定庵。道光己丑科进士,官至礼部主客司主事,敕授承往郎,例授奉政大夫。

母段,金坛名骝雨千先生女,敕赠安人,例封宜人。

母何,贵州下江通判山阴名裕里德田先生女,孙名镛,奏廷先生女,敕封安人,例封宜人。

妻陈,道光壬午科进士詹事府詹事同府名宪曾钱桥先生女。

子啻,字去疾。宠,字汝斯。

弟家英,字念匏,仁和学附生。

妹适刘,次许孔。

初十日辛未(8月22日)　阴,大风

稚威来。孝拱来,与偕振翁等茗,又同饭。振翁至学后本家送殓。子昌侄母。

十一日壬申(8月23日)　晴,夜复雨

孝拱来,同访申之,不遇,遂茗茶。访才叔。访振远,午饭后进城,同访张柳亭,名有乾。观其所作,打造洋银器具,以大轮旋转,一人之力可胜数百斤。与稚威、咏如、申之茗。

十二日癸酉(8月24日) 处暑。雨

访孝拱,振远、稚威亦至,遂同二人茗,申之已先在。阿哥自丹阳归。四姊来家,下午即去。

绿梅庵词会第五期。

六州歌头　咏七夕

晚凉天气,闲卧看双星。微波近,纤云薄,到三更,转凄清。欲息欢游地,金篦撤,朱丝尽,针楼畔,秋风吟,梦魂惊。天半茫茫,银汉问何处,乌鹊桥成。但相将钿合,私语记分明,西园三屏,隔蓬瀛。　算欢无几,愁重积,一相见,已飘零。凭谁乞,人间巧,付今生。忆边城,笳鼓从征客,曾此日,遇云軿。千载下,空含睇,望冥冥。纵使相逢天上,都惆怅、斗落参横,更秋意空庭,白露泠泠。

十三日甲戌(8月25日) 晴

孝拱来,同彦修饭,又偕振远等茗。拜总捕古公修庭。访申之,因饭。汤伯温要饮,词社第五集也。

十四日乙亥(8月26日) 早晴,晚雨

稚威来同茗。访才叔。至孝拱处饭。

十五日丙子(8月27日) 晴

同申之早食及茗。阿哥等皆至。至四姊处小饮,傍晚归。阿哥至苏垣。

十六日丁丑(8月28日) 晴

同咏如访孝拱,孝拱将至浙,遂邀与饯行,散归后又访之,并逢才叔等。

十七日戊寅(8 月 29 日)　晴

孝拱来,同市食同茗。访王锡之,访才叔。下午同申之至孝拱处,遂留夜饭。

十八日己卯(8 月 30 日)　晴

同申之等茗。访孝拱,送其行,拱留余饭,饭后振远、申之来,遂同散。傍晚孝拱来请,往,稚威、申之已先在,晚饭后二人去,余独留谈良久。才叔同晋英、伯温来,孝拱亦将下舟,乃偕返。

十九日庚辰(8 月 31 日)　晴

访申之,不遇,至四姊处饭。

二十日辛巳(9 月 1 日)　晴

觅申之,茗。才叔、咏如俱在。稚威来,同访申之,不值,遂往小饮。

二十一日壬午(9 月 2 日)　晴

同申之茗,又小饮,饮后再茗。

二十二日癸未(9 月 3 日)　晴

同稚威茗,同申之茗,复逢稚威。

二十三日甲申(9 月 4 日)　晴

同申之茗。汤君果卿寿日,名成烈,伯温尊人。往贺。同申之茗。

二十四日乙酉(9 月 5 日)　晴

同申之、稚威茗。答拜盛新畬、名隆,官知县。朴人、名赓,行四,新畬子。刘笛渠。名祜。至四姊处。咏如来。下午咏如又来,申之来,稚威来。

绿梅庵词会第六期。

长亭怨慢　赠徐氏倡,社首意也

正宝镜、收奁妆歇。隐约晶帘,暗中偷瞥。薄鬓裁云,浅窝融晕,度双颊。消魂到此,难遣暗愁堆积,算一寸相思,但付与、春前啼鴂。　此日,叹相逢草草,犹有绮情千叠。幽轩细语,只难把、断肠向说。闲过尽、愁里缠绵,浑忘却、看灯时节。几盼到翠尊,双饮凭肩对月。

二十五日丙戌(9 月 6 日)　阴雨

孟祺请晚饭。

二十六日丁亥(9 月 7 日)　阴,细雨

申之来,同早食同茗,又拜古修庭。赴词会第六集,主人刘咏如。

二十七日戊子(9 月 8 日)　白露。晴

访申之,不遇。访才叔亦不遇,反遇申之及徐孟祺,同孟祺访丁君成生。公执自浙归,来访。

二十八日己丑(9 月 9 日)　晴

盛朴人、刘笛渠来。访才叔。同公执、稚威、咏如、孟祺至舣舟亭,途遇才叔扶妓而来,至其舟中少坐。又至玄妙观后茶社茗。归后公执、才叔等来。

二十九日庚寅(9 月 10 日)　微雨

访申之,并逢稚威贳饮。仲明来送帖。访伯温,与才叔等小饮。

董贻,字仲明,号俪青,行三。道光壬午年十月二十八日吉时生,居同里西庙沟。

曾祖熙　祖云锦　父基诚　母高氏　永感下

姊二　弟三　妻吕氏　子开汾　女庆荪

八月建乙酉

初一日辛卯(9月11日)　晴

至四姊处。同稚威、咏如茗,又饭。饭后到西门外茗。

初二日壬辰(9月12日)　晴

清晨同稚威等在德生家作吊。同咏如访仲明。作书与幼静及伯冰。

绿梅庵词会第七期。

摸鱼儿　赋得秋雨

听声声、玉阶点滴,闲愁几许堆积。画楼灯火人初静,酿就乍凉天色。情脉脉,但陌上、疏杨又褪丝丝碧。小园径寂。更砌畔秋棠,铅华洗尽,付与谁怜惜。　垂帘箔,怅念江南塞北,知他多少羁客。惊残好梦沉沉狂,争共乱蛩鸣咽。声未彻,算只虑、晚潮还逐征帆急。冥迷望极。却不道伤春,者般僝僽,凄楚更难说。

初三日癸巳(9月13日)　晴

同稚五茗。候盛氏丧,路奠毕,送殡至舟次。同稚威、才叔、咏如茗,又酒肆小饮。听胪、仲明来,同去午饭,饭后茗。稚威等皆来良久,同来余家,赴词会第七期之饮,吾兄作社首。

初四日甲午(9月14日)　晴

访伯温。访申之,同午餐。下午同苏君士达小饮,同稚威、振远茗。

初五日乙未(9 月 15 日) 晴

同振远等茗,又至咏如家。

初六日丙申(9 月 16 日) 晴

访咏如,饭。仲明来。是晚阿哥以讼事了结,请申之等晚饭,并邀听胪、才叔来。

初七日丁酉(9 月 17 日) 晴

访才叔,与诸同人午饭。又访才叔。

初八日戊戌(9 月 18 日) 晴

孟祺及其族人徐眉生来。子明来。

初九日己亥(9 月 19 日) 晴

同子明茗,同阿哥、稚威、振远等再茗。晋士招第八期词会,小饮,同人集茗张席谈氏园中赏桂,饮散再茗。

绿梅庵词会第八期。

六丑　紫薇花谢后拟周美成蔷薇谢后作

又匆匆秋色,早过了、几家池馆。惜花护花,垂垂千万卷,偏自零乱。看地衣铺径,谁裁紫锦,向砌苔低糁。比风飐水纹犹软,芳沼荷残,小山柱满。飘零更无人管。念春归时节,应自肠断。　　画楼梦短,到朝来晴暖。望碧阴如故,都凄惋。凤皇池上相伴,算而今一样,绿愁红惨。颓墙外、依然丛干。怕转眼、一树萧萧落叶,无端飘转。料西风、正是悲凉处,吹来如剪。

初十日庚子(9 月 20 日) 晴

偕同人茗。

十一日辛丑(9月21日)　晴

访申之,同至才叔处,阿哥同稚威等皆在,散归。下午又往。

十二日壬寅(9月22日)　晴

同阿哥及诸人茗,又贳饮。饭后稚威来。同才叔、听胪贳饮。

十三日癸卯(9月23日)　晴

内人以藕作饼,脆美,得未曾有。至才叔处。

十四日甲辰(9月24日)　阴

同申之酒肆饭。访稚威于才叔处,与偕归。复同公执至才叔处。

十五日乙巳(9月25日)　中秋节。阴,骤寒

仲明来。

十六日丙戌(9月26日)　阴

至才叔处,与同听胪茗。下午申之来,同茗,少坐,觉微有不适,乃归。

十七日丁未(9月27日)　阴,间露日色

在家养疴。下午公执、稚威、申之来。

十八日戊申(9月28日)　晴

十九日己酉(9月29日)　晴

同人招茗,久坐。申之又要沽饮并饭。

二十日庚戌(9月30日)　晴

仲明来,同访稚威,偕茗,又访才叔。

二十一日辛亥(10月1日)　晴

与阿哥及同人茗,饭后访稚威。

二十二日壬子(10月2日) 晴

与振远等茗。

二十三日癸丑(10月3日) 晴

同振远等茗,饭后仲明来访。

二十四日甲寅(10月4日) 晴

偕振远访才叔,饭后复茗。

二十五日乙卯(10月5日) 阴

吴杏生请饭。

二十六日丙辰(10月6日) 阴

同申之茗,复同访才叔,道逢咏如,言才叔已他出。饭后在四姊处作书寄小河。

二十七日丁巳(10月7日) 阴

同阿哥、稚威等茗,又同访才叔,相约往舣舟亭观桂。道中午餐。下午始返,复至天宁禅寺。

二十八日戊午(10月8日) 阴

傍晚至本家送殓。仲吉三兄去世。得振远复音。

二十九日己未(10月9日) 寒露。阴

同申之至其家,同出贳饮,又同之归午饭,饭后复访仲明、圣俞,不遇。至四姊处。

三十日庚申(10月10日) 晴

访才叔,不遇。访王叔渊。申之请饭又茗。有人盗斫太原公坟树,是日报呈求理。

九月建丙戌

初一日辛酉(10月11日)　晴

同阿哥访稚威,复同早餐,在座公执、稚威、听胪、伯温、仲蘧。访才叔。

初二日壬戌(10月12日)　雨

至张振翁家。访倬云。访才叔,不遇,茗饮,逢申之。阿哥、才叔亦至。

初三日癸亥(10月13日)　阴

申之、稚威、振翁茗。下午至四姊处。

初四日甲子(10月14日)　晴

与稚威茗,又饭。

初五日乙丑(10月15日)　晴

至四姊处。

初六日丙寅(10月16日)　晴

初七日丁卯(10月17日)　雨

同申之、振远茗,又同至申之家。弢甫四十生日,往致贺。

初八日戊辰(10月18日)　阴,夜雨

下午茗,逢孟祺、振远。

初九日己巳(10月19日)　重阳。晴

访才叔,饭。同访申之,振翁代要吾至北门外屠氏饮,同座徐雪村名寿,梁溪人。及稚威等。

初十日庚午(10月20日) 晴

倬云过访。访申之,不遇。访王叔渊,又访申之,仍不遇。是晚同人为稚威、才叔作饯,时二人将赴江北,饮于徐氏之宝盘轩。

十一日辛未(10月21日) 晴

与同人茗及贳饮。在申之处食蟹。孝拱来访。

十二日壬申(10月22日) 晴

访孝拱,稚威、才叔于是日下舟赴江北,与诸同人送之。晚间与咏如在孝拱家小酌。

十三日癸酉(10月23日) 晴

申之、孝拱来,同早膳,孝拱请蟹。

十四日甲戌(10月24日) 晴

同申之茗。晚饭后访孝拱。

十五日乙亥(10月25日) 晴

同申之、孝拱、王叔渊、咏如等早食及茗。同咏如饭。下午咏如来,同至孝拱处。

十六日丙子(10月26日) 晴

访仲明,同茗。偕访孝拱,弢甫有函见寄,专人同江西钦差曾帅、国藩,字涤生。戈什哈徐某来,特聘金延余赴营,并属择里中同人,要共往。

曹青岩改定膏子药方:

潞党参一斤　天冬六两　酸枣仁六两　云茯苓八两　枸杞子三两　法半夏四两　野於术二两　萎蕤四两　兔丝子六两　当归身八两　怀山药八两　陈皮一两　大白芍四两　龙眼肉八两

如法煎成自然膏

十七日丁丑(10月27日) 晴

下午访孝拱。

十八日戊寅(10月28日) 晴

同孝拱茗,下午至四姊处。访孝拱。

十九日己卯(10月29日) 晴

二十日庚辰(10月30日) 晴

同孝拱等茗。在孝拱处饭,饭后同至谢园。本家于冈宅内。

二十一日辛巳(10月31日) 晴

访孝拱,仲明来。

二十二日壬午(11月1日) 晴

同孝拱早食,又茗。仲明来,同茗。

二十三日癸未(11月2日) 晴

同孝拱、振远、申之茗。饭后振远来。访孝拱,同茗。候伯厚大兄,不遇。发山西信。

二十四日甲申(11月3日) 晴

同阿哥至四姊处。访孝拱,少坐。仲明知余有江右之行,招作饯,乃与孝拱往,饭后茗。

二十五日乙酉(11月4日) 雨

孝拱来,至申之处。至孝拱家饭,作书复弢甫,令来弁与三河口人李君、须君往。

二十六日丙戌(11月5日) 晴

家寿之五叔来。申之来,同茗。振远、孝拱等皆至。孝拱来。

二十七日丁亥(11月6日) 晴

至龙泉,同汤君乐氏茗。至四姊处午饭。访孝拱,不遇。振远来茗。又访孝拱。

二十八日戊子(11月7日) 晴

孝拱来,同茗。傍晚下舟,赴潘家桥。

二十九日己丑(11月8日) 立冬。雨

清晨至乡,午刻重赴唐家饮,仍与丁芳桂偕往,时其叔远泉已作故矣。饭后下舟,至曹家桥看屋。下午返镇,屋主唐阿丰来,其兄安安与偕来,议屋价未决。

三十日庚寅(11月9日) 晴,曝寒

唐安安、阿丰来,议明租屋十馀间,先付顶首十千文,赁价每月六百文。居间人汤开、丁芳桂二人。刻付洋二元,约出月成事。午前同阿丰复至其家一观,又与登屋后土山,望太湖,山名秦阳,与城湾相去十里。申刻放棹返城。

十月建丁亥

初一日辛卯(11月10日) 晴

清晨抵城,上岸早餐。访孝拱,茗饮,逢曹松午等。至四姊处。

初二日壬辰(11月11日) 晴

同申之茗,又同访孝拱,不遇。下午同孝拱、申之及阿哥茗,又同仲明、听胪等茗。

初三日癸巳(11月12日) 晴

茗肆晤振远、申之等。是日申之饯行,设孝拱寓,振远来。阿哥

赴宜扫墓,明年请受之。五叔教长子克昌读,是早送关。

初四日甲午(11月13日)　晴

同咏如候伯厚大兄。与振翁茗,议郑庄田事,居间丁姓、郑姓,丁强为吾饯行。访仲明,不遇。

初五日乙未(11月14日)　阴

里人褚守然送行,菜多而佳。

初六日丙申(11月15日)　雨

清晨出城祭扫先茔。午归,访孝拱,同振远茗。王叔渊饯行,未赴。

初七日丁酉(11月16日)　雨

孝拱来,孟祺、倬云来。振远来,同至四姊处,饭后又至四姊处。

初八日戊戌(11月17日)　雨

同振远茗,孝拱来,招饭,同座龙子久。名△△,芜湖人,前在府君幕中。逢孝拱,同至其家晚饭。

初九日己亥(11月18日)　雨

伯厚大兄同龙子久来送行,同至孝拱处,又同茗。偕听胪访许君子心,名斌,一字右文。缘听胪教虔生读书,故特访之。访仲明,又同至四姊处饭。孝拱招晚。

初十日庚子(11月19日)　雨

阿哥归自宜兴,同访孝拱,茗。下午申之、振远来送行,晚饭后去。拟明日动身至江右。

十一日辛丑(11月20日)　雨

是日动身赴江西。

江西往返日记五

乙卯孟冬，受督师侍郎曾公之聘，偕龚孝拱至豫章。丙辰仲春，辞帅返里，中途遭乱，遗弃衣物，日记一帙亦失。归后追忆得之，辄存景响，惟晴雨多不记，始乙卯十月十一日，迄丙辰四月十三日，总十八旬。

十一日辛丑(11 月 20 日) 雨

定更后约孝拱来，下舟少坐，月落，船泊门前，未开。

十二日壬寅(11 月 21 日) 晴

黎明解维，傍晚到无锡县，泊舟惠山山足。同孝拱踏月入惠山寺，又至下映山庵。庵尼四人：宝珠、慧珠、秀珠、眉珠。酌酒留客，饮散后又至宝珠堂，时已三鼓，叩门良久，女童披衣起应客，入坐少时。

十三日癸卯(11 月 22 日) 晴

酉刻到苏，泊阊门，上岸酒楼晚食后，游丁家巷狭邪，二百馀家，见程素云纤丽第一。住"生财有道"对门，门内白纱灯，画折枝海棠。

十四日甲辰(11 月 23 日) 小雪。晴

胥门访客，岸桥午餐，南濠买物。发家信第一函。下午复游丁家巷，更历三百家，无出素云右。晚觞其家，饮至三鼓，栅闭不得返，与孝拱借榻素家。

十五日乙巳(11 月 24 日) 晴

下午观剧未成，至素家夜饮。

十六日丙午(11 月 25 日) 晴

早至素家饭，饭后至戏园看戏，晚复到素家。

十七日丁未(11月26日)　　晴

饭后访素,与言别。三鼓访广人张秀园。

十八日戊申(11月27日)　　晴,顺风

早行,夜到平望。

十九日己酉(11月28日)　　晴

辰到嘉兴,游鸳湖、烟雨楼。下午过三塔寺,入寺瞻礼。

二十日庚戌(11月29日)　　晴

早过石门湾,上岸,午过长安坝。

二十一日辛亥(11月30日)　　晴

饭后到杭州,同孝拱登岸,见其弟家英念匏。同茗,又饭。

二十二日壬子(12月1日)　　晴

登岸寓湖干李氏楼,在钱塘门外,去白沙堤咫尺。发家书第二函,交舟人带归。

二十三日癸丑(12月2日)　　晴

曹松午应招至豫章,到浙来访。

二十四日甲寅(12月3日)　　晴

访子巽,又访祝桐君司马,时咏如索负至浙,寓其家,因同饭。

二十五日乙卯(12月4日)　　晴

同孝拱至城,晤其友汪君少泉,同午饭。夜步自白堤,抵孤山。

二十六日丙辰(12月5日)　　晴

桐君请游西湖,同席许君印林,山东日照人,小学专门。馀孝拱、子巽、咏如三人。舟至平湖秋月、水心保宁寺二处,天将暝,返涌

金门,偕二刘茗,棹小舟归。

二十七日丁巳(12 月 6 日)

寄书与六姊。

二十八日戊午(12 月 7 日) 大雪。晴

访咏如,至子巽处,又至市中饭。傍晚访桐君,不遇。

二十九日己未(12 月 8 日)

十一月建戊子

初一日庚申(12 月 9 日)

桐君、咏如、子巽来。

初二日辛酉(12 月 10 日)

发家书第三件。

初三日壬戌(12 月 11 日)

晤孝拱戚陆君厚甫,闻江西临江、瑞州二府失守。又闻弢甫有旋浙劝捐之行。

初四日癸亥(12 月 12 日)

至城中访客,不见。

初五日甲子(12 月 13 日)

初六日乙丑(12 月 14 日)

至城中。

初七日丙寅(12月15日)

至城中。

初八日丁卯(12月16日)　晴

访咏如等,同饭同茗。

初九日戊辰(12月17日)

夜踏月到孤山。

初十日己巳(12月18日)

接富阳六姊复书。

十一日庚午(12月19日)

十二日辛未(12月20日)

十三日壬申(12月21日)

至城中。

十四日癸酉(12月22日)　冬至

发家书第四件,及物交孝仆保升。

十五日甲戌(12月23日)　晴

同孝拱至江边看船。至桐君诸人处辞行。同子巽、咏如饭。发家书第五件,交咏如。

十六日乙亥(12月24日)　晴

清晨捡点行李,午刻下舟。

十七日丙子(12月25日)　雨,顺风

母亲寿日。清晨开行,酉到富阳,槐庭先生下乡适归,合署皆好,嘱槐治面待孝拱。二鼓下舟。

十八日丁丑(12月26日) 雨

槐庭至舟答访,后即上省。舟人以赏薄偃蹇,且患舟大,上游涸不可行,遂拟易舟。申间束装至署,设榻厅事西室。发山西信。

十九日戊寅(12月27日) 阴

同孝拱登观山,访前岁所见舟倡钱二妹,夜觞其舟中。

二十日己卯(12月28日)

发家信第六件。夜游钱舟,偕孝拱及邱君雪汀、傅君芸生饮达旦。钱意恋恋,以行期急,不欲留迟。明仆来报舟至,遂起返署。

二十一日庚辰(12月29日) 晴,顺风

早发行李下舟,未解维,三鼓到严州府桐庐县。

二十二日辛巳(12月30日) 晴,顺风

辰过七里泷子陵祠,泷中产鱼最美。到严州府,泊东关外,府城距岸远,未至。

二十三日壬午(12月31日)

行数十里。

二十四日癸未(1856年1月1日) 晴

到兰溪县,县属金华府,途中最繁华处。百货皆备,往来必于此系舟,长年驾长,索犒无厌,不满其欲,或稽留旬日不去。地产火腿、盐豉。同孝上岸。

二十五日甲申(1月2日) 晴

舟人索钱无计,使行。

二十六日乙酉(1月3日) 晴

下午行十馀里,至上横山。

二十七日丙戌(1月4日)　晴

到衢州府龙游县,城离岸五里,舟泊瀔水驿。

二十八日丁亥(1月5日)　晴

夜至某滩,见天陨大星,形如茄,光如月。

二十九日戊子(1月6日)　小寒。雨

午到衢州府,泊。

三十日己丑(1月7日)　雨

闻上游滩浅,晚易小舟。发家信第七件,并函与槐亭。

十二月建己丑

初一日庚寅(1月8日)　微雪

阻风,至申刻始开,行廿里,泊王埠。

初二日辛卯(1月9日)　晴,顺风

夜泊招贤渡。

初三日壬辰(1月10日)　晴,顺风

午刻到常山县,上岸住温万选行,行伙索费甚赊。

初四日癸巳(1月11日)　晴,下午阴

早发常山县,午至草平,江浙判境处。街东草平司属浙,街西太平司属江,百货经行,负担相望,商旅纠资。治道平直如砥,沿途人居稠密,此半道税驾之所尤最盛焉。二省有关,相向各去草平十馀里,山峦复衍,可以设险。

下午到广信府玉山县,县境有怀玉山,高峻以是得名。山顶泉

源东流，会徽、衢、婺三港入于浙西，流会鄱、饶二水入于湖，盖两省脊干之地，名胜最多，惜匆匆不及游。是日寓县西李德茂行。

初五日甲午（1月12日） 阴雨

点心后同孝拱至城中，舍宇寥落，城外商贾凑集之所，喧溢十倍。是春经贼焚掠，方图兴建，板筑之声达于远近。孝拱尝云今世一商贾之天下，信哉言乎！下午雇得小舟，傍晚行二十里，舟人畏大营兵差，不敢到南康，言明至省价亦昂。闻曾军收复樟树镇。

初六日乙未（1月13日） 雨

行数十里，地名灵溪，泊舟。

初七日丙申（1月14日） 晴，顺风

早到广信府，上岸早食。城外为兵贼迭毁略尽，四望惟败垣直立，城关新筑炮台未竟。下午又行三十馀里，泊处名白沙。

初八日丁酉（1月15日） 雨

午过铅山县河口南，去县城三十里，水名汭河，此其入上饶江处。居民繁盛，与景德、吴城、樟树埒，号为豫章四镇。自西逆阻江四方维旅道皆出此。牙货泉涌，商侩雾集，尤多闽广人，诈伪之区，奸盗之薮也。夜泊青山头。

初九日戊戌（1月16日） 晴

是日过弋阳县，县亦经兵燹。到舒家港。

初十日己亥（1月17日） 晴，夜月甚寒

是日过贵溪县，到鹰潭巡检司，上岸一行。

十一日庚子（1月18日）

早至界牌，东信西饶分境地。饭时至安仁县，晡过黄圻埠，抵大

谢埠。

十二日辛丑(1月19日)　阴雨

酉刻到瑞洪,登岸忽遇弢甫,方自蠡营来,将至浙劝捐并筹淮鹾浙运之事,偕行。郭筠仙翰林,嵩焘相,乡人,丁未进士。曾帅至交,移舟相并,谈至夜分始归卧。郭挟二师,船中夜鼓炮扰寐。曾帅陆军约万六千人,岁八月,罗罗山方伯以八千人出境收鄂省,石达开率骁贼万馀乘虚寇临、瑞,连陷之,省城大震,遂撤九江攻围之师四千人至省南。十一月克复樟树,遂驻军防守。湖东、湖口防兵二千馀人,湖西、青山防兵一千馀人,水师约四千人,分八营:南康亲兵一营,樟树二营,防守湖面、青山等处四营,馀一营在吴城镇。罗名泽南,湘阴人,浙江宁绍台道,加布政使衔,叶普铿额巴图鲁。

十三日壬寅(1月20日)　雨

与周、郭停舟谈一日。识扬州王三元德寿。发家信第八件,交弢甫。

十四日癸卯(1月21日)　大寒。阴,傍晚大风

弢甫黎明解维,余及孝拱为王三元邀,至其质库。早饭后下船开行,郭遣师船相护至省。船中哨馆许宝坤,长沙人,颇明白。是日行数十里,泊处不知名。

十五日甲辰(1月22日)

行至滁义。

十六日乙巳(1月23日)　晴,顺风

午后至省城南昌府,登岸,舟泊章江门。岸上即滕王阁遗址,珠帘画栋,夷为平地。孝拱谓余常作感旧诗,余无以应之也。自浙至豫章,常山以东其水曰浙江,江之源三:发徽州者为徽港,发金华为

婺港，发衢州为衢港。衢、婺二港会于兰溪东北，流会徽港于严州，东过杭州入于海。江之舟，大者为茭白，次义乌，芦乌四不相。茭白前有亭者曰头亭，业舟者为九姓渔户，籍隶建德县，虽转徙他处，必于此纳口钱。舟皆以鬻色为业，或不售则相率诟谇于后，操舟其馀事也。浙有司募勇，多舟子应招，安坐食大官糈饷，篙工纤夫佣直以是昂倍，而来往客皆糊口乞食之人，悦色润遗之者，什无一二，生计穷蹙，非昔时比矣。严州以上滩渐多居人，节节垒石河中，激水番轮为硙磨以取利。中流仅留一舟之地，行旅艰甚，邪许震山谷，两舟相值，辄忤不行，官司经过如织，无置问者。玉山以西，其水曰饶江，有舟甚小，至河口始有大船，亦有滩设硙，不碍舟行。下至黄圻埠以西乃无滩，更西数十里即滨彭蠡。春夏水至，渺无涯际，江西诸水赣为最大，有十八滩惊险特甚，东至抚江、饶江，西至锦江、修江，亦皆有滩。舟皆高头窄腹，不宜江湖。至省须易湖划子、鸦尾子等舟。

十七日丙午（1月24日） 阴

同孝拱至城中百花洲，亦十五年旧游之地。是日在城中午饭及购瓷器等。下午雇得湖划子船，捡行李过船。

十八日丁未（1月25日） 阴，大风

早至城中复买瓷器数种。阻风，不得解维，遣护送兵船先行。

十九日戊申（1月26日） 阴，逆风

下午开行二十馀里。

二十日己酉（1月27日）

抵吴城，至盐总局，晤九江太守沈幼丹葆贞，闽人，戊戌翰林，及同乡杨晓亭、姚彦嘉岳望、须存甫国昶。局系曾帅札设，先是，曾帅

奏请浙中接济饷项,奉旨每月拨解二万,浙中议以现银、盐引各一万搭解,名为以盐抵饷,而准私从贼中至者,充斥道路,官运日滞,始议于饶州、吴城设局抽税,每盐一斤,制钱十,准作官盐,任令行销。与钦差总理饷务黄莘农侍郎赞汤,吉安人。议未决,会弢甫怂恿之,遂于前月来开局,一月中虽税课不多,然私运既艰,于官运必有济也。是日晚饭后下舟,于彦嘉处得弢甫留函。

二十一日庚戌(1月28日)　阴雨

拜沈幼丹太守、蔡芥舟大令锦青。幼翁,林文忠馆甥,与弢甫契厚,儒雅敦朴,蔼然可亲。谈至午饭后,晚复盛设相款挽留,过二鼓乃下舟。

二十二日辛亥(1月29日)　阴,大风

有人自营中来,传帅命速往,会阻风不得行。幼丹先生偕蔡明府来舟。发富阳信。

二十三日壬子(1月30日)　大雪大风

至局中与幼翁及彦嘉谈至夜。

二十四日癸丑(1月31日)　风雪

开行数里,仍不能进。

二十五日甲寅(2月1日)　风雪如故

仍移舟归泊处,上岸至局。

二十六日乙卯(2月2日)　晴,顺风

早晨开行,午至左蠡,即老爷庙。申至渚矶,酉至南康大营。偕孝拱通谒大帅,少坐而退。营在府城东北三里许。泊处匡庐如在左右,迟当往游。大帅,湖南长沙府湘乡县人,戊戌翰林,兵部右侍郎

钦差总理军务赏穿黄马褂。

二十七日丙辰(2月3日) 晴

饭前复至帅舟谈少顷,午后移舟杂械所。舟中本所委员丁铭章润斋,皖人。又同寓施少麟县佐恩实。

二十八日丁巳(2月4日) 立春。晴

谒幕府陈秋门年伯,光亨,湖北兴国州人。丙戌进士,官给谏。并晤罗研生汝怀及令子伯宜萱、汪少益元慎、何镜芝源、刘彤阶世墀、方子白翊元诸君。帅至寓答拜,闻在幕中,亦鼓棹而来,谈良久乃归。

二十九日戊午(2月5日) 除夕。晴

至帅处辞岁、答拜。张石朋大令,扬州人。帅遣招夜饮度岁,同座罗研翁作陪。

咸丰六年(1856) 太岁柔兆执徐,二十五岁

正月建庚寅

初一日己未(2月6日) 晴

黎明至舟首遥贺太夫人新禧。巳刻到帅舟贺正,次至幕府及张石朋处。傍晚帅遣弁棹舟来,迎至岸上,立谈良久。帅虚怀好问,与孝拱皆有所陈,亦未能竟言。

初二日庚申(2月7日) 降日。晴

下午同罗研翁至帅舟。

初三日辛酉(2月8日) 晴,大风

帅招至舟,约同至青山看营。甫解维,大风起阻,不成行。

初四日壬戌(2月9日) 大风雪

初五日癸亥(2月10日) 天色如昨

饭后往幕府,又至谒帅,请冒雪先至青山。

初六日甲子(2月11日) 阴,风如故

发家书第九函。

初七日乙丑(2月12日) 风止雪霁

帅遣战船先送余两人到青山营,因谒帅告行,饭后振棹,未至落

星石。南康城外湖中亦有之,未知孰是。申至屏风山,右营驻此,少留,复行。酉到青山前、后、左三营各一观,即返座船。

水师统领浙江金华府知府即用道详勇巴图鲁彭玉麟雪芹衡州清泉人,与塔提军、罗方伯及湖北提督杨载福号"四大将"。现带浙中向、道二营,驻樟镇。

水师亲兵营官金世莲青亭游击

新中营官贺虎臣笠山知县

左营官陈炳元炎生同知

右营官邓翼升昌基游击

前营官刘国斌子梅游击

后营官黄金魁蓝田守备

向导营官孙昌国栋臣游击

定湘营官何启长吉堂千总

陆师老营塔军门旧部。统领广东罗定协副将周凤山梧冈道州人。

凤字得胜营官周岐山集冈梧冈弟。都司

凤字全胜营官唐得升都司

辰勇营官岳炳荣晋臣都司

常胜营金科毕应侯都司官

得胜营官阿达春参将

新字营官李新华樾庭都司

常勇营官黄玉芳凌云守备

管带湖南滕国献珍堂都司

陆师平江营统领候补同知李元度次青平江人。

中营官彭斯举鸿轩县丞

左营官胡盖南云岩知县

吴斋源贯槎训导

右营官羊瀛春舫守备

前营官胡应元六品军功现调往青山扎营,归黄虎臣统领。

后营官陈大力对山湖口举人。

高梦汉碧湄湖口举人。

陆师青山营统领虎字营官黄虎臣剑山都司

本营参赞管带江西招募平江勇营官林源恩秀山知州衔前任平江县知县

初八日丙寅(2月13日)　阴雨

虎字营官黄虎臣遣马来迎,午至其营。营在山顶周遭百馀步,与水营隔山。贼由孤塘、吴鄣岭来,此其冲也。东去湖岸二三里,湖面帆樯可得而数。晴明时望,梅家州贼营隐约在目。贼犯水营亦最先见,西枕庐山,望五老峰侧面,突兀空际,时积雪未消,青白相间,正如怪鬼探头,欲来相攫,险恶可怖。营有瓦屋三间,为帅至驻节处,即下榻其内,军中得此为安乐国矣。下午林秀山刺史来,拜六品军功胡应元亦来见。

初九日丁卯(2月14日)　雨,夜复雪

午间帅偕罗伯宜至营,同饭。后策骑至各营观军兵,并答拜林君秀山。陆营之制:营各五哨,哨各十队,队各十人,每名食口粮一钱四分。兵十人,长夫三人,营官亲兵二十四人,长夫四十人,其数与各哨正勇皆有出入。主文书、军火、器械、口粮各一人。水营战船,大者为快蟹,次长龙,三板、四板皆坐篷盖,左右设桨,多至二十馀,桅或一或二,炮或三或五,无杂械。每舟自为一哨,三板为副哨,哨或二十人至四十人,副哨十人,每名食口粮一钱二分。营舟多寡无定数。左营最大,凡四十馀艘,亲兵营新立,最少,止十馀艘。营

中论任不论官，有千总为营官，参游为哨官。有犯法，当跪受棍。战以包抄绕袭为成法，得地利者胜，其术得之贼。中下之伍卒人人能言之，俗尚往来，一营官度岁贺正，用名刺八百馀缄，缘皆同省人，戚亲故旧多之，故法不甚严峻。统领之于营官，或如友朋，哨官有受挞者，决首贯耳，盖无闻焉。闻樟镇初二日小衄，初四、初五、初七水陆各营连获大胜。

初十日戊辰(2月15日) 雨雪

十一日己巳(2月16日) 雪霁，夜有月

晚同帅登山顶望月。

十二日庚午(2月17日) 阴

饭后随帅移节水营，仍住前舟。舟将史连城供顿甚谨。

十三日辛未(2月18日) 晴

住青山水营。将晚，湖口平江营统领李次青司马来至帅舟，同饭，谈良久。

十四日壬申(2月19日) 雨水。阴

下午至屏风水营。

十五日癸酉(2月20日) 元宵。阴

帅命李统领偕余两人至其营。黎明在帅舟同饭，后营在湖口县城南十二里之苏渡，去屏风七十里。巳刻过团鱼墩，见道旁居民，发鬖鬖三寸许。道皆缘贼境，贼断我道甚便。土人良莠不可知，为将者既不能保之，安堵亦当有以处之矣。下午至营，次青盛馔相款，扫榻相让，眠甚适。夜半贼围营，攻犯良久，余卧未起。

十六日甲戌(2月21日)

李统领至，同至各营，见彭、羊、陈、胡、吴诸将，皆少谈。后营据

高,馀皆在平地,营中皆有民房,外皆有市,壁垒较薄,视青山营少逊。吾里人曹松午见大帅后,及至李营,现奉次翁札,至里中招勇,其同伴童某及山西李凤来,旧任都司,以事杀人,革职,充发江右,现亦投效来营。同居李性憨直,闻甚骁勇。

十七日乙亥(2月22日)　阴

贼来挑战,与孝登垒望之。白旗二,黄旗数十,出林中火炮轰,然相去里许。李传令无出营,静以俟之。左营有勇士率数十人往薄之,未交刃,贼遽退,我军遂解严。晤高梦汉,新从其家来,英爽过诸将。

十八日丙子(2月23日)　晴

至高陈营。

十九日丁丑(2月24日)　雨

早发李营,晡至屏风右营。官邓昌基翼升邀便饭,即遣舟送归大营。二鼓尽抵寓舟,帅闻,遣舟来招,时余卧,孝独往。

二十日戊寅(2月25日)　风雨

下午谒帅。

二十一日己卯(2月26日)　大风雨

二十二日庚辰(2月27日)　风雨

帅招午饭,冒雨,衣帽沾湿。同座沈念桢中书,闻其左目重瞳。

二十三日辛巳(2月28日)　晴

抵营后未受事,且闻故乡多警,与孝谒帅,请归一行。帅嘱孝募勇,并约再往樟镇一观周凤山军再议。

二十四日壬午(2月29日)

二十五日癸未(3 月 1 日)

二十六日甲申(3 月 2 日) 晴

至南康府，城中居民折毁殆尽。秋门年伯及研翁等邀饭。

二十七日乙酉(3 月 3 日) 晴

饭后至帅舟中。下午易舟，拟至樟树。

二十八日丙戌(3 月 4 日) 晴

至幕府，至帅舟，又至文案所借观历届奏稿。自收复岳州以前诸折，底前岁九江之败皆失之。兹就所见，次其大略：咸丰四年，官军集长沙，贼退保岳州，筑垒为固守计。六月十三日，水师统领褚汝航率夏銮、彭玉麟自省河北上，陆师统领塔齐布率罗泽南、周凤山等进扎新墙口。岳州南河名。二十九日，水师设伏，败贼于君山。七月初一日，岳州贼宵遁。是日大军入岳州城。初三，贼从下游来犯，败之，追至临湘，陆师亦获胜。初六日，水师复败贼。十四日，又败之。十六日，我师败绩，褚汝航、夏銮死之。十八日，陆路获胜。闰七月初二日，陆路冒雨攻贼营，贼炮不得燃，连破营十三座，水陆贼皆遁。初三、四，水师追贼至六溪口，湖北崇阳、蒲圻水口入江处。进扎罗山。监利县地。廿七日，至金口。去武昌六十里。八月初二日，陆师破崇阳。十五日，进扎纸坊。去武昌六十里。八月初二日，陆师破崇阳十五日，进扎纸坊。玄武昌六十里。廿一日，水师进攻武汉，陆师夹江翼之，大破之。廿二日，焚贼于塘角，尽毁沿岸贼垒。廿三日，贼遁，克复二城。陆师复败逃贼于洪山。九月初七日，水师头帮起椗。十三日，塔齐布率罗泽南等由南岸进发。十七日，副都统魁玉率杨昌泗等由北岸进发。廿一日，南路复兴国、大冶，水师进泊道士洑。十月初一日，南路攻据半壁山。初四日破其营。十三日，水师攻破田家镇。与半壁山夹峰。断江中铁锁,火烧木牌船。是夜北岸贼遁。十四日,蕲州贼亦遁。十九日,水师追贼至九江府南路,陆兵渡江。廿八日,复广济。十一月初四日,复黄梅。十四日,水师破贼木牌于浔江。十五日,陆师进逼小池口。九江对岸。二十日,复渡至南岸,攻围九江,贼复据小池口。十二月十二日,水师精锐追贼入鄱湖,为贼卡隔断,不得出。廿五日夜,九江、小池两处陆贼招小舟入江劫水营,我师败衄。廿九日,陆师渡江,击小池口,又败贼,复上攻武汉,北岸兵遁。五年正月初二日,外江水师西上追剿,奏请内湖水师修整战船,驻孤塘等处。二月十七日,贼复陷武昌。

舟阻风不得开,移泊南康府外紫阳堤。晤收发战船所委员袁献山忠清大令,蜀人。傍晚移舟返营,至帅处。

二十九日丁亥(3月5日)　惊蛰。晴

清晨复至南康,雇舆游白鹿洞。下午归舟,仍返棹大营。

三十日戊子(3月6日)　晴

蔡大令锦青来。

二月建辛卯

初一日己丑(3月7日)　晴

早至南康借坐骑,偕孝及袁献庭游开先寺,执兵从者数人。寺离府八里,在山足。前岁贼至,知府王某匿寺中,贼来搜捕,又转匿他寺,一山名刹数十,以是皆被焚燹,栋宇殆尽。入僧寮少坐。至寺后读王文成纪功勒石,登昭明读书台,台下小径至龙潭数十武,蓬蒿蔽之。潭上漱玉亭在焉,碧水凝玉,清流跳珠,掬之入口,甘寒特甚。

惜春雪未融，瀑布不甚大耳。傍晚返骑，山雾四塞，比至舟已张灯矣。袁君设席留饮，菜甚可口。接帅致函，知弢甫膺宗迪甫侍御特荐，奉旨引见。弢甫频年潦倒，此或一转机，为之欣慰。迪甫名稷辰。

初二日庚寅（3月8日）　晴，顺风，夜大雨，闻雷

帅遣招饮，同座沈幼丹太守、颜萍舟别驾、伯焘先生侄，袁午桥先生函荐至营。沈念贞中书、蔡芥舟大令。饭后解维，幼翁附舟同至吴城，至局中晚饭。

初三日辛卯（3月9日）　阴

早至盐局，与彦嘉等谈良久，幼翁招晚饭。作书与李统领次青，寄新旧诗数十首与观。

匡庐五首

匡庐千尺接天高，万壑千岩尽拱朝。雨过遥岑青露骨，云来峻岭白横腰。看山野衲群飞锡，到此游人亦带刀。怪道南峰青胜北，湖干氛祲未全消。山北五老峰时有贼骑。

湖干幕府董膺扬，峻垒依山舟绕塘。塞上戈铤挥落日，帐中肝胆照秋霜。将军筹笔宵传檄，太傅围棋夜画疆。曾侍郎喜奕，又最勤，笔札必亲之。如此劳贤还下问，殷勤前席细筹量。

筹量何意向鲰生，更遣传观细柳营。风弄征旗晴有色，雨淋戍鼓夜无声。六千君子群知礼，十郡良家旧著名。一军皆楚南人。共话当年东下威，如闻江水亦悲鸣。

当年鼓盖戒征东，指顾浑忘天堑雄。西靖狂氛湘水绿，北麾坚敌鄂江红。曾始起时克复湘潭，是秋破武昌，皆用火攻，战绩最伟。轻舠一炬周郎火，羽扇三麾葛亮风。此日匡庐望大别，料应洒泪夕阳中。

夕阳日日到匡庐，山鸟还来听读书。漫说潢池劳挞伐，即

论讲舍亦征诛。山有白鹿书院,紫阳讲学处。朱守南康,陆象山来访,同设讲于此。朱、陆所说各异,执辩良苦。文章要道争心少,十羽隆风我见除。话向山灵应一笑,夫椒清梦自蘧蘧。

初四日壬辰(3月10日)　晴,顺风

早行,申至省,进城一行。

初五日癸巳(3月11日)　晴

至城中午饭后,访后路粮台总办李筱泉知府翰,留饭并送,供具颇丰。

初六日甲午(3月12日)　晴

是日开行四十馀里。

初七日乙未(3月13日)　晴,顺风

早过丰城,风急停舟,上岸闲步,见村舍旁小桃将放,新柳毵毵,夹地约数十株,湖干荒寂,入春以来,于此得少佳趣,心目为怡。下午复挂帆,夜到拖船埠。

初八日丙申(3月14日)　晴

午前到樟树,未至数里,为陆兵驻营之所。登岸拜周统领凤山,并晤俞同甫会昌。刺史及其将佐数人。是日留营中午饭。傍晚始下舟,舟与同翁相邻,俞来访,亦往拜之。

初九日丁酉(3月15日)　晴

清晨驾小舟至樟树镇水师营,拜水师统领彭雪芹观察,谈良久。周统领邀饭,遣舆来迎。是日同座雪芹观察、同甫刺史及中军滕都阃,尚有客一二人。下午散,归舟。周营中见临江贡生谢某,于众中昌言伪翼王石达开龙凤之姿、天日之表,语甚狂悖,余顾问何人,周帅觉余意,遽遣之去。

初十日戊戌(3月16日)　晴

彭统领要饭,午前遣舢板相迎,偕同甫及孝往,周统领亦至作陪,饮至下午席散。始彭、周疑予二人为帅耳目,初见时辩不攻临、瑞之故,甚苦,且以樟镇西岸至临江城下四十里皆卑湿沙碛,无顿兵处,请往一观,遂同驾小舟往,未及岸,望堤上贼帜甚多,皆青、白二色,盖贼近用五色旗以乱我军,不纯用黄色也。舟中一时声炮呐喊,率皆奔逐,余两人亦偕二统领登岸望之,飘忽不知所往,遂乃返舟。彭、周皆送至舟中,少坐别去。彭约陪客有新中营官贺虎臣、向导营官孙昌国二人。及新席不至,询之则均以违令受杖矣。

十一日己亥(3月17日)　晴

清晨至陆营拜客。是日彭统领要陆营诸将并请余及孝移舟,相近至余舟约一里,酒数行,周统领亦至,拟明早解维,与二君言别,彭、周当旋里招勇,函下拜嘱勿迟。

十二日庚子(3月18日)　阴,顺风

早行,夜到市汊。

十三日辛丑(3月19日)　晴,顺风

辰过生米潭,晡到省,进城。

十四日壬寅(3月20日)　春分。晴,夜雨

孝至李筱泉处,下午易一舟,与粮台委员张小山同伴。申刻解维,夜半到吴城。

十五日癸卯(3月21日)　雨,顺风

至沈翁处,沈强留早饭,后下舟。傍晚到大营谒帅。余为帅言樟树陆军营制甚懈,军气已老,恐不足恃,帅颇怫然,余未便深说。

坐少顷,帅出。余家信阅知老母有恙,因呈帅阅乞归,帅颔之而已。接家信。张石朋来。

南康至樟树舟程记:

三十里左蠡,三十里渚矶,三十里吴城,疑即孙策所筑椒邱城,俟考。六十里昌邑,六十里樵舍,六十里南昌府,三十里生米潭,三十里市汊,六十里丰城县,三十里拖船埠,三十里樟树镇。

十六日甲辰(3月22日) 夜大雨

见帅并访罗研翁。以下又访张石朋及万健富。亦杂械所委员。

十七日乙巳(3月23日) 夜雨

见帅,以母恙乞旋里,帅约明日至省同行。张石朋请吃水角,并以小照二卷属题。

题《张石朋酬笔图》

我观酬笔图,我为笔公再踟蹰。笔公之才天下无。庙堂亦重小楷书,笔公之用天下储。汗牛充栋烦吏胥,笔公之利天下趋。但饰奏牍致轩车,张君于此皆非徒。奉觞再拜胡为乎。呜呼,张君风雅信人杰,以此佁人人不识。我欲尽扫此文墨,但酹宝刀不酬笔。

又题《审疾图》

张君示我审疾图,我还告君取药方。荆防杞菊天下足,曷不入川求大黄。药勿瞑眩疾不愈,工不折肱枝不良。旁有一人笑吃吃,手持药囊向我说。用药不舍牛溲与马勃,何况荆防及杞菊。

十八日丙午(3月24日) 雨,顺风

帅遣招至舟约刻即解维同进省。帅以新奉廷寄江省军事新抚

文俊初至,未谙一切,咸归调度,故有是行。午刻舟发南康,初鼓到吴城,至沈幼翁处晚饭,又往谒帅,已卧未见。罗伯宜广文来余舟。

十九日丁未(3月25日)　雨

帅舟先行,幼翁闻将东返,强留作饯,余遂与同,并云君何必与帅同行,受此繁闹邪。至公馆早晚饭,设席,饮甚欢。

二十日戊申(3月26日)　雨

至幼丹处辞行。幼翁来送行,晓亭、彦嘉契眷至舟相饯别。将午舟行,四鼓过樵舍泊。

二十一日己酉(3月27日)　雨

午前到省,至帅舟。闻十八日周军溃于樟树。至城中合丸药。是日孝随帅进城,未出。

二十二日庚戌(3月28日)　晴

至帅处午饭,饭后逢孝,同购物,归舟。下午雇舟。时省垣闻樟树之信方大震,官属封舟既尽,舟不可得,托水师哨官许宝坤以旗物致之,乃得一艘。

二十三日辛亥(3月29日)　阴

早至帅处辞行,时信益急,各官聚议为守城计,盈座终日,迄无良策。余以省垣三面滨河,贼上游无水师,而我军战船二百馀艘守之有馀,贼断不能合围,且城内兵勇万众,登陴足用,贼黠甚,必舍省而东袭抚、建,绝我饷援,此可虑耳。时各军纷纷调遣周军溃散者,复不及半,谓当置之左右,别发他军守抚、建,帅以为然。先是,余从樟树归,为帅言周军不可恃,帅不然之,未数日果以败闻。帅坚问何见之决,余但以不幸而中为逊辞谢之。帅时欲留守省垣,余请与登陴之役,帅曰:"君以太夫人疾乞归在前,非避危殆,但请速行,家中无事望早来耳。”唯唯而退。下午易舟,行十里,泊交溪口。

二十四日壬子(3月30日)　阴雨

逆风阻舟,遇俞同甫刺史,过舟少坐,谭樟树兵溃几受害事甚悉。

二十五日癸丑(3月31日)　晴,逆风

午至赵家圩,申至瑞洪,访王三元。巳至河口,见其弟四元,闻贼至抚州及进贤。

二十六日甲寅(4月1日)　晴,逆风

前舟至坝口,值溃勇喧言贼至,遂改道故河。下午至三滩,又行数里,泊。

二十七日乙卯(4月2日)　晴

行十馀里,逢上流逃舟,言贼破抚后径走东乡至安仁,前日午刻城已陷。同船一时抛缆。饭后余上岸步至龙井,坐车到馀干县城访县令陶公,浙绍兴人,忘其名。探知消息的确,拟雇车起早,往乐平县,间道趋婺源。比归,至龙井坐舟渡,闻警移泊,天已曛黑,迷路不可返,得村中周老人燃炬相送十数里,抵舟与孝拱商议,俟天明至龙井雇车。

二十八日丙辰(4月3日)　晴,夜雨

黎明上岸,将至龙井,见河中樯帆蔽天而下,路人狂奔,呼贼至,头面有受伤血流者。远林外已见黄旗影。余尚欲少留观之,舟子曳余急登舟断缆,遽行十馀里。至茅村埠少住,有村人骑驴探信归者,或以为贼骑,复大奔,尽弃船旗于河。下午奔至三滩,余又上岸打听,始知贼第二股已由进贤渡龙井,破馀干县。始余料贼必有一股出此道,已而果然。岸人讹言贼且至三滩捉船,复逃十馀里乃止,泊

处不知名。

二十九日丁巳(4月4日) 清明。雨

开船欲至瑞洪,舟人不可。途中见一小舟,跳登之与以厚谢,乃得至上岸,到王氏当店,店仅二人守柜,探信不得。归途与舟人言乐平路,渠言二日可到,且云龙井贼已退,可走,约晚间以舟来。是日座船移至进贤县属之爵唐。湖中大雨,过三鼓,小舟不至。

三月建壬辰

初一日戊午(4月5日) 雨

舟人又移舟十数里,泊一村,地益僻,问信不得。

初二日己未(4月6日) 雨

初三日庚申(4月7日) 晴

孝拱至瑞洪,闻官兵至,故往,实无其事。邻客与舟人角口,批其颊,舟人群起欲为乱,急挽倡首数人入舱中排解之,乃止。

初四日辛酉(4月8日) 雨

闻安仁、馀干贼退之信。

初五日壬戌(4月9日) 晴,大风

孝拱又至瑞洪,归言昨信的确。舟行向上者无虑千艘,闻之喜甚,促行。长年诞舟中行李,意反怏怏,强之不可。

初六日癸亥(4月10日) 晴

与舟人申前说,晓譬再三,始约移船往籴豆,俟满载后开行,至傍晚解缆,数里即止。

初七日甲子(4月11日)　晴,逆风

午至坝口,酉至龙井,廛舍如故,泊洞口滩,即乐平间道分路处。

初八日乙丑(4月12日)　阴,逆风

未刻到黄圻埠,停舟复半日。

初九日丙寅(4月13日)　晴,顺风

巳刻到安仁县,遥望城市,寂寂无行人。申过鹰潭,夜泊金沙埠。

初十日丁卯(4月14日)　阴,逆风

午过贵溪县,始见官兵盘诘行人。申至余家滩,风稍大,舟人不肯行。

十一日戊辰(4月15日)　阴,大风

泊余家滩。

十二日己巳(4月16日)　阴,逆风

辰过桃花滩,午过舒家港,下晡到弋阳县,因舟行甚缓,且闻贼在乐平,去广信止二百里,恐迟则生变,与孝拱商量陆行,余独登岸,觅车夫十馀人,谈以重直,约天明来迓,人心不可测,匿不与言。

十三日庚午(4月17日)　雨

清晨所雇车四乘来,舟子错愕而不能禁余弗行。巳刻动身,行十五里,至蔡村吃饭。午后大雨,进一村避雨,雨后复行。未刻到兴安县,县城倚山,居民寥落,邻近皆产煤,山童秃,沙粗石顽,涧水正赤如赭,而此县之荒瘠尤为特甚。复冒雨行三十里,地名宋村。

十四日辛未(4月18日)　晴

辰刻到坎口,早餐,巳刻到大路口,见一山中空如桥,形状可笑。

未刻到郡城,夜住黑石铺,去郡三十五里,沿饶河。

十五日壬申(4 月 19 日) 大雨

晨起,囊中仅馀数十钱,尽以食车人枵腹。登车行十馀里,大雨,趋凉亭下少歇。巳刻过沙溪,沿途一巨镇。午到樟树底,饥甚,无钱赊饭充腹,几不放行。到十里山,有浙兵扎营,下晡至玉山县李德茂行,甫下车,大雨如注,比三鼓不绝。

弋阳至玉山车程记:

十里晚港桥,三十里兴安县,二十里娑罗铺,三十里大路口,三十里广信府,二十里灵溪桥,三十里沙溪,十五里樟树底,二十五里塔山,即十里山。十里玉山县。

十六日癸酉(4 月 20 日) 谷雨。晴

晨发玉山,至草平午饭。酉刻到常山县,落温万选行。

十七日甲戌(4 月 21 日) 晴,大风

辰刻至河干觅舟,下午搭船始成。余先下船,孝押行李继至。

十八日乙亥(4 月 22 日) 晴,逆风

清晨开船,午后至衢州,晚到龙游,水流湍急,虽逆风甚大,而日行百八十里。

十九日丙子(4 月 23 日) 雨,逆风

饭时抵兰溪县,晚复行二十里。

二十日丁丑(4 月 24 日) 晴,逆风

早过严州,午过桐庐,晡阻风。

二十一日戊寅(4 月 25 日) 晴,下午风雨

黎明抵富阳,与孝拱分手。至署中,槐亭妹去世,一幼子殇,馀

都无恙。又阅家书,知太夫人安好。甫在署阅文,无意中得晤,继知子迎随营玉山,乃失之交臂,复为惘然。发家书第十函。

二十二日己卯(4月26日)　晴

同述甫登观山,又往访子定。

二十三日庚辰(4月27日)　晴

至槐亭令妹棺前上祭。作书与孝拱及子迎。

二十四日辛巳(4月28日)　晴

又登观山,茗。

二十五日壬午(4月29日)　晴

访子定,同访王子和。盔。夜偕述甫下舟至杭。

二十六日癸未(4月30日)　晴,暖甚

早到杭城,上岸寓抚辕西关候祠。访孝拱,同饭,知筠仙太史尚未行,饭后往访,不遇。又访子巽。傍晚子巽茗,述甫同锡人施叔愚建烈来晚饭。

二十七日甲申(5月1日)　晴

孝拱来,筠仙来。同子巽、述甫、叔愚登山,茗。槐亭至省。

二十八日乙酉(5月2日)　雨

早遇槐亭,又至孝拱处。饭后访钱叔盖及子巽,不遇。述甫同叔愚归寓,子巽亦来。

二十九日丙戌(5月3日)　晴

叔愚要同述甫早餐。孝拱来,是晚述甫同孝旋里,与叔愚送之至舟,余以六姊归里,须候至月初。发家书第十一件,交孝拱。

四月建癸巳

初一日丁亥(5月4日) 晴

饭后访子巽,又茗,又往觅舟。

初二日戊子(5月5日) 立夏。晴

雇舟成,槐亭亦遣舟来迎,饭后下舟返富。舟中薄睡未醒,闻江声甚异,急起推窗,见潮至如堆雪,浙人言无意遇潮大利市,此说倘不诬邪。贼从浮梁、祁门窜休宁、黟县、泾县,二十八日遂至宁国府,陷其城,浙中大震。时大员多防堵衢、严,吴兴以西独未设防,督师前学政万青藜出兵驻湖上,遏西来正冲,△军二十日而返。

初三日己丑(5月6日) 雨

早至县进署,饭后访子定,子定赠连理笔房一。

题钟达卿显《停琴待月图》

身世幽忧日,多君太古情。弦凝朝雉响,窗回夜蝉鸣。举酒三人共,看山一曲成。徒令行役者,展卷谢△旌。

初四日庚寅(5月7日) 雨

午刻同六姊下舟。

初五日辛卯(5月8日) 雨,逆风

是日行八十馀里。

初六日壬辰(5月9日) 阴

辰刻到岸,巳刻抵横江桥。下舟,访施叔愚。

初七日癸巳(5月10日) 晴

曹松午、褚守然带勇过浙,闻余至,来访,留二人至馆中午餐。

松午初奉次青札,招五百人,饷无所出,既招复散,遣至六十八人,其友山东人田二云又代招东勇至一千人,闻已过袁浦,二人束手无策。申刻开船,走下河,泊登贤桥。

初八日甲午(5月11日)　晴

夜到石门县。

初九日乙未(5月12日)　晴,顺风

申到嘉兴府,夜泊王江泾。

初十日丙申(5月13日)　晴,顺风

午后到吴江,夜到苏州府,泊胥门。

十一日丁酉(5月14日)　晴

拜陈玉堂太守,未见。至槐亭祖太夫人公馆,又至陈玉堂处,留饭。后到玄妙观、阊门,代六姊买物。移舟阊门,未登岸。

十二日戊戌(5月15日)　晴,顺风

辰发姑苏,午到无锡,访述甫,同下舟少坐。客去,舟又行七十里到横林。

夜泊口号

十八旬时算离别,余出门恰半载。六千里路换舟车。江西往返又经历各营,所行不下六千里。不知今夜闺中月,还照征人入梦否。

十三日己亥(5月16日)　晴

辰刻到家,太夫人以下皆无恙。

浙江杭州府至江西南昌府舟程记:

九十里富阳县,一百里桐庐县,四十里钓台,六十里严州府,九

十里兰溪县，八十五里瀔水驿，八十九里衢州府，六十里招贤乡，四十里常山县，五十里沙溪，三十里灵溪，二十里广信府，八十里河口镇，八十里弋阳县，八十里贵溪县，四十里鹰潭司，四十里安仁县，三十里黄圻埠，四十里龙井，七十里瑞洪，六十里赵家圩，二十里滁汊，三十里交溪口，十里南昌府。

（以上《落花春雨巢日记》五）

自丙辰孟夏十三日己亥为始。

四月建癸巳

十三日己亥(5月16日) 雨

弢甫来，下午又来，弢甫丁太夫人忧已三月矣。

十四日庚子(5月17日) 晴

访申之，不遇。时振远、德生、才叔、咏如等皆在小河，寂寥殊甚。

十五日辛丑(5月18日) 晴

访申之，不遇，至王叔渊处遇之，同茗。

十六日壬寅(5月19日) 晴

同弢甫、孝拱、申之茗，申之请饭。

十七日癸卯(5月20日) 雨

十八日甲辰(5月21日) 雨

至保卫局饭。才叔来，同至其家。

十九日乙巳(5月22日)　晴

二十日丙午(5月23日)　晴

同弢甫访庄耀采,又同茗。

二十一日丁未(5月24日)　晴

弢甫来访,同孝拱市饮,弢甫要饭。

二十二日戊申(5月25日)　晴

振远上城,同茗。弢甫请食面。

二十三日己酉(5月26日)　晴

晤振远、德生、才叔、咏如诸君。方设盐厘局,请余同事,却之。

二十四日庚戌(5月27日)　阴

二十五日辛亥(5月28日)　阴

弢甫至上海,邀同往,却之。下午会诸人,茗,遂送弢甫。

二十六日壬子(5月29日)　晴

本岁将定先窀于宜兴东山厝阡,以高、钱淑人深葬年久,恐棺木损坏,贻误临时。是日请龚君少白至乡看向,择期动土开看。清晨乘肩舆往,午晌归。是夕治具宴六姊,奉太夫人寿,家人少长咸集。

二十七日癸丑(5月30日)　晴

同申之茗,候少白,不至。王叔渊请饭,辞不赴。下午同少白下乡,即择日动土。酉刻开冢,柩漆未褪,扣之有声,奉迁之愿,至此大慰,当时掩土。返城顺道访徐子楞世叔,以四姊有事,托往商量之故。

二十八日甲寅(5月31日)　晴

二十九日乙卯(6月1日)　晴

三十日丙辰(6 月 2 日) 晴

同振远茗,同饭。是日偕陈朋三至南夏墅看屋,先二月中,贼信大警,或言潘家桥不可居者,阿哥遂至夏墅看定一宅,屋价每年四十千文。房东钱戴维,名△△。其子绿卿,名△△。读书之士。又闻其乡尚有空宅,两姊托往卜居,故有是行。酉刻开行出水关,初鼓过白家桥。

五月建甲午

初一日丁巳(6 月 3 日) 阴

清晨到夏墅,访戴维、绿卿乔梓,又其族人春藻、浣香、雅云等茗,觅可居之屋十馀间。午饭,戴维治具要酌,下午开船返,夜过殷薛。

初二日戊午(6 月 4 日) 晴,黄雾四塞,天色如紫

辰刻到城,城闭不开,遂至天宁寺少坐,时已晌午,朋三来,言门已开,进城,始知闭城之故。先是,贼由十步桥攻高资,防兵甚急,巡抚吉尔杭阿率兵往援,中道扎营某山,贼断路口围之。廿九日,吉军突围出,遂入高资营,从兵为贼所断,营兵少,贼又大至,抚公拔靴内小洋枪自向发火死之。初一日,九华山大营数千人闻信皆溃,自焚营帐,死者千馀人。是夜,溃勇大掠丹阳县,明早至常,会抚辕巡捕赏关防至制军公馆,道府以下,例往跕班城外。溃勇复汹汹欲入,不得已,传令阖城。事毕后,武进令贾戴钱出城安抚,令返营时,至者二千人,人与一缗,事乃定。城闭二时许,居民大扰。余至家,家人环向问计,六姊旋浙,舟先已雇定,遂议太夫人偕两姊至杭州暂避,

阿哥送往,余在家料理下乡。下午六姊舟先行。偕振远、咏如茗。

初三日己未(6月5日)　晴,天色如昨,夜始露星斗

下午太夫人下舟动身,随送至东门。

初四日庚申(6月6日)　晴

是日天色渐清朗,人心渐定。午刻先押行李下乡,并为周处看屋,缘稚威夫人亦需至夏墅,四姊嘱于前次下乡所看屋内安顿之,故往料理。酉刻到乡,赁居者纷至,止馀十间,未成事。函令书券,属之槐亭而暂借与稚威处。

初五日辛酉(6月7日)　天中节。晴

黎明解维,巳刻到城,留房东钱沅香饭。

初六日壬戌(6月8日)　晴

觅振远,不遇,访王叔渊并申之,下午茗,申之请饭。

初七日癸亥(6月9日)　晴

同振远茗,下午挈眷下乡,酉刻解维,泊小河白家桥。

初八日甲子(6月10日)　晴

巳刻眷属舟至夏墅,登岸入宅。

初九日乙丑(6月11日)　晴

初十日丙寅(6月12日)　晴

至稚威处,夜趁舟上城。

十一日丁卯(6月13日)　晴

清晨抵家,至保卫局,路遇德生。下午逢振远、德生,茗。

十二日戊辰(6月14日)　晴

申之来,同早食及茗。又访才叔,至保卫局。饭后又访申之、才

叔,偕才叔归,晤阳湖县学叶君朔生,尧蓂,吴江县人。归,同往宜兴东山定葬穴。叶年七十,苜蓿气甚重,然醇朴士也。访才叔,同晚餐。夜宿才叔家,同榻瞿耕甫、才叔。

十三日己巳(6月15日) 晴

振远、德生来,同茗。又送诸君小河之行,逢伯厚大兄,强要至局。下午借骑而归。申之请晚饭,携榼到孝拱家饭。

十四日庚午(6月16日) 晴

写浙江家信。至孝拱处饭,饭后同到余家,偕一委员潘香衫翊藩来赁余水阁,允之。闻溧水失守之信。

十五日辛未(6月17日) 晴

申之来,同至保卫局。又访才叔,同咏如茗,复同德生、才叔、咏如、家昆、甫叔食饼。适妇叔邓子楚司马自大营差委过常,知余返,来觅,遂同至王叔渊处。叔渊留饭,后散。潘君香衫移寓来。是日偕叶朔生广文到宜,酉刻移舟至水关口,遣人约邓楚翁来,同至申之处饭,并要叔渊。楚翁客岁至常,在余家度岁,仲春赴大营投效,奉委到宜兴,归途过此,是日畅谈别后事甚悉。

十六日壬申(6月18日) 晴

清晨上岸,同申之茗。辰刻开船,夜到和桥镇。

十七日癸酉(6月19日) 晴

午刻到宜兴,访扫叶师。同叶广文到东山定穴,较前提高数尺,至坐墩上,用乙山辛向择七月廿二、八月初四二日为安葬期。申刻下山,又至地藏庵。至本家伯叔处。访原地主路姓,缘其家所葬之墓已迁,故往谢之。

十八日甲戌(6月20日) 晴

清晨开行,将至和桥,叶换小舟归吴江,余遂至夏墅。申刻到家,稚威从江北归,亦于是日到乡,言及振远、德生等十七日在小河局,为巢湖人挟仇困一日,现已上城。伯厚大兄带勇进剿。

十九日乙亥(6月21日) 夏至。晴

同绿卿、望乡、稚威茗。

二十日丙子(6月22日) 晴

同绿卿等茗,下午趁稚威舟上城,天久不雨,水浅舟胶,行甚缓,未至十里而泊。

二十一日丁丑(6月23日) 晴

辰刻到马蝗桥,舟人与戽水人口角,掷泥盈舟,与稚威上岸理论。未刻方至城,闻向帅大营于十八日被贼围攻,一时溃散,向帅已至丹阳,张殿臣国梁,福建漳州镇,原名嘉祥,营中勇将之冠。受伤,扎兵句容。此信一至,逃者塞途,乡人载粪小舟亦俱雇尽,余上岸即至幼静处,观伊眷属下乡,且住余处,至局晤伯厚大兄,已知小河得胜,归,又晤振远等,同茗,又访孝拱。傍晚同振远、申之、稚威茗,遂同稚威返。二鼓时才叔来,三人同榻。

二十二日戊寅(6月24日) 晴,天欲雨不果

同潘香衫、申之及稚威、才叔早餐,又茗。晤德生、振远。至孝拱处,不遇。下午同稚威、才叔访孝拱,同至余家少坐。仍到孝拱处晚饭。

接阿哥信。

二十三日己卯(6月25日) 晴

茗饮同振远,又至其家饭,又至才叔处,闻句容失守之信。晚饭

后赴局,逢才叔、稚威。才叔送余到家。

接槐亭信。

二十四日庚辰(6月26日) 晴

清晨访龚少白,嘱选安葬日期,并乞占太夫人疾及出行利否。同少白茗,同振远、德生、稚威、才叔、咏如茗。孝拱来,潘香衫来晚饭。

二十五日辛巳(6月27日) 晴

同诸友人茗,下午稚威、才叔来。与稚威、才叔同访孝拱。

二十六日壬午(6月28日) 晴,夜微雨

闻邓楚翁自句容返常,访之。下午同振远茗。前华亭令潘逊斋时敏来访,同遇孝拱。

二十七日癸未(6月29日) 清晨雨,少刻晴

访稚威,不遇,遂至保卫局同德生茗。稚威、才叔亦来。晚同稚威、才叔到孝拱处。

二十八日甲申(6月30日) 午间雨,夜又雨,不畅足

访申之,不遇,与振远等茗。写乡间信。

二十九日乙酉(7月1日) 晴

六月建乙未

初一日丙戌(7月2日) 晴,夜大雨如注,少顷即止

至全乐晤邓楚翁及振远。少白、申之、咏如、德生同午饭。阿哥自浙归里。

初二日丁亥(7月3日) 阴

至保卫局,又茗肆晤瞿耕甫等,同午饭,饭后同到余家,又访孝拱,偕来少坐。

初三日戊子(7月4日) 阴,大风

阿哥下乡,到才叔处,孟祺请饭。

初四日己丑(7月5日) 阴雨

访孝拱,同茗。孝拱、申之来,孝请饭。

初五日庚寅(7月6日) 晴

邓楚翁来,同茗,晤孝拱等。又至保卫局,忽患眩逆,扶策而归。接浙信知太夫人旧恙复发,急拟下乡后雇舟到浙。

初六日辛卯(7月7日) 晴

疾少瘳,午访孝拱,晡同幼静家眷下船。是日泊东门,舟隘不得卧。

初七日壬辰(7月8日) 晴

酉刻到华墅,戌刻方处上岸,与余家同住。

初八日癸巳(7月9日) 阴

清早阿哥上城。稚威、果卿来。申刻接浙信,知母亲疾急,果卿为觅一叶舟,拟载寿器,即晚下船赴省。酉刻动身,傍晚至寨桥,三鼓过河桥。

初九日甲午(7月10日) 晴,夜大雨,饭顷而止,逆风

辰刻过东氿,酉刻到乌溪港,出口即太湖,有苏关下卡。

初十日乙未(7月11日) 晴,逆风

清晨渡太湖,巳刻到漏浦口,傍晚到南高桥,泊,去湖州十里。行甚急,是日逆风浪大,橹桨不得前,济乞舟人缘湖滩刺篙而行。

十一日丙申(7月12日) 晴,逆风

清早到湖州府,午过菱湖,夜泊处不知名。

十二日丁酉(7月13日) 晴,逆风

巳刻过武林头,申刻到北关门,拟雇肩舆连夜到富阳,先寄寿器本县仓中。晡刻动,二更尽抵署,询悉太夫人病势渐愈。方将至时,心魄摇荡,如豕之就屠,至是稍定。太夫人尚未安寝,略询家事,惟神志倦怠耳。六姊侍疾忧劳,得疾似疟。

十三日戊戌(7月14日) 晴

午刻阿哥自常州赶来,相见悲喜。阿哥由苏州行,动身后余一日,路复远于余,其行可为速矣。下午患头腹皆痛,欲吐。

自常南墅渡太湖至杭州水程记:

十里寨桥,卅里和桥,三十里杨婆桥,渡氿四里至牛毛圩,十八里蜀山镇,十二里乌溪关,渡太湖,三十六里漏浦口,五十里小梅镇,二十里湖州府,五十里菱湖,七十里武林头,四十里杭州北关口,三百七十里。

十四日己亥(7月15日) 晴

疾加甚,昨晨至今夕不餐,胸次怫然,欲吐不得。

十五日庚子(7月16日) 晴

疾少瘳。六姊虐甚动胎,举一子。是日虐未反轻。

十六日辛丑(7月17日) 晴

四姊自木渎弢甫新卜居此镇,去苏三十里。来省传。

十七日壬寅(7月18日) 晴

萧山僧人善缘来诊太夫人疾,言系气臌,投消克之剂,且戒服参

饵。余意腹胀等症皆脾阳下陷,不能举摄之故,不可更破其气,然亦无决然之明。是僧医名甚噪,家人皆是其言服之,亦无动静。

十八日癸卯(7 月 19 日)　晴

十九日甲辰(7 月 20 日)　晴

先府君诞,至署西净觉寺中设斋。

二十日乙巳(7 月 21 日)　晴

二十一日丙午(7 月 22 日)　晴

阿哥动身返常。

二十二日丁未(7 月 23 日)　晴

二十三日戊申(7 月 24 日)　晴

太夫人服萧山僧药已五帖,脾胃不如前,倦怠亦甚,至是改服参。

二十四日己酉(7 月 25 日)　晴

二十五日庚戌(7 月 26 日)　晴

七月初一日,逢方淑人讳,绝笔。至戊午五日重记,凡断二十二月。[①]

(以上《落花春雨巢日记》六)

① 此句钞本无,据稿本补。

能静居日记
（1858—1889）

余旧有日记，家常琐屑必登，不辍笔者五载。丙辰秋，奉先淑人讳，哀擗之中，遂废楮墨，今二十二阅月矣。异见异闻，所获颇多；愚钝之质，旋得旋失。每思古人好学之勤，常怀握铅椠，以助思忆，故重为斯记，居行无间，比事属日，以类所得，无者阙之。他日展卷，亦可征一时到诣耳。

咸丰八年(1858) 太岁在著雍敦牂,吾年二十七岁

夏五月建戊午

初四日戊寅(6月14日) 晴

时有沪行,至苏留六姊寓中十三日矣。是日解维,彀甫送余至舟,遂留午饭,后别去。彀将有楚游,同志远别,相顾黯然。未刻舟行,三十里泊唯亭。

《康辅纪行》,桐城姚莹字石甫撰,记使藏中处分喇嘛时事。

卷一

关外数千里,皆食揩粑,炒青稞粉为之,麦之类也,无米及诸蔬菜。日用市买,皆以物交易,无用制钱者。其最重之需惟茶。蕃食揩粑、牛羊,性皆热,一日无茶则病。

茶凡三品。上品曰竹档,斤值银二钱;其次曰荣县,斤直银六分;又次曰绒马,斤直银五分。此炉城市价也。至乍雅,则三两二钱为最贵焉。

卷二

钱氏《景教考》曰:《册府元龟》天宝四载九月诏曰:"波斯经教,出自大秦,传习而来,久行中国,爰初建寺,因以为名。将以示人,必循其本。其两京波斯寺,宜改为大秦寺。"舒元舆《重岩寺碑》云:"合天下三夷寺,不足当吾释寺一小邑之数。"释寺惟一,夷寺有三:摩尼

即末尼也。大秦即景教也。祆神即波斯也。

今据元舆记而详考之。《长安志》曰："布政司西南隅胡祆祠，武德四年立，有萨宝府官，主祠祆神，亦以胡人称其职。"《东京记》引《四夷朝贡图》云："康国今察木多。有神名祆，毕国有火祆祠，疑因是建庙。"王溥《唐会要》云："波斯国东与吐番、康居接，西北距拂菻，其俗，事天地日月水火诸神。西域诸胡事火祆者，皆诣波斯受法，故曰波斯教，即火祆也。"宋人姚宽曰："火祆，字从天，胡神也。经所谓摩醯首罗，本起大波斯国，号苏鲁支，有弟子名元真，居波斯国大总长如火山，后化行于中国。"然祆神专主事火，而宽以为摩醯首罗者，以波斯之教事天地水火之总，故诸胡皆诣受教，不专一法也。大秦之教本不外于波斯及阿罗诃诃，疑是本。者，出则自别于诸胡，碑言三百六十五种之中，或空有以沦二，或祷祀以邀福，彼不欲过而问焉。初假波斯之名以入长安，后乃改名以立异。若末尼则《志盘统纪》序之独详。开元二十年，敕云："末尼本是邪咒，妄称佛法，既为西胡师法，其徒自行，不须科罚。"会昌三年秋，敕京城女末尼凡七十二人皆死。梁贞明六年，陈州末尼反，立母乙为天子，发兵擒斩之。其徒不茹荤酒，而夜聚淫秽。画魔王踞坐，云"佛为上大乘，我乃上上乘"。盖末尼为白云、白莲之流，于三种中为最劣。以元舆三夷寺之例核而断之，三夷寺皆外道也，皆邪教也。所谓景教流行者，皆夷僧之黠者，稍通文字，妄为之词，非果有异于摩尼、祆神也。

《金石粹编》曰："按西洋奉天主耶稣，或谓即大秦遗教。据碑，有'判十字以定四方'之语，与今天主教似合。"然《日下旧闻考》载，"天主堂构于利玛窦，西洋自欧罗巴航海九万里入中国，崇奉天主"云云。若大秦一名如德亚，今称西多尔其，即土耳其。在欧罗巴南，印度之西，相距甚远，似不能合为一也。莹按：此语迂谬，天主教始自大秦，流行于大西洋耳,今且自大西洋流入中国矣。况自唐至明越千百年乎?碑载"大秦上德阿罗本",而《唐书·西域传》所载诸国,惟拂菻一名大秦,无一语及景教入中国之事。《唐会要》称"波斯国西北距拂菻",则所谓景教者实自波斯,而溯其源于大秦也。祆字从示,从天,读呼烟切,与从夭者别。《说文》云:"关中谓天为祆。"《广韵》云:"胡神所谓关中者,统西域而言。"西北诸国事天最敬,故君长谓之天可汗,山谓之天山,而神谓之天神,延及欧罗巴,奉教谓之天主,皆以天该之。唐传载:"波斯国俗似与今回回相同,此碑称常然真寂,戢隐真威,亭午升真,真常之道,占青云而载真经,举真字不一而足。今所建回回堂,谓之礼拜寺,又谓之真教寺,似乎今回回之教未始不源于景教,然其中自有同异。"特以彼教难通,未能剖析。姑备录诸说,以资博考。

又段成式《酉阳杂俎》载:"孝亿国界三千馀里,举俗事祆,有祆祠三千馀所。"

又杜预注《左传》"次睢之社"曰:"睢,受汴,东经陈留、梁、谯、彭城入泗。此水次有祆祠,皆社祠。"顾野王《玉篇》祆字音阿怜切,徐铉据以增入《说文》。"此是祆教其来已久,亦不始于唐"。至宋之末年尚由贾舶达广州,而利玛窦初来,乃诧为亘古未睹。艾儒略作此书,既援唐碑以自证,则其为祆教更无疑义。乃无一人援古事以决其源流,遂使蔓延于海内。盖万历以来,士大夫大抵讲心学、刻语录,即尽一生之能事,故不能征实考古以遏邪说之流行也。

《澳门纪略》曰:"三巴寺僧削发,披青冠斗帽,司教者同法王,自大西洋来,蕃酋无与敌体。""龙松庙僧亦削发,有尽削其发者,有但去顶发者。""其书所云'五经十诫',大都不离地狱天堂之说,而词特陋劣。尝寻求其故,西洋诸国由来皆崇佛教、回回,观其字用梵书,历法亦与回回同源。则意大里亚之教,当与诸国奉佛、奉回回者无异。特其俗好奇喜新，聪明之士遂攘回回事天之名，而据如来天堂地狱之实，以兼行其说耳。”此论未确。事天，婆罗门佛未出前已有之。天主在天方前，非攘回教也。

蕃俗重女，治生贸易，皆妇主其政，与西洋同。计人户以妇为主，蕃人役重，故兄弟数人共妇以避徭役，后遂成俗，亦可哀也。此言乍雅、察木多等地。

卷三

前后藏通称唐古特，皆唐时吐番之地。以近天竺，故皆崇信佛教。明太祖勤求安边之道，知不可不因俗为治，故授八思巴之后为大国师，乌斯藏僧为灌顶国师，并赐玉印。永乐中，复封番僧为大宝法王等凡八王，并给印诰。

宗喀巴创兴黄教，西域以迄蒙古皆崇信之。其法以当住轮回，不迷本性，教化众生。然宗喀巴遗嘱二弟子，亦止令达赖转世六次，班禅转世七次而已。据此则宗喀巴实是权教菩萨。

卷五

达赖喇嘛六岁学经，七岁受小戒，即学禅坐不令卧，有金印玉宝，文曰“敕封西天大善自在佛统领天下释教普通瓦赤拉怛喇达赖剌麻之印宝”。

卷六

四川获青莲教匪李一沅及其党郑子青六十馀人，称在湖北与陈汶阳设坛，请无生老母降箕，令其传徒，录有绫书经句，十报十忏、三皈五戒之文，称弥勒转生。朱家总教主朱中立在湖北又号八牛教，分排次，第一等曰内五行，为陈依精、彭依法、林依秘、葛依元等，在湖北传徒。二等曰十地，在川陕各省，掌教李一沅掌四川陕甘为一地。三等曰一百零八盘，分至各省传徒。右见邸抄。

按:弢甫曾见教书一本,妄名《法华经》,系明时一教匪头匿某内监家三年造此,语皆鄙诞,如小唱《攒十字》之类。有“我不愿,我不愿”数十事,末云:“我只愿,兄弟门平平安安。”据此实今时各邪教之祖。其书中又有“真空家乡,无生父母”之语。后人遂又脱出“无生老母,为伊教宗主”。愚民失业,迷而不悟,可哀也夫。

宗喀巴名罗布藏札克巴,生于永乐十五年丁酉,幼而神异,精通佛法,在大雪山修苦行,《穆隆经》其所造也。《穆隆经》即摩罗木,译言攒诏,盖达赖喇嘛所诵经也。初学经于红教,修行既成,遂立黄教。达赖,宗喀巴大弟子也。班禅,二弟子也。达赖弟三辈名索诺木嘉木磋,即《明史·乌斯藏传》之琐南坚错,能知已往未来事,称活佛。自甘州遗书张居正,称释迦牟尼比丘求通中国,由是中国亦知有活佛,诸番莫不从其教,即大宝法王及阐化诸王亦皆俯首称弟子,诸蕃王徒拥虚位,不复能施其号令矣。

补记初二日(6月12日)

在宋于庭先生翔凤。席间晤徐稼甫,立方。诚朴之士,向奉净业。次日来访,偕候汪石心正。于大儒巷,亦净业弟子,好读理学诸书,严气正心,以表率自任,闻其人才干甚长云。

初五日己卯(6月15日) 晴

是日端午节,行道遂忘之矣,舟人来贺,始忆之。早发,巳刻过昆山县,夜泊丁家桥,距青浦约二十里。是日逆风。

卷十一

宋时月椿钱,盖自绍兴二年淮南宣抚使韩世忠驻军建康,令江东漕臣月椿钱三十万缗,以酒租上供经制等钱应付,其后遂横赋于民,大为东南之患。

祠部度牒,治平四年冬始鬻之,熙宁之直为百二十千。绍兴三十一年,放度牒增直为五百千。

卷十三

吾儒以治世为教,佛法以出世为教。出世者,离此五浊恶世而超天界、法界也。愚人执着西方以为佛界,夫世俗所为西天者,特昔时诸佛所生之地耳,其风土人物与诸番无异。其人依然有生死、疾病、困苦、声色、货利、战争、奸盗,犹夫中国。吾见学佛者往往犹以往生为念,其愚妄邪见,何足当高僧一棒乎!

按:石甫先生多闻善解,于我佛遗言每能悟入,亦能以儒理旁诠曲证。然此节疏谬已甚,岂净土诸说流布甚广,先生竟未见耶?三千大千成一世界,天竺虽我佛降圣之区,较以法化所周,才如甲上之土,况西方清泰去此十万亿刹土耶。

西域自佛未出世前,皆婆罗门教,以事天治人为本。佛教兴而婆罗门教衰,佛教衰而婆罗门教复盛,一盛为耶苏之天主教,再盛为穆罕默特之天方教。天方即回教。佛教分为三:一、墨那敏教,则印度旧教,又名兴杜教;一、大喇嘛教,即西藏之黄教;一、墨赫鲁教,即西藏之红教,又名墨低兰教。天方回教分为三:一、由斯教,即婆罗门旧教;一、马哈墨教,即穆罕默德所创行于阿丹者;一、比阿厘教,则其兄子所传行于巴社都鲁机。都鲁机,即土耳其。天主教总名为克力斯敦教,亦分为三:一、加特力教,乃意大里亚所行天主旧教;一、额利教;一、婆罗特士顿教。则诸国所后起,大都有不供偶像而尚供画像及礼拜前贤生日者;有一切不供,惟敬天主者;有供十字,有不供十字者。世传西洋惟英吉利独辟天主教,不知所辟者加特力教尔。故英夷国王将立,则国人必会议,约新王背加特力教,而尊婆罗特士顿教始即位。英夷何尝尽辟克力斯敦教哉。右本书采《海国图志》语。

卷十五

回教自隋开皇中,其国撒哈八撒阿的斡葛思始传其教入中国。天方古史称阿丹,奉真宰明谕,定分定制,传及后世。千载后洪水泛滥,有大圣努海受命治世,分遣徒众四方治水。《西域图志》曰:回人以拜天为礼,每城设礼拜寺,始生教主曰天主也。天主再世曰派噶木巴尔,每日对之诵回经五次,拜毕则宣赞。其义略云:至尊至大,起无初,了无尽,无极无象,无比无伦,无形无影,大造化天地主咒。

按:天方古史所载,与今耶稣教《约》书诞妄正同。阿丹,即亚当也。外国诸教皆自东而西,天主之如德亚、天方之默那德皆近印度,渐被海外,亚欧诸国翕然从之。考其原起,皆释教衰落之后,遗言绪论未坠于地,智杰之士摽为己有,改削掩饰,以成一家之言。后有起者,复踵而行之,遂门分户别,自相攻击,以至于今,歧途益多。虽然寰海之内,林林总总,不有其教,孰为之主?天牖下民,作之君,作之师,故虽犷野难革之俗,必有一人超于等夷,起而为之雄长,然后世风一变,其感格之应,疾于桴鼓,何则不闻圣化?饥者易食也。耶稣、谟罕生于夷狄,睹其残杀,恻然悯之,遂首服礼让以开国俗,声教之广,各被数万馀里,下及千有馀载,使獉狉之民争言仁义,虽固浅近之术乎,不可谓非异人矣。

全书十六卷,阅讫,其论事明当,援据浩博,洵敦古切今之士矣。其说理多宗宋儒,内典虽涉猎,然未睹要旨。[①]

前于弢甫处借观《不得已录》二卷,杨光先撰。光先,歙县布衣,明季因某事伏阙,廷杖论谴。国朝顺治十六年,西人汤若望进《大清历》,仅推测二百年而止。光先劾其咒诅,大不敬,又胪其不法诸事,如于《宪书》面页题"依西洋新法"五字,又遣人至江浙、闽广、江西、

① 按:此段文字后稿本有"待购书目:艾儒略《万国全图说》。汤若望《坤舆全图说》。南怀仁《坤舆图略》。陈伦炯《海国闻见录》"一段,为钞本所抹去。

两楚、四川、云贵各直省遍立天主堂,从者各与金牌一块,绣袋一枚,会期一纸,凡数十万人,各地方毫无觉察,其游行久且酿成大变云云。康熙中,黜若望官,杀西人五,始设禁制。官光先为监正,五辞不获命,后以推测不合罢归,中途而死,或云西人鸩之。

初六日庚辰(6月16日) 晴

辰刻过青浦,晡至松江府,泊舟谒袁太守,芳瑛,字漱六,楚湘潭人。方讯囚,不及见而返。又至城中市上一行,邑人衣履多朴,大异吾常,知是殷实之所。

《识小录》七卷。亦姚石甫所撰。

卷之一

"食不厌精,脍不厌细",古注无说。《集注》:"食精则能养人,脍粗则能害人。不厌,言以是为善,非谓必欲如是也。"余谓此解"不厌"二字不分明,脍粗何能害人乎?按《玉篇》:"厌,于艳切,饫也。"《礼记》:"曾子问孔子曰:有阳厌,有阴厌。"郑注:"厌是餍饫之义。"馀引甚多,不具录。然则厌、餍古字音义同,此不厌者,不求饱饫之意耳。

卷之二

昔释迦牟尼说法四十九年,演无量妙义,随机利钝,分顿、渐二门。灭度后,弟子阿难结集其说为修多罗藏,而诸尊者先后阐化,千百年后乃分为教、禅二门。

教者,其始有优波离集四部律,谓之《毗尼》;一。金刚萨埵于毗卢遮那前亲受瑜珈五部,谓之《秘密章句》;二。烈谨按,即金刚藏菩萨,为密部总持。无著天亲频升知足天宫咨参慈氏,即弥勒。相与造论,发明大乘,谓之《唯识宗旨》;三。西竺龙胜以所得毗罗之法宏其纲要,谓之《中观论》;四。敦煌杜法顺深入华严不思议境,大宣元旨,谓之《华严法界观毗尼之法》。五。凡此五等,其后各演其说,遂分为教门五宗。其一,行事防非止恶之宗。魏嘉平,福昙柯罗始持僧祇戒本至洛阳,而昙无德、昙谛等继之立羯磨法。羯磨者,作法辨事也。唐南山澄照律师道宣作疏明之,四分律遂大行。其二,瑜珈微妙秘密之宗。金刚萨埵以瑜珈授龙猛,龙猛,即龙树菩萨。猛授龙智,智授金刚智。唐开元中,智始来中国,大建曼荼罗法事,大智、通氤、大慧、一行及不空、三藏咸师尊之。其三,三乘法相显理之宗。唐贞观三年,三藏玄奘往西域诸国,会戒贤于那兰陀寺,因受唯识宗旨以归,授慈恩窥基。二乃网罗旧说,广制疏论以传。其四,四教法性观行之宗。即性宗。梁陈之间,比丘惠闻因读《中观论》悟旨,遂遥礼龙胜为师,开空假中三观止观法门,以法华宗旨授慧思,思授天台国师智颚,颚授灌顶,顶授智威,威授惠威,威授元朗,朗授湛然。其五,一念圆融具德之宗。隋末杜法顺以法界观授智俨,俨授贤首法藏,至清凉大统国师澄观追宗其学,著《华严疏论》数百万言。圭峰宗密继之,而其化广被四方。是为教门五宗。

禅者,其始世尊大法,自迦叶二十四传至菩提达磨,悲学者缠蔽于竹帛间,乃宏教外别传之旨,不立文字而见性成佛。达摩传慧可,可传僧粲,粲传道信,信传弘忍,忍传曹溪大鉴禅师慧能,是为禅宗六祖。而其法嗣特盛。能之二弟子怀让、行思各以所得为传,其后遂分为禅门五宗:其一为临济之宗。怀让传道一。即马祖也。马祖之学,江西宗之,其传为怀海。即百丈也。海传希运,运传临济慧照大师义元。元立三元门,策励学徒。其二为沩仰之宗。海之旁出为沩山大圆禅师灵佑,佑传仰山智通大师慧寂,父传子和,微妙玄机,不可凑泊。其三为云门之宗。行思传希迁。即石头也。石头之学,湖南主之,其传为道悟,悟传崇信,信传宣鉴,鉴传雪峰义存,存传云门匡真大师文偃。偃之气宇如玉,三句之设,如青天震雷,闻者掩耳。其四法眼之宗。元沙师备，偃之同门友也。其传为罗汉桂琛，琛传法眼大师文益。益虽依华严六相唱明宗旨，迥然独立，不涉九情。其五曹洞之宗。石头之旁出为药山惟俨，俨以《宝镜三昧》、《五位显诀》三种渗漏传昙晟，晟传洞山悟本大师良价，价传曹山元证大师本寂而复大振。是为禅门五宗。

右教、禅分门如此。考其兴废，则教门五宗瑜珈久亡，南山亦仅存。律门。其盛行于后世者，惟天台、观门。慈恩、唯识。贤首法界观。而已。禅门五宗，法眼再传至延寿，流入高句骊，仰山三传至芭蕉微，当石晋开运中遂亡弗继，云门、曹洞仅存如线。唯临济一宗，大用大机，震荡无际，明代极盛，至今亦微矣。

卷四

八旗，蒙古有内外旗之别。内旗者，科尔沁等四十九旗也。外旗者，喀尔喀七旗也。内札萨克四十九旗，本元后裔，共有六盟，极东连盛京、吉林，西与陕甘连界。鄂尔多斯等七旗，明之河套，西通宁夏者也。阿拉善遥通青海，内旗之极西者矣。喀尔喀者，亦元裔也。康熙二十七年内附，定为四部八十旗，其外则俄罗斯矣。

喀尔喀内附之后，俄罗斯始通中国。康熙二十九年犯界，奉命进征，夺其雅克萨城，会西洋霍兰国按，霍兰即荷兰，见《圣武记》。贡使至，乃发檄谕交霍兰使臣回传谕之，俄罗斯乃请遣人至京。雍正五年，定界通市，设卡伦五十九所，极东十二卡伦，黑龙江兵戍之西四十七卡伦，喀尔喀全部戍之，俄罗斯对界亦一体设立。其中萨布译言隙地。皆立鄂博译言石堆。为界。七年，设立市集于喀尔喀，四部卡伦四部：土谢图、车臣、三音诺颜、札萨克图。适中。名恰克图。

恰克图以东卡伦，地多平甸，卡伦驻兵二百人。其西多山林，自恰克图至库伦八百馀里皆天然险隘，各兵俱善围猎，枪箭乃其所长，俄罗斯马少,无习射者,固不敢入,即入亦不足当沿途一围耳。及见喀勒玛克即准噶尔。之强,为大兵灭尽,大惧,边境遂谧。

本朝既平准噶尔,辟地数千里,谓之新疆,分西、南两路。哈密、叶尔羌、吐鲁番等为南路,伊犁、乌鲁木齐、巴里坤为西路。中有昆都仑、译言横即昆仑。穆苏尔、达坝罕。译言冰岭,即天山葱岭,山巅多产野葱。伊犁本准噶尔游牧地,平定后辟垦屯耕,遂成沃壤。伊犁将军统辖两路驻此,兵凡五队,满洲、索伦、锡溥、察哈尔、厄鲁特各有领队大臣一人外,文武各官、屯田镇将、弁兵、回子及废员、商民、遣犯、塔尔巴台官兵夫役皆仰食于此。岁有赢馀,水草佳而飞走蕃,斯为乐土矣。

卷六

元顺帝至正十三年,脱脱言京畿近水得地利,召募江南人耕种,岁可收粟麦百万馀石,不烦海运,京师足食。帝曰此事利国家,其议行之。于是立分司农司,以右丞悟良哈台、左丞乌古孙良祯兼大司农卿,给分司农司印。西自西山,南至保定、河间,北抵檀顺,东及迁民镇,凡官地及元管各屯田,悉从分司农司立法佃种,给钞五百万锭以供工价、牛具、农器、谷种之用。又略仿前兼集贤学士虞集议,于江淮召募能种水田及修筑围堰之人各千人为农师,降空名敕牒十二道,募农民百人者授正九品,二百人正八品,三百人者从七品,就以领其所募之人。所募农夫人给钞十锭,期年散归。按脱脱此计可谓善矣,惜乎国祚不久,无成功也。

明王缑山大学士王锡爵子。与顾泾阳名宪成。书云:"天下之乱莫大于人心之不和,始于相睽而成于相激,相激不已,而门户而戈矛,朋起角立,若有真是非真邪正者,而其端十之九皆误也。意其初不过薄物细故,礼文体统之龃龉,亦或一人一事小有异同而已。"又曰:

"人情未有事不白心不平而不辩者也。求白而反不白,求平而愈不平,则势不得不争。其间非无虚衷者,而常苦于壁坚而不得进,列成而不可解,以求盟为护,以免胄为耻,则有徘徊太息,退守其误而止耳。"

按:此因其翁于建储一事依违其间,时议咎之,故书以自解。其言乃深中明季士夫门户之病,颇得其平。石甫先生言其辞费而曲,是尚有成见在中也。君子之道躬自厚而薄责于人,明之诸臣大率反是。群疑满腹,众难塞胸,聚讼盈庭,动言国是。其贤者亦未睹是非之正,且以忠义二字自肩,持论清刻,不留一毫馀地,又复心计粗疏,人各一见。遂至群阴遘难,党祸塞途,纷扰之顷,国随以灭。直而无礼则绞,九原可作,当为三复斯言。

全书阅竟。

初七日辛巳(6月17日) 晴

辰刻再谒袁太守,晤谈半晌而出。晚赴袁公处晚饭,同席三人,皆署中幕友也。

又《寸阴丛录》四卷。

第二卷

《唐六典》:"驴载曰驮。每驮一百斤,其脚直一百里一百文;山坂处一百二十文;驴少处不得过一百五十文;平易处不得下八十文。其有人负处,两人分一驮,可给熟食,欲其速达。"

"唐初,官俸皆令富户掌钱出息如今之存典钱。以给之,息至倍称,多破家者。开元中,崔沔上言,请常赋之外微有所加以给之。"

三卷。

乾隆四十七年定天下兵额:

八旗满洲兵五万九千五百三十名。

八旗蒙古兵一万六千八百四十三名。

八旗汉军兵二万四千五十二名。

京城巡捕营兵一万名。

直隶省兵三万九千四百二名。

山东省兵一万七千五百四名。

山西省兵二万五千七百五十二名。

河南省兵一万一千八百七十四名。

江南省兵四万八千七百四十七名。

江西省兵一万三千九百二十九名。

福建省兵六万二千一百十九名。

浙江省兵四万三十七名。

湖北省兵一万七千七百九十四名。

湖南省兵二万三千六百四名。

四川省兵三万二千一百十二名。

陕甘二省兵八万四千四百九十六名。

广东省兵六万八千九十四名。

广西省兵二万三千五百八十八名。

云南省兵四万一千三百五十三名。

贵州省兵三万七千七百六十九名。

共六十九万九千六百名。

东三省、新疆、卫藏之数尚不在焉,通计中外盖逾百万。嗣后时有裁汰,犹八十馀万。

天下财赋所入:

地丁银二千九百七十八万一千六百九十三两。

耗羡银三百四十九万五百七十七两。

杂税银二百一十五万八千七百二十六两。

芦课银二十七万四百三十六两。

关税银四百四十二万七千七百五十三两。

盐课银七百八万四千六百两。

漕项银二百四十一万五千五百八十四两。

茶课银二十一万八千二百二十六两。

外捐银一百九十万两。

内捐银二百二十万两。

旗租银五十一万两。

共收入银五千四百四十五万七千五百九十五两。除水旱民欠外,实入不及五千万。而官兵俸饷,武职养廉,营中公费,红白恤赏,差兵盘费,共支银一千九百四十万六千六百二十八两,盖五分去其二,以养兵也。通计口外计之,则去其半矣。北宋仁宗时,王拱辰言太祖时兵十二万,太宗时十八万,真宗时四十万。今倍之,则八十万也。南宋孝宗语光宗曰:天下财赋,八分养兵。彼以偏安之势,且制如此。明定天下,洪武时内外三百二十九卫六十五所,永乐增置以后,五军都督府统内外四百九十三卫屯田,群牧千户三百五十九所。《明史·兵制》言,大率五百、六百人为卫,千一百二十八人为所,则额兵常四百馀万矣。

按:明兵虽众,而口粮较今大减,屯卫诸军自食其力,所给甚寡。征兵惟辽饷最优,其数具详熊襄愍视师稿中,可复按也。查阅《熊经略疏》,内载辽东屯卫月饷二钱五分至四钱。援辽征兵月饷一两五钱,河东失陷之后,召募有至三两、四两者。

校《法苑珠林》三十四卷至四十卷。唐西明寺沙门道世撰。前三十三卷已阅,未校。

初八日壬午(6月18日)　　晴

辰刻潄翁至舟答访,坐良久而去。午刻舟行逆风,申刻守潮白家渡。

校《法苑珠林》四十一至五十一卷。

初九日癸未(6月19日)　　晴,顺风

巳刻舟至上海,泊小东门。访子明、耕亭,谭良久。至洋泾浉,在曾寄圃学时,香山人。处午餐。又至小东门内访桐君,祝凤喈,闽之浦城人,江苏同知。不遇。城隍庙园茗饮,傍晚下船,放至老闸。饭后到蕴记晤徐钰亭、昭珩,香山人。吴子石、宗瑛,肇庆人。梁次琚、萧炳楠文英。等。又晤汪璇甫。鼎,苏州人,广东惠州通判。

初十日甲申(6月20日)　　晴

发家信第三件,并寄书与昆甫。拜上海县黄荷汀明府,芳,长沙人。不晤。到桐君、子明处各坐良久。偕耕亭茗饮。

十一日乙酉(6月21日)　　晴

作书寄孝拱、弢甫、槐亭及六姊。下午访徐钰亭、吴子石、曾季圃,在季圃处避暑酣睡。向晚,徐仲蕃庆昌,上元人。自川沙来,管子俊名贻芳。亦来,同在余舟晚饭。

十二日丙戌(6月22日)　　下午大雨,时正插秧,望雨甚急

申刻,访子明、姓钱,名诵清,无锡人。耕亭。访英商瓦勒于公易行,余旧识也。

十三日丁亥(6月23日)　　晴

移舟小东门,访桐君,至城隍庙茗饮。又至土捐局访子明辈。

校《法苑珠林》五十二之五十七卷。

十四日戊子(6月24日) 晴

拜黄荷汀明府,谭话半晌。放舟浦江,访季圃。晚至蕴记,奴子报天将雨,黑云队起,遂匆遽而返。接弢甫、槐亭信,槐亭初九日到吴门。

校《法苑珠林》五十八之六十二卷。

十五日己丑(6月25日) 晴

荷汀大令来答拜。午间子俊来,偕至土局,又偕耕亭同到城内茗饮后返舟。傍晚两君去。

《容斋随笔》,宋洪迈著。迈,皓子,江西饶州人。此书十六卷,续笔、三笔、四笔皆十六卷,五笔十卷。

开元中,南蛮杨盛颠为边患,遣内常侍高守信讨之,拔其九城。此事新旧《唐书》皆不载,中人之主兵柄,明皇盖启之也。

绍兴末,胡马饮江,既而自毙。诏加封马当、采石、金山三水府。予于建康致祷大江,能令虏不得渡者,当奏册为帝。

按:危难之时,乞灵鬼神,想见积弱之势。文敏贤者,乃亦出此,馀他不足问矣。

吴顺义中,差官兴版簿、定租税。厥田上上者,每一顷税钱二贯一百文;中田一贯八百;下田千五百,皆足陌见钱,如钱不足,许折以金银算计。丁口课调亦科钱。宋齐丘上策,乞虚抬时价,而折绸绵绢本色。曰江淮之地,唐末以来战争之所,今兵革乍息,黎民始安,而必率以见钱折以金银,此非民耕凿可得也,兴贩以求之,是为教民弃本逐末耳。是时绢每匹市价五百,绸六百,绵每两十五文。请绢每匹抬为一贯七百,绸为二贯四百,绵为四十文。丁口课调,亦请蠲除。又致书徐知诰曰:明公总百官,理大国,督民见钱,求国富庶,所谓拥彗救火,挠水求清,欲火灭水清,可得乎?知诰曰:此劝农上策也。即行之,不十年间,野无闲田,桑无隙地。

按:每田一顷,税仅二贯一百,不几于大貊小貊乎?且吴、唐之境外多强邻,军国之费,顾安所出?或谓税钱如今之税产红契,但此取民有限,而田税为多,薄取之,政不于彼而于此,则又何也?策议取民本色,是诚经国之大猷,足民之要术。录此以见偏闰之世,不为乏才耳。

真宗嗣位之初,有司所上天下每岁赋入大数,是时至道三年也。凡收谷二千一百七十万石,钱四百六十五万贯,绢绸一百九十万匹,丝绵六百五十八万两,茶四十九万斤,黄蜡三十万斤。

惠按:自明改一条鞭之后,谷日少而钱日多,益事轻赍之货矣。

宗女封郡县主,皆有月俸,钱米绢绵,其数甚多。张抡娶遂安县主,月入近百千,内帑又有添给。熙宁初,宫中一私身之奉有及八十贯者,嫁一公主,至用七十万缗,沈贵妃料钱月八百贯。公主俸料费其初仅得五贯耳,中官月止七百钱,以今度之,何止十百倍也。

官会子之作,始于绍兴三十年,初以分数如今之二八搭。给朝士俸而置五场,辇见钱收换,每千别输钱十为吏卒用。商贾入纳,外郡纲运悉同见钱。谓无别输钱也。公私便之。既而实钱浸少,至于十而换一,不及十年,不胜其弊。迨庆元乙卯,换六百二十,朝廷以为忧。夫用钱易纸,非有微利,谁肯为之?因记崇宁四年有旨,在京交子,一千许损至九百五十,外路九百七十,盖有所赢缩则可通行,理固易晓也。

王安石尝赋《兼并诗》一篇云:“三代子百姓,公私无异财。人主擅操柄,如天持斗魁。赋予皆自我,兼并乃奸回。奸回法有诛,势亦无自来。后世始倒持,黔首遂难裁。秦王不知此,更筑怀清台。”

愚谓荆公亦治世美才,于此可见。特用非其时而求治太急,任非其人而自用太专。惜哉！

崇宁中，蔡京当国，欲立功泾原，谋用车战法。熙河漕臣李复上疏诋切之，云：臣尝览载籍，古者固常用车，盖多在平原广野。今在极边，戎敌乘势而来，虽鸷鸟不如是之迅捷，下寨驻军，各以保险为利。其往也，车不及期；居而保险，车不能登。归则虏又袭逐，争先奔趋，不暇回顾，非若古昔于中国为用也。唐之房琯用车战大败于陈涛斜，平地尚如此，况欲用于峻坂沟谷之间乎！又战车比常车阔六七寸，运不合辙，牵拽不行，昨兵夫自赁牛具，终日方进五七里，遂弃车于道云云。

按：周时薄伐猃狁，地率关陇，非中原也，或车制不同耳。观其所言，殆一时兵帅用之无术，非车之罪也。

黄亚夫山谷之父。自序集云：历一府三州从事，月廪于官粟麦常两斛，钱常七千。素餐昭昭，遂以"伐檀"名其集。余谓今之仕宦，虽主簿、县尉，盖或七八倍于此，然常有不足之虞。若两斛、七千，只可禄一书吏、小校耳。岂非风俗日趋于浮靡，人用日以汰，物价日以滋，致于不能赡足乎。

按：吾里为瘠薄之区，士之游食者多，往时得数十金即为极丰之馆谷，八口以无饥寒之患。近今则大异，所入累数百金而争言不足，其病无亦类是，世风升降，千古一辙也。

丁巳冬腊月七日，自沪游，旋至于胥、阊，舟中读此卒业，以为作者纪载繁博，恨其太芜，然大言小艺，泛涉无馀，行年期艾，握椠不衰，其犹炳烛之明者乎？予幼时读书常不终卷，今欲随事掇拾，以资览镜，非曰求博，但自课耳。此去岁录藏，今更缮记于此。

自古开国之政重士者，其末世必有党祸，世风迁转，利去弊存也。偶思得此，记之。

十六日庚寅(6月26日)　晴

子明、耕亭来舟,偕至其局,作书寄槐亭及老兄。

校《法苑珠林》六十三卷之七十一卷。

十七日辛卯(6月27日)　晴

巳刻到夷场,接弢甫信。偕子俊茗饮,送汪璇甫至蕴记久坐。璇甫趁火轮船赴任广东。季圃邀饮,烹饪俱用夷法,亦颇可口。余客岁在沪三赴夷席,肴品虽众,而皆不及此。席后进乳茶一盏,烹红茶甚酽,以冰糖粉及生牛乳调之。则初尝异味矣。是晚下榻寄圃处。晤许研庵、杭人。顾秋涛。沪人。皆季圃友。

十八日壬辰(6月28日)　晴,夜雨

早起,棹小艇返舟次,至子明处。

十九日癸巳(6月29日)

写弢甫信,发家书第三件。由信局。

校《法苑珠林》七十二卷之八十卷。

二十日甲午(6月30日)　阴。俗以此日为分龙日,雨则必旱

闻天津与诸国议和,英人要挟强求银千二百万两,偿其用兵之费。又欲朝见面奏,在庭难之,只允银币之请,且议缓偿,用是往返未决。又闻俄人、佛人、花人俱有要请,亦未成约。而黄寿臣宗汉,闽人。钦使到粤后,驻军惠州,出示驱夷人之在广州者,限五日出城,违限即加痛剿。据粤人云,此自本省绅民之意,盖自叶督名琛;广督、大学士、子爵,去冬英人破粤省被执,现在印度。失陷之后,广民移徙一空,省会遂为异域。绅民愤激思战,黄帅知舆情如此,故有此示。不日即当交仗,但胜负尚未可必耳。访季圃,晚饭后下船。

二十一日乙未(7月1日) 阴雨

接弢甫两函。偕子明、耕亭茗饮。

二十二日丙申(7月2日) 阴雨

西风连日,服夹衣犹寒。昨临窗展卷,为风所袭,病咳喉哑。接振远信。

读《知新录》,王棠著,字勿翦。

卷一

邵子以十二万九千六百年为一元,配十二支,分十二卦,每卦得一万零八百年。以天开于子,地辟于丑,人生于寅立论,至戌为闭物之时,天地混沌,历戌亥子丑四字,复于寅上生人,十二万九千六百年之内,有四万三千二百年绝无人物。

此语凿而无稽,推其原始,仍出于佛氏成住坏空各二十劫之说。佛以无相无作言之,而邵顾以实数测之,傎矣。

卷二

西僧利玛窦言天地间止有三行:水也、火也、土也。又以气为一行。

王勿翦以为此言出于宋儒,余以为此正地水火风四大耳。宋儒性理多出于释,天主诸教颇类于宋儒,观回教天方、性理及明时《天学初函》之天主诸书可知。事天、事火虽佛前已有,而天方、天主则皆释教旁落之枝,小变其面目耳。又按,明时利玛窦等所著天主书多言性理,与今世耶稣教文法、意思皆异。

卷九

西洋人利玛窦、汤若望、罗雅谷奉天主教来中国,其所事之像名曰耶稣,手执一图象,问为何物,则曰天。天主教初有偶象,耶稣教无之。

天主门人李祖白者,著《天学传概》,谓初生人男女各一,初人子孙居如德亚国,此外东西南北并无人居。考之史册,中国为伏羲氏,即非伏羲,亦必先伏羲不远,为中国有人之始。此中国之初人,实如德亚之苗裔,自西徂东,《天学》固其所怀来也。

惠按:不知何据,而甘为丧心之语者利使之也。于今亦见之。

卷十一

海阳程于止云:自古创业之君不利于长子,得传位及后人,仅禹子启也。卷中列考甚详,不录。

卷十三

秦始皇令百姓纳粟一千石,拜爵一级。汉灵帝私卖公卿,公千万,卿五百万。唐肃宗时纳钱百千与明经出身,不识文字加三十千。

按:纳粟千石,拜爵一级,爵一级如今之虚职,何其昂。纳钱百千与明经,明经如今之举人,何其廉。公千万,卿五百万,有资迁转,非白地也,与今略相当。不识文字亦可捐,以知今之捐例为慎重得体矣。

卷十五

元朝氏族,蒙古有七十二种,色目有三十一种,金人有三十一种,汉人有八种。高丽、女直、契丹、渤海,皆在汉人内。

二十三日丁酉(7月3日) 雨

二十四日戊戌(7月4日) 阴雨

接家信,昆甫诸人信。发里中信。

二十五日己亥(7月5日) 晴

下午至夷场,寒热大作,舆返。

二十六日庚子(7月6日) 雨

病。黄大令有书来。

二十七日辛丑(7月7日)

二十八日壬寅(7月8日)

二十九日癸卯(7月9日) 晴

午间解维返里治疾,乘潮夜行,平明到黄渡。

三十日甲辰(7月10日) 晴

晚至昆山。《知新录》阅竟。说经多肤辞,摘史无要语,有志于学而无所取裁。然纪载赡博,要不失为积学之士耳。棠,乾隆时人。

六月建己未

初一日乙巳(7月11日) 晴

辰到唯亭,午到葑门,至六姊处。时疾少瘳,啜薄粥数碗。是晚未下舟。接家信。

初二日丙午(7月12日) 晴

傍晚下舟,行抵山塘泊。满河灯火,粲如繁星,歌吹聒耳,病中颇厌其嚣。

初三日丁未(7月13日) 晴

申过无锡,夜行,平明到常。

初四日戊申(7月14日) 晴

辰刻移舟进城,到家。仲明由浙到家过访,旋即返浙。

初五日至初八日(7月15日—18日)

无可书。初八日得雨半寸馀。

初九日癸丑(7月19日)　雨

伯厚大兄来。弢翁在此午饭。吉止生日。

《畿辅水利四案》,潘河帅锡恩辑。

初案

雍正三年十一月,命怡亲王允祥、大学士朱轼查勘直隶水利事。怡亲王等请设营田,疏言北方本三代分田授井之区,而畿辅土壤之膏腴甲于天下,东南滨海,西北负山,有流泉潮汐之滋润,无秦晋岩阿之阻隔,豫徐黄淮之激荡①,言水利于此地,所谓用力少而成功多也。宋臣何承矩于雄漠、霸州、平永、顺安诸军筑堤六百里,置斗门,引淀水溉田。元臣托克托大兴水利,西自檀顺,东至迁民镇,数百里内尽为水田。明万历间徐贞明、汪应蛟言之凿凿,试之有效,率为浮议所阻,自是无复有计议及斯者矣。今农民终岁耕耨,丰歉听之天时,一遇雨旸之愆,遂失秋成之望,岂地力之是咎,实人谋之不臧也。臣等窃意润物者水,其为人害者,由人不能用水也。农田之利兴,则泛滥之害消矣。惟是小民可与乐成,难与虑始,水耕火耨,沾体涂足之苦,非惰农所能任,而疏浚修治之工费,又穷民所不能支。以数百年未兴之利,谋之穷惰难与虑始之民,此亦事势之最难者矣。又曰浮议之惑民,其说有二:一曰北方土性不宜稻也。凡种植之宜,因地燥湿,未闻有南北之分。即今玉田、丰润、满城、涿州以及广平、正定所属,不乏水田,何尝不岁岁成熟乎。一曰北方之水,暴涨则溢,旋退即涸,能为害不能为利也。夫山谷之源泉不竭,沧海之潮汐日至,长河大泽之流遇旱未尝尽涸也,况陂塘之储有备无患乎。

四年,请设营田四局,兼设河道官员。又疏言一亩泉出满城东

① 徐,稿本作“洛”。

南，馀小泉以百数，土人溉稻百十馀顷，而水力已殚矣。白马河出内丘之鹊山，经邢台，居民建闸溉田壅之而不使下，下流遂湮，水涨之时则以邻为壑。滏阳河，诸水之巨流也，出河南磁州之神麋山，元臣郭守敬言可灌田三千顷，近为磁州之民筑坝截流，今应均平水利。滹沱一河源远流长，独行赴海而善决善淤，迁徙靡常。

特设水利营田府，置观察使一员。又设满汉司属四员，水利营田使经历一员。

又工竣疏言：白沟之流水挟沙流，旋挖旋淤。子牙河自王家口以下，又分二支，虽尽行障塞，使之东归，独流大坑，然下流转入羊芬港，仍苦淤垫，终非久计。营治稻田，据各员详报，共七百十四顷九十三亩，积淤之区，坐获美利。但水在堤内者消涸有时，皆求设法留水以资灌溉。

七年，谕设巡农御史一员。

八年五月，怡亲王薨逝，命大学士朱轼总理水利。

按：北方地高而土疏，地高则水多深伏，土疏则水易渗漏。故旱则沙土坌飞，虽寻丈之河，旬月淤垫；潦则溪壑奔注，虽尺寸之水，冲溢横流。其患皆在土性松散，不能范水，非若江南土膏地沃，可以得水之利也。地有所宜，土有所产，古圣王制民之食，非必粳稻也。今大河之间，多种来牟；山陕之际，多种粱黍，得其道以均之，岂患有饥馑哉？观初案所言，当时已患其水少，少则下流多涸，未久复病其易淤，淤则潦水不除，损多而利少，名益而实妨。故旋兴旋辍，重以介弟而不竟其事，夫岂人力之不尽耶？高下之异势，古今之异宜，盖难强矣。

十二日丙辰（7 月 22 日）

嫂刘孺人小祥，天宁寺礼忏一日，弢甫亦偕往，下午归。晤江右吴子登嘉善,子序弟。庶常。

十四日戊午(7月24日)　晴

赴申之招,食太饱,归复有疟意。弢甫、开生、敬伯在此晚饭,强谈良久。二鼓卧,疲甚。自此日至二十日,凡七日,每日进米糊盏许而已,便秘不解者四日。

十八日壬戌(7月28日)

阿哥自营归里,以月杪除服故也。

二十二日丙寅(8月1日)

先府君七十冥寿礼忏,阿哥在寺中,余病未去。是日病少间,略能饮啖。

二十六日庚午(8月5日)

天宁禅侣来家起忏,以下月朔方淑人大祥,而俗例必先时拣除日焚灵释服,是月二十九晦日遇除,先三日礼《大悲忏》作福。余病二十二日少瘳,越日又至,遂沉困如故。

二十九日癸酉(8月8日)　晴

当午祥祭,日晡除灵。余适当疟期,出拜座前,恸极一号,觉流汗匝体,是日寒热不至。

七月建庚申

初一日甲戌(8月9日)

先淑人忌,设祭。

初三日丙子(8月11日)

阿哥动身返营。连日疟虽不至,而不能进食,疲困已极,始服补剂。

初八日辛巳(8月16日) 晴

四、六两姊欲于中元设斋追荐先考妣,以是日始,至寺与主僧言之。

初九日壬午(8月17日) 晴

中元节设祭。开孙等来。

十四日丁亥(8月22日) 晴

舆至寺拜佛。归访青岩,以余傍晚畏寒,为阳气大竭,与参、术、桂、附、姜、枣温补峻剂,是日服之,一饮已觉有生气。今录其方,以备遗亡。

高丽参,二钱,另冲,或用人参。肉桂心,一钱,后入。杜仲,五钱。法半夏,一钱半。潞党参,五钱。制附子,一钱半。茯苓,三钱。陈皮,一钱。生於术,二钱。干姜,一钱半。炙草,一钱。大枣。三枚。

十五日戊子(8月23日) 晴

忏事是日圆满,诣忏堂回向,以舟迎亲串数人到寺素面。四姊及吉止亦行。傍晚予先返,留虔生待焰口毕后宿寺中,以病故也。

十九日壬辰(8月27日) 晴

六姊丈槐亭履湖州安吉县任,时浙寇已他适,遂遣接六姊到鄣城。秦鄣郡地,汉徙郡宛陵,遂以此为故鄣县。余于此日趁四姊便舟到苏送之,夜解维泊城外。

二十日癸巳(8月28日) 晴,日没时雨

舟由北塘过三河,往视李甥及其姊,作竟日留。

二十一日甲午(8月29日) 晴

午到梁溪,令舟子泊惠山下。偕子吕登游寄畅园,古木百章,环

列高下,屋多颓坏,径路芜没,观之怃然。余十载前见齐梅麓先生家藏《秦园图》,列景数十所,高广幽邃,各有其善,与此乃径庭,然丹青家固不能逼肖,亦何至此。出园到惠山寺,观卧石,有李阳冰“听松”二篆书刻其首。出寺西转北上数十武,二泉在焉。有亭翼然,短垣缭之,老妪卖茶其下。令进新泉,入口初不知异,既笑己之拙,亦疑古之品题或过甚也。夜到望亭。

二十二日乙未(8月30日)

下午到苏州陈寓,弢甫已在岸次,遂至六姊处下榻。

二十三日丙申(8月31日) 晴

弢翁来,午饭后去。写信寄才叔于京都,槐亭于安吉,扫叶于阳羡,仲明于武林,时益园于袁江。益园,余内子之表兄。

二十四日丁酉(9月1日) 晴

访弢翁,并遣邀昆甫于舟,遂至市茗饮。阳羡储少岳,弢之从母舅,请同坐午餐,饭后至昆甫舟,又返弢公寓。与汤衣谷裕久谭,衣谷又偕其友二人送余归陈处。衣谷杭人,少年聪朗可爱。

二十五日戊戌(9月2日) 阴

访储少岳,见潘竹虚,十年前故人也。又访袁漱六及其友陈小丹,上元人,亦余旧友。又访吴铁庵,名靖,楚南人,官中书,在涤翁处知余,故访之。皆不遇。是日六姊下舟,余随四姊亦至木渎,拟作一月之住,为养疴计也。下午舟到阊门,晤昆甫,并与弢甫分袂,弢时有沪行。夜二鼓抵乡。是日吴市见吹箫者,不以口而以鼻,使芦中人见此,当退避三舍。

二十六日己亥(9月3日) 晴,晡大雨

初案

《通志》四局营田宛平县条：内言保安、怀来诸县稻田最盛，皆于上流疏引，随高下以作沟洫，淤泥停壅，不粪而肥。

惠按：据此则直隶水多挟泥，浊则易垫，岂有奠安之理。

又京南局条内言滹、滏二河，民于其间建闸、筑岸具有条理，距高则不知有下，恃源而欲绝其流，以故灌溉之馀，下游之舟楫鲜通，邻邑之香粳尽槁。据此则水少之说，不言可知。自世宗以迄纯皇，经营数十年，糜饷数百万，而成效杳然，盖北省水利可行之一陬，不能推之四境。宋何承矩之于雄、鄚数州，史虽有军糈取给水田之说，顾一时守卒可得而数择地而耕，且屯且战，非行之通省者比也。元臣托克托、明臣徐贞明、汪应蛟言之凿凿而卒不行，此岂足为往献哉？

二案

乾隆四年，因给事中马宏琦之言得旨，交直督孙嘉淦、河督顾琮议奏。又奏：窃照营田稻米每年秋收之后，酌动银十数万两采米运通，以示鼓励，使种稻之人米有去路，争相营治。

按：此条尤为纰缪，水利营田本因民食，民所不欲，强之何为？徒使在官费帑饷，小民趣轻赍，犹之末也。凶年饥馑，民无积蓄，野无盖藏，是求富而得贫，求治而得乱也。粉饰之政，泥远而不知近，苟求虚名，可谓不揣本而齐末者矣。

三案

乾隆九年，山西道监察御史柴潮生，奏请转救荒之常策为经国之远图。疏上得旨，协办大学士刘於义会同高斌直督。督率办理。是年亢旱，潮生之奏言欲以工代赈。十年，奏善后事宜。一各州县新工宜令官入交代,民均力役也。查直隶河道,每经汛涨,不免淤垫[①],而冬春干涸之时,风沙尤易填塞云云。

四案

乾隆二十七年,直隶总督方观承奏筹代赈工程疏,因上年雨水过多之故。得旨允行。

工部侍郎范时纪疏言:江浙等处地势非不低洼,河流非无泛涨,雨水较之北地为多,非遇山水大发,皆属丰稔,此无他,沟洫深明,支港疏通,即遇涨淹,畜泄有方,不但无水之患,反受水之益,仰恳敕交直督效法江省蓄水、泄水之法,由渐而广,自可变瘠为腴云云。得旨,此不过近来雨水稍多,竟以此等地亩素成积潦之区,不知遇冬春之交,晴霁日久,便成陆壤,盖南北燥湿,不能不从其性。即如附近昆明湖一带,试种稻田,水泉最便,而灌溉已难遍给,倘将洼地尽改秧田,雨水多可以潴用,雨泽一歉,又将何以救旱?从前再三经画,始终未收实济,可见地利不能强同。

谨按:此旨烛照地理,非亶聪元后,曷以知此。时承世庙创兴水利之后,盈庭皆以宣导为言,纯皇默观其几,知南北土性不可强同,故三举工作,皆灾歉之后意在代赈,但求去泛滥之害,不求获利。而廷臣不悟,尚欲以南例北,明暗之相去,奚啻千里哉!

二十七日庚子(9月4日)　晴

下午王璞臣炳。来访,同候曹恺堂,常州人。不值。是日阅《水利四案》及《补遗》、《附录》竟。

读《明文奇赏》,明陈仁锡选。

铁冠子名张中,临川人,言事多中。御史大夫邓愈荐之,常侍左

① 垫,稿本作"填"。

右。按明末有铁冠留图之说,本此。

余忠宣阙,姓唐兀氏,余阙,其名也。右俱见宋潜溪文,宋文平平无奇,不如解学士缙文尚有魄力。

方正学《深虑论》,首言古之为法者,以仁义礼乐为谷粟,庆赏刑诛为盐醯,故功成而民不病。弃谷粟而食盐醯,此乱之所由生也。《郑灵公论》曰:"吾力足以胜人,而后嘲之,侮之,唾骂之,以致其怒,故每斗则胜。苟不自量,而好侮有力之人,未有不胜于人者也。"噫!先生此言之,而此行之,斯靖难之祸为可弭矣。世有不欲以刑赏威天下,而以酷害加懿亲者耶,世有量力于嘲侮,而不量力于攻取者耶。先生读书以直道自命,而绞乱之气,实开有明一代妄言妄论之风。虽然,此两论之言,非无识之言也。血气之刚,果于自信,乃足以牵其识而汩之与无识同,学者于此,足以惧矣。

明初诸文多粗俚可笑,其佳者亦不过描头画角,强袭旧人门径而已。惟读周文襄与行在户部诸公书,辞意绵密,周悉民隐。于忠肃诸疏,忠爱笃直,不为辞费,耳目为之一开。

二十八日辛丑(9月5日) 晴

寄家书。

八月建辛酉

初一日癸卯(9月7日) 晴

武林沈俊甫方煦。来觅弢甫,知余在此,特登岸相访,谭话移晷。

初二日甲辰(9月8日) 白露节

初三日乙巳(9月9日) 晴

两接家信。

初四日丙午(9月10日)

《诸葛孔明文集》六卷七十六篇。"将权"之"北狄"五十篇,称《将苑》,一曰《心书》。"武德"之"阴察"二十六篇,则伪增者,亦称《文集》。右见李空同文。

杨升庵文博而肆,然意见偏颇,矜才使气,读之亦觉可厌。

读张太岳文,霍霍快意,如于腐萤阴爝之中忽睹明月,其文足起一代之衰,其才其识亦当冠绝明世。乃不生于交孚一德之时,而用于众难群疑之际,命之不辰,亦足悲矣。当夫主少国疑,是非不一,公抒其过人之见,卓然裁之建言六条,首省议论,虽政体以定,而实干犯众怒,诸以言自任者,群不平之,幸才足慑众,忌者环视,莫敢首发。数年之中,身任万几,宫府无间,丛脞之国,厘然一新,遂使童昏之主芒于背而怒于心,群嚣之臣钳其口而侧其目。嗟乎!如是而欲以功名终,人人知其难矣。至于夺情之举,岂因禄利耶?恐一旦去国,而朋毁交至,不惟没身,且一时丕变之业有足惜焉。事未及定,忌者已抵其隙,执大义以诛之,使躬冒不韪为世诟病,卒之朝廷不念其德,骨肉未寒,诛责以至。嗟乎!士而不才则可矣,不幸而才,生此之世,岂有容足之地哉!尚论其人,为之扼腕三叹。

初五日丁未(9月11日) 晴雨不定,天有风

时粳稻将花,风甚则不实。二载米珠之苦,际此不能无忧。

放生辨惑并序 陶望龄

芝亭张子、云来王子与诸友以万历辛丑仲夏朔创放生会于城南,因书云栖大师放生文会记之首,复命鄙言赘于末简。予惟慈心功德,昔贤已详,无俟复论,第取聋俗所排、坚难猝破者,略为答语数条,以解群惑。嗟乎,蚊蚋生人,虎狼生肉,自古已有斯语矣。而白首之士,犹迷而不解,是为鲍氏弱子笑也。

问:仁者当宏济苍生,拯扶赤县,何必留情微物,效彼小慈,终同儿女之嬉,岂有丈夫之概?

答:事有弘微,心无巨细。捉象擒兔,狮子之全力具存;纤草乔林,一雨之普沾靡异。然则心非大也,岂因善小而不为;心非小也,安见小事之非大。必如子言,则畜池无相郑之功,而祝纲岂王殷之略哉?不知天心等爱,道眼普观,举斯心既无广隘之殊,论物命亦何贵贱之别。故寒生顿贵,肖翘等活万人;世主图王,觳觫优于天下。宁当暴殄,但贵扩充。

问:亲亲仁民,仁民爱物,序分先后,施有重轻,当图厥重先,置兹轻后?

答:以劫盗而为奉养,不若止盗以宁亲;以屠刽而效布施,不若损施而全命。盖一忍而生百忍,亦一慈而该百慈,爱亲者不敢恶于人,则济众者宁当殄乎物。昔有懦士,曾处围城,始虽蒙被而犹战兢,后则登陴而亲捍御,乃谓人曰:勇可习乎?夫勇由血气,犹以习增;仁乃性生,岂难渐学?故当兹吾生意,远彼杀机。生为至顺,故好生即召顺之阶;杀是极违,故远杀乃去违之要。若能时时救物,念念利生,将使戾夫泛爱,如转春色于寒柯;逆子承欢,若浚泉源于勺水矣。

问:物既旁生,与人非类,若网罟毕弋,不设于先王,则鸟迹兽蹄必交于中国。虽云爱物,终至妨人。且鸡骛长生,蛙鱼不杀,其类充塞,恐无所容。

答:兽有茂草,鱼跃渊泉,并育并生,岂妨岂碍?今蜀不食蟹,楚不捕蛙,未闻楚蜀之乡纯为蛙蟹所据。杀之而类乃滋盛,不杀而生反不蕃。人羊之言,其故可痛。

问:鳞鬣未舒,网罟随及,既难逃死,奚用放生?妇人之仁,哲士所笑。

答:凡有生命,总是无常,人亦曰然,非止于物。倘以物命难延,理当烹煮,亦将谓人生无几,便可诛夷。然狱中必杀之囚,床上临危之病,疗者犹欲留连于朝夕,刑官亦必展转于秋冬。此决死而尚冀其生,彼更生而未必即死。况夫放救之举,本吾慈悯之心,眼见其生,便似永投生路;手援其死,即如永脱死门。则死何必豫疑,生何须终保乎!

问:众生就死极多,此会放生极少,救一漏万,何取普周?

答:爱以心行,慈由术运。昔云仁术,尚不妨杀羊以易牛;今者慈心,亦何害救一而漏万。惟心惟术,自普自周。故数钱布施,量等大千,况众命更生,功岂小补。济旱元非一溉,终愈立槁之他苗;绕塔岂合游畋,亦喻投汤之勺水。且愚人适口,智者娱心。但知适口之可甘,不识娱心之大快。是故涸鳞乍湿,笼羽更骞,方游釜鬵而倏返江湖,将就刀砧而俄辞绊縶。似赴市曹而逢赦,如遭寇虏而获还。踯躅方苏,悠洋忽逝。于是在濠知乐,对水忘饥。睹此生全,觉轻安之在我;庆其解脱,如重恙之去身。彼箸下万钱,食前方丈,三寸舌外美恶,何知一脔饱馀,腥膻可厌,其为娱乐,曾有几何?岂若脱彼命于生死之间,怡吾心于飞跃之际。浣情渼淼,同斯纵壑之欢;送目烟云,偕此排空之乐。然则众所营者口腹,吾所娱者神情,取适正同,心口有别耳。

问:物元非物,生亦无生,但须究了一心,即是曲成万物。投崖割肉,尚属有为;赠蚌放螺,徒滋劳费。

答:究穷至理,虽何死而何生;曲徇物情,亦欣生而哀死。盖以众有即真无之域,涉事即融理之门。若执无为而病有为,则无为之谭适资悭吝;执无生而訾放生,则无生之说反助贪残。

既啖肉无碍真修，岂放生反乖妙理？即如所谓投崖割肉，则身执尽忘；喂虎饲鹰，则悲心弥广。运悲心，而有为之功斯著；祛身执，而无生之旨冥符。今则所重者己身，所轻者物命，宝己命既宛尔贪生，杀他身乃托无生死，斯可与于不仁之甚，加诸俗士数等矣。

此亦在《明文奇赏》末册中，弢甫见以告余，亟录之以广其传，且为异日剞劂之待。

《明文奇赏》四十卷翻阅毕。明初文恹恹无气，反不如中叶以后差强人意。集中健者不数人，人不数首，求可读之作，寥寥而已。而体制间杂，绝无取裁，两行之楮，亦号为文，成帙之书，忽加割裂，甄选如斯，可为舛矣。

读《熊襄愍集》十卷。奏疏五卷，揭牍二卷，杂文等三卷。

卷三

《敬陈战守大略疏》言：每兵一名，岁计饷银一十八两，每日仅银五分。兵十八万，该饷银三百二十四万两。每兵月给本色米五斗，每日米一升六合有零。该粮一百零八万石。又每马日给料豆三升，九万匹，该豆九十七万二千石。草重十五斤者日给一束，岁除四个月青草不计外，计八个月该二千一百六十万束。

卷四

《官军劳苦乞恩慰劳疏》言：辽东百物腾涌，辽人勒抑之苦，料草贵不必言，他如饭一碗卖钱九文，葱一斤卖钱十文，肉一斤卖银六分，价增往日十倍。十倍毋乃过言。每银一钱换钱止五十四文，每银一两不当内地三钱之用。

《领赏犒军户部抵饷疏》言：援军月饷一两五钱，在户部岂不为厚，而米粮涌贵异常，蓟米每斗二钱二分，粟米、黄豆每斗二钱五分，稻米每斗七钱。

卷七

《与叶相公向高书》言:按辽时额军月饷止二钱五分,此指辽地额兵。或三钱、四钱,故留屯半以自食,半以佐饷为有利。而今且人人食大饷,此指援兵、募兵。有月支二两外者,时固不同也。

公前后经略奏疏,字字血泪,当时谗口之臣,二百年后犹令人发指眦裂。姚宗文辈固不足论,一时正直君子如叶向高等亦龂龂不少置焉。吾故曰明人言论妄居其半,非刻论也。

初六日戊申(9月12日)　阴雨

接弢甫、槐亭信。

读《辍耕录》三十卷,元陶宗仪撰。

卷十七

京师旃檀佛目连尊者,以神力摄匠升忉利天,谛观相好,三返乃成。至元丁丑建大圣安寺,己丑岁自仁智殿迎安寺之后殿。

卷二十五

杭州上天竺寺观音像,长不盈五尺,后晋天福己亥,僧道翊得奇香木刻成。后汉乾祐僧从勋以古佛舍利置毫相中,舍利时见冠顶。

闻开孙言,京师某寺窑变观音圣像,悲严毕备,妙相无与伦比。龚孝拱亦言之。

卷二十六

至元印造通行宝钞,分十一料:二贯、一贯、五百、三百、二百、一百、五十、三十、二十、一十、五文。

《西厢记》,金章宗时董解元所撰,见此书二十七卷。

初七日己酉(9月13日)　风雨

午间偕虔甥游钱园,访钱菊村。本地人,善艺花。又至端园,端园余去岁曾一至,台榭曲折犹未足为胜,后有楼,俯见粳稻千顷,直接灵岩山足,最为大观。今来适遇雨至,亟登楼四眺,长风逐云,如异物驱走而过,白雾四起,山容幂然。诵"山雨欲来风满楼"之句,恨不足尽斯景。钱园又有佳木二本。

接家信。

阅《辍耕录》竟,书无要语足采,但元代佚闻耳。又多胡俗俚诞之事,无良法美意存于其间,盖小说家者流也。

初八日庚戌(9 月 14 日) 阴雨,大风

饭后上城,寓东升旅馆。晚饭后到衣谷处谭移时。写信致弢甫、耕亭。

《丙丁龟鉴》五卷。宋理宗时江山柴望撰。以丙午、丁未为国家厄会,著书历引往古以昭炯戒。续录一卷,元人撰,再续一卷,明人撰,皆不著姓名。是日舟中阅之竟。

惠按:原书自秦迄五代一千二百馀年,丙丁之年凡二十有一,皆欲求其事变,未免附会。然宋之靖康,丙丁也,望书因之而作,其时胡祸之亟,未可诿曰偶然也。予请征之今道光二十六七年,亦丙丁也,西寇之起,实此二岁,至今涂毒遍天下焉。夫天道远而近,有天下者知省惧,斯可矣。

初九日辛亥(9 月 15 日) 晴,夜雨

俗冗竟日,寓友朱菉卿杭州人,名康寿。请晚饭。

初十日壬子(9 月 16 日) 雨

虔甥自渎来城。

十一日癸丑(9 月 17 日) 阴

偕衣谷、菉卿、虔生市中早食,拜陈玉堂、俊,衡州人,槐亭胞叔,江西候补府。铭东屏、岳,汉军勋臣石庭柱之后,候补道。吴铁庵、张子畏、寅,

桐城人,原任南昌府。曹恺堂,秉仁,同里人,山东候补同知。俱谭移时。惟张、曹不晤。吴爽朗,好客特甚,夜饭后见访,剧话至丙夜甫去。寄家书第六。

十二日甲寅(9月18日)　晴

发舟旋渎,初夜到家。

十三日乙卯(9月19日)　晴

是日弢甫自沪还。

《职方外纪》,明时利玛窦进《万国图志》,后艾儒略增辑为此书,一时为之纸贵。明贤叶向高等为作序,皆服膺其说。艾亦有序,文采斐然,不若今之西人陋俚者矣。

卷一

亚细亚图。图中于沙漠之北俱书为韃而靼。峨罗斯惟一小国,在印度之北,介回部诸国间,今之尽有北漠,不知起于何时,俟考。

中国距大西洋路几九万,开辟以来未始相通,但海外传闻,尊称之为大知纳。近百年以来,西舶贸迁,始辟其途。

《唐书》所称西域、波斯、大秦、拂菻诸国,皆印度也。此云西洋百年以来始通中国,洵为实录,大知纳不知是何等语。

印第亚之南有岛曰则意兰。按印第亚即印度,则意兰,锡兰岛也。

爪哇诸国每争白象,治兵相攻,白象所在,即为盟主。按此是印度遗俗,越海而南者。

地中海哥阿岛人患疫,有名医依卜加得,不以药石疗之,令城内外遍举大火烧一昼夜,火息而病愈。盖疫为邪气所侵,火气猛烈,能荡涤诸邪也。按此理尽通,录之以为避灾一策。

十四日丙辰(9月20日)　晴,大热不类仲秋。晡雨,大风

巳后偕弢翁、四姊、子吕游山,坐竹舆出门,先到蒋园。毕秋帆尚

书自营生圹，曰灵岩山馆，籍没后为虞山蒋相国溥所有，即葬于此，故号蒋园。次灵岩山崇报寺。寺有佛舍利，因主僧出，不获顶礼，深叹缘薄。次无隐庵，次天平山下白云庵。由此上有中白云、上白云，足茧未登。范文正公祖墓在此庵西。次藕花庵，时已日昳，将返，雨大至。俟移时雨歇，驰走而归，幸无沾湿。是日游历之处，以崇报寺门外最旷远，蒋园御书楼次之，皆见太湖。白云庵门左折渡宛转桥而前，有亭在池上，回瞩天平山，如翠屏列张，大木千章，蓊郁无际，境最幽折。无隐、藕花，木石佳胜，院宇幽邃，眺览所加，咫尺而已。

卷之二

欧罗巴七十馀国，其大者曰拂郎察，按即佛郎西，其都城名把理斯，今尚同。曰莫斯哥米亚。按今之俄国都城号墨斯科。弢甫言即此图，但按今图在波罗的海滨，与此图不合，俟考。西海则有谙厄利亚岛。即英吉利。按图之太海，即今黑海，臭勒亚即今希腊之转音。

欧罗巴国人奉天主正教，掌教者人皆称为神父，俱守童身①。

按：今之教士皆有室家，与此不侔矣。

入会须发三誓：一守贞以绝色，一安贫以绝财，一从命以绝意。

按：此与释家戒贪、嗔、痴三毒意旨大同小异。

拂郎察王，天主特赐宠异，自古迄今之主皆赐一神。能以手抚人，疬疮应手而愈。

按：今不闻有此说。

意大里亚有郡曰罗玛，古为总王之都，教王即居于此②，以代天主在世主教，至今一千六百馀年，相继不绝，皆不婚娶，无世及之事，但凭盛德，辅弼之大臣公推其一而立焉。

---

① 身，稿本作“贞”。

② 王：稿本作“皇”。

按:《遐迩贯珍》有《罗马考》。俟查。

西北大国有曰诺而勿惹亚。图曰诺尔物,即今之挪尔瓦,一名挪威。其北夏至,日轮横行地面,半年为一昼夜。

意而兰大[①],其地有一湖,插木于内,入土一段化成铁,水中一段化成石。

按:此说今未见,俟考。

卷三。

天下第三大洲曰利米亚。今曰阿非利加。

卷四

百年前西国大臣名阁龙者,念三洲之外尚应有地,出海行数月,果至一地。居数年,又有亚墨利哥者,寻得赤道以南之大地,即以其名名之,故曰亚墨利加。又有一人名哥尔德斯,复曰北亚墨利加。其中大国在南亚墨利加者,有伯西尔,按即巴西。在北亚墨利加者有墨是可。按:今有墨西哥国,即此。

天下方言过千里必须传译,其正音能达万里之外者,惟中国与孛露而已。按:孛露即今秘鲁,此说今殊不闻。

卷五

天下第五大洲曰墨瓦蜡泥加,以西把尼亚之臣墨瓦兰往访,尽亚墨利加之界,忽得海峡亘千馀里,又复恍一乾坤,因以其名,名之曰墨瓦蜡泥加云。

按:此即今澳大利亚,而其图所绘绵亘南球之半,西与亚墨利加接处,海道一线仅通。核以今图,如风马牛之不相及,而亚墨利加之南别无大岛,其说悠谬难信如此。

---

① 此句后稿本有"即今□□"小字,为钞本所涂去。

原书六卷阅竟。书中于欧洲各国大半夸辞，而所纪岛魔海族及他异闻，多拾中国小说唾沈之馀，间有实录，亦难尽信，不如今之西人纪载为足凭也。

又按：欧洲各国皆言“亚”，疑译“是国”；西半球三州皆言“加”，疑译“是州”。俟考。

灵岩寺即吴故馆娃，晋司空陆玩舍宅为寺，梁天监二年重建创宝塔，感智积菩萨之异，称智积道场，宋改秀峰禅院。太平兴国二年，藩臣孙承祐建砖塔九成。绍兴中，诏赐韩蕲王荐先福，更号显亲崇报寺。

支硎山，即今观音山，香火甚盛。

白云寺在天平山，唐宝历二年建，以山有白云泉故也。宋范仲淹以先墓所在，奏为功德寺。

（以上《能静居日记》一）

中秋节丁巳(9月21日)　　晴，月甚朗

汪石心偕徐稼父次郎子盘见访。瀛士自吴兴来，夜谭过二鼓。周士煃，湖州府学训导。

《水东日记》，明昆山叶文庄盛手记。多载景泰、天顺事。

长洲民杨芳，景泰中以十事上巡抚，其均税额以为古昔井田养民，而秦废之，汉初田租十五而税一，文景三十而税一，光武初行十一之税，后亦三十而税一。晋隆和亩收二升，五季钱氏以两浙田亩一斗。元耶律楚材定天下田税，上田亩三升，中田二升五合，下二升，水田五升。我朝天下田租亩三升、□升此疑有误字。三合、五合。苏松后因籍没，依私租额起税，有四五斗，七八斗至一石者。苏在元

时粮三十六万,张氏百万,今二百七十馀万矣。

烈按:今田之上者,亩可三石,什一而赋,不过三斗,若亩敛一石,是三而取一也,中田收不过二石,是二而取一也,而巧取豪夺不与焉,欲民无病,得乎?楚蜀以西,田大收多,其赋不及三十之一,桀貊大殊,此圣人所以有不均之患也。古人十一而赋,视此固多,然树艺有教,沟洫有法,春耕有助,秋敛有给,其拳拳南亩,盖无间已之时,取诸民者,半以用之于民,故上无空乏,而下有恒产。今则一切任之于民,民弱则多取而无厌,民悍则寡取以示宽,所谓苟且之政,而非先王之政也。

《北征事迹》,明锦衣卫指挥佥事袁彬记。英宗北狩,彬往返随侍,成化时奉旨录呈,记事颇详。一卷。

十六日戊午(9月22日)　阴,细雨

《西征石城记》,明马端肃文昇撰。记平凉土达叛服事。一卷。

《抚安东夷记》,撰人同。一卷。

太宗时,以开原东北至松花江海西一带,金之野人女直分为二百七十馀卫,选其酋长,授指挥、千百户为我藩屏,黑龙江之地又立奴儿干都司。永乐末,建州女直叛,自相攻杀。宣德间,复遣使招降,遂以建州老营地畀居之。

《兴复哈密记》,撰人同。记复元裔为哈密王事。一卷。

哈密贡狮,由广东海道。

按:哈密在镇西,不知从何处入海,此语不可信。

《广右战功》一卷,明唐润之撰。记右江参将沈廷仪征土酋事。

十七日己未(9月23日)　雨

《西番事迹》,明尚书王琼撰。记嘉靖时番人不靖事。

《太薮外史》,明吴县蔡羽撰。首论文二篇,次论政二篇,次赞易

二篇。

《大复论》，明何景明著，凡十二篇。大复，其字也。以申、韩家言为宗，文高古可观。

十八日庚申(9月24日) 雨

遣觅舟作归计。

《问水集》，明刘天和著，记治漕河工项。

《吕梁洪志》，明冯世雍著。

《空同子八篇》，明李梦阳著。其俚浅不经，有足喷饭。

《海道经》，不著撰人名。

太宗肇建北京，江南粮船，一由江入海，自直沽口、白河运至通州；一由江入淮、入黄河至阳武县，陆运至卫辉府，由卫河运至通州。永乐九年，以济宁州同知潘叔正言，命工部尚书宋礼、都督周长等发山东丁夫十六万五千浚元会通河，自济宁至临清三百八十五里，漕舟始达于京、通。

《海运编》，明崔旦著。言胶莱运河故道，凡二卷。上卷，胶莱河元时疏浚，避东海数千里之险。谚曰：铜帮铁底。

《海寇议》，明范袁著。言倭寇始末。

《海寇后编》，不知撰人姓名。纪王直乱事始末。又下卷，茅坤撰。记诱降徐海事。

十九日辛酉(9月25日) 晴

偕弢甫访汪石翁，游遂初草堂，一废圃也，主人方在诛辟，殊无足观。同至恺堂处午饭后，忽患淅淅作寒，遂辞返。

《樵书初编》，残本，多纪谀闻逸事，征引浩博，惜散失已尽，止有第三至六卷，首尾又多阙页，遂并撰人姓氏亦不可考，展卷为之浩叹。观其题署初编，则有二编可知，又令人想望。

二十三日乙丑(9 月 29 日)

连日托病困卧,闻彗出光芒甚盛,披衣强起观之。

二十六日戊辰(10 月 2 日)　晴

买舟返里,是日到关。

二十八日庚午(10 月 4 日)　晴

辰刻到家。自是日起至十月廿四,半在床褥,无暇事楮墨,今补忆事之可记者,错杂书之。

里人陆少逸先生下世。先生讳葆,晚字净涵,与余家有戚谊,崇尚佛氏,尤专精净土。九月内解脱,七月已豫克其期,此余兄之外舅刘近庵先生亲闻其言以告余者。闻去时尚有他瑞征,未得其实,不具载。

常熟城内方塔寺内有窑变罗汉,后至其地,不可不一瞻礼。

九月十四日,外甥周孟舆新名世澄。来常人赘杨氏,时余疾方困笃,昏睡之中尚为分划一切,世网之难解除如此。

余向与弢甫采集夷书《遐迩贯珍》全部。弢甫屡得屡散,余数年来仅而得全,为吴子登庶常索观不还,乃以转借邓随帆观察。数日前吴子登见访,忽言观察已下世,此书遂尔零落,可惜,可惜!书此后半月,其书还归。

李氏甥女屡以四鳃鲈相饷,古人惟云松江之鲈,近始知吾常北乡一二处亦有此鲜。余十七岁时道出云间,时冬寒求鲈鱼不可得,得糟罨者一尊,味殊不足道。今夏在松守袁君席间言及,乃云鲜者味亦不美,余以为古人欺我不应如是。今饱尝珍味,乃知同嗜之言竟复不然。宜兴城名虾虎城,此鱼别名虾虎,或宜兴亦有此鱼,无人过问之耳。

十一月建甲子

二十六日丁酉(12 月 30 日)　雪

自丙辰至今不雪者三年,三年中谷麦歉薄。今六出纷飞,来岁其有望乎。

《四朝闻见录》五集,宋叶绍翁撰。载南渡事甚详该,言论亦得其平。石琢堂购是书烧之,士林以为美谈,一何鄙浅!载朱子弹文,记实事耳,于作书者何与?

文忠真公奉使金庭,道梗反命,力奏谓敌既据吾汴,则币可以绝。朝绅三学主真议甚多。乔公行简为淮西帅,上书云:强鞑渐兴,其势已足以亡金,金昔吾之仇也,今吾之蔽也。古人唇亡齿寒之辙可覆,宜姑与币,使得拒鞑。史相以行简虑甚深,欲与币,犹未遣,太学诸生黄自然等伏丽正门请斩行简以谢天下。

按:乔在嘉定时已见及此,可谓能远虑者。彼复仇之说既不行于高、孝之时,相安百年,士气已尽,将不素求,兵不素练,而欲求胜于人,不知己弊,而欲乘人之弊,已蹈政宣故辙。书生之见,误人家国不浅。

郑昭先奏辇下勿用青盖,诸生持皂绢伞,逻者以为犯禁,程覃尹京,遂杖持盖仆。翌日,诸生群起伏光范诉京兆,时相以为前京兆既因榎楚斋生罢去,其可再乎。不以诸生章白上,诸生计屈,遂置绫卷于崇化堂,皆望阙遥拜而去。御批宣谕诸生亟就斋,免覃所居官。

韩侂胄尝会从官于南园,京尹赵师罴预焉。师罴因挞右庠士,二学诸生群起伏阙,时相不欲轻易京尹,施行稍缓,诸生郑斗祥辈遂撰为师罴尝学犬吠于南园之村庄,又舞斋郎以悦侂胄之四夫人,以是为诗,以挤师罢。李心传不谙东南事,乃载于《朝野杂记》,后之作史者当考。

按:陈东、欧阳澈伏阙于靖康、建炎之日,盖时艰感愤,非沽名也。自王竹西论贬汪、黄之后,而诸生日横,莫敢谁何之矣。以天府之尊,杖一持盖之仆,乃致罢官,一不行其意,复肆谣诼,士习如此,庙堂之上一以姑息养之,宋之政废刑弛,一隅可见。

又书中载陈亮对策,谢深甫上书孝宗时献复仇之策。欲为社稷开万年之安者,亮也。廷对光宗之问,以岂在一月四朝之说逢君之恶者,亦亮也。上书以嘉王父子之情为喻,力请光庙,过言者深甫也。首攻击赵汝愚以媚侂胄者,亦深甫也。前日之忠,今日之佞,皆热中也。又如王德谦授节,则何澹卷班,赵汝愚追复,则吴宗旦封驳,貌戆直之为,行谀悦之计,利之所在,千状万态。元首而不明,曷以处此群变哉?为君之难,所以见道于尼父也。

《农书》三卷,宋陈敷撰。

《蚕书》一卷,宋陆游撰。

《耕织图诗》一卷,宋楼璹撰。

《苏沈良方》十卷。宋苏轼、沈括各集经验方,后人合之。

孙思邈《千金方》言人参汤须用流水煮,用止水则不验。

卷中诸方喜用火毒之品,兼多重剂,今人脏腑气脆[1],恐所不任。惟后卷论内功修养之术,颇为通惬。余向习安般,可得出入息千许,于龙虎倒行,亦自觉其不难,然此皆浅术,为存养之计则可,不足以言道也。

① 气,稿本作“柔”。

十二月建乙丑

初六日丁未(1859年1月9日)

与开生、钱子宣绍文。为稚威送行,时将游楚也。稚威自十月返里,已得湖南一府佐,将挈眷赴官。

初八日己酉(1月11日)

常州住房赁与观察英公,自拟移住木渎,与四姊相依。

《金鳌退食笔记》。载宏仁寺在太液池西南岸,本朝康熙年改建,迎旃檀佛祀之。

《铁围山丛谭》六卷,宋蔡絛著。絛,京之季子,书载当时逸事颇多,文亦雅畅,说部中不可多觏者。惟于元祐诸贤,虽不敢显谤,而吹索及微,且于宣仁有诬辞。复故为离合以文其奸,真诡谲之尤哉!京罪不可掩,絛固知之,徒摭不可知之说以欺后世,无干蛊之美,蹈无称之讥,絛之诈亦其愚也。

《山居新语》乙卷,元杨瑀撰。书类《辍耕录》,而鄙倿为甚。

初九日庚戌(1月12日)

伯厚约弢甫、开孙及余午饭,同席朱伯韩侍御。名琦,又号濂甫,方端之士,为学宗性理。

《补汉兵志》一卷,南宋钱文子辑汉兵制成此书。宋政兵制最为冗废,钱盖慨之而慕于古之遗法,其考订精审,阅史亦不可不读。

《洛阳搢绅旧闻记》五卷,宋张齐贤撰。

在弢甫处读明王夫之而农《读通鉴论》,为书三十卷,沉雄博大,识超千古。王明季遗民,入清隐居而终。

虢季子伯盘铭

惟十有二年正月初吉丁亥,虢季子伯作宝盘,丕显子伯,用武于戎工。经缦四方,搏伐玁狁,于洛之阳。折首五百,执讯五十,是以先行。桓桓子伯,献馘于王。王孔嘉子伯义。王格周庙,宣榭爰飨。王曰伯父,孔显有光。王赐乘马,是用左王。赐用弓,彤矢其央;赐用戉,用政蛮方。子子孙孙,万年无疆。

铭百十字,在盘腹内。中数字,诸家释文不同,今以意取其近是者录此。盘周夔文,八环四足。余友徐孟祺之大父傅兼先生燮钧。令郿时,获之野人,归购宝盘轩贮之,求拓者甚多,孟祺不能却。铜质多椎则漶,可惜也。

二十日辛酉(1 月 23 日)　阴雨

挈妇孺暂居昆甫宅,让故居英晓峰禄。观察。

二十一日壬戌(1 月 24 日)　大雪

今岁除夕,无悬象地,就主椟前祭。

十一月十四日(12 月 18 日)

青岩为处丸方,服之甚效。

茸三两,去毛酥炙。参二两,另研。桂心二两,去皮另研。潞党参三两。真茅术三两。炙草二两。茯神二两。砂仁五钱。兔丝子三两。归身三两,酒炒。杜仲四两。

生研细末生姜四两,大枣三十枚,煎汤法丸。

咸丰九年（1859） 太岁屠维协洽，吾年二十八岁

正月建丙寅

元旦壬申（2月3日） 晴，日色黯淡，类癸、甲二年

初二日癸酉（2月4日） 阴

诸戚族贺年。或有见日旁二小日，光冲日中，外有重晕，不知何祥。

初三日甲戌（2月5日） 阴

仲明来。

初四日乙亥（2月6日）

访仲明，即饭。仲遗我砚一。

初七日戊寅（2月9日） 阴

下船到苏之木渎相宅，逆风，竟日二十里。

初八日己卯（2月10日） 雨大，顺风

日百八十里，到枫桥住舟。今日之有馀，补昨之不足，人生顺逆安可量哉！

初九日庚辰（2月11日） 阴

早到木渎，弢甫及四姊咸入城贺年，不遇，出于意表。岑寂终

日,晚乃与汪石翁晤谈。

初十日辛巳(2月12日) 阴

汪翁周市为相宅。

十二日(2月14日)

弢甫归。

十四日乙酉(2月16日) 阴

卜宅成,而归舟风逆,竟夜行。风反,越日午抵常。

十五日丙戌(2月17日) 晴

孝拱自苏来,我与别二年矣,握手狂喜,话彻丙夜,复送之舟。其友廖听桥亦来,廖名均,四川凌水人,官江苏盐道。

十六迄十九(2月18—21日)

与孝拱终日茶话。是日,弢甫来嫁其侄女,舟泊我门外。

二十一日壬辰(2月23日) 晴

孝拱东归,弢甫是日遣其侄。

二十二日癸巳(2月24日)

拜英晓峰及诸友处辞行,杨晓村大令设饯。晚振远、敬伯饯余。

二十三日甲午(2月25日) 阴

弢甫同至局晤伯兄,辞行,晚德生设饯。闻何伯冰父子在李迪庵军中同日遭败死难,不胜恻然。戊午十月初八日事。

二十四日乙未(2月26日) 晴

至苏宅辞行,晚伯方见饯。是日妇及孺辈下舟,行李辎重任之李甥家骏、周甥世澄,并请内弟叔度董之。

二十五日丙申(2月27日)　阴,逆风

舟行三十里,同行周甥奉母为一舟,眷属一舟,我及叔度、李甥一舟。

二十六日丁酉(2月28日)　雨,逆风

至望亭,舟中阅《辽史》,草草竟之。

二十七日戊戌(3月1日)　雨,逆风

晚至木渎,偕李甥襆被登岸。

二十八日己亥(3月2日)　阴

眷属登岸。新宅邃静,为楼三楹,后可望山,支硎、天平如拱如揖,近山翼然,上窣堵矗立者,灵岩也。楼前天井明敞,花木蓊郁,尤秀者为绿梅一株,正对坐卧处。宅可谓幽,居人不足言幽,可哂也。

二十九日庚子(3月3日)　大雪,大寒

昨望山,以谓此平旷处观雪最佳,天意怜我,夜降玉龙鳞甲,以快幽赏,恨不获与一二知己同此景色也。

《古经解钩沉》,国朝余萧客辑。萧客悯古先学士白首矻矻,成一家之言,不旋踵而湮失不可考,因取亡失之书,有一话一言见于他帙者荟萃勒成。噫!稽古之盛心,不独为后人广见闻也。

《公羊礼疏礼说》,国朝凌曙晓峰著。公羊疏止明例而不言礼,凌据他书补辑。

三十日辛丑(3月4日)　雨

拜同居及旧识王君璞臣,炳。观其所藏文信国、方正学、黄石斋三印,皆牙章也。文印,文文山。方印,希古,纽顶有方字。黄印,阙下完人。

二月建丁卯

初一日壬寅(3月5日) 雨

是日祭行神、中霤、户灶,即祀先祖。晚约居停钱菊村、均。葛青士、戴盈之、蔡赏梅饭。

初二日癸卯(3月6日) 细雨

偕叔度、伯房至钱氏园观卉。夜坐翻阅藏碑,以为小欧骨类大欧,而客气未除。至于率更,则所谓银钩铁画,不足以尽其美。

待访书目:

明闽本注疏、万历监本注疏郑康成《六艺论》。七十①。

朱竹垞《经义考》三百卷。七十。

永怀堂《十三经》。十许。

李鼎祚《周易集解》。见过,系木渎周氏枕经楼本。明刻本佳。另有雅雨堂本,序卦刊各卦之首。

《朱子易本义》。《汉艺文志》:《易经》十二篇。十二篇者,经分上下二篇,馀则十翼是也。一乱于费直,再乱于王弼。朱子此书尽复其旧,亦十二卷,乃为永乐中辑《大全》者所殽。后又从《大全》提出《本义》单行,而仍是王弼次序,非朱子书,顾宁人言当觅宋版番刻。

惠定宇栋《周易》各种。又明黄石斋有说《易》各种。

《易口诀义》。殿板。

《尚书大传》四卷,《补遗》一卷。伏胜撰,郑玄注。《晴川八议》内辑本佳。

---

① 钞本均无小字所注书价、“读过”等,此据稿本补。

孙氏《古文尚书》马、郑注,又《书疏》。

段氏玉裁若膺《古文尚书撰异》。又经韵楼各种。十馀。

阎百诗若璩《古文尚书疏证》八卷。读过。

惠定宇《古文尚书考》。

《禹贡锥指》二十卷,图一卷。国朝胡渭撰。

《诗毛传郑笺》。明马氏本,见过木渎周氏本。

《周易义海撮要》十二卷。

《段氏毛诗》,又《诗经小学》。

《古周易》一卷。吕祖谦依古本编。

《易纂言》十卷。元吴澄撰。

《学易记》。元李简撰。四元。

《古周易订诂》十六卷。明何楷撰。

《仪礼逸经传》二卷。宋吴澄辑。一千。

徐璈《诗广诂》。

魏默深源《诗古微》。

何元子楷《诗世本古义》二十八卷。

黄刻宋本《仪礼》。一元。又《周官》。二千。又傅本《夏小正》。

张古愚刻宋抚州本《礼记》。八元。

殿板《大戴记》。宋有淳熙本,元有至正本,国朝有卢绍弓、戴东原校刊本。

孔巽轩《大戴记注》。见过。

阮氏《曾子注》。

汪刻宋小本《左传杜注》。

又《公羊注》。

《左传古注》。

唐陆淳《春秋集传纂例》十卷。啖助、赵匡之遗说。

《春秋微旨》三卷。

《春秋集传辨疑》十卷。四元。

黄刻明道本《国语》、《国策》。

顾刻明本《尔雅郭注》。

《尔雅古注》。

《尔雅疏》。邵二云。有。

阮刻宋本《孝经》。

宋于庭《鲟溪精舍全书》。

《论语集解》。

《孟子赵注》。

孙奭《孟子音义》。

卢刻《经典释文》。

阮氏《经籍籑诂》。有补遗。

《史记集解》。

《史记索隐》。有另本。

《史记正义》。

明北监本《二十一史》。百元。

扬州本《旧唐书》。六元。

《旧五代史》。

殿雕《明史》。十元。

《明史稿》。四元。

《弇州外集》。

《史通》。

李焘《长编》。二十馀。

徐乾学《续通鉴》。

《东观汉纪》。

《建炎实录》。

荀悦《汉纪》。

袁宏《后汉纪》。

孙刻宋小字本《说文》。要初印。

段氏《说文注》。

祁刻《系传》。

张刻宋本《玉篇》、《广韵》。

扬州局本《集韵》、《类编》。

论语类[①]:《孔子家语》。不要汲古本。

孙刻《孔子集语》。宋薛据编,集诸书所载孔子之语。

道:毕本《老子》。

道:焦氏《老子考异》,又《老子翼》。

道:明本《庄子》、《列子》。

墨:毕本《墨子》。此书有精校本,在叶润臣处。

法:吴鼒刻宋本《韩非》。

法:明本《商子》。

道:明本《管子》。

儒:谢本《荀子》。读过。

《司马法》。写过。

《齐民要术》。

《政和本草》。黑心大板。

---

① 钞本无"论语类"、"道"、"墨"、"法"、"儒"、"杂"等类目,据稿本补。

儒:秦刻杨雄《法言》、《太玄》。

卢刻《方言》。又明本。

杂:明刻、卢刻《吕览》。

杂:《淮南》。阳湖庄氏校道藏本,读过。

儒:卢刻《董子》,读过。《贾子》。读过。

顾刻、阮刻《列女传》。

儒:《新序》、《说苑》。

《潜夫论》。

桓谭《新论》。

《盐铁论》。

《论衡》。

黄刻《易林》。

初四日乙巳(3月8日)　　阴

辰刻偕叔度到城,叔度负笈某先生所,余践孝拱之约,孝拱已去海上矣。寻见衣谷,即留餐宿。

初五日丙午(3月9日)　　雪

饭后下乡,二鼓抵家。孝拱有函留衣谷处,复函录后。

孝拱先生:

昨舟践约,相违意表,结望之深,转用怅恨。幸睹留缄,发封再读,情挚多切,相爱如是耶!贱体禀薄,气微不运,藏液渟涌,上淫为温,故痰实标症,法当助气,不宜过事攻削。近饵参桂,温爨中下,兼以橘半疏涤之。黄芪凝固之品,地黄厚重之味,屏之久矣。顾饮食居处,淡泊异昔,重荷明教,当益撙节,以副拳拳。

承示为学之道,收视反听,蓄德强志,愚以为择术不精,虽益专诣无益也。国朝朴学之士穷流造极，掇拾唾沈，安用为学？鄙人程愿颇高，而心力甚弱，造舟沧海，欲泛无津，徘徊审顾而不敢下。乡居无事，思厉夙志，天不弃我，不为废人，或精力当日强乎。如其不能，则亦性之所近，聊以自娱，陶陶而已。

窃谓先生学博识强，务见原本，耳目之中，罕有两匹，顾扃秘其书，有异著作之谊。愚以为不然，今人不乏明悟，功利所薰，冻饿所迫，用是牵转，两者半半。其有贤者，囿于成见，各是其是，不复求益，所志既殊，趣舍各别，读先生书，知其善而乐求之者，寥寥也。夫道之兴废，非由一人，千虑之得，岂无匡裨耶。承招游海上，清稿相示，家居键户，犹苦不精。海上繁缛之地，朋辈相处，征逐而已，安得治铅椠、攻竹帛哉？克东游之期，当已有定居，幸择良使，奉书而来，且欲一读写定古文经书，馀俟缓图。

衣谷闻先生所辑《兵言》，想望殷切。承赐书砚，知己赠遗，非崇口惠，且切时用。因不牢辞，伻来并致为感。《王夫之全书》在家伯厚兄处，弢甫自索不获，何论其他。地图无张氏本，或李之误？欲觅初本非易，不可骤得也。专布欲言，馀不备尽。

初六日丁未(3月10日)　阴

以子克昌、侄长庚付李甥教读。

初九日庚戌(3月13日)　阴，夜又细雨

入春以来，不见和淑之气，雨雪连半月不止，今距春分不十日，而桃柳未拆，寒梅犹蕊，景象如暮冬然。

阅《汉书·外戚》暨《元后》、《王莽传》。

初十日辛亥(3月14日)　阴

访陈绣华，基美。同候璞臣及镇人马省斋。其家饶古字画，略见

数种，惟黄文节书《苏文忠像赞》为善。我向薄黄书，以为火气大重，今始知名家自有过人处。又见玉版十三行，题跋多而佳，然赝物也。

寄宇自姑苏来访，同来者汪燕山少尹，汝桂。其族兄鹤孙宝泰。约明日作灵岩之游。

十一日壬子(3月15日)　阴

早至季雨舟，同访璞臣，取径由披云而入。披云饶梅，俗呼小香雪海。次毕园，经西施洞，一石室耳。登灵岩西之琴台，群山起伏，湖光四围，此山最胜之所也。卧而垂头岩石之外，天地异色，山川变形，景奇而幻。盘薄良久，相与到僧舍啜茗。天适小雨，相携而归。又至端园少坐，遂偕诸君作光福、邓尉之游。申刻下舟，酉刻舟发，二鼓抵光福镇。时月斜微雨，望近山绕溪，若暗若朗，心思洞然，如入灵境。

季雨出美人一帧索题，汪燕山笔也。其人饶膂力，能胜三石之重，望之若不胜衣然，亦奇士也。

十二日癸丑(3月16日)　晴

早发光福，出市稍度一小岭，可里许，荒祠在焉，土人曰司徒庙，祠汉邓禹。按禹不至吴会，其祠者以地名邓尉，无主名，附会及之也。祠庭古柏五六株，其最奇者，一株卧庭东，西首枝桠杈入地，若龙螭据蹲昂首之状。又西数武一株，亦偃卧如之。野僧言故老传闻，西树即东树上节，雷击抛隔数丈许，入土复生云。穿祠后数里，弥望悉梅。有小山，山之半亭址尚在，御碑卧荒草中，则香雪海也。下山遵铜井峰足行，山径幽折，长林夹茂。至石楼十里而近，道旁畦塍皆植梅，香气沁人，惟悉单瓣白花，不足近观耳。石楼濒湖，山有万峰台，在山南一小阜巅，湖中诸峰隐约可数。渔洋山在其东，充山在其西，尤亲切不遥，惜山卑树密，反不若琴台所眺之远。山僧烹茗相款，日高舂，循故道归，至舟已下舂矣。舟行，甲夜返渎镇。季将到常,余即趁之行,宿其舟中。

十三日甲寅(3月17日)　晴

午后到苏,舟往齐门,访叔度于其塾中,不遇。又至汪鹤孙寓,少选,叔度来。傍晚舟行泊山塘,月甚朗,与季雨、燕山登斟酌桥,徙倚良久。

十四日乙卯(3月18日)　晴

日隅中过梁溪,燕山家在焉,其友马石樵孝廉尧年,江浦人。来舟,同至惠山足,登岸看月。

十五日丙辰(3月19日)　晴

同石樵、季雨、燕山登惠山云起楼,尝二泉,陶文毅印心石屋在焉。石樵为季雨题帧一词,哀感可诵,喜步一阕,词未为佳,不足录。午游皇甫墩,墩在蓉湖中,四围若画幛四幅。余往来无虑百馀次,未及一登,殆夙缘今始熟耶?下墩与石樵、燕山分手,是夜泊戚墅堰。

十六日丁巳(3月20日)　晴

辰至故里,访振远以次,下榻妇叔子楚家。获妇翁子期先生书。

十七日戊午(3月21日)　晴,暖甚

伯冰家治丧,往吊,为之一恸。旋后即下乡扫墓。

十八日己未(3月22日)　晴

发弢甫及老兄信。

《涌幢小品》三十二卷,明湖州朱国祯撰。明初佚闻,参以往古之事习见习闻者甚多,驳杂无意,盖一时笔记之书耳。然其中亦有自立见识,不为流俗是非之处。

二十一日壬戌(3月25日)　晴

发舟至宜兴,泊寨桥。

二十二日癸亥(3月26日) 晴

午刻到宜,访扫叶僧,旋至东山先陇祭扫。

二十三日甲子(3月27日) 晴

至山茔封植树木,申刻归。往拜荆溪县许恂仲,美身。因墓树盗斫故也。同扫叶、刘玉山广兴,山东人,教师。往素面。汪雨人来访。

二十四日乙丑(3月28日) 晴

许君送告示来。拟即解维。

二十五日丙寅(3月29日) 晴

早过和桥,暮抵里。

二十六日丁卯(3月30日) 晴

辰步进城,至总局访伯厚以次,暮借宿外家。既卧,仲明来访,复起延之。

三月建戊辰

初三日癸酉(4月5日) 清明节。晴

下午解维返渎,汪燕山附行。读《淮南》"原道"至"坠形训"。

初四日甲戌(4月6日) 阴

下午到梁溪,送燕山登岸。

初五日乙亥(4月7日) 雨,顺风

午到姑胥,访张秀园,则已作故矣。又访杨松琴、同春店伙。马远林钊,内阁中书。于书肆。接周素人书,日下晡舟行,傍晚到家。读《淮南》至"主术训"。

初七日丁丑(4月9日)　雨

李伯盂崇鼎,宁国宣城人,弢甫姊子。来晤,是月杪为其婚夕,其妇翁刘芙阶,余向识之,故来谒余为蹇修,允之。致书孝拱,以舆地图初印本赠之。

初九日己卯(4月11日)　晴

李遣来迎,舟中读《淮南》"缪称"至"氾论训"。午到李寓,饭后访芙阶保泰,桐城人。及女媒吴钟山,瑾,庐江人。上灯后甫返。

初十日庚辰(4月12日)　晴

李氏纳吉于刘,为将其礼。夜,伯盂觞其业师方鉴之,与偕座。

十一日辛巳(4月13日)　晴

出胥门反渎,道过紫阳居。书肆见《大观帖》,据云是帖有五六刻,其下者价甚廉,此非原勒,然宋本也。舟行未刻到乡。是日读"诠言"至"说山训"。

十二日壬午(4月14日)　晡后雨

读《淮南》终卷。阅此书时多在道路间,虽饫其义理,未能采录也。是日有疾。

十四日甲申(4月16日)

少时读书多不肯竟学,正史中终卷者,两《汉》、《三国》、《通鉴》而已。馀虽多泛览,而掩卷茫然,深自痛恨。今发愿句读《二十四史》一过,自非有故不得间止,后废业者无颜展此卷矣。[①]

龙集。己未三月十四日读《史记》始,读诸序至《帝喾纪》。

---

① 此段前稿本有"史公从安国问故,所载多古文说"一段,为钞本抹去。

十五日乙酉(4月17日)

读《史记》终《夏本纪》。《史记》十篇有录无书:《景纪》、《武纪》、《礼书》、《乐书》、《律书》、《汉兴以来将相年表》、《日者列传》、《三王世家》、《龟策列传》、《傅靳蒯成列传》。元成之间,褚先生补作《武纪》、《三王世家》、《龟策列传》、《日者列传》,凡四篇。

十六日丙戌(4月18日) 晴

至四姊处。读《史记》终《殷本纪》。

十七日丁亥(4月19日) 雨,甚寒

李氏来迎主婚,未刻到城,吴钟山及江宁黄君雨林黄岩场大使。候盖久,觞罢,舆至舟,将赴虞山芙阶侨寓处也。舟泊阊门,无纩衣,春寒侵体觉栗。

读《周本纪》及半。文王即位四十二年,岁在鹑火,更为受命之元年,始称王。此改元之始。

十八日戊子(4月20日) 阴,大风

早发,舟过陆墓[①]。下午舟行,去常熟尚三十里,望虞山秀润欲滴,水青于靛,立风中久不知寒也。夜至,泊县南门。

读《史记》至始皇三十三年。秦武公十年,代、邽、冀、戎初县之,是县之始。德公二年初伏,是六月有伏之始。

十九日己丑(4月21日) 晴

辰刻到刘寓致李氏聘,刘遣其息偕居停程遵远,字迩来,太学生。导余等游破山寺。寺在山足,去城五里许,唐常少府建《游破山寺》诗有"竹径通幽处,禅房花木深"之句,故寺后为竹径,双篱夹磴,曲

---

① 此句后稿本有"不知为逊、抗何人,俟查"小字。

折甚幽。时已比午，赴刘饮，不及他往。酒后，闻屋后山言子墓在焉，整衣往致敬。墓据高阜，甚修整，顿首起，复登而左，一石茔无树，为吴王周章周章，仲雍曾孙。冢。再升数十武，则虞仲墓亦在，礼之如子游，起，从茔南纵目极畅。闻再上即见海云，由神道下，欲归。余忆向阅某书，忘其名，约是明以前人撰。云此邑方塔寺窑变罗汉象神异，设愿瞻礼，顾历世久，恐不可问。既询知寺在城东门内，纵步而往，首遇一释子，则吾邑人，心私喜，以为缘不吾悭。亟问讯，果有之。挽前行，导登小楼，象在塔龛中，长约尺以来。面左侧，仰视若笑，色黝，瘦而狭长，鼻亦甚长，眉垂过眼角至权，双牙如玉出唇外，颔长下反肆，微方。右手略拳，爪薄而曲，反腕支颐而肘拄膝。衣素而缘青，或更制衣冠被之，故顶相及左偏胸以下不可见。状貌清古，若示悲悯，非人所及。愿既偿，心益畅悦，炷香三拜而出。是日舟仍泊南门，去水北门停舟处四五里。

读《史记》至二世元年。

二十日庚寅(4月22日) 晴

夜半即行，过午到齐门，吴会北门也。齐景公涕泣而女于吴，女日夜北望齐，故名其门云。舟停，访叔度馆中，则已他往。日下舂，至胥门，吴西门也。子胥悬目以观越人之入，故名云。按《史记》及《吴语》皆云悬吾目东门，然越之入不当在东门。舟停，到李舍致刘答礼，遂觞我。季雨同燕山自常来，闻余在，过晤。又里人张书贾以皋文先生集并《易解》来①，纳之。

读《史记·始皇本纪》、《项羽本纪》。二世二年，下去疾、斯劾吏，斯卒囚就五刑。刑不上大夫，公卿就市诛，伤国失士体。不虑大

① 此句稿本作“又里人张书贾以皋文先生读并解《易经》来”。

辱,以望苟延,斯始之也。曰卒囚就五刑,罪之。

《秦本纪》后。秦之先君及于始皇,咸事强悍刻削之政,并吞诸侯,天下称曰“暴秦”。然而制法度,号令上遵下习,世世勿改,实王伯之大关,古今之中纽也。史氏详其初作,于以见世变之故焉,班氏以为得圣人之威,斯亦当矣。

二十一日辛卯(4月23日) 阴,大风

在书肆见宋椠本忆其下有刘绩注,绩,明时人,然则非宋椠明矣。《淮南子》,纸色如藏经纸,字指顶大,精甚。后有养一老人跋。下午归,疾又作。

读《史记·高纪》仅十一页,病不能坐。

二十二日壬辰(4月24日) 雨

疾如故。

国朝入关,定天下服色。不改者,一僧,二道,三闺阁,四屠刽,五皂隶,六有丧。杭州大家殓用道士装,曰“生投死不投”,此盖国初明遗民之说,而习俗相仍,可笑也。苏州礼生及乐工皆着海青,亦相沿不改,秀才穿襕衫亦未全改。又按:皂隶帽乃胡元贵者所冠,明祖以冠隶,令前驱辱之,遂为定制,余见邑人某家元时祖象,故信其说。

读《高帝纪》又十页。

二十三日癸巳(4月25日) 雨

疾少瘳。读《高纪》五年迄终卷。又《吕后》、《文帝》、亡,后人取班书补之。《景帝》、《武帝纪》。褚取《封禅书》补之。

淮阴先合,不利,却。孔将军、费将军纵。

不利,非败也。却,前引以诱敌。纵,横击以断后。

命乃在天,虽扁鹊何益。

高祖未尝学,而笃信天命,其绝特过人如此。

书《文纪》后。孔子曰:“有一言而可以终身行之者,其恕乎。”文帝通乎此矣。方帝去代来长安,当是时,德望未洽,上下交争。楚王亲帝之叔,而吴王则兄也;淮南、齐王则又高帝之子若孙也。夺宗之心,谁实无之?然而二十年之间,同姓欢然,夫岂操异术哉!王赵而已子侯,赵兼、淮南王舅。驷均,齐王舅。亦如其舅,其故可想也。后虽有兴居之不靖,长之自弃,亦有虞之傲象,成周之管、蔡已耳。至景之三年,而天下遂纷纷焉。人之不相及,当异年而语也。

七国俱起,合从而西乡,以诸侯大盛而错为之不以渐也。

溜之穿石,绠之断干,渐也。为天下者不可不知。

二十四日甲午(4 月 26 日)　早大雨,后晴

疾已。读《史记·年表》一之三[①]。

二十五日乙未(4 月 27 日)　晴

接弢甫信。写信寄妇。读《史记·年表》四之五[②]。后人所补,亦非褚作。

二十六日丙申(4 月 28 日)　阴

读《史记·年表》十页。

二十七日丁酉(4 月 29 日)　晴

李氏吉夕,偕吴钟山送新郎往奠雁。归途谒宋于庭先生,不晤。吴钟山言苏州城内外共九万馀户,四十馀万口。读《年表》十页。

二十八日戊戌(4 月 30 日)　晴

夜,李氏设饮为谢,女优侑。叔度来,留午饭后去。子吕自常返

---

① 之,稿本作“至”。

② 四之五,稿本作“四、五”。

来。读《年表》十页。

二十九日己亥(5月1日) 阴

同子吕返渎。读《表》十页。

三十日庚子(5月2日) 雨,雷

读《高祖功臣侯年表》讫。表内官名异者甚多,书此:

厩将 职志主旗旛。 执盾 特将 连敖典客官。 长铍都尉铍刀剑装。 户卫 越户将 越队将 门尉 塞疏一曰塞路。 慎将 骈怜谓骈两骑为军翼。 说卫军行止舍主为卫。 弩将 大与爵名。 执铍 上队将 上解随马都尉 车司马 枭骑都尉 执矛

四月斗建己巳

初一日辛丑(5月3日) 晴

建陵侯张泽,宦者,多奇计。此寺人封爵之始。

读《年表》讫至礼书。后人补周荀卿《礼论》。上城,识武昌周功甫廷绅、汪公毅。

初二日壬寅(5月4日) 晴

孝拱自海上至苏来招,即买舟往。未刻到城,住肇庆栈,衣谷亦来同住。自此至初八日方归。

初八日戊申(5月10日) 夜大雷雨

孝拱言杭州下段便利禅院,有自唐以来佛象古迹,不可不瞻礼之。

秦有天下,悉内六国,仪礼采择,其善虽不合圣制,其尊君抑臣,朝廷济济。依古以来,至于高祖,光有四海,叔孙通颇有所增益减

损,大抵皆袭秦故。自天子称号,下至佐僚及宫室官名,少所变改。孝文即位,有司议欲定仪礼,孝文好道家之学,以为繁礼饰貌,无益于治,躬化谓何耳?故罢去之。孝景时,御史大夫晁错明于世务刑名,数干谏孝景曰:"诸侯藩辅,臣子一例,古今之制也。今大国专治异政,不禀京师,恐不可传后。"孝景用其计而六国畔,遂以错首名,天子诛错以解难。事在袁盎语中。是后,官者养交安禄而已,莫敢复议。今上即位,招致儒术之士,令共定仪,十馀年不就,或言古者太平,万民和喜,瑞应辨至,乃采风俗,定制作。上闻之制诏御史曰:"盖受命而王,各有所由兴,殊路而同归。谓因民而作,追俗为制也。议者咸称太古,百姓何望,汉亦一家之事,典法不传,谓子孙何?化隆者闳博,治浅者褊狭,可不勉与。"乃以太初之元改正朔,易服色,封太山,定宗庙百官之仪,以为典常,垂之于后云。

初九日己酉(5月11日)　晴,晡雨

《史·乐书》亡,后人取《礼·乐记》补。高祖过沛,诗《三侯之章》,令小儿歌之。高祖崩,令小儿得以四时歌舞宗庙。孝惠、孝文、孝景无所增更,于乐府习常隶旧而已。至今上即位,作十九章令侍中李延年次序其声。又尝得神马渥洼水中,后伐大宛得千里马,次作以为歌。中尉汲黯进曰:"凡王者作乐,上以承祖宗,下以化兆民。今陛下得马诗以为歌,协于宗庙,先帝、百姓岂能知其音耶?"上默然不悦。丞相公孙弘曰:"黯诽谤圣制,当族。"

初十日庚戌(5月12日)　晴

书与槐亭及振远。

《史·律书》亡。

《律书》展卷甫数语,即阑及兵事,泛论上下。要之以文帝之美,民被其福,其言不无纪乎?《易》师之初六曰:"师出以律,否臧凶。"

当元鼎之间,穷兵南北,天下不宁,其为失律多矣。于律之书,言之微辞之类也。此书虽后来补作,其义必洞然也。

《历书》。

汉兴,高祖曰“北畤待我而起”,亦自以为获水德之瑞。虽明习历及张苍等,咸以为然。是时天下初定,方纲纪大基,高后女主,皆未遑,故袭秦正朔服色。至孝文时,鲁人公孙臣以终始五德上书,言“汉得土德,宜更元,改正朔,易服色,当有瑞,瑞黄龙见”。事下丞相张苍,张苍亦学律历,以为非是,罢之。其后黄龙见成纪,张苍自黜,所欲论著不成。而新垣平以望气见,颇言正历易服色事,贵幸,后作乱,故孝文帝废不复问。至今上即位,招致方士唐都,分其天部,而巴落下闳运算转历,然后日辰之度与夏正同,乃改元,更官号,封泰山。

十一日辛亥(5月13日) 阴

十二日壬子(5月14日) 阴

妇叔邓楚翁来,导游端园、灵岩山馆、即毕园。崇报寺,登琴台。遵山脊归,日入矣。阅史终《天官书》,不载天市垣。

十三日癸丑(5月15日) 雨

作书寄妇翁子期先生晋之绛州。

《封禅书》。

乃立黑帝祠,命曰北畤。有司进祠,上不亲往,悉召故秦祝官,复置太祝、太宰,如其故仪礼,因令县为公社,下诏曰:“吾甚重祠而敬祭。今上帝之祭及山川诸神当祠者,各以其时礼祠之如故。”文帝始郊,见雍五畤祠,作渭阳五帝庙,治庙汾阴南,临河,欲祠出周鼎。

南阳君半妊而失,余为处方。四物汤除川芎,加洋参、圆眼肉、枣仁以敛其心肝之阴,砂仁、玫瑰花通其滞气。病者此症向剧,比今已七次矣。向咸服胶、艾诸安胎之品,未尝奏效,徒益痛耳,故但以疏顺治之。戚某向得萧山僧妇科秘书,有一方与病者为宜,录此:半产多在三个月及五、七月,除跌扑损闪外,若前次三月而坠者,下次有孕,如期复然。盖先于此时受伤,故后必应,乘其虚也。凡惯半产者,一有孕,当日日服健脾益气养荣药,不可缺,保过其期,胎乃安牢。单氏安胎方,治胎元不足,倦怠或胎动不安,或身微热减食。

人参二钱。当归二钱。大熟地自蒸,二钱。白术二钱半。条苓八分。陈皮四分。苏叶四分。砂仁三分。烦渴加麦冬一钱。枣水煎服。

十四日甲寅(5月16日)　阴

至四姊处。

十五日乙卯(5月17日)　薄阴

四姊来视余妇疾,时孕已昨日下矣,与糜粥,勿药。

十六日丙辰(5月18日)　微有日色

《河渠书》、《平准书》。

齐相卜式上书曰:"臣闻主忧臣辱。南越反,臣愿父子与相习船者往死之。"天子下诏曰:"卜式虽躬耕牧,不以为利,有馀辄助县官之用。今天下不幸有急,而式奋愿父子死之,虽未战,可谓义形于内。赐爵关内侯,金六十斤,田一顷。"布告天下,天下莫应,列侯以百数,皆莫求从军击羌越,至酎少府省金,而列侯坐酎金失侯者百馀人。此诸侯坐酎金失侯之由。

八书之作,有汉一代之制斯备。汉祖起编民,未有诗书之教,而一时将相皆武人。且即位十二年中,反者更起,日不暇给。孝惠、少帝,膺更虚器,至孝文以有德在天位,天下少事,有制作礼乐之运,而信尚黄老,终以不逮。武帝以儒术缘饰私意,喜乐秦骄泰之制,遂使圣化凌迟,至于今而不复作者。观于前而知后之日下,故详言其因革于孝文之世,未尝不拳拳云。

《吴世家》。

仲雍,字孰哉,雍是孰食故也。此名字相符之始。

吴王夫差十四年,句践伐吴,虏吴太子友。二十一年围吴,二十三年灭吴。

《齐世家》。

十七日丁巳(5月19日) 阴

陆彦颀佑勤来访,劭闻先生孙,捐湖北知州。下午复来,晚饭后去。寄信槐亭、扫师、振远。

《鲁世家》。

成王少时病,周公乃自揃其爪,沉于河,藏其策于府。成王病瘳。周公用事,人或谮周公,周公奔楚。成王发府,见周公祷书,乃泣,反周公。

十八日戊午(5月20日) 雨

李伯盂自城来访。寄信衣谷。

《燕世家》、姬姓,周之同姓。《管蔡世家》、《陈杞世家》、《卫世家》、《宋世家》。

十九日己未(5月21日) 阴

《晋世家》、《楚世家》。

楚之先出自帝颛顼高阳。高阳生称,称生卷章,卷章生重黎,为帝喾火正,命曰祝融。弟吴回生陆终,陆终生子六人,拆剖而产焉。一曰昆吾,三曰彭祖,六曰季连,芈姓,楚其后也。季连之苗裔曰鬻熊,鬻熊子事文王。熊渠曰:“我蛮夷也,不与中国之号谥。”乃立其长子康为句亶王,中子红为鄂王,少子执疵为越章王。

二十日庚申(5月22日)　雨

《越世家》。

其先禹之苗裔,而夏后少康之子也。楚威王兴兵而伐之,大败越,杀王无疆,尽取故吴地至浙江。越以此散,诸族子争立,或为王,或为君,滨于江南海上,服朝于楚。后七世,至闽君摇佐,诸侯平秦,汉高帝复以摇为越王,以奉越后。东越、闽君皆其后也。

《郑世家》、《赵世家》。

赵先与秦共祖。恶来弟曰季胜,其后为赵。姑布子卿见简子,简子遍召诸子相之。此相之始。

二十一日辛酉(5月23日)　晴雨相间

辰至四姊处。

《魏世家》。

魏之先毕公高之后,毕公高与周同姓。

《韩世家》。

与周同姓,姬氏。注:《索隐》曰:按《左氏传》曰:"邘、晋、应、韩、武之穆",则韩是武王之子。然《诗》称"韩侯出祖",则是有韩而先灭。

二十二日壬戌(5月24日)　雨竟日,寒如中春时

读田敬仲完、孔子、陈涉、外戚世家。

二十三日癸亥(5月25日)　雨

《楚元王世家》。

高祖同母少弟。

《荆燕世家》。

荆王刘贾。诸刘不知其何属。燕王刘泽者,诸刘远属也。高后

时以王诸吕，得亦封为琅邪王，文帝时改燕。

《齐悼惠王世家》。

按：诸吕作乱，齐王欲发兵西，诈琅邪王留之。后说齐王得至长安，大臣欲立齐王，琅邪王遂议止之，而立文帝。此齐王不立之由。

始大臣诛诸吕时，朱虚侯功尤大，许尽以赵地王朱虚侯，尽以梁地王东牟侯。及孝文帝立，闻朱虚、东牟之初，欲立齐王，故绌其功。及二年，王诸子，乃割齐二郡以王章、兴居，章、兴居自以失职夺功，章死，而兴居闻匈奴大入汉，遂发兵反于济北。此兴居反汉之由。

《萧相国世家》、《曹相国世家》、《留侯世家》。

按：留侯八难，前七皆支离敷衍，后人因借箸筹之之说附会为之，非当时事实也。独后一论若观火然，良信人杰矣。

园公姓唐，字宣明，居园中，因以为号。夏黄公姓崔名广，字少通，齐人，隐居夏里修道，故号曰夏黄公。角里先生，河内轵人，太伯之后，姓周名术，字元道。右四皓姓名，见《史记索隐》所引《陈留志》，而不载绮里季。

二十四日甲子(5月26日) 阴雨

至四姊处。叔度自城来访。

二十五日乙丑(5月27日) 雨

《陈丞相世家》、《绛侯世家》、条侯亚夫。《梁孝王世家》。

二十六日丙寅(5月28日) 雨

二十七日丁卯(5月29日) 雨

李甥归，过午节。

《五宗世家》。

孝景皇帝子十三人为王而母五人，同母者为宗亲。

《三王世家》。

按:系褚取策书补,非史体。

二十八日戊辰(5月30日)　阴

《伯夷列传》、《管晏列传》、《老庄申韩列传》。

二十九日己巳(5月31日)　雨

久雨麦浥损,又闻故里雹三日,害田千顷,民食将罄,奈何!

《司马穰苴列传》、《孙膑吴起列传》、《伍子胥列传》、《仲尼弟子列传》。

三十五人颇有年名及受业闻于书传,其四十二人无年及不见书传。受业身通者七十七人。按《家语》同,惟文翁孔庙图作七十二人。

《商君列传》。

五月建庚午

初一日庚午(6月1日)　雨

《苏秦列传》、代、厉。《张仪列传》。陈轸、犀首。

按:史于老庄、申、韩略之,商君、苏、张详之,其书则汉世皆有,其术则视老庄为不足论也。然而一详一略者,史以记事,非通论也。详商君著王道之始亡,详苏、张则六国之时事在焉,史之体也。

初二日辛未(6月2日)　早晴,晡后复阴

《樗里子甘茂列传》、甘罗。《穰侯魏冉列传》、《白起王翦列传》、《孟子荀卿列传》。荀避汉宣帝讳,故亦称孙卿。

孟荀以下十馀人,史独称孟子,与仲尼并论,且首著对梁惠王之

事。卓哉史公,岂伊良史足蔽其善哉!

《孟尝君列传》、《平原君虞卿列传》。

虞卿不得意,著书以刺讥国家得失,世传之曰《虞氏春秋》。

《信陵君列传》、《春申君列传》。

初三日壬申(6月3日) 雨

《范雎蔡泽列传》、《乐毅列传》、间、乘。《廉颇蔺相如列传》、赵奢、李牧。《田单列传》。

《西域三记》:新疆一卷,回疆一卷,卫藏一卷。宜兴路同申字蒙山。著。

冈底斯山即昆仑。自阿里部西北包和阗、叶尔羌、喀什噶尔之西东转,直东三四千里至哈密,为新疆门户,而山势方少平坦,即天山也。西曰葱岭,山北曰北路,南曰南路。北路自巴里坤至伊犁皆设州县,南路为回部乌什、阿克苏、库车、喀喇沙尔、吐鲁番、辟展等处,因回城部落镇以大臣。葱岭、天山自阿里起,皆重山峻险,东入中国,惟哈密北至巴里坤间山少狭束,盖西域厄要之处,用兵必由之地。

厄鲁特,其先曰卫拉,亦曰瓦剌。初与叶尔羌、吐鲁番等皆为汉唐西域,元以封其支庶。元末强臣脱欢据天山以北距其主,遂别为准部。历明至国初,其裔浑台吉死,子僧格袭。其兄策亚杀之而立其弟噶尔丹,屡为不靖。康熙三十六年,兵败窜死。僧格子策妄阿拉布坦先来降,遂以馀众畀之,亦常扰边,雍正初死。子噶尔丹策凌袭,凶狡尤甚,乾隆十年死。子策妄多尔济那木札尔袭,其臣杀之而立其庶兄喇麻达尔札,又为其下达瓦齐篡夺。阿睦尔者,亦厄鲁特人,其先为藏汗,与达瓦齐仇杀不敌,来降乞师。二十年讨平厄鲁特,欲分立其先四卫拉特部以削弱之,如喀尔喀蒙古四部例。阿睦尔遂畔,定北将军班第参赞鄂容安死之。二十三年,兆惠、图伦楚、海兰察等讨平之。阿逆死于俄罗斯,得其尸。二十七年,以明瑞为伊犁将军,始筑城舍,开渠屯田,为重镇焉。

天方之祖玛哈墨特,即谟罕默德。号派噶木巴尔,译言天使。隋唐时崛起天方,臣服诸国,创教事天,其地在葱岭以西。今之回疆,则葱岭东也。自吐鲁番以至叶尔羌、和阗,直接卫藏,皆古西域回鹘地,与山北回为元裔所封,至脱欢距其主别为准部,而仅有山南,益散弱。天方教之裔二十六世玛木特玉素普始东迁喀城,即喀什噶尔,立寺行教,遂有其地。其事约在明中叶,而元裔之汗位遂绝。按回酋乃行教而已,其汗位仍系蒙古所有,此所说非。波罗尼都、霍集占兄弟二人,玛哈墨特三十世孙,世居叶尔羌、喀什噶尔二城,准部劫囚之二十年,大军定伊犁,二人迎降,以兵送归,俾统其旧属。与阿睦尔同为乱,二十三年,既平阿逆,移师讨之,不利。二十四年,复讨破之,霍集占兄弟奔巴达克山,其汗杀之,以尸献,回部悉平。

土尔扈特部落,准部四卫拉之一。浑台吉时,亡奔俄罗斯。乾隆平定伊犁后,挈其全部十五万馀口来归,置汗以下二三百员。和硕特部,亦四卫拉之一。平达瓦齐时投顺,置亲王以下百馀员。右二部如蒙古喀尔喀七旗服属焉。伊犁回民,置三品阿奇尼伯克以下百馀人为之长。回疆各城仅设头目,亦如伊犁回酋,无外藩王公。

回疆额赋,交粮六万馀石,布六万馀匹。新疆既设,收其入以供军饷,驻防诸兵,皆因粮于亩入,所给仅盐薪。而甘肃每年解饷三百四十万,山南北各半以发官吏、兵士禄养。按:其饷仅百八十万,此言三百四十万,误。

卫藏,前为卫,后为藏,汉时羌族数十百种居其地。唐为吐番,诸赞普屡服屡叛。宋时其酋唃斯啰、董毡阿里骨效顺,俱受封爵。元初置宣慰司,世祖郡县其地,以吐番僧八思巴为大宝法王领之。

明祖因其制不改，至宗喀巴始立黄教，号喇嘛，分其二弟子教前后卫藏。

藏汗先亦元裔，后为厄鲁特四卫拉特之顾实汗击灭，留其长子为汗，传及孙拉藏，即阿睦尔之祖。为准部策妄阿拉布坦所灭，而据其地。康熙五十八年，遣抚远大将军十四皇子永禵讨逐之。雍正初，设驻藏大臣管辖前后藏，各酋长无汗位。五年，前藏噶隆首长之称。阿尔布叛，六年平之。乾隆十二年，又有后藏噶隆颇罗鼐有功封郡王。之子珠尔默特纳穆札尔之乱，都统傅清遇害，旋平之，至今安谧。

阿里噶里渡，唐为泥婆罗，明为尼叭喇。其地周七千里，冈底斯山在焉，乃众山之祖。

右录此书所载并姚莹《康辎纪行》所载①，通纪三部崖略如此。

初四日至初九日(6月4—9日)

无所纪。初九叔度去。

初十日己卯(6月10日) 雨，晡后霁

自四月初迄今，苦雨三十馀日，惟午节晴皎。至四姊处，而璞臣来。

《鲁仲连邹阳传》、《屈原贾生列传》。

十一日庚辰(6月11日)

长子克昌生十年矣，其降日为祀老人星角亢宿，因解馆一日。访璞臣，见案上沈小宛先生《两汉书疏证》一册②，全书七十馀册，副本在沪上郁氏。先生木渎人，讳钦韩，乙酉举乡，与先廉访同岁，其诗与先公《和陶诗》同刊《宛上同人集》中。官宁国校官而归，著书甚多。既

① 录，稿本作“采”。

② 见案上，稿本作“案上见”。

访其长嗣桂庭,又见《左氏考异驳议》一卷,取诸子书及《国语》等所见参考之,而以己意论断,此亦未刊。少顷,又至市稍一兰若观古松。

十二日辛巳(6月12日)　雨

璞臣来谭良久。

《吕不韦传》、《刺客列传》、《李斯列传》。

十三日壬午(6月13日)　雨

《蒙恬列传》、《张耳陈馀列传》、《魏豹彭越列传》、《黥布列传》、《淮阴侯列传》。

十四日癸未(6月14日)　晴

《韩王信卢绾列传》、高祖、卢绾同日生,相爱。《陈豨田儋列传》。荣、横。

《樊哙郦商夏侯婴灌婴列传》。

哙以相国击燕,时高帝病甚,人有恶哙党于吕氏,即一日宫车晏驾,则哙欲以兵尽灭戚氏、赵王如意之属。高帝闻之大怒,乃使即军中斩哙。

《张丞相列传》。周昌、赵尧、任敖、申屠嘉附。又褚补记韦贤、魏相、丙吉、黄霸、韦玄成、匡衡。

《苍传》"苍为计相,绪正律历"以下云云。

背驰先王,放弃圣法,秦始成之于前,汉武终之于后。李斯佐秦定法而遵用勿改,苍有力焉。

《郦生食其陆贾列传》。平原君、朱建附。

《傅宽靳歙蒯成周緤列传》。褚补。

《刘敬叔孙通列传》。

冒顿兵强,控弦三十万,数苦北边,帝患之。问刘敬,敬曰:"诚能以适长公主妻之,厚奉遗之,以岁时汉所馀、彼所鲜数问遗。”按:此和亲、岁币之说,始自刘敬。

叔孙通亲以文学为秦博士,能知古礼。当草昧初开运之时[1],世主方慨然有兴作之意,不能折衷古法以复旧,而乃阿合取悦,隳坏皇古之典,则通真足罪哉!鲁有两生,何其卓也,其亦大雅不群者矣。

《季布栾布列传》。

传中论意与邹阳、彭越、魏豹论同一寄托。而《报任少卿书》明言之,迁固积感之人哉。

十五日甲申(6月15日) 雨

《袁盎朝错列传》、《张释之冯唐列传》。

《万石奋张叔欧列传》。子建、庆,卫绾、直不疑、周文。

《田叔列传》。子仁、任安。褚记。

十六日乙酉(6月16日) 阴

《扁鹊名秦越人。仓公名淳于意。列传》。

《吴王濞列传》、《魏其窦婴武安田蚡列传》。灌夫。

十九日戊子(6月19日) 雨

四姊率其媳、女来。

二十二日辛卯(6月22日) 晴。夏至

时享始合食。自月望迄晦,俗事劳人,不得事诵读,亦无所记。

《古文尚书疏证》八卷,阎若璩百诗撰。论晚出古文之伪,疏通证明之,援引浩博,嫌其逸出题外,骋辩务多,反有示人以隙之所。故毛西河有《古文尚书冤辞》之作,则此书之过也。

---

① 此句稿本作“当草昧开建之时”。

六月斗杓指辛未

初一日己亥(6月30日)　　晴

妇翁子期先生自晋来,在常寓。余亦有故里游,遂定次日行,治装具。

初二日庚子(7月1日)　　晴

晨,扁舟到城,晤衣谷、周贡甫。购得士礼居校刊嘉靖本《周官》,精好无比。又得吴山尊复宋乾道本《韩非子》,馀他书二种废装得之。晚宿山塘。

初三日辛丑(7月2日)　　阴,顺风

舟无帆,悬一敝席,视他舟千帆竞进,悒不如人。虽然,沉舟侧畔,足为退观矣。是日住七墅堰。

《韩长孺列传》、《李将军列传》。

《匈奴列传》。

匈奴,其先祖夏后氏之苗裔也,曰淳维。《索隐》引乐彦《括地谱》云:"夏桀无道,汤放之鸣条,三年而死,其子獯鬻妻其众妾,避居北野,随畜移徙,中国谓之匈奴。"唐虞以上,有山戎、猃狁、薰粥,世居北蛮。周西伯昌伐畎夷氏,武王放逐戎夷泾洛之北,以时入贡,命曰荒服。穆王伐犬戎,得四白狼、四白鹿以归,自是之后,荒服不至。幽王与申侯有郤,申侯怒而与犬戎共攻杀幽王于骊山之下,韦昭曰:"戎后来居此山,故号骊戎。"遂居于泾渭之间,侵暴中国。后山戎伐齐、伐燕,齐桓公北伐山戎,山戎走。其后,戎狄至洛邑伐周襄王,于是戎狄或居于陆浑。晋文公攘戎狄居于河西圁洛之间,号曰赤翟、白翟。秦缪公得

由余,西戎八国服于秦,故自陇以西有绵诸、绲戎、翟、䝠之戎,岐、梁山、泾、漆之北,有义渠、大荔、乌氏、朐衍之戎。而晋北有林胡、楼烦之戎,燕北有东胡、山戎,散居溪谷,莫能相一。晋悼公使魏绛和戎翟,戎狄朝晋。秦昭王时,伐残义渠,于是秦有陇西、北地、上郡,筑长城以拒胡。赵武灵王亦北破林胡、楼烦,筑长城,自代至高阙。燕亦筑长城,自造阳至襄平。秦始皇帝使蒙恬北击胡,悉收河南地,因河为塞,因边山险壍溪谷可缮者治之,起临洮,至辽东万馀里。当是之时,匈奴头曼不胜秦,北徙。十馀年而蒙恬死,诸侯畔秦,中国扰乱,匈奴复稍度河南,与中国界于故塞。汉孝文帝十四年,匈奴入朝那、萧关,候骑至雍甘泉。今帝即位,遂取河南地,筑朔方,复缮故秦时蒙恬所为塞,因河为固。是岁,汉之元朔二年也。

初四日壬寅(7月3日) 晴

辰抵里门,解装方氏舍。外舅子期先生已至营,不及晤。

初七日乙巳(7月6日) 晴

嫂氏刘孺人再期,设忏天宁寺,往礼拜。

初八日(7月7日)

伯厚兄招饮,与讲学,甚乐。

初十日戊申(7月9日) 晴

忏功圆满,宿寺中。季雨及汪君燕山、汝桂。陶君作舟、楫。萧君玉农、宝光。吴君石奇访余寺中。晤徐韵生,并识泰州徐东园震甲。

十二日庚戌(7月11日) 晴

访陆守畴、光遂,祁生先生子。彦颀、洪彦哲诸人,又偕二陆至敬伯所。

十三日辛亥(7月12日)　晴,夜月朗甚

二陆、二洪拏舟要避暑,沉饮至乙夜,酩酊归。座客有朱凤佳、礼卿昆季。

十四日壬子(7月13日)　晴

季雨诸人要饮。

十五日癸丑(7月14日)　晴

谒英观察晓峰。萧玉农刺史招饮,座客有札子昭。札拉苏。旗人。

十八日丙辰(7月17日)　晴,日入时大风雨

存陔光迨。自汴来,以舟迎余往谈,是夜饮既醉,舆而返。

《尚书大传》四卷,卢雅雨先生辑。《补遗》一卷。又抱经先生《考异续补遗》二卷。

十九日丁巳(7月18日)　晴

存陔过访。妇翁子期先生自营归,走价相召,于是别十二年矣。谈话夙昔,若隔世然。

二十七日乙丑(7月26日)　晴

从外舅返苏,舟过天宁寺随喜。韫公留午饭,后行,泊洛社。

二十八日丙寅(7月27日)　晴

登惠山云起楼烹茗,外舅方有他酬应,余先行,夜到亭望。

二十九日丁卯(7月28日)　晴

辰过关,酉抵寓。

《东西洋考》,明王起宗撰。载明通市诸国,东洋指日本、琉球,西指占城、交趾等及南洋各岛,今之欧洲各邦不在内。惟红毛即和

兰。谋据澎湖,佛郎机占灭吕宋见此。载事颇得情实。

三十日戊辰(7月29日) 晴

妇翁舟至渎,扫楼下室布榻。

七月斗建壬申

初一日己巳(7月30日) 晴

书致孝拱、衣谷、振远、季雨、石奇。

题王絅斋秀才三印草庐图三印:文信国、方正学、黄石斋

玉玺不归官印燔,枯牙独倚大名存。君门数尺香溪水,我笔蘋蘩招古魂。

读诗曾解惠宗公,读史终疑朝错忠。先后视师两丞相,其间清议竟谁同?

悬金如斗志不往,刻象盈寸逾连城。好古癖耳况玩物,伟哉草庐千古情。

我识山阴一载馀,草庐四壁尽图书。累累三印贯珠列,夜有神光入斗无?

时阅龚祠部三百六十诗,特仿其笔。

初二日庚午(7月31日) 晴

导外舅游钱氏旧园,遂访汪石心居士。

初三日辛未(8月1日) 薄阴

次至端园。

初四日壬申(8月2日) 阴,晨雨

从外舅游韩王祠、蒋氏园。

初五日癸酉(8月3日)

汪翁过我。

《卫将军骠骑列传》。

初六日甲戌(8月4日)

得阿哥信,知随和雨亭大帅到常,将遂来渎。

《平津侯主父列传》。《索隐》:"汉兴,皆以列侯为丞相,弘本无爵,乃诏封弘平津侯。丞相封侯自弘始也。"附徐乐、严安。

《南越尉佗列传》、《东越列传》。

《朝鲜列传》。

朝鲜王满者,故燕人也,自始全燕时尝略属真番、朝鲜,为置吏,筑障塞。秦灭燕,属辽东外徼。汉兴,为其远难守,复修辽东故塞,至浿水为界属燕。燕王卢绾反入匈奴,满亡命聚党千馀人出塞,居秦故空地上下鄣,稍役属朝鲜蛮夷及故燕齐亡命者,王之。

《西南夷列传》。

是日晚,王璞臣来,以刘子玄《史通》见假,系浦氏通释。

初七乙亥(8月5日)　晴,日高舂,风雨自南至

《司马相如传》。

相如诸赋虽多夸曼之辞,要不失忠爱之美。若《封禅书》者,逢迎于身后,将为妻子计乎?何其偾也。古以尸谏,宁自況耶?

《史通通释》二十卷。唐刘知幾撰,国朝浦起龙通释。

内篇卷一。

"六家":《尚书》、《春秋》、《左氏》、《国语》、《史记》、《汉》。

卷二。

"二体":《左氏》以下为编年,《史》、《汉》之类为纪传。

"载言":言作者当仿左右二史,分载事言之意。凡诰诏表章,另缉一书,不当纪传之中横分文义。惠按:此论虽通,然亦有不能分处。

"本纪":论《史记》周秦先祖亦称本纪,及项羽称纪之非。下及典午、拓跋,俱有贬论。

"世家":于龙门多刺,而善孟坚概传。以梁武《通史》于蜀吴俱称世家为宜。

"列传":《春秋》传以解经史,列传以释纪云云。作史、读史皆当知。

初八日丙子(8月6日) 晴

《淮南衡山列传》。

《循吏列传》。孙叔敖、子产、公仪休、石奢、楚昭。李离。晋文时。

《汲黯郑当时列传》。

《儒林列传》。申公、辕固生、韩生、伏生、兒宽、孔安国、高堂生、田何、杨何、董仲舒、胡毋生、瑕丘江生。

《史通》卷三。

"表历":讥龙门作表为复赘,而许崔鸿《十六国春秋》之表为足甄明。按:史之有表,收纪传之不备,立法甚精,讥之非是。若孟坚人品之分,呵之当矣。

"书志":论《天文志》,古之天犹今之天,刊之国史,何代不可。语自卓然。论《艺文》,以为古之所制,我有何力,而班《汉》定其流别,何异以水济水。按:《艺文》之作,盖班氏稽古盛心,圣籍之略有端倪,赖此实多。然亦如《史记》之《天官书》,于彼则宜,踵之则冗,概见呵斥,所不允然。论《五行志》,讥其移的就箭,曲取相谐,甚当。

《史通》卷四。

"论赞":言史传之后概加论赞为烦文。

"序例":讥范史以下合传加序之袭旧。

"题目":讥闰位《群雄列传》之非,而以《东观汉纪》另立载记为是。

"断限":谓作史叙一朝之事,不当上括前朝,然事有因缘,势非忽起,若欲明其原委,岂得割彼上文。此类近于臆说。至如《南书》、《北史》,此诋岛夷,彼称索虏,或存录内,或入传中,刘氏嗤之,斯为允当。

"编次":谓范史不为圣公作传事,等跻僖愚。谓更始虽炎运之先河,实赤眉之降虏,既非寻常继及,安得律以深文。

"称谓":援夫子正名之义,论议卓然。

十一日己卯(8 月 9 日)　　晴

凌晨弢翁自常来。下晡阿哥自常来。

十二日庚辰(8 月 10 日)　　晴

从妇翁子期先生及阿哥访弢甫,饭后同游钱园,遂归。傍晚又游端园,则弢老已为金都转安清。函要至城矣。在弢处见《道藏辑要》,中《大洞玉经》明世庙访求,得之异人。或云今世笔录诸术,皆以是为先河。经中每剽释氏语,名称率不雅驯。岂郁罗萧台之上,喜闻此俚辞邪?讹不待言矣。

十三日辛巳(8 月 11 日)　　晴

中元合食,夜客馂。

十四日壬午(8 月 12 日)　　晴

导妇翁及内弟叔度与阿兄游。先蒋文恪墓园,次历屧廊、琴台,径至来鹤庵、支硎古刹,返至范少参祠、白云庵,由庵后上,两三转,白云泉在焉。石壁下小池半亩,高柳簇簇,僧舍三间面泉,折行有亭,总曰云泉精舍。舍西上数十磴,奇石夹道,名一线天,势峭景幽,南方山平衍者多，此宜其镇矣。复登至中白云庵，庵僧出苦荈饮客，曰饮此不须钱也。又上至上白云，门扃不可入。闻至顶尚半里所，植樵者亦不至云。归至下白云，道人方向奴子索钱呶呶，乃叹曩僧处境高，固与此道人殊酸咸矣。时日下舂，游资尽，促舆者归。

十五日癸未（8月13日） 晴

夜饮周氏姊所。

十六日甲申（8月14日） 晴

妇翁、内弟偕阿兄行。内子疾未瘳，又患对口，延疡医陈云甫视。

十九日丁亥（8月17日） 阴

作书致孝拱、衣谷。

《酷吏列传》。郅都、宁成、周阳由、赵禹、张汤、义纵、王温舒、杨仆、减宣、杜周。

二十日戊子（8月18日） 阴

《大宛列传》。

二十一日己丑（8月19日） 晴

《游侠列传》。朱家、郭解。

《佞幸列传》。邓通、韩嫣、李延年。

《滑稽列传》。淳于髡、优孟、优旃。褚补东方朔、东郭生、西门豹。

二十六日甲午（8月24日） 阴

闻衣谷疾，往候之，舟往还竟日。

二十七日乙未（8月25日） 晴

《日者列传》、《龟策列传》。

《货殖列传》。陶朱、子贡、白圭、倚顿、郭纵、乌倮、巴寡妇清、卓氏、程郑、宛孔氏、刁间、任氏。

二十八日丙申(8月26日)　晴

弢老来。

《通》五。

“采撰”:言作史慎取,不宜收罗曲说。“载文”:言后史所载,文辞伪谬,列为五失。“补注”。“因习”:讥作者但仿古书,不因时变革。“邑里”:言传人爵里当核实,不得滥书郡望。

《通》六。

“言语”:言中州、外国,文鄙不同,史当直书,不宜曲饰。“浮辞”。“叙事”。

《通》七。

“品藻”:史家宜审流别。“直书”。“曲笔”。“鉴识”:申丘明,绌高、赤。探赜。

《通》八。

“摸拟”:言仿古当求意似。“书事”:论史事之烦有四:一、祥瑞。二、岳牧朝觐,纪及本朝。三、职官迁任,不止公辅。四、详称世姓,有类家牒。“人物”。

《通》九。

“核才”。“序传”。“烦省”。

《通》十。

“杂述”。“辨职”。“自叙”。

按:内篇切理厌心,益人神智不少。

外篇《通》十一。

“史官建置”。

《通》十二。

“正史名目”。

《通》十三。

“疑古”。

《通》十四。

“惑经”。按:《疑古》一篇非圣妄谈,非儒者立言之体。虽意存隐托,然投鼠尚当忌器,弹雀岂可用珠。《惑经》一篇,昧古圣之微辞,美后书之粗迹,咎在过崇盲《左》,妄短《公羊》,读者用以知其浅深矣。

“申左”。按:《公》、《穀》诠经,丘明纪事,二者不同。左氏实不传《春秋》,刘歆固不得而强争,子玄亦安得枉加二传之上邪。篇中短长亦多捃摭。

《通》十五。

“点烦”。原本已亡,不可考。

《通》十六。

“杂说上”。

《通》十七。

“杂说中”。

二十九日丁酉(8月27日) 晴

《通》十八。

“杂说下”。

《通》十九。

“五行”。“错误”。“杂驳”。

《通》二十。

“暗惑”。“忤时”。

子玄书读史不可不观内篇,切理厌心,益人神智不浅。正如叆叇助人目力。若尚论其学,则通彻处正少,读书未能入微,尚是文章家数。

《竹书纪年》。有"王自宗周迁于槐里"之文。按:槐里,周名太丘,秦名废丘,汉改槐里。《纪年》六国之书,不当预称汉地。此类舛谬尚多,俟缓详考。

《史记·太史公自序》。

史公于藜莠蓬蒿之世,独识所归,力尊圣学,放拒邪说,固吾夫子之徒,非徒见称良直也。尝从安国问故,孔壁馀经犹存一二于千祀之下,此功又岂浅鲜。

《汉书》注家臣瓒,不著姓。《宋景文笔记》以为于瓒,而《水经注》尝引及之,乃薛瓒也。见李衎笔记。

(以上《能静居日记》二)

八月建癸酉

朔日戊戌(8月28日)　晴

弢老见过。

读《汉书·高纪》、《惠纪》、《高后纪》。

初二日己亥(8月29日)　晴

晡至弢老处,见其伯兄子求先生,新从陕归。

读《汉书》终《帝纪》。

文帝弥留之言,文帝毕生之学也。然短丧之制,后世不能无尤焉。是以君子择术不可不慎也。

昌邑王贺在位二十八日而废。

宣帝少习吏奸民隐，故其诏书曲折洞达，下不敢欺，寻其所以，为治精核而已，非刻也。若禹山之族，罪固不可私，且汉承秦法如是，后人执今议古，过矣。孝宣道名法而汉业以兴，元、成好儒术而炎运斯替，夫儒而申、李之不若哉？操之有能否，施之有诚伪也。太上贵德，其次务施，报德者非圣人，在天子之位，弗可能也。明主知其故，以谨修其向，威使天下莫敢逾越，而天下亦欢虞从之。蒙则不知，乃饰其声音笑貌以为吾上仁义而贱智数，臣下因而中之，相从靡靡，求以为治，不已远乎！《易》曰"天行健，君子以自强不息。"《礼》曰"高明配天。"人君法天者也，有人君之大德，斯民实利赖之。而或苛以细故，何其见之枉也。

《读通鉴论》，明衡阳王夫之而农著。

阅卷一。此书议论精深博大，其中切理厌心者不可胜录。自是至十一月，吾读之二过未终，为金眉生借去。

初三日庚子(8月30日)

弢甫来。

初五日壬寅(9月1日)

《异姓诸侯王表一》。

王赧之后三十馀年，列国犹在，莫能定一尊耳，非不忘周也。

《诸侯王表二》、《王子侯表上下三》。

初六日癸卯(9月2日) 晴

《饮食辨录》，鄱阳章穆杏云著，穆，乾嘉间人。

卷一

积油千石则自焚，古衡数小，得今三之一也。今满三百石则焚，七十年中,三见其事矣。又油纸置箱箧,遇湿热蒸之,则火自内发,可知油即火也。

古方干地黄,即肆中所售之生地,入药必需煎煮,即是熟地。如欲生用,须临时掘取,不曝、不见火煎,冷水捣汁,故《别录》云性大寒。宋仁宗病内热,求生地黄不得,即不用,以其非掘取之时,不许有司索之百姓。事见脱脱《宋史》。若干者可称生地,则随时皆有,有何难得。俗医不知古方之用生地,乃是不见火煎之名,而以干地黄入汤煎煮,谬云此乃生地,大寒不可轻服。不学面墙聋瞽之谭,误人病症。考《神农本草经》只有干地黄,其末曰生者尤良。《名医别录》有生、干二地黄,生者则曰大寒,治妇人崩中血不止,产后血上薄心,胎动下血,堕坠踠折,瘀血、流血、衄血、吐血。又曰皆捣饮之,言不可见火煎也。惠按:血热则妄行,凡诸血症皆以凉治者职此。所主诸病,一取其寒,一取其生,性走而不守。于干者则曰,主男子五劳七伤,女子伤中,胞漏下血。补五脏内伤不足,通血脉,益气力,利耳目,自明明。以既经煎煮,则温平而补,故无一语道及寒字。其书具在,有目者可共见也。自此而后作《本草》者五十馀家,皆遵用生、干二味,并无蒸熟入药之法。至宋时添造一种熟地黄,始于太平惠氏和剂局,方群然附和。盖地黄蒸熟则滞膈伤中,无论治病何如,先已不宜脾胃。今之常服六味、八味丸为补益者,至晚年成中风、偏废、水肿、气肿,乌知非此物之为害也。

自有明中叶以前,中国无吃烟者。成化而后,自东洋吕宋国阑入中土,名淡巴孤,初盛于福建而渐及于诸省。莳烟之地,福省为上,闽山多土少,素号贫区,近一二百年渐臻富厚,不可谓非烟叶之力。国初曾奉严禁,然未能止也。以吾鄱而论,莳烟亩可得二三十金,而烟宜荒土,故人乐于开垦,五十年来,野无闲旷。近二三十年另创吃法,贮水吸烟,初乃西人作俑,故曰兰州水烟。又有雅片、鼻烟,总为有损无益,不宜近之也。

烈按:诸烟之来,皆自西国,三百馀年,遍满中土,而西国产烟之地,实无嗜之失业者。吾华民不乏才智之士,且以国初震叠之威,令出无反,然曾不能移一不忍之嗜好,岂吾民暋不畏死,而人皆驽下不西人之若哉!其故由于富者晏安自毒,贫者游惰无业,朝嬉夕遨,聊以消日,其不沦于此者鲜矣。天下之大,刑不胜诛,虽有厉禁,具文而已。西人自旦至晚皆课工程,业各有定时,苟仁者轸隐斯民,盍亦索此意乎?虽然非一手一足之力也,难言之矣。

卷二

自唐以前中国无夏熟之谷,始自闽人得种于占城国,宋真宗就取三万斛,分给诸道种之,以六月熟。按此占米即籼米也。

炒米汤,天下第一害人之物。至明李氏《纲目》始见,云不去火气,令人作渴。米经火炒,煮之水清无汁,嗅之无气,食之无味,性热伤阴,败人津液。

烧酒又名火酒,《饮膳正要》曰:阿剌吉盖此酒,元末暹罗等国始传其法于中土。耽饮太过,发为流注,疼痛过于刑夹。原注:未有火酒之前,世无其病,故古医书无其治,并无其名。

按:日用之物来自外夷者,指不胜偻,中外之隔,天意实欲开之,至于今而征兆日明,智者可思而得矣。

卷三

荞,释家谓其茎作挑灯杖,可避虫蚁,故称护生草。

辣枚子,今食者十之七八,而痔疮、便血、吐血及小儿痘殇,亦多十之七八。饮食以冲淡和平为正,酞厚之味,久必伤生,毒劣之物,嗜之损寿。

卷四

天下万草万木,秉水土之间色,无不色青。原注:水黑土黄,合二色则为青色,故画家以靛青、藤黄和合为绿。

按:此理可与西国日光照成各色之说立对。

木莲藤名薜荔,夤缘树木墙垣,子似莲房,打破有白汁,中有细子,性能壮阳固精,消肿散毒,止血下乳,治久痢肠痔。凡痈疽初起,不问生于何处,木莲四十九个,原注:太多。石臼捣,入热酒一二壶温服尽,出汗即消。用叶生捣,热酒绞汁,入蜜少许,顿服数升,渣敷患处,二法皆妙。新汲水捣汁,可解砒毒。

按:木莲有多种饶益。乡居墙壁有是,故录。

右书凡六卷,为识既卓,为学尤该,展卷如入宝山,珍异悉有。然数十年来,惟吾乡李凤台尝称道之,知者盖鲜。弢老每觏异书,必以示余。悲夫!作者之用心而淹没无闻,为之盛叹。

又按:作者于岐黄之外,喜言物理,忍冬左旋,柏木西指,皆称引不遗。又言盐能补肾,故作劳伤力者皆嗜盐,赖其补,故有力也。语甚有得,然观其语意,知其用药必偏于凉,可以概见。

又云盐能壮阳道、助房事。盐性入肾,能坚筋骨有之,云助男子阳事,谬矣。

西人医说云:胆在胃旁,胃受水谷,满则胆汁被压挤而出,其性善消,食物赖以糜化。或来自军中者,语余云:刳生人腹中,热如汤鼎,取胆纳白金其中,立与胆汁俱化,干之可以除目疾。余参究其理,知夫中消之疾,小便往往能溶化铜锡溺器者,胆汁溢出之故,第不知对治何如始效。

初十日丁未(9月6日)

晚觞周子球、弢甫。

十一日戊申(9月7日) 晴

晡偕弢老游石湖眺月，步至上方山麓，湖月空澄，惜晚色笼山，不可了了，俟再来。是夜遂至城，乙夜犹访衣谷。

十二日己酉(9月8日) 晴

偕弢老谒宋于庭丈于葑溪精舍，饭后返，访敬伯于其寓舍。夜饮李伯盂家，遂宿衣谷所识邵阳魏先生犹子盘仲。彦。

曹雪芹作《红楼梦》，高庙末年，和珅以呈上，然不知所指。高庙阅而善之，曰："此盖为明珠家作也。"后遂以此书为明珠遗事云。曹实楝亭先生子，素放浪，至衣食不给，其父执某钥空室，三年遂成此书。宋于翁云。

十三日庚戌(9月9日) 晴

同魏盘仲至一荒肆，得书数种，又得黄刻《仪礼》。晡偕衣谷至渎乡，为衣谷有疾，避嚣也。遂复游石湖，至石佛寺，范石湖草堂遗址也。山泉一泓，正对轩落。高宗御题云："山前将谓石湖是，谁意山腰别有真。"山下有湖百顷，即今所云石湖，而不知寺中别有泉池，故圣作云云。

十四日辛亥(9月10日) 晴

至四姊所，接六姊书。晡邓子期先生来自常，将至杭也。

十五日壬子(9月11日) 晴，月晦不明

子期先生夜去，叔度随往。

十六日癸丑(9月12日) 阴

敬伯来，下榻余所。

十七日甲寅(9月13日) 阴

同敬伯至钱园，遂访璞臣。

十八日乙卯(9月14日)　晴

子吕甥奉四姊到浙安吉。

十九日丙辰(9月15日)　阴

雇山轿同敬伯游山,蒋园、灵岩寺、天平、高义园、云泉精舍,以次而往。是日拟游凤巢,日晚途赊,不果至。至张仙阁,在紫石山下,其上胥台遗址在焉,径荒不可登。又至云庄庵,庵为明乌程董尚书子玢卿出家所,汇藏其文稿庵后埋之,号墨舍利塔。凤巢在鹤窝山半,春时山鹃最盛。

二十日丁巳(9月16日)　晴

敬伯、衣谷皆去,送之市稍,遂访汪石老。

二十四日辛酉(9月20日)

周公执自鄂归,闻开孙、昆甫投效胡中丞军营。姚彦嘉来。

二十七日甲子(9月23日)

秋分时享。

二十八日乙丑(9月24日)

恽淑人忌祭,客馂。

九月建甲戌

朔日丁卯(9月26日)

初五日辛未(9月30日)

守田公忌祭。

自此迄十五日,检校先世遗文。吾宗豹三先生曾辑《世德录》一书,几百卷,向藏族祖味辛先生家,先生卒,叔父子广勿能守。先廉访官虔州日,假而录之,将付刊。录未竟,而府君下世,原书归叔家,零落不可问矣。余家所有半部,丁巳年曾校辑一过,今重为编录,自侣台公以下,增入芝亭公至廉访府君文集及志、状、传、铭,勒为成书,凡若干卷。他支文献,据见存者录之,搜辑异闻,请俟他日。

补记初九日(10月4日)

王朴臣偕浦庄钱敏甫朝栋。来访,映江先生子也。尊甫为苏之学者,著有《钝砚卮言》等书。敏甫亦善算学。

十三日(10月8日)

子吕奉四姊自浙归,获槐亭信。

十六日壬午(10月11日) 阴

编辑先妣方淑人诗词成一卷,手抄之。

《钱币刍言》,王瑬著。瑬,东洞庭山人,字亮生。其书极言钞之可行,为富国经常之法。窃以国用空乏,内外交困之时,不得已而为权宜之计,又得一二廉信之士握其出纳,信足救急于一时一地。若贪此无根之利源,恃为裕国之成法,度支赋入蔽之一纸,是必胥天下之官吏皆清如伯夷,廉如仲子而后可。国盛则刑亟于上,主暗则利壅于中。二者交弊,法之不废寡矣。夫银币之行久矣,民咸贵之,且从革不违,历久如故,虽珠玉之美无以及之。今采盈尺之楮,贸人巨万之资,与之以二分之利,而曰吾之惠政便民,是何异于梦呓邪?大盗不操弧矛亦将有术。以若所为,求若所欲,将苟且目前之不可,遑足为后世法哉!

十九日乙酉(10月14日) 阴

钞先淑人诗词竟。

二十二日戊子(10 月 17 日)　晴,天气大热,如八月初

嫂氏刘孺人禫除吉祭。录宋于庭辑《孟子》刘熙注一卷竟。

二十三日己丑(10 月 18 日)　阴,大风寒

读《汉书·高惠高后文功臣表》、《景武昭宣元成功臣表》。

二十四日庚寅(10 月 19 日)　阴

读《汉书》《外戚恩泽侯表》,《公卿百官表上》。名曰表,实则志也。

二十五日辛卯(10 月 20 日)　阴

家藏书运至,发箧检校,幸无蠹损。读《公卿百官表下》。

汉置大将军始孝景三年,吴楚之畔,以故詹事窦婴为之。孝武以宠卫青,至于霍光始用是秉政。成、哀以降,更曰大司马,王莽以移汉祚,权重故也。列将军始孝武时。

二十六日壬辰(10 月 21 日)　阴

四姊率甥辈来,西邻园芙蓉盛开也。

二十七日癸巳(10 月 22 日)　阴

读《古今人表第八》终。

二十八日甲午(10 月 23 日)　晴

读《律历志》上。

刘歆《三统历》说《春秋》,故引《传》曰以解《春秋》之名,书史不当列之于历。《太初》,汉所用之历也,《三统》,刘歆以说《春秋》之历也。史记一代之制,不可牵合。

二十九日乙未(10 月 24 日)　晴

读《律历志下》。

《礼乐志》。

世主不好礼乐，则因陋就简而礼乐亡；世主苟好礼乐，则侈欲导谀而礼乐之微永绝，其祸为尤烈焉。先圣王之道坠于地而不可复起者，孝武尸其过矣。人日行非礼之中，而以制作自任，苟便其私而已，何礼乐之有？夫文，实之章也，礼，德之荣也，非可掩袭而有之者也。是故莠之乱苗，愿之贼德，圣人之所必恶也。

哀帝惩倡乐淫侈之失，下诏放罢之，其文美矣。然徒翘前人之失，而无豪末之自修，亦何以异哉。廷臣徒汰乐员以塞明诏，又哀之罪人也。

三十日丙申（10月25日） 晴

《刑法志》。

孝文减除肉刑，而斩右止者当之弃市，是援轻入重也，臣下不善奉行之过也。

十月乙亥

朔日丁酉（10月26日）

初二至初十日（10月27—11月4日）

痔疾复作，困卧不能起。弢翁自海上归，每日过访剧谭，甚美。

十三日己酉（11月7日） 晴

孝拱偕徐钰亭来游，挐两舟，挟三美，时将薄暮，遂不可留。甫分手而周瀛士复来，相与在弢处谈彻丙夜。

十四日庚戌（11月8日） 晴

要瀛士及弢老来饮①。

---

① 来，稿本作“茗”。

十五日辛(巳)〔亥〕(11 月 9 日)　　晴

偕瀛士赴城,候陈杰翁于瞿园,遂到阊门趁舟旋常郡。

十七日癸丑(11 月 11 日)　　晴

辰刻抵常,行李仍诣方处。邓楚翁全眷已至,移住局前,往访之。晤振远于茗馆,又诣苏姑母家。

十八日甲寅(11 月 12 日)　　晴

晤伯厚兄于总局。

十九日乙卯(11 月 13 日)　　雨

到茶山路三堡桥祭扫还,到天宁寺访韫公。

读《三家诗异文疏证》六卷,《补遗》三卷。王伯厚《诗考》原本增辑、注释,嘉兴冯登府撰。

二十日至二十三日(11 月 14—17 日)

到天宁梵刹礼忏三昼夜,为六姊具资追荐先考妣。史海楼员外同邓楚翁至寺中见访。史名致沄,陕西籍,向在大营识之。

二十八日甲子(11 月 22 日)　　晴

季雨自金陵归,往访之。

十一月建丙子

朔日丙寅(11 月 24 日)

初二日丁卯(11 月 25 日)　　晴

晤敬伯,饮我惠氏之庖肆。

初三日戊辰(11月26日) 雨

汤伯温自都门归,获才叔书。

初四日己巳(11月27日) 晴

具舟将返渎,寄书营中。

初五日庚午(11月28日) 晴

饭后解维,夜泊七墅堰。

初六日辛未(11月29日) 晴

日下舂,过锡山驿,泊新安。

初七日壬申(11月30日) 晴

未刻过浒墅关,夜到阊门。自觅弢甫,遇诸胥门,联舟而住。

上曾少司马书

前岁尺书下贲,敬悉赠公登神天宇。阁下读礼湘中,圣仁方朱绂之屡宣,大孝疑墨缞之不再。捧书庄诵,伏而审思,阁下之身,一人之所倚赖,群黎之所待望也。阁下康济之心,尤赠公平生之心九原不没也。善继善述,斯为养志;后丧前丧,庸有歧观。旋闻达节移忠,慨然揽辔,再莅戎行,江介以还,同时额手。今秋传言改旆巴东,又云视师皖北,遐方遂听,所不能详。惟是逆焰犹熺,我徒孔瘁,江东一隅,劳兵增筑。而捻嚣淮汴,翼窜湘漓,踞守之形,变为流掠。斯于彼为得计,而我所深忧也。未见上天悔祸之几,方际沧海横流之始,阁下寅亮此心,全机并照,以慰在天之望,即以答当扆之忧。虽在蜷居,可胜劳企耶?

烈前启求自试,盖五旬晋接,不忘知遇之恩;千里缄题,遂炫野人之曝。重荷不弃,惠示所难,承书豁然,用泯前议。即欲芜函肃复,并申唁慰。顾下士之微,不敢屡干签掌。兹以寒家阡墓告成,窃念先人服官十馀载,大江南北,歌咏在人,而遗徽泯然,未有贞珉之勒。阁下功业文章,两皆千古,得大贤之载笔,庶懿美之能宣。谨特修笺,并抄具行状,稽拜送书,伏恳筹笔之馀,撰寄神道碑文一首,表之墓门,俾不坠其先绪。鲰生不足图报,当衔佩终身,靡有崖涘而已。临书悚息之至。

初八日癸酉(12 月 1 日)　晴

偕弢甫访程子良。廷弼,阳湖人,敬伯姊夫。

初九日甲戌(12 月 2 日)　晴

遣舟下渎乡,移居弢老舟中。

初十日乙亥(12 月 3 日)　阴,夜雪大寒

同弢老访金眉生都转。安清,秀水人,向在常时有一面交。

十一日丙子(12 月 4 日)　晴

访吴子登庶常。

十三日戊寅(12 月 6 日)

闻孝拱来,访之,不遇。

十四日己卯(12 月 7 日)　晴

访朱绿卿,归途晤孝拱。是日到渎寓①。

十八日癸未(12 月 11 日)　晴

是日束装赴安吉县省视六姊,夜入舟。

十九日甲申(12 月 12 日)　晴,顺风

舟泊平望。是行与虔甥同往,因偕上岸茗饮。见一羊三足,前

① 此后稿本有"十五日庚辰"、"十六日辛巳"、"十七日壬午"三条,无记事。

足在膺正中。

二十日乙酉(12月13日)

午过震泽镇,晡住南浔,其地为丝客贸迁之所,市居稠密,视木渎三倍,有府倅驻此。牙商丛集,奸盗之薮。向豪民赌博射利,或负进不偿,常白昼肆凶杀。今秋官禁甚严,其党散而为盗,劫掠时有,故日未春行旅即住舟。

二十一日丙戌(12月14日) 晴

早过旧馆,明初大兵入浙,与张吴相持此地。晡到湖州,吾丙辰年曾经是城,倏四载矣。

二十二日丁亥(12月15日)

早发吴兴,夜泊小溪,际安吉县界。

二十三日戊子(12月16日) 晴

辰至荆湾,为安吉北境。溪浅易小舟,七里到梅溪,县仓在此,时漕季,槐亭住仓中,往候畅谭。过午肩舆至邑城,凡三十里,与六姊相见。

二十四至月尽(12月17—23日)

在署无话。

《梦游集》四十卷。

明憨山大师德清诗文、禅语及杂著,理见融彻,是悟后人语。好言儒学,复援老庄,而未能贯彻无碍,尚是此老未除结习。

《楞伽经》二卷。

宋苏文忠公尚不能句读,展卷竟属茫然。

《大慧语录》,宋大慧禅师。

安吉幅员狭小,城民仅数百户,市井寥寥。水源由天目来,其委为苕溪。城南东小河水涨，常啮城足，冬落则不容刀艇，结竹成筏，可胜一石馀。商货不通，市集皆在梅溪，而地饶桑产，故民无甚富，亦无甚贫。风气淳朴，浙中游宦一乐土也。其地与广德皆为秦之鄣郡，汉改郡为丹阳，移治以为故鄣县隶之。后汉分县南地，置安吉县，唐为桃州，宋为安吉州，南至馀杭界四十馀里，以独松关为界。铜岘山在城东三十里，《汉书》吴王濞即豫章铜山招致亡命铸钱。《括地志》吴采鄣山之铜，即此。《方舆纪要》安吉山溪纠错，西通宣、歙，南卫临安，用兵出奇之道也。杜伏威尝由此以平李子通，淮南尝由此以震吴越，蒙古尝由此以亡宋，国初尝由此以袭张士诚。按：此地虽僻壤，而实山径所通，用兵必当设守。

十二月建丁丑

朔日丙申(12月24日)

槐亭自仓中返署。

初四日己亥(12月27日)　晴

偕槐亭游独松关，出城东南行三十里至递铺镇皆平壤，南望群山若门限。又进十里至双溪口始入山，突兀联接，夹路一径盘屈而进，如蛇行鸟道然。约三里许，关在山足，斗大石城，不知何年所筑，南枕大岭，虽不为峻，而正扼要冲，百人守之，千夫不能过也。更有铜铁二关，为东西间道云。

初六日辛丑(12月29日)　晴

束装返苏，是夜肩舆至荆湾入舟。

初七日壬寅(12月30日)　晴

抵湖州，泊城内馆驿前。

初八日癸卯（12月31日） 晴

午后访周瀛士广文。购得荀悦《汉纪》、袁宏《后汉纪》、《禹贡锥指》、《渔隐丛话》。

初九日甲辰（1860年1月1日） 阴，顺风

舟泊漏浦口，时将渡太湖至阳羡。

初十日乙巳（1月2日） 阴

渡湖三十里，到兰山访崔君仲伦。书黼。崔年五十九矣，向负才艺，癖爱余文字，见与扫叶尺牍，常怀袖之。其书法为阳羡之冠。是日出佳纸索字，并出其所藏金石属题，饭后至晡始毕。返舟复行湖汊五里，进乌溪口，泊蜀山镇，所行罨画溪及蜀山皆邑名胜。

十一日丙午（1月3日） 阴雨

午刻到宜南门，晤扫公和尚、孙君子期，同至法藏寺素面。

《禹贡锥指》二十卷，图一卷。国朝胡渭撰。

苏氏曰："豫章江入彭蠡而东至海，为南江。岷江，江之经流，会彭蠡以入海，为中江。汉自北入江，会彭蠡为北江"。易氏祓曰："三江自入于海，不通震泽，而《经》何以言震泽底定？盖江湖在今日虽无相通之势，而当时洪水实有横流之理，想其际震泽与江水莽为一壑。自大禹疏导，而三江入海，震泽乃底于定，自然之势也。"渭按：苏氏三江之说，人或疑之，及阅徐坚《初学记》引郑康成书注以证三江曰："左合汉为北江，右会彭蠡为南江，岷江居其中则为中江。故《书》称东为中江者，明岷江至彭蠡与南、北合，始得称中也。"始知苏氏所说，东汉时固已有之。此《禹贡》之三江。

《禹贡》三江之不明，自班固始。《汉志》会稽吴县下云："南江在南，东入海。"毗陵县下云："北江在北，东入海。"今本《汉书》脱上一

"北"字,此据宋本增入。《后汉志》亦云北江。丹阳芜湖县下云:"中江出西南,东至阳羡入海,皆扬州川也。"盖北江为经流至江都入海,中江由吴松入海,南江合浙江入海,皆北江之枝渎也。导水明言汉自彭蠡东为北江,江自彭蠡东为中江。诚如班氏所言,则芜湖之中江何以知为江水之所分,毗陵之北江何以定为汉水之所独乎。以此当《禹贡》三江之二,虽愚者亦知其非矣。此班氏之三江。

《汉志》丹阳石城县下云:"分江水首受江,东至馀姚入海,过郡二,行千二百里。"此即南江之源委。过郡二,谓丹阳、会稽也,其在吴县南者,即吴松江,乃中江之下流。班氏不知分江水至馀姚入海者,即古之南江,遂误以松江当之耳。今考《池州府志》,分江水、贵池水皆在县西,贵池水入江处名曰贵口,盖分江之流久已中绝,故其水还注于江,而自湖口以东,历乌程县、南通、馀姚,与浙江合者,其故道亦无可考。南江必衰,周时吴越以人力为之,易致壅塞,历世久远,不可得详。而南江即分江水,与松江之非南江,则固可以理断也。

《汉志》中江出芜湖西南者,即今芜湖之县河,高淳之胥溪,溧阳之永阳江,宜兴之荆溪也。汉魏间,芜湖水已不复东,故《水经》有北江、南江而无中江。韩邦宪《广通坝考》曰:"广通镇在高淳县东五十里,世所谓五堰者也。西有固城、石臼、丹阳、南湖,受宣、歙、金陵、姑孰、广德及大江水,东连三塔湖、长荡湖、荆溪、震泽,中有三五里颇高阜,春秋时吴王阖庐伐楚,用伍员计,开渠以运粮,今尚名胥溪。《左传》襄公三年,楚子重伐吴,克鸠兹,至于衡山。杜注:鸠兹在丹阳芜湖县东。衡山在吴兴乌程县南。哀公十五年,楚子西、子期伐吴,及桐汭,杜注:宣城广德县南有桐水。盖由此道。镇西有固城邑遗址,则吴所筑以拒楚者也。自是湖流相通,东南连两浙,西入大江,舟行无阻矣。而汉唐来言地理者,遂以为水源本通,盖皆指吴所开者为《禹贡》三江故道耳。"

大江自西南来,至石城枝分为分江水,至馀姚入海,又东北流至芜湖,枝分为永阳江,由吴松入海。其经流则东经毗陵,至江都入海。毗陵、江都最北,故谓之北江。石城、馀姚最南,故谓之南江。芜湖、吴县居二江之中,故谓之中江。虽与《禹贡》导江之义不合,而辨方命名,次第秩然,与郭景纯之松江、浙江源异而流则同也。盖中江贯震泽,松江即其下流,不得复析为南江。南江首受石城之大江,其自湖口泄入具区者乃枝流,而东至馀姚入海者,其正流也。此本书以意言汉魏之三江。

《职方氏》荆州曰:"其川江汉。"扬州曰:"其川三江。"此正与《禹贡》同。盖荆州未会彭蠡,故但称江汉,及至扬州,则江汉与彭蠡参会,故有三江之目。二经若合符节。庾仲初《扬都赋》注云:"今太湖东注为松江,下七十里有水口分流,东北入海为娄江,东南入海为东江,与松江而三也。"三江口者,始见于《吴越春秋》,郦氏固云不与《职方》同,诸家亦未有以此当《禹贡》之三江也。惟陆德明《释文》,于"三江既入"下引《吴地记》,与仲初说同。而孔疏主班固之三江,不取其说,曰:"今南人以大江不入震泽,震泽之东,别有松江等三江。案《职方》扬州宜举州内大川,其松江等虽出震泽,入海既近,《周礼》不应舍岷山大江之名,而记松江等小江。"此言良是。其后张守节解《夏本纪》,始以三江口为言,至蔡传则排弃苏氏,而专主仲初,相沿至今,牢不可破。此言后世误以吴松等当《禹贡》之三江。

按:经文岷江不曰南江,而曰中江,则别有南江可知,但详略互见耳。若下流三孔别派,禹时已有,经文恐当分举疏凿之道,非如彭蠡之为南江,可不言而晓也。且班《志》所析中江、北江,江汉之分何从辨别,胡书驳其舛谬,显然难盖。至震泽下流浦港纵横,又孰能分其为三为二邪？抽绎再三，断以是书为允，惟宗主郑说则有疏处。郑注下文云："三江分于彭蠡，为三孔，东入海。"则仍是孟坚一脉，作者未之审耳。其云逆河即今渤海，碣石今已沦没，俱有确见，惟黑水莫能折衷云。

十二日丁未(1月4日)　雨

辰至东山谒茔，晡晤雨人及家二弟。

十三日戊申(1月5日)　雨，大风逆阻

有以书来售者，价廉甚，解囊尽有之。书凡十二种：胡刻《通鉴》，殿雕《明史》及前后《汉书》，《畿辅》，《浙江》，《广西通志》，《行水金鉴》，《金石萃编》，《经籍籑诂》，《吴中水利全书》，《带经堂全集》，又大士象一帧。卷帙盈舟，如贫儿骤富矣。午后舟行二十里宿。

十四日己酉(1月6日)　雪

由小阳湖径趋无锡，是日泊天井桥。

十五日庚戌(1月7日)　阴

早过戴琦桥，吾家向卜居东乡时曾至此。晡渡阳湖，夜至锡山驿。

十六日辛亥(1月8日)　阴，顺风

巳刻过关，下舂到渎寓。

十八日癸丑(1月10日)　晴

四姊生辰，往贺，晤李伯盂。

二十日乙卯(1月12日)　晴

到苏城与周公执隔墙而住，寓名三泰栈。识梁溪华小云，与

茗饮。

二十三日戊午(1 月 15 日) 晴

午间返渎。是日祀灶,荐以羊肘。

二十五日庚申(1 月 17 日) 阴

午前斋佛,荐用牛乳。

二十六日辛酉(1 月 18 日) 阴

晡祀宅行诸神,荐用猪首、雄鸡及鲤。

三十日乙丑(1 月 22 日) 阴

弢甫自江北归,见访。午后悬象奉祀如故事。遂至弢甫处辞年。俗除夕相贺谓之辞年。

二十七至是日阅《汉书·食货志》上、下,《郊祀志》上、下,《天文志》,共五卷。

晁错为文帝言曰:务农在于贵粟,贵粟之道,在使民入粟得拜爵除罪。夫欲务农,当先崇俭,崇俭之本在于寡欲。若错之言,徒益扰耳。又曰行其法所补者三,曰主用足、民赋少、劝农功。迹其用意,在主用足而已,其馀文饰之言,非其本心也。又曰爵者上之所专,出于口而无穷。嗟乎!此言出,而后世胥为所蛊矣。错亦知猾民冒滥无度,将为国之大厉邪?错所谓聚敛之臣,明君所不庸也。《食货志上》。

贡禹患盗铸者多,欲罢钱毋以为币。钱者,天子驭富之权,讵可遂废?因噎废食,不当事理甚矣。《食货志下》。

访求各书。

《十三经注疏》。闽板最旧,北监本、南监本、汲古本、殿雕本。

《易郑注》。惠栋辑,雅雨本。

《易陆解》。姚士粦辑,明黄氏监邑志林本。

《易王注》。

《易集解》十七卷。李鼎祚。明本、雅雨本、津逮秘书本、学津讨原本。

《古文尚书》。马、郑注,孙星衍辑。

《尚书郑注》十卷。学津讨原本。又《尚书中侯郑注》五卷。

《尚书大传》四卷,《补遗》一卷。抱经本、晴川本、雅雨郑注本。

《诗毛传郑笺》。周刻。

《逸诗》一卷。明胡文焕辑,《格致丛书》内有。

《三家诗考》一卷。王应麟。

《申培诗说》一卷。程荣本。

《韩诗外传》十卷。赵刻校本、津逮秘书本、程丛书本。

《周礼郑注》。黄刻嘉靖精本。

《仪礼郑注》。黄刻宋本、抱经堂注疏详校本、汪刻单疏本。

《仪礼逸经传》二卷。元吴澄辑,本集、学津讨原俱有。

《礼记郑注》。张刻宋抚州本。

《大戴礼记》。卢抱经本、戴东原本、孔巽轩注本、雅雨本、程荣本。

《夏小正》。傅本,黄刻宋本,毕刻《夏小正考注》。

《春秋公羊传何注》。扬州汪本。

《春秋穀梁传》。

《左氏传杜注》。扬州汪本,又古注。

《孝经》。阮刻宋本。

《论语郑注》。宋翔凤辑。

《论语集解》。何晏。

《论语义疏》。梁皇侃。

《孟子赵注》。戴本。

《孟子刘注》。宋翔凤辑。

《曾子》。宋汪晫编,阮元又辑刻。

《子思子》。汪晫编。

《尔雅郭注》。顾刻宋本。

《尔雅汉注》。问经堂本。

《尔雅古注》。

《古微书》三十卷。明(宋)〔孙〕瑴编辑。

《六艺论》。

《驳五经异义》一卷,《补遗》一卷。问经堂本。

《郑志》三卷,《补遗》一卷。郑小同,秦氏汗筠斋新校本、问经堂本。

《箴膏肓》、《起废疾》、《发墨守》。承德孙冯翼问经堂本、艺海珠尘本。

《经典释文》三十卷。卢抱经本、通志堂本。

《古经解钩沉》三十卷。余萧客辑。

《七经孟子考文》。日本山井鼎。

《九经误字》一卷。顾炎武。

《十三经校勘记》。阮元。

《经籍籑诂》。阮元。

《易口诀义》六卷。唐史征。

《易义海撮要》十二卷。

《易汉学》各种。惠栋。

《书今古文疏》。孙星衍。

《诗草木虫鱼疏》二卷。陆玑。

《诗缉》三十六卷。宋严粲。

《诗世本古义》二十八卷。明何楷。元子。

《诗广诂》。徐璈。

《诗古微》。魏源。

《周官禄田考》。沈彤。

《周礼疑异举要》。江永。

《春秋释例》十五卷。杜预。

《春秋集传纂例》十卷,《微旨》三卷,《辨疑》十卷。唐陆淳。

《公羊释例》。刘逢禄。

邵《尔雅疏》。

《说文解字》三十卷。孙刻宋小字本。

《说文系传》。徐锴。祁校集各本。

《玉篇》。顾野王。张刻宋本、扬州本。曹。

《广韵》。陈彭年。张刻宋本,扬州本。曹。

《集韵类编》。扬州局本。曹。

二十四史。殿板。有前后《汉》、《明史》。

二十一史。明北监本、南监本。

《旧唐书》。扬州本。

《旧五代史》。

《明史》。殿板。

《明史稿》。

《史记正义》。

《史记索隐》。汲古单注本。

《史记集解》。

《竹书纪年》。孙刻。

《东观汉纪》。姚之骃辑,仅八卷,《永乐大典》内辑出本二十四卷。

《汉纪》。

《后汉纪》。

《建炎实录》。

《资治通鉴》二百九十四卷,《考异》三十卷,《释例》一卷。胡影元板。

《长编》。

《通鉴后编》百八十四卷。徐乾学。

《国语》二十一卷。黄刻。

《国策》三十三卷。黄刻,雅雨堂高注本。

《吴越春秋》十卷。汉赵煜。

《越绝书》十五卷。汉袁康。

《穆天子传》六卷。孙刻洪校本,程荣本。

《山海经》。经训堂本、明新安吴氏本。

《华阳国志》十二卷,《附录》一卷。晋常璩。

《三辅黄图》六卷。孙刻、毕刻。

《水经注》。戴东原本。

《逸周书》。抱经本。

《汲冢周书》。程荣本。

《帝王世纪》。宋翔凤辑。

《史通》二十卷。浦氏通释。

《西京杂记》。刘歆。卢抱经本、程荣本。

《晋书地道记》。王隐撰。毕本。

《竹书纪年》。孙本,又孙晴川本。

《晋书地理志补正》。毕刻。

《晋太康地记》。毕刻。

《长安志》又图。毕刻。

《世本》一卷。问经堂刻。

《元经薛传》。程荣本。

《孔子家语》。

《孔子集语》。孙星衍辑本,宋薛据集、孙增。

《太玄经》。

《易林》。黄刻、津逮秘书本。

《白虎通义》。卢刻本。

《论衡》。程荣本。

《独断》。卢抱经本、程荣本。

《贾子新书》。卢抱经本、程荣本。

《春秋繁露》。卢抱经本、程氏本。

《陆贾新语》。宋翔凤辑。程荣本。

《徐幹中论》二卷。程荣本。

《盐铁论》十卷。

《新序》。程荣本、明刻本。

《说苑》。程荣本。

《列女传》。顾刻宋本、阮刻宋本。

《潜夫论》。王符。程荣本。

《法言》。秦刻、程荣本。

《忠经》。马融。程荣本。

《方言》十三卷。卢刻本,惠有戴东原《方言疏证》,程荣本。

《风俗通议》十卷。应劭。程荣本。

《释名》四卷。汉刘熙。毕刻。

《广雅》十卷。魏张楫。

《古今注》三卷。崔豹。

《人物志》三卷。程荣本。

《文中子》①。

《荀子》。春。谢刻、卢刻。

《吕氏春秋》二十六卷。春。毕刻。

《晏子春秋》。毕刻。

《墨子》。毕刻。

中都《管子》。世德堂本。

中都《老子》。明新安吴氏本、春。毕刻、明世德堂本。

《道德经考异》。毕刻。

《老子易》。

中都《庄子》。世德堂本、问经堂司马彪注本。

《列子》。世德堂本。

《孝传》一卷。陶潜。何镗刻本。

《关尹子》。

《参同契》。

《子华子》。

《尹文子》。

《慎子》。

《鹖冠子》。

① 以下诸书,稿本多有小字"春"、"春夏",均为稿本抹去。

《公孙龙子》。

《鬼谷子》。秦刻。

《鬻子》。

《邓析子》。

《商子》五卷。程荣本。

《孔丛子》。孔鲋。程荣本。

《申子》。

《韩子》。吴山尊本。

《新论》。桓谭。孙氏问经本。

《申鉴》。荀悦。程荣本。

许叔重《淮南注》一卷。问经本。

中都《淮南子注》。校道藏本。

《淮南万毕术》一卷。问经堂本。

《抱朴子》。孙刻。

《孙子》。《武经七子》。孙刻。魏武注。

《吴子》。孙刻。

《司马法》。孙刻。

《握奇经》。

《尉缭子》。

《李卫公问答》。

《三略》三卷。

《素书》。黄石公。程荣本。

《算经十书》。戴东原校刻。

《齐民要术》。

《素问》二十四卷。

《灵枢经》十二卷。

《难经》一卷。元滑寿本义。

《金匮要略》。

《伤寒论》。

《甲乙经》。晋皇甫谧。

《神农本经》。孙刻本,问经堂。

《隐居别录》。

《本草》。政和本。黑心大板。

《匡谬正俗》。颜师古撰。雅雨本。

《郑司农集》。雅雨本。

《典论》一卷。魏文。问经本。

《皇览》一卷。问经本。

《颜家训》二卷。程荣本。

刘勰《新论》十卷。程荣本。

咸丰十年(1860) 上章涒滩之岁,余年二十九[①]

正月建戊寅

元旦丙寅(1月23日) 阴,微西北风,微雨

清晨拜佛、祖先后,至四姊家。

读《五行志》上。

元凤四年,孝文庙灾,刘向以为霍光不归政之咎。按:此光之专,汉人已有非之,何后世伊霍之称相沿不改哉?

初二日丁卯(1月24日) 薄阴,有日色

弢老、四姊以次皆来。饭后同弢老出市稍眺远。

敬占流年,得山天大畜之山风蛊。

寅	、	官
子	、、應	才
戌	、、	兄
辰	、	兄
寅	、世	官
子丑回頭克	○	材

官鬼持世,又逢岁破,才爻回头克尽,动爻化克种种凶象。惟寅木世爻得令,日月同临,身上原神主应,能扶身弱危急,当有外援耳。

《易林》大畜辞曰:"朝鲜之地,姬伯所保。宜人宜家,业处子孙,求事大喜。"

蛊辞曰:"一巢九子,同公共母。柔顺利贞。君子不殆,福禄所在。"

读《五行志中之上》。

---

① 原稿"咸丰十年"在"上章涒滩之岁"后,兹据全书体例改。

《五行志》灾异之应常穿凿，惟黄龙、初元、永光鸡变，以当王氏之祸，独确不可移。

初三日戊辰（1 月 25 日） 阴，寒甚

初四日己巳（1 月 26 日） 阴，寒冻

初五日庚午（1 月 27 日） 阴

《五行志中之下》、《下之上》。

初六日辛未（1 月 28 日）

《五行志下之下》。

初八日癸酉（1 月 30 日） 晴

同弢甫至城，途过洗心桥，游通济庵，有梅数百株，皆红萼。夜到阊门。

初九日甲戌（1 月 31 日） 晴

晤徐星珊，丹桂。宜兴人，幼时至交，旦夕相过。从丁未岁相别，至今十四年矣。星珊竟于下月十三日卒，余三月中始知之，可伤之至。星珊负才望，工词翰，举京兆试，从军皖北，保举至道员。

午后舟过胥门，上岸见弢甫之伯兄，龚孝拱兄弟、周贡甫、魏盘仲彦默深先生侄。诸君。晡返棹，月上抵家。

初十日乙亥（2 月 1 日） 晴

余及弢甫交相访，各由一路行，不遇。既各归，乃遇之。始仍至余家，饭后去。作书寄幼静，时从汴归，将访余于渎。幼静乙卯年始宦游，别亦五年矣。

十一日丙子（2 月 2 日） 晴

徐勤甫广业，西山人。请午饭。弢老处要晚饭。

十二日丁丑(2月3日)　晴,天气暄妍若春仲

访马省斋不遇。又访王朴臣,其太夫人疾甚急,少坐而返。

十三日戊寅(2月4日)　立春。雨

访弢甫。

十四日己卯(2月5日)　阴

弢老来,在此便饭后,同登灵岩山麓之尤姑岭,此地有某僧塔,植枫最多,又有明徐侍郎缙。墓,地形秀丽。

十五日庚辰(2月6日)　阴

元宵夜祭,始增用三席,祭于厅中。

十六日辛巳(2月7日)　阴

请徐勤甫、葛青士、蔡湘浦,要弢老作陪,有不速客孔安愚,广圻。曲阜圣裔,现住宝应,其尊人宥函先生讳继鏶,为诗绝特,前岁殉贼。程子良来。

十七日壬午(2月8日)

阅《吴康斋语录》,其克己守约,洵不可及。冬日患寒疾腹痛,以夏布帐覆腹,心中无厌贫意。此境非仓卒可造,其立脚处只是循分功夫,似无绝特之处。先生讳与弼,崇仁人,明天顺元年征授侍读,不就。

十八日癸未(2月9日)　阴

至弢老处,饭后同访韩蕲王墓,在灵岩山足。循山行,未至若平衍无奇,登其兆,始见两沙如画,围抱有情。左沙之末,丰碑在焉。按《金石萃编》,碑高二丈五尺馀,为字万馀,赵雄撰,周必大书。今见字大才如鹅眼钱,剥落者多,刻亦浅率。墓向已失所在。道光间

陈芝楣抚吴见此碑，索近地获石志，遂筑坟其上，韩子孙已不可考云。

十九日甲申(2月10日) 阴，雪

到城中拜年。舟中阅李文贞《榕村语录》。先生笃信朱子，于其不满处颇能有所增益，而见识似尚有明通过之者。《论史》一卷尤平允，切近人情，盛时贤宰气度，果是不同。是日宿城中三泰客寓，于陈杰翁处闻六姊举一子，四姊亦于今日到浙看视六姊。

二十日乙酉(2月11日) 雨，夜大雪

访周子求、李伯盂。晡后下乡，初更到家。邓叔度柳人于昨日至，谭至四鼓下舟，明当解维矣。

二十一日丙戌(2月12日) 阴

访弢老，在其家竟日。

阅《安溪先生年谱》。先生遭际圣祖，遇合之盛，臣下鲜及，然夺情一事为彭无山鹏。所构，忧危并集，几非人境。其间利害所关，执持未定，不能为贤者讳也。后世浇薄之风，庶几山巅水湄，足以自行吾志耳。直道而行，焉往而不三黜，一不忍而大辱随之，不重可悲邪！

二十二日丁亥(2月13日)

弢甫言江汉合流别名为汇。导漾文"南入于江东汇"，以汇为句，言汉水南入于江，其东即汇也。"泽为彭蠡"另句，言其经过之泽名彭蠡也。导江文"东迤北会于汇"，言江自东陵而东，北会江汉合流之汇也。诂义甚新。

《禹贡》叙荆州之水，其书法自下流溯上，由中国以洎要荒也。故先言江汉朝宗于海，后言九江孔殷。导江则自上流溯下，由发源以及委壑也。故先言过九江至于东陵，后言东迤北会于汇。更证以导山之文，岷山之阳至于衡山，下即言过九江，是则九江在衡山澧水

之下,而在江汉之上明矣。自秦人以今庐凤地为九江郡,其名义或别有指,后人遂强生附会。班氏以寻阳之湖汉九水当九江,而未敢显言,复云金兰有东陵乡,以为即《禹贡》之东陵为之证佐。郑康成从之。今无论与经文次序不合,即九江与寻阳绝不相蒙。何以地系于此,而名命于彼,谬误无疑。

二十三日戊子(2月14日)　晴

幼静自常州来,相别七年矣。甲寅年夏,幼静始赴汴省,后捐府贰,投效军营,得保县令。昨岁引见后,归里一行,遂来相访。握手道别绪,仓卒不可尽。少坐,同过弢甫,与二君盘桓竟日。夜薄具觞饮,为二君寿。

二十四日己丑(2月15日)　晴

弢、幼二君晨来,偕至灵岩、毕园。夜饭弢处。

二十五日庚寅(2月16日)　阴

与幼静游天平诸胜,初至藕花庵,遇扬州僧,教言支硎不佳,惟寒山法螺寺为明高士赵凡夫宧光。隐居地,饶有幽趣。遂强舆人度岭往。寺在谷坞,门有小涧,水声潺潺,枯枫贞柏,满山丹碧,信为一方极佳地。寺左数十步有行宫颓甚,败垣离立,若张群帆。披荆视之,乃见御题诗石。闻尚有赵凡夫名宧光,明之高士。书"寒山蜀道"磨崖四字,未之见也。出谷即到天平,登范氏始祖丽水公墓,沙水分明,四山皆环拱相向,其山石尽矗立,望之若笏,故俗名"万笏朝天",为其家发祥地,又四世而生文正云。由坟后上至一线天诸处,天将瞑,闻下舆人催唤,乃下。归途又过无隐庵。至家逢乡人赛会,神刘猛将军,主蝗。昨适阅包慎伯世臣《安吴四种》内文集载,神系宋宜兴令名宰,捕蝗有实政,死而民祀之,初无封爵,吴人以金纳正一真人张天师处,承旨玉敕封中天王。

二十六日辛卯(2 月 17 日) 晴,大风

辰刻幼静别去。

顾亭林自言他人著作皆如毁古钱,取铜更铸。其所撰述,庶几取铜于山。近见某所撰,遗珠贯索,亦标此义。窃谓立言之道,所贵觉人理之当邪,吾且与彼为流传非邪?其咎在不明,而不在蹈袭。且《论》《孟》五经,旨约义尽,程义纵高,安能出其范外。若以辞藻而论,数千年上下名辈比肩,妙语名言湮没殆尽。后人覃精立说,虽足新一时耳目,岂必未经人道,安往而得在山之铜供吾鼓鞴哉!

二十七日壬辰(2 月 18 日) 晴

至弢老处少坐,觉微畏风,遂返卧。晡时弢甫来。

先府君卒时,有关亏银馀九千馀金未偿,故事,此款不准交代后任,于本人家属名下追赔。府君未卒之先,嘉定钱伯愚宝琛。先生抚部西省,劝府君报明英夷滋事,关税短绌情形,详请豁免,己力任奏案。府君不可,及卒而钱适乞休,代之者吴甄甫督部也。初至任,即问此事。时家眷在赣未发,讹言蜂起,皆言事不结而归后祸且大。然府君遗物无足偿万一,糊口及归榇之费,皆年伯王蓉坡藩,绍兴人。太守为之摒挡,不得已扶挈且归。既而部文至,将使男属成丁行籍查追矣。越二年,山东潍县郭次虎先生熊飞。陈臬苏省,故与府君交厚,府君由滁州升平阳府,先生实为新令尹,其人干济念故旧。先一岁,弢甫游京都,曾商之姑丈苏韵庄先生,应珂,里人,官部曹。于部抄得道光十三年苏松太道王瑞珍关亏查追报家产尽绝案卷,执以往谒,廉访慨然任之,遂得援例奏办,费凡三百金,闻银馀奏缓通部①。

① 闻,赵宽校云:"'闻'字疑'纹'字之误。"

仅此二案,不幸之幸,可为寒心。用书告我子孙,且记诸先生德厚。

二十八日癸巳(2 月 19 日)　晴

午间弢甫来,是日疾如故。

二十九日甲午(2 月 20 日)　晴

李子乔姊丈自常州来,扶病强见之。

三十日乙未(2 月 21 日)　晴

槐亭侄字文炳者授室,令祖杰人先生来约往酬客,辞不获命,是午舟至城,暮抵其所居瞿园。

二月建己卯

朔旦丙申(2 月 22 日)

邓子楚来自虞山,觅余于瞿园,少坐,弢老亦来。弢老将有远行,欲别怅然。拜王荫斋观察、直隶河间人。彭佩双司马。兆珂,湖北安陆人。

初二日丁酉(2 月 23 日)　晴

陈氏今日吉期,与宾客周旋,颇碌碌。瞿园左侧有巷,旧名王思巷,语误为网师。国初宋宦构园,因以为名。乾嘉时瞿远村者,得诸宋之后人,更事建筑,有钱竹汀为之记,洪北江为之诗,碑刻尚在。陈君玉堂、王君荫斋买得之,今为两家业,正宅属王,园属陈。

初三日戊戌(2 月 24 日)　晴,暖甚

街上见挥箑者。谒宋于庭丈,以先廉访行述送往,乞为传。先生今年八十四矣,以有疾未出。午后移寓胥门,遇姚彦嘉。

初四日己亥(2月25日) 阴

有事过城北女冠子桥,遇汪燕山。晡舟旋渎。

初五日庚子(2月26日) 雨甚

吉止赴常,是午下舟。

初六日辛丑(2月27日) 雨

初七日壬寅(2月28日) 阴雨,寒甚

庭梅已放,为雨所浥,无香。

读《汉书·地理志上、下》。九为阳数之极,《禹贡》于数多难尽,则言九以该众数。此说甚精。

胡氏渭曰:渤海即古逆河遗迹,汉时海水溢,河岸为水所渐没,遂成渤海。又称北海,即今登莱与辽东中间海是。按下《沟洫志》载王横言九河之地为海所渐,恐非。九河虽汉时已不可考,然许商所言尚有其三。其地在今直隶河间,安得言无迹?横所言似误以逆河当九河耳。

汉时三河汝颍户口甲于天下,殆以大河为转运通涂邪。《禹贡》河为贡道,总纲后世,商贾由之,周秦不改。

钱塘武林水入海乃有八百馀里,视今何啻三倍。

武威,今凉州,故休屠王地。夷虏之地近在肘腋,攘而辟之,汉武亦不得已耳。

分野之说之谬,昔人多言之者。李文贞《榕村语录》言古无分野,以《左传》考之,当是某星分赐某国,使之主祀耳。此说通。

初八日癸卯(2月29日) 雨

都会之地,必多奸黠,自古而然。《地志下》。汉人守边,能重良二千石,其效甚著。《地志下》。赵地女子跕躧,后世束足之昉。《地

志》下。

《沟洫志》。

汉武时齐人延年上书,欲开大河上领,出之胡中,东注之海。黄河万里之源,思以人力开塞,越山谷千重,而以邻国为壑,语之不经,可笑如此。

治河卒受平价,是即雇役也。盖当役者不足,故为召募。

大司马史长安张戎言:“水性就下,行疾则刮除成空而稍深。”此言即今束水涤淤之昉。

沛郡桓谭言上文诸策计定,举事费不过数亿万,亦可以事诸浮食无产业民云云。此今以工代赈之昉。

非调调均钱谷河决所灌郡。师古以非调为人名,按当是言非常调发耳,非人名也。《沟洫志》

《艺文志》。

《志》本文皆用刘歆《七略》之说,故右左氏。

杂占家有《执不详劾鬼物》八卷、《请官除妖祥》十九卷。此道家符箓之昉。

初九日甲辰(3月1日)　雨

申后六姊忽偕四姊自安吉逃来,始知贼于初三日破广德州,安吉与之邻壤,危急万分。初四日闻信,家眷即行,轿夫不可得,至以监犯许赏充役。出城十五里,地名徐村湾,稍避过一夕。初五日,冒大雨以小舟运至竹桥港地方换船,适弢甫往迎四姊,行至竹桥港,闻警停舟遣探,遂相持而归。初六至吴兴,尚无后信,在道三日方到。一行四舟皆狭小,上下四五十人,奇苦万状。闻信骇愕之至。槐亭在彼,虔甥留伴之,彼处居民本不敌一镇市,家眷行时城中已去一半。城破坏逼小,万无可守之理,思之焦灼。是日六姊全家住四姊家，其幕中金仁甫，士麟，余表兄。其侄若愚来余家下榻。

《陈胜项籍传》。

胜为徒属曰："王侯将相，宁有种乎？"胜一盗魁，能作是语，亦异人也。

胜、广起事，武臣等自立，其所行为，依然战国馀习。心离志怠，各君其地，而无共敌之心，安足以亡秦。至项羽身披坚执锐，搏秦于巨鹿，一胜以有天下。然割九郡自王，思衣锦归故乡，故虽胜不久，高祖封为汉王，而终岁山东不遑暇处。有家天下之心，如是旧习如扫，欲不王得乎？

秦法密于凝脂，然项梁以一椽之书辄脱于罪，而上不知，亦何益哉？故为上者，任人不任法。

梁、籍起事，时会稽守通素贤，梁瞬而斩之，一何险哉！高祖辞沛公数语，兴王气象，自不汲汲若此。

《张耳陈馀传》。耳子敖。

耳、馀初相处若手足，一更患难，遂若瓦解，豪杰当如是邪？

人之生世，称誉固不可少。耳、馀徒有客气，而无他长。然自陈涉、项羽、高祖，皆重其名，应酬结纳之为也。后世豪杰率由斯道矣。

《魏豹田儋韩信传》。信子颓当，儋弟荣、横。

初十日乙巳(3月2日)　　阴，天气阴晦

在两姊处盘桓终日，为六姊看屋一所，在陈绣华宅傍，其先业也。傍晚吉止归，未至常，半途闻伊叔母将来渎，故返。闻安吉失守之信。

敬占槐亭吉凶，得讼之巽。

戌	、	子	元
申	、	财	白
午	口世	财　兄用神	蛇
午酉月破	乂	官　兄	勾
辰	、	子	朱
寅旬空	八应	父	青

午火用神持世,有气旺动,得月建相生,决其无碍,兄爻化出官鬼,受世爻之克,身强寇弱之象。

越日即得其出险之信。三月中奏参,奉旨以克复迅速,处分极宽。卦象应爻文书生世,故吏议轻,又昭昭可见。

十一日丙午(3月3日)　阴,北风如吼

午后得槐亭手书,知安吉于初八日午刻失守,槐亭、虔甥步逃出城,幸水发,舟至城下,登舟贼至。同行二舟,所载文卷辎重,尽为所虏。曹淦不知下落,此人千里相投,吾委曲为谋一啖饭所[1],孰知竟毕其命,思之可惨。傍晚槐亭处幕客孙韫泉来。伊初九在吴兴动身,闻李镇军定泰已进扎梅溪。槐亭在吴兴住周瀛士家,弢甫父子皆在一处。是日接阿哥营中初一日来信,言大营甚得手,下关唾手可得,投诚者数千人云云。又得振远信,言英晓峰观察已让屋,须另觅住客。余此时无暇及此,复信一切托之。

兄	应	巳空
子妻		未申
妻用神		酉月破日尅
兄	世	午伏亥水官鬼
子		辰
文		寅

敬占曹淦被掠生死何如,得未济之讼。

用神酉金,受日辰午火之克,又兼月破,午火持世,伏亥水官鬼制之,卦象大凶。幸未土原神生动,或冀万一之救。

三月初传其已死,三月末得的信,知尚在,狼狈之况,九死一生。是知占验当观原用神,此卦原神化申,扶助用神,故危而得免[2]。

---

① 所,稿本作“处”。

② 而,稿本作“尚”。

十二日丁未(3月4日) 阴,北风寒栗

瀛士自吴兴逃来,午后同伊到城探信。闻长兴紧急,苏抚徐有壬。调水师长龙船援吴兴,又有木渎、胥口扎营防湖之说。访姚彦嘉,少坐即返舟,急棹归,二鼓到家。虔甥已返,述城中逃出情形,略如前所记。又言见贼二人,凶健异常,鸟枪仅二枝,轮发已不绝声①。飞驰而来,解缆不及,断之而走。河中竹筏,争道阻塞,伊跃登之,力断其绳,水冲筏开,舟始得进。贼枪子着篷背,簌簌如雨声,犹追数里方去。贼将至,先数日署中鸡鸽踊跃自死,殆兵气先兆云。

十三日戊申(3月5日) 阴

同瀛士候徐勤甫,借屋一所,安其眷属。同仁甫、韫泉茗饮。

敬占木渎安否,得坎之困。

兄 〃 未
子 世 酉申
妻 、 亥
兄 、 辰
官 应 寅 冲伏巳火文爻用神
妻 、 子

子水持世,太岁、日元、动爻三处相生,原神、动爻助子水克午火应爻,决其无碍。

又占外舅邓子期先生在宁防军营安否,得夬之大壮。

兄 〃 世 酉
官 、 戌
子文 乂 申亥
妻 〃 午 应
官 、 辰
子 〃 寅

世爻酉金动克寅木官鬼,日神冲之,而巳火用神伏于官鬼之下,遇提而出,主在贼围中安全而返。又飞神生火,得长生,更为吉象。

---

① 发,稿本作"放"。

十四日己酉(3月6日)　晴，风沙蔽天

自初间至今十许日，凄风苦雨，间露日色，晶白无光，宛然癸丑春间贼初至时景象。寒冷异常，风如泼水，亦与其年无二。

清晨弢甫自吴兴归，言十一日吴兴城中讹言安吉贼并未至，来者不过数十逃兵、土匪，旋已散去。李定泰帅兵已进扎梅溪。槐亭同僚争促其返，且言大兵至城，无县官供顿，上游闻之，祸且不测。槐亭遑遽，偕弢甫返县募勇二十名，侦探而行。是日，至西仓桥，见兵纷纷溃下，急询，知李镇军已大败，主兵不知下落，遂亦急归。幸风水便利，三鼓到吴兴。遣告府县，犹以为惑众，欲拘执之。少顷而警信叠至，府县皆率兵勇巡城。又少顷而城门大开，妇女队出，大灯照路而行，皆官眷也。旋又传贼已至南门，舟遂急行。槐亭赍印至杭，弢则遄返，于昨晚到渎，大约吴兴已不可保云。

午刻偕弢到城，傍晚抵胥门马头，轿至南濠阊门一行。弢至抚军处问信，归云吴兴尚未失守，李镇溃兵千馀在城中，金陵大营调兵五千往援，明日可过苏州。提督郑魁士防守宜兴之张渚镇，扼东坝来路；总兵张玉梁扎常州，以防宜兴有变。又闻捻匪于初一日破清江，屠杀殆尽，漕帅联英、河帅庚长退至淮安。

弢甫今年元旦占出门吉凶，得解卦。繇辞曰："驾言出游，鸟斗车前。更相捽灭，兵马且来。回车急还，可以无忧。"今月初行至浙湖，即遇斯变，急归得脱，奇验如相告语。因敬占木渎安否，得贲之丰。贞繇曰："仁政不暴，凤皇来舍。四时顺节，民安其居。"之卦繇曰："安仁尚德，东邻慕义，来安吾国。"繇辞甚吉。吾与弢甫复占吾两人吉凶，得巽之明夷繇曰："法书典册，藏在兰台。虽遭溃乱，独能免灾。"语

更可凭。吾两人咸以为遭逢燀怒，躬值乱祸，一切尽由天命，岂人力所能修全，惟有谨慎以俟命。至若冒昧他走，锋镝纵横之际，反投凶暴，亦所难定。且我瞻四方，安有乐土。今占卦多吉，遂决意安土以待后信。城中未二更，荒鸡喔喔每起，木渎则无之，城中亦去冬始然。

十五日庚戌(3月7日) 晴

是日天气和煦，日色亦朗彻，夜月尤皎。早到彦嘉寓中。午间到阊门琐事，上下十许返甫了，急解维到胥门，又至彦嘉处。二鼓下舟，大营兵二千人至，气甚嚣，同泊皆移避之。作书与伯兄及阿哥。

十六日辛亥(3月8日) 晴，南风甚大，夜转北风，吼怒骇人

早起欲上岸，闻邻舟言，兵勇索饷不得，相约不开行，索船四出，观其意甚不善。吾舟略有辎重，恐遭其手，遂急返。未三里，数兵追至，沿岸狂追怒喊，握巨石遥击，篷背欲穿，河中小舟，橹声塞耳。追又数里，一港拦路，始跳掷骂詈而返。予与翍翁言，自古用兵，非长江大河，或粮运辎重，率不用舟。其或用者，士卒劳苦长途，欲休养之耳。岂有数百里间大掠舟船，使若辈怠逸日生，更纵之自掠民船，尚何纪律之有。乱世用兵不能戢乱，益以酿乱，皆斯辈骄僨之徒阶之厉耳，可为盛叹。吾舟避兵由僻径行，途间新柳将稊，境地闲寂可爱。午刻到乡。

闻宋于庭先生逝世，先生年已八十有四，去岁重赴鹿鸣，加知府衔。早岁负盛名，家业殷盛，藏书之富，吴中仅仅。享年高大，贼难之时，考终正命，可为全福。今月初烈以先府君行状送先生处，乞其一文，竟已不及。先生为人，喜奖后进，烈辈往谒，辄剧谈留食，亹亹不倦。先生卒，吾吴朴学遂几无人矣。

接阿哥初四日信，言金陵攻围得手，投诚几五千人，上、下关唾手已得，现进攻雨花台贼营，若克之，则金陵恢复可指日矣。又言贼

攻皖南,为围魏救赵之计,现在大营兵力已分,恐又失攻城机会云。

访王朴臣、陈绣华。

十七日壬子(3月9日)　风定,雨甚

早到弢老处,同乘小舟访汪石翁、徐勤甫。闻英夷兵据山东一岛,要阻海运,米船皆不得进,移文至京议和,仍用前五十五条,不允即战。得浙信,李定泰残兵已扎吴兴,然不肯出城,吴兴烧民房为城守计。

《韩彭英卢吴传》。

韩信与汉王言,项羽之所以无成,千古兴亡之略可以决之矣。

史纪信井陉之战曲折洞达,后世史书言胜败多不可信,此独无疑。

信下西河虏魏豹,其兵岂未尝战,何言市人?盖安邑之胜,袭其不备,赵方盛兵井陉,无间道乘之,可胜不可败。战不可不力,而其兵第未多遇劲敌,非真市人也。

信既知汉王畏恶其能,复言己之多多益办,何也?

高祖定天下,功臣异姓而王者八国:张耳、吴芮、彭越、英布、臧荼、卢绾、两韩信。

十八日癸丑(3月10日)　雨

饭后到两姊处。

吾乡相传,指甲见白点,主有惊恐及疾。六年春二月,吾在豫章,指甲有之,或告吾此点至甲中,当有意外,慎之。数日果至馀干县遇贼,几被虏。今年正杪复见于左手食指,吾因有戒心,且征其验,至今月初八忽闻浙中警信,去寓乡一水,居人震动欲迁,为之惴惴者累日。今白点将尽,岂遂无恙邪?志之以告后人,有此愿为备。

《荆燕吴传》。荆王刘贾、燕王刘泽、吴王濞。

刘濞之反，高祖虽明圣，岂能知其时？五十年之语近附会。按濞景帝三年反，实四十二年。

濞以高祖十二年封，年二十，至称疾时约年五十馀矣，更消磨十馀年，七十老翁尚何足患。文帝赐几杖优容之，消祸于未形也。

《楚元王传》。曾孙德，元孙向，向子歆。

元王好书，多材艺，而子孙风流不绝，皆以文学道义显名当时，为宗室冠，向、歆遂为硕儒。贻谋之远，谓非择术之善哉！帝族之贵，好学犹被其休，矧在凡庶，而可不勉？

向使外亲上变事，乃言有过之臣有益国家，无负天下云云，复成何语？向虽儒者，不识事理亦已甚矣。

王夫之《读通鉴论》言向极谏封事，不当言援近宗室，类自为谋，授人以隙。窃以向目睹王氏之强，思树宗室以为援，系悃悃至诚为社稷计利害，何暇避嫌。此论褊矣。

歆治《左氏》，始引传文以解经，然则《左氏》本不传《春秋》，凿凿可据。又云歆为之而后章句义理备，其增入己说，亦显然矣。

歆为新莽臣后事，遂系莽传，史例严甚。

《季布栾布田叔传》。

丁公不忠，废之足矣，斩徇军中，不已甚乎？己则忘惠，而责人以忠，非用心之平也。

《高五王传》。齐悼惠王肥、赵隐王如意、幽王友、共王恢、燕灵王建，附悼惠诸子。

齐王献城阳郡，尊鲁元公主为王太后。公主赵王敖妻，有子，吕后欲王之，故逢其意，尊之为王太后耳，非以母礼事妹也。师古注非。

十九日甲寅(3 月 11 日) 寒有霰，又大雷霹雳

作书与槐亭，劝无与兵事。又有书与幼静。公执自沪上归，闻

有衣谷书,尚未送来。

《萧何曹参传》。

传中三言客教何云云,明何虚而能受。

美哉王卫尉之言乎!秦以不闻其过亡天下,夫李斯之分过,又何足法。善乎哉,后世不可得闻矣。

参以武功起官,于治术未之知也。一见盖公,敬礼之,齐国以治。好学善问,与萧公同揆合德,后先媲美,不亦宜乎。

圣人之政,教养兼备,故其民家给人足,敦尚孝弟。黄老务弗扰,而民亦以安,然有养无教,君子弗贵。参以自善可矣,狱市之弗扰,为术浅矣,安足以诏人。

《张陈王周传》。勃子亚夫。

樊哙与良劝沛公去秦宫,还军霸上,存亡之机,系此数语。使沛公舍秦宫,贪秦货贿,鸿门之祸,虽项伯不能解矣。利之所在,怨毒之府,军争之间,以此招祸尤易。明哲之士,何可不戒。

向读龙门书,以张良借箸之八不可,实后人分析其语为之。今观此益信。休马息牛,亦分二义。何迁、固之不察也?

易嫡之事,将相大臣争之不可,四皓一见夺之,四人非有奇特,亦平平耳。何谓之羽翼已成难动乎。且惠帝之立,不闻尊礼,四皓岂功成身退,抑终老邪?可疑之至。弢老初发此难,余有同然。

二十日乙卯(3月12日) 阴,甚寒

访公执,同访瀛士,时已寓徐勤甫家别宅。六姊来余家。是日得弢甫城中来书,言十六日吴兴贼至,李定泰之兵出城迎击,大败归,贼乘胜逼城,已将不支。水师炮船适至,自子刻开仗,至十七申刻,大获胜仗,擒数十人,贼退扎二十里。水师统领江阴游击曾秉忠,四川人。新克九洑洲,得保总兵。又言安吉廪生蒋锡龄率土团收

复县城，即到省请救。上游饬槐亭回任。蒋为递铺人，吾去冬游独松时曾识之，一交结官府之土豪耳。此明系贼退，闻信收空城要赏。贼三面俱有，槐亭若往，可危之至，六姊闻信焦灼。吾拟后日赴浙候槐亭，与之商酌。又槐亭侄昨自浙归，言贼至长兴，由梅溪虏民船载往，到吴兴府城亦系坐船，故我炮船往，甚得手。吴兴城外乡团，齐心之至，有兵勇滋事，锣声一响，顷刻至者千人，毙滋事者二十馀人而后已。南浔民尽募赌场枪船，防守亦甚得法，贼现已绕出吴兴南境，攻陷武康，浙省危急。

《樊哙郦商滕夏侯婴灌婴傅宽靳歙周緤传》。

平城之出，冒顿既开围纵之矣，夏侯婴固徐行持弩外向，何为其徐行得脱，驰即见留邪？粉饰可笑。

二十一日丙辰（3 月 13 日） 阴

文 ‥ 戌
兄 ‥ 申
文官 ○世 丑 化空
兄 、 申
官 ‥ 午
文 應 辰

敬占槐亭到安吉行止何如，无恙否，得小过之谦。

文 ‥ 戌
兄 ‥ 申
鬼 世 午 化 子孙亥水
兄 、 申
鬼 ‥ 午
文 應 辰

太岁临用神，日辰相生，鬼爻午火动而化空，虽危无咎。

《易林》内卦爻曰：“初虽惊后，后乃无伤。受其福庆，永永其祥。”

之卦爻曰：“牛耳聋聩，不晓声味。委以鼎俎，治乳溃溃。”

又占常州安否，得小过。

兄爻治世①，卦、建俱无克制，幸六爻安静，福爻亥水伏世下，是卦中吉象。《易林》爻辞见上。

是日午前在二姊家。午赴陈绣华招。

① 治，稿本作“持”。

二十二日丁巳(3月14日) 阴

敬占赴浙吉凶,得临之节。

阴淫不止,白马为汹。泽皋之子,从高而处。

清晨瀛士来,言贼已至德清之荷叶浦,距杭仅三十里矣。六姊生日往贺。吾本定今日到杭,以兵差捉船急,船不肯行而止。晡候陈绣华、王朴臣商办本乡团练事。弢甫昨在城,抚军及方伯王雪轩有龄。属司沿湖团防诸事,自胥口西及宜邑皆须设立董局,故与访土居人议之。夜瀛士招饮。

接槐亭来信,伊于望后到杭,泊舟武林门外。十八日,突有贼骑数十冲武林门欲入,门者急掩扉,不得入,遂纵火焚民居。河下停舟数千艘,一时逃向塘栖。伊舟现泊新市,夜见杭州火光烛天云云。先是,贼至湖州,官军悉索往御之,而湖州南路无设守者。吾与弢言此甚可忧。不数日,而贼陷武康、德清,窥浙省之信至。我之守御固疏,贼亦狡矣。金陵大营援兵过常,无舟,阻行,总督何桂清下令:五日舟不具足,两县令参革;十日不足,以军法从事;并有沿途不论何项船只,遇即掣拿之通札。此令一下,援兵益横暴,如虎傅翼。从古兵之致变,皆为上者酿成其祸,不惟防之而返纵之,吾为之危矣。

二十三日戊午(3月15日) 雨,大风

午前在周宅,饭后归检行李,赴常之南乡潘家桥。先乙卯、丙辰二岁,余曾至其地相度居之,或言其荒僻,遂不果。今贼从浙至,木渎势不可居,而此地亦沿湖,自渎而往,仅隔湖面百馀里,故欲往谋一退步。商之弢甫,亦以为然,本晚遂下舟。

二十四日己未(3月16日) 雨止风顺,午间似有日色

早行到胥口,为湖中要路,自湖之三面赴苏者悉由之。港路深

通，口门宽广，高峰山在其南，香山在其北，皆可据以瞭望。香山与港近，最宜设炮台，更以旧粮艘夹岸停泊，上安炮位，坐以待敌，虽千艘不能进也。口之南北，小汊甚多，皆不通大舟。沿湖而南，有越来溪通石湖，可由行春桥至横塘。再南有吴江之鲇鱼口直通官塘到盘门。沿湖北四十里有铜坑口，进即到光福，然皆不如此径之冲要。馀诸小路皆淤塞不通。以上诸口宜设炮船二十艘，往来梭巡，遇警即随处迎击。更于西山择要设立炮台，截其中道，贼徒窥伺不足畏矣。

口内有胥王庙，中庭一丘，碑书"吴相国伍公之墓"，廊下更有一碑，书"伍公鸱夷藏处"。伍公为水神，甚烨赫。闻二十九年大水，沿湖尽没为巨浸，祠甚低而水不入，苏郡来观者数千人，无不叹咤其异焉。

访张淳甫、沈少愚，渊。言团练事。张甚明练，沈亦解事。午间舟行，出口向西北行，阴云，望东西山不见，直船前数峰联属水上，为长河山。二十馀里至山下，去西洞庭较近，始隐约见之，绵亘湖中，首尾甚长。出长河山口，见冲山、漫山皆在湖中。舟右香山、黄茅山与铜坑诸峰起伏不绝。湖面不甚宽，狭处数里以来，从山缺处望之，无有边际。水面群山苍翠围绕，舟行如坐极乐国土青莲华中。晡至铜坑口，离胥口五九里，与冲山正对。冲山居民数百家，日用所需取给光福市，渡船往来不绝。傍晚抵挍嘴，离铜坑九里。吴中路程不以十计而以九计，亦方言也。

二十五日庚申(3月17日) 阴，东风，舟行甚利

早发挍嘴，三九里沙山嘴，已见吾邑之迎春乡马迹山。山在湖中特雄，视东西洞庭尤大，以不当要路，故居民寥落。地颇沃，产芋及杨梅，一乡衣食胥赖焉。山半有石，上四圆孔类蹄涔，故号马迹。

九里吴塘门,无锡境。自铜坑至沙嘴湖面最宽,舟绝流而渡,至沙嘴,稍近岸,过吴塘门,复宽二九里。闻江滩望见龟山,属吾邑之新塘乡,相传杨龟山先生讲学处,山下有书院在焉。夫椒山与马迹连,其地甚胜。更九里抵新村口,进口有溪曰蒲溪,正圆空澄如镜。新村系湖沙涨成,两沙环抱,圈湖面成此溪,幽绝不类尘世。七里薛堰桥,七里潘家桥,东牌楼下访段省余,绍襄,伯厚门生,与余向熟识。并见其兄辅国,胡遵南、吴仲卿,皆其地乡董。省余留余晚饭。

二十六日辛酉(3 月 18 日)　　雨

省余同往梅村、周桥相宅,无可意者。梅村在龟山麓南,见蒲溪村外流水绕之,地甚曲折多趣,苦无可居之屋。省余言本乡宅甚少,无逾于此者。吾向不欲迁,第以两姊谆谆,不可不为一谋,今既无缘,姑乐吾河山之美,亦不为虚此行。非必于此责武陵桃源也。是日见董事殷春晓、马山董事许太美。

二十七日壬戌(3 月 19 日)　　大风雨

是日将行,因风而阻,下午始开至薛堰桥,有本处人王愚溪铭西。趁余舟赴苏。

二十八日癸亥(3 月 20 日)　　雨

逆风仍不能行,泊新村口。

二十九日甲子(3 月 21 日)　　阴,大西北风

舟行甚迅,巨浪荡击,舟中不能坐立,卧看诸山,络绎掠舟而过。巳刻到沙嘴,未刻收光福口,约二里至镇,有溪名西淹,铜井、玄墓皆在其右旁,小汊近山曰费家河,至香雪海最近。二小山夹溪左右,有桥跨之,东一山光福寺塔在其上,西一山有庙,为虎山庙。山水之丽,观之不复忆乱离之苦矣。东南行十四里,至善人桥,穹窿在南岸

最高处,宫观树木皆在云中。岸上有山轿俟客,遂停舟一游。登山约六里馀,道旁涧泉湍急,飞珠跳沫,停舆观良久。山顶凡三峰,曰大茅、二茅、三茅。大茅最高,道观在二茅峰,名上真观。观中殊无胜处,惟山甚高,立处已在云表,轻烟薄雾匼匝而已。酉刻到渎寓。

(以上《能静居日记》三)

三月建庚辰

朔日乙丑(3月22日) 阴,晨见日光正赤如血,气象阴慄。午后霰,夜又霰,寒如腊九

至弢甫处,访王璞臣、陈漱华、马省斋。弢甫募勇八十名赴胥口守隘。是日闻杭州于二十七日失陷。先是,槐亭一仆于二十三日出城,言十八日贼初至时,诸城骤闭,城中男妇数十万人,昼夜露立雨中,冀城门或开得出,街衢推涌如潮。一舆至值百千,然驾肩而出,无不立刻挤碎,舆中人倾跌,顷刻成泥。行走街上,足不能着地,踹踏死者,不可胜计。城中绝粮,土匪纷纷思变云云。至是贼以城外积棺叠架登城,遂陷。此后淫杀之惨,更不可胜言,思之肉战,言之涕零。吾民生长太平,虽奢逸足以致祸,胡为酷至于此?守土大臣于贼在近境,呼吸可至,而恬嬉醉饱,苟自完殖,譬由邻家失火,方交争资产,曰是乌能及我。呜呼!若辈百死不足以蔽其罪,坐使吾民毁家并命,殊足发指。或者天心仁爱,笃生大贤,救民水火,吾辈有一技一长而不为之尽者,非复人类,有志者当共矢此心也。

初二日丙寅(3月23日)　阴雨，夜有白光竟天，自西指东，末为三岐

访璞臣。夜与弢甫在璞臣处，勤甫、信斋咸在。

初三日丁卯(3月24日)　雨

早起，于神主龛前卜避难居此与他往孰吉，拈阄得远行渡江。筮之得山风蛊，彖曰："利涉大川。"再视《易林》，繇曰："鲂生江淮，一转为百。周遍四海，可无忧恶。"三卜多符，信斯地之不可居矣。向闻崇明地方淳朴，介在海陬，其足当渡江吉地邪？生死吉凶不可知，宗祊事大，不可不尽己力，拟商之两姊往一观。同弢甫至璞臣处。饭后，同勤甫到胥口唁张君淳甫。晤彦嘉，方带弢所募胥定勇在胥王庙中，少坐而返。抵渎，忽闻常州有贼舟百馀号，突至西门，舟中刀械尽备，登岸袭城，后事吉凶尚无信，为之大骇。此时祸变旦暮不测，传言虽未甚确，亦难保其必无，一夜心焦，不能合眼。

初四日戊辰(3月25日)　雨较甚

子良来自浙。渠二十五日到杭州武林门泊舟，至二十七日破城后又一日方归，言彼处事甚悉：十九日黎明，贼先锋约五百人到杭州北关，穿大街行，挥手令店户关门，言大兵已到，市众争闭门，贼遂直扑北关欲入。适湖南宝胜营方至，进城未半，识是贼伪装，大呼闭城，贼亦不攻，即撤城外民居墙石，立成一垒守之。至巳刻，二队至，约八百人；申刻，三队至，约千人；晚间，大股八千馀人毕至，大肆淫掠。二十、二十一、二十二连搜三日，即移营湖上之宝石寿星山。二十四五日，罗抚台募勇縋烧城外民房，贼之所馀，遂无遗孑。

宝胜营官陈炳元字炎生，曾帅标下水师营官。六年正月余在江西识之，其时系同知，现已升道员。以杭州四面皆水，惟清波门依山麓易攻，

自愿扎营城外守之，罗不允。二十七日黎明，贼果以地雷轰清波门，城遂陷。守兵尚数千人，纷纷溃走。前署臬缪梓所募潮勇四百人，为贼内应，视贼尤恶。城中居民数万，聚守雄镇楼栅。将军瑞昌。率驻防千馀守满城，与贼死战，胜负尚未决。援兵水师曾秉忠遣其弟曾秉高带炮船二十只在武林门外，不敢登陆。江南大营调往总兵张玉梁璧田，四川人。在湖州，副将向魁星五。在长安坝，皆未至。贼在城者亦仅二三千人，其前队已于二十四五间南破富阳，故兵单不能陷满城。贼先至时，武林门外居民脱者甚少，年壮者掳胁，老者杀之，妇女受污，仍不免死。焚舟数千艘，人油浮水面如画，惨毒如此，不忍更闻矣。

同子良到城，晡间到胥门上岸，赴陈杰人姻伯家，与言避地事。返访邓子楚四叔于其舟，时偕大营援兵寿春镇总兵熊天禧字舜俞，前岁余至金陵识之。在此，遂留晚饭，与商崇明暂居之策。两见相合，其亲家郑君子乔，名镜清。为彼学博，遂作书介绍。二鼓返棹，三鼓尽到家，有土匪方劫一尼庵，舟至镇口，见火光，闻传锣，天黑不知定向，欲往不得。舟抵弢家，登岸少坐即归，道闻鬼声凄栗动人。是日在城闻常州平安，为之大慰。

初五日己巳(3月26日) 雨

早至周处，夜又往，闻张镇玉良已入杭城。

初六日庚午(3月27日) 寒甚，午间雨霰，少顷微雪，夜见星，风声如吼。时春分已八日而严寒，异常天象可畏

访璞臣、勤甫，又至周处。下午弢老归自城，邓楚翁同来，遂偕楚翁返。晚饭后楚翁去，又访陈绣华。

初七日辛未(3月28日) 早晴，日色皎洁，将午复阴

至弢处，同弢及子良、虔甥到胥口试枪。访张纯甫。放舟湖口，

远眺太湖,吴中天险,胥口又吴之领项也。包山为之屏障,东与莫釐相对,两嘴相距不过八里。西则长沙阴山冲漫,黄茅联络周带,重坑垒堑,虽实湖面,而径路区隔,处处可扼。包山以南至湖州西南,至长兴东北,至常州,皆一望淼浩,小山出没,非设险之地矣。故胥口实全湖之咽,天造地设,防湖不可不知。

子良言楚抚青麐以武昌失守伏诛,最枉屈。咸丰七年正月,贼复上犯,攻围鄂省。时城中有抚标四千,川勇三千,青抚率之登陴,发民夫助守,署总督将军驻荆州坐视不援,川饷给军者,至湖南岳州为贼所隔,不得至。困守至六月上旬,食尽援绝,而城守尚固,或劝以移兵就食,青不得已率兵突围,径走至岳州接饷,复绕道至荆州,谋与将军合兵收复武昌。南抚骆秉章。劾其弃城出境,纵兵索饷,奉廷寄沿途正法,遂于荆州弃市。青素爱民,城守甚力,且自贼起以来,攻陷省垣甚多,贼至即溃,或反得免,青独极于严议,人争冤之。

得槐亭信。伊初四日解军米火药到杭,杭城约于初三申刻收复。先城破时,将军据满城不下,贼屯吴山,巴里坤总兵张玉梁兵至,由艮山门入,贼遂溃走,我师谋四面进剿。又言杭州被难,得脱者尚多,为之喜慰。

初八日壬申(3月29日)　阴,日色微茫,下午雨

同子良进城,下午到阊门,有湖州复警之信。晚到胥门,叩关而入,借宿城中。

初九日癸酉(3月30日)　薄阴

早饮茗锦凤楼,访周子球。午饭贺石珍家。舟返渎方初鼓。

初十日甲戌(3月31日)　阴,下午见日,夜雨

早到弢处访马信斋。槐亭来自杭州,伊昨早自武林关动身,二

日而至。言张玉良初至杭，前队仅数人，攻艮山门，门闭，跃而登城，贼一闻张至，溃不可止，城遂复。贼退回馀杭诸山中，富阳等处皆未陷。杭城居民十死六七，血流街衢尽赤，屋庐尽成焦土，横骸塞途。一家有生存者，市棺掩埋，价至数十倍，哭声震天，搏胸自撞，皆不欲生。城外积棺，焚爇殆尽。贼至三日，即下令完守，出兵窥吴中，使张至迟数日，城不可得，吾民无噍类矣。张之功，尸而祝之可也。

十一日乙亥(4月1日) 严寒大雪

季春气候如十二月，七十老翁未见斯异，天垂肃杀之象，兵祸恐不如是而止。如何，如何？过槐亭所，饭后冒雪归，卧逾时。

十二日丙子(4月2日) 大寒，晴

到弢处。槐亭偕子良到城，遂去之吴兴。

十三日丁丑(4月3日) 晴

同弢甫、瀛士、陈幼华、沈少愚到胥口，夜归。

十四日戊寅(4月4日) 晴

公执、弢甫相次来，遂至其家，晡归。

十五日己卯(4月5日) 连日天晴爽彻，夜月如昼

瀛士、公执来。访信斋，晤吴伴渔，从贼中脱归，言诸事略如前记。

十六日庚辰(4月6日) 晴，甚暄

夜见白虹掩月上，长丈许，横亘而直，晶晶有光。向每遇天夜雨有微月，恒见白虹不为异，亦由日间方雨日出辄见虹，惟日照则成五色，月映但有白光耳。今天晴有此，出于常理，为兵象无疑。

早访弢不遇。夜饮弢所，座客沈问梅少尹、锡华，杭州人，任木渎分

县。刘同民别驾、度,江西南丰人,前两淮运司刘星房侄。鲍松藩千总及瀛士与余作陪。

十七日辛巳(4月7日)　日色微茫

六姊移居,赁陈漱华宅一所,与余寓紧邻,是日一日在彼。刘同民别驾过访。夜过刘同民别驾。

十八日壬午(4月8日)　阴

二十一日乙酉(4月11日)　晴

邓二叔自常州来。先于正月末,贼至宁国,宁帅周天受退守郡城,幕僚皆从,贼至,知有备,未攻。二月杪,遂乞假自宁返常。余昔占尚不剌谬。

二十四日戊子(4月14日)　晴

刘同民通守来,同游蒋园,夜饭弢甫处。

二十五日己丑(4月15日)　晴

弢老见过,同至法云庵访刘同民。胥口张纯父达言。请刘同民、沈问梅、王瑶圃等,余为作陪。十八日我师复长兴,贼回广德。先是,贼屠长兴之前,屡有异兆,正月十八日县城自震,产羊千馀,皆人耳。民家鸡犬六畜每夜西向号掷,凶征如是,官民罔察,其及宜矣。

二十八日壬辰(4月18日)　晴

闻贼犯宜兴、溧阳甚急。

二十九日癸巳(4月19日)　晴

同弢甫上城,便游石湖草堂,晡到胥门。

三十日甲午(4月20日)　晴

与弢老饮茗某肆,登万年桥望西北氛气赤紫,高及半天,凡贼躏所及,恒有斯气。贼犯宜、溧,连及常境正西北方。同民导其兄慈民中翰来舟,遂同入城茗饮,夜移泊南濠。闻常州警急,一身羁绊,引领北望,心如火灼。大乱将至,先墓在常、宜者,无从守护,意欲旋里省视,思维良法,冀免斯厄,而道路几不通行。又周、陈两家,家事皆属余身,亦无暇兼,口食之外,不存一钱,进退维谷,如何!如何!

闰三月

朔日乙未(4月21日)　晴

方午,日晕紫赤,天象昭然可信,岂常、宜有恙邪?心急,无策可出。早返木渎,访刘慈民昆季。晡接常州来信,系伯厚专送与弢甫者。内言巢湖盐匪勾通建平诸处之贼,焚掠宜属之冠村、丰义诸村,常之东安、栖鸾乡亦有零匪至,均被擒获。郡城设守甚严,兵饷皆足,可以无虞等语。来足言,城中已移徙一空,幼静处不知何往云云。

程子良来自浙,言安吉事甚悉。曹淦两次为贼擒,吊打火灼其掌,惟馀一死,槐亭遣令归至湖州。子良复遣解饷四安,不日即来此矣。

敬占家属安否,得旅之大有。

元 兄 、 巳
白 子 〃 未
蛇 财 、应 酉
勾 财 、 申
朱 妻兄 ㄨ 午寅
青 子 ○世 辰子

卦遇六合。青龙福德持世,动生申酉财爻。太岁临申,月日合酉,层层扶助,大吉无虞。惟午火兄弟发动,破财而已。此课极验。

补录前月二十三日丁亥占宜兴坟墓安否,得泰。

子 〃应 酉
妻 〃 亥
兄 〃 丑
兄 、世 辰
官 、 寅
妻 一 子

世为穴场,卦无刑克,六爻安静,上吉之象。

初二日丙申(4月22日)　阴,午后大风,天复冷

马省斋、刘慈民、同民来。

初三日丁酉(4月23日)　阴

决计赴常省墓,午后成行。邓期翁将至通州,子良亦将返常,均同行,暮抵胥门泊舟。

初四日戊戌(4月24日)　阴,大风

早同邓二叔进城一走。午到阊门,饭后解维,片帆怒张,听船头水声,汩汩聒耳。二鼓泊锡山驿前。是日,张军门玉良统援浙军回援常州过境,浒关敞开,舟行不问,水道维有师船,民间片艇不行,吾舟亦张旗械,与之相同,故得免。

初五日己亥(4月25日)　清晨大雷雨,风逆

晨行过双河口,距锡数里,宜兴小路及运河分歧处,已夹岸扎营。河中泊宁波乌船六只。申过横林,夜泊白家桥。

初六日庚子(4月26日)　阴

早至常州,里邑无恙,居民尚安堵,心中稍宽。遇彀甫舟,遂同至城,访伯厚,不遇。晤张振远,又同访族祖于冈先生,偕游舣舟亭,方修理未迄工。下午舟返城,又至总局。

初七日辛丑(4月27日)　阴

移舟访振远,同至局,晤马远林中翰,不见四年矣。饭后舟至北新桥,访幼静,伊全家无恙,相见甚欢。新桥吾家,三年春居之,故地重来,景物不殊,而人事大异,念之欲涕。

初八日壬寅(4月28日)　阴,夜大雨

饭后同幼静、耕亭、振远至新桥市中茗饮,沿途流览,如见故人,

抚今念昔，悲慨横溢。人生泛泛若不系舟，不图此乡，更有一日之分。

初九日癸卯(4月29日)　　雨

同幼静返城，二至憩棠茶肆。

初十日甲辰(4月30日)　　阴

早移舟，过程子良藩贰，闻贼迫大营后路，势甚凶。先是，贼退浙境，遂犯建平、东坝，扰金坛、溧水，陷溧阳，复由溧阳窥宜兴，为大营调防之总兵刘季山。及水师管带记名总兵曾秉忠。击退，遂纵掠旁境，锋及吾常之扬立埠，常州大震。时升任浙抚前藩司王有龄。方至常，总督何桂清留之，藉其亲军自卫。数日，援浙统军张玉良。回援过常，何复奏以为苏常总统，俾助城守，而王赴浙任。大营调援总兵马得昭。亦至常境，贼退。初三日陷句容，大营运道中梗。钦差和春羽札调各军回救。何督固不遣，贼遂踞句容。大营急，不得已遣总兵张威邦。分剿句容，势寡不敌。金陵老巢复出突围，日夜接仗，天久雨，壕墙易坏，人心骚然。常城各门俱张玉良。兵。跕墙炮械粗设。昨有拆附城民房之令，因贼势稍退而止。何督先劾浙抚罗遵殿。知守不知战，守近不守远。今凶锋未及而惶惑自失，但欲拥兵自卫，视罗尤甚，不仅蹈其故辙。吾常人士无智愚皆笑之。

戊 子 元
申 妻 白
午未 兄弟妻 蛇
亥日月冲破 官 勾
丑 子 朱
卯 父 青

阿兄在营不得归，无良策可筹，但觅丁往探。夜缮家书至三鼓。是日以舟送幼静家返乡，寓子良处。

十一日乙巳(5月1日)　　阴

早访振远茗肆中，遣张子安下人沈贵到营，致书阿哥商返计，以营信甚急故也。饭后省墓，茶山路、三堡桥偃墓碑有衔者，改筑小墩,以备不测。

敬占家兄在营吉凶,得同人之家人。

用神旺动得令,卜可无虞。官鬼持世,大营惊险之象。

十二日丙午(5月2日)　晴,骤热

早至憩棠。到大局,闻营中得胜仗。是日拟解维赴宜省墓,舟至西门,以时晚改明日。致彶老信,再寄家书①,交彶老旧仆金松。其人从彶至浙,为贼掳,到句容得脱,言贼首号侍王,有众五六万,能战者不及千,火器寥寥。另股贼首忠王,破杭省即其人,兵亦不多。自浙败后,侍贼一股即扰建平,连陷溧阳,皆拆城外屋椽,缚梯登城,城中尽死无噍类。犯金坛,知有御,即弃营遁。初三停午到句容,城中官兵不知,遂解旗直入,杀掠较轻,大股皆屯城中。越数日,伊遂乘间得脱。

十三日丁未(5月3日)　阴,大风雨,严寒如仲冬。天象如此,必有异变。如何!如何!

终日在子良处,杨子芗庆宝,辛亥举人。来,谭彻夜。

十四日戊申(5月4日)　雨,大风如昨

晨解维至宜,子良、子芗伴我行到西门。一舟为兵掠,幸衣物不损,遂仍回。

子戌申酉亥丑

八 一世 八 丶 丶應 八

文才官官父妻

勾朱青元白蛇

十五日己酉(5月5日)　雨,寒如故

是日立夏,衣羔裘者尤众,后闻镇江至江宁皆雨雪。

敬占赴宜吉凶,得水风井。

① 再,稿本作“又”。

两鬼在间而不动，中途有险而无忧，月建生世而克应，所往主吉。

占后，明日行，三日而返。路中兵勇络绎，虎视眈眈，卒无发难者。

十六日庚戌（5月6日） 晴

早偕程、杨两君赴宜，申过寨桥，泊舟登岸，遇里老诉兵勇骚扰之苦，泪承睫欲下。总兵熊天禧、协镇罗齐贤向以纪律闻，熊在省垣，一兵掠舟，立斩以徇。其过此也搜索无所遗，罗兵亦然，馀他无论矣。吾劝之设团，允至城为请官示。

十七日辛亥（5月7日） 晴，日晕紫赤，风霾蔽天

早过和桥，市肆皆闭，有巢湖人在此募勇。先五、六年间，巢湖盗魁郑小老大纠众占东坝，私抽盐税。候补道史葆悠奉札往抚之，遂设官盐卡，所入充公，以半豢其人，相安数载。今年三月，贼由广德犯建平，至东坝，防守提督郑魁士不能御，贼益肆，连陷溧阳，巢湖人乘隙欲为乱，驾舟由宜兴西氿出运河，窥伺常郡。太子太保总督何桂清大惧，计无所出，史道遂献策愿自往抚之，以八万金往，号曰赏犒。巢湖人就抚，分遣其舟，四布村市，自居和桥，益招集亡命数千人，声言助官兵进剿，其衷怀不可测，所在惊扰，彼舟军器尽备，当道畏之如虎。以愚见论之，彼虽凶黠，而船只笨重，运掉不灵，我之炮船足以制其死生。设大府令廿艘缀其首尾，协以岸兵，勒令尽缴军火械器，然后留之、逐之，片札所投，敢不唯命。计不出此，始则欲尽驱出江。夫江之外，非吾土乎？继则并此不能，而以厚贿结之，长其乱心，遂其逆志，此不为心腹之患，吾所不信。育兹虺蝮，毒我蒸黎，其肉不足食矣。

停午到宜兴，西、北门外有刘季山兵扎营，东门外有水师宁波乌

船驻守,南门亦有梁姓一队,城东、南两门开放,馀门及水寨尽闭。城外房屋未尽毁,居民十已去九,景状凄恻。将晡,舟至东山,谒先茔,悲涕横溢。酉刻舟归,访扫叶不遇,禅室已空。至洑溪访徐伯宏、星珊,星珊于二月初八下世,全眷已徙苏州。与伯宏谭良久,十馀年旧雨,丧乱中相见,恋恋不能舍。伯宏言贼破溧阳后,于前月二十六日前锋至红塔头,距宜兴西门十里,总兵刘季山迎战,三败,去城已止三里。城中老幼扶挈出东、南两门,渡洑溪,凡数万人,哭声载道。幸炮船至,沿西氿击之,三炮毙贼数十,逆锋始退,我兵追北,复馘数十人,城以保全。城民先徙居西乡者,贼至,受害先于城中,惨酷特甚。通乡相约结团,已获胜仗,惟火器未有云。是夜舟泊其村后,二鼓伯宏复来舟。别后未久,伯宏遂死于难,伤哉!

十八日壬子(5月8日)　雨

早解维行,顺风。辰过和桥,午过寨桥,酉过了河,夜抵常西门,不得入。

十九日癸丑(5月9日)　晴

早登岸,访敬伯西城局中,不遇。至苏姑母家,知已移往龚家头。与营兵朱四、面肆李二茗饮。子芗言其人材力,性又忠赤,故访之。遇幼静憩棠,惊闻大营退败,急至总局问信,伯兄手录探条见示:十四日,贼攻大营后路急,总统张国梁请钦差和春拔营。十五日,雨花台以西四十馀营皆溃。傍晚雨雪冰雹交至,城中出贼扑我老营,方拒守间,后路贼数万突至,遂大溃。钦差以轻骑至江干,坐艇船得免。十六日暂扎镇江,张国梁扎高资。此信十八到常,草草数语,文案诸人,生死下落不可知。吾兄在营五年,未有尺寸进步,受此大祸,吉凶未卜,思之痛心。复念和、何二人,或争进要功,不计利害;或困守自卫,不顾机宜。兵多饷足,甲于诸省。坐此两人,使百万生灵肝脑涂地，血滋原野，虽寸磔不足蔽辜矣。

托伯厚致书萧古香，询吾兄下落，又托子良往借炮船拟自往探。

二十日甲寅(5月10日)　晴

敬占家兄得脱与否，得震。巳月。

六爻安静，日临用神，无大妨碍。

枯瓠不朽，利以济舟。渡逾江海，无有溺忧。

元 才 世 戌
白 官 、、 申
蛇 子 、 午
勾 才 应 辰
朱 兄 、、 寅用
青 文 、 子空

早到总局问信，来说纷纷不一。子良言炮船目下四出，欲借须少缓时日，不如自舟去。吾意即行，徐眉生劝我少缓一二日，吾亦茫无定见。午间闻茶山茔树被扎营兵勇斫伐，遂出南门到茔，见邻冢童然，吾家松楸尚无恙。四观地形平衍，无田而有沟水绕四旁，恐将来夷为战垒，急集坟人每坟周遭各掘七孔，以石灰贮中，为他日认识之地。亦唤三堡桥坟人令作之。晡后返城，张子安过访，遂同至总局。夜返，至子良家，晚饭后下舟。

二十一日乙卯(5月11日)　晴，天色皎洁

晨至总局，尚无来信，焦急无措。急访徐君眉生于憩棠茗肆。闻大营营务处文案委员贾君脱归，言吾兄已在京口，此信为元丰桥企之八叔所言，急往问之，此说虽确，贾亦传闻得之，未足深信，然心中已大慰矣。饭后再至西门，道遇一陶姓，始得吾兄已返常，现在北岸方宅之信，狂喜奔跃而往，相见悲喜交至，谈大营事竟日。伯厚大兄来，傍晚始去。是日住方宅门屋旁陈家，吾家老仆所居也。

阿哥述营中溃败事甚详，节之如左：庚申正月，我兵围江宁急，城中逆首洪秀全四出求援，纠合逆徒，令由池州进攻徽、宁、浙境以牵我师，为围魏救赵之计。俟大军调援空虚，即俟隙进兵。此檄为我所得。时方复九洑洲，绝其水道，官兵雄盛，视贼蔑如也。先是，

去年贼帅韦志俊率五千人投诚,饷无所出,江督何桂清、皖抚翁同书、浙抚胡兴盛相与推诿,徽防京卿张芾管皖南事,遂以委之。徽饷仰浙、豫,二省最贫,张不得已为裁损计,仅准留千二百人,馀无所归,投贼捻首李世延等诱之,遂相率而反。从池州犯宁国,宁防提督周天受不能救。正月杪连陷泾县、旌德、宁国诸县及浙境。二月中,陷安吉以至杭州,屠戮数万人。

江督何奏请以巴里坤总兵张玉良为援浙总统。三月初,突救杭城,贼败,遁回原路至广德,遂北陷建平,屠之。时提督郑奎士守宜兴,总兵刘季山守东坝。郑兵掠民间,江督恐酿乱,咨调刘镇与郑换防,方各拔营在道,而贼至东坝,复被陷。月之二十二日,东破溧阳,又破溧水,扰宜兴及常州西境。江督何大恐,急调张玉良回援,遂留常协守,奏以为苏常总统。钦差和春屡札调张援大营后路,江督固不遣。闰月初三日,贼破句容。初六日,西至淳化镇,去大营后二十馀里。钦差和素不能服其下,军政尽出总统帮办张国梁,张威望为江南冠,气渐骄。家世粤人,袒其乡甚力,下多不平之。翼长提督王俊主钦差营务,婪索无厌,大小二百营,每营按月贿纳,自二百金至百金不等。去岁江苏筹饷五十万为新勇口粮,总统以三十万与新勇,二十万与翼长及各营务要津,按股自肥,由是谤讪充塞。总统恐和知之,遂以宝玉玩器为赂,和亦欣纳,上下蒙蔽,士卒解体,败可立待矣。

及贼至淳化,总统置诸将不遣,而令数衄之总兵粤人张威邦带四千人往,再战败绩。大营东北自高资至石埠桥皆贼踪,而和、张方共议九洑洲功项,日夜不决。十二至十三四日,马群、仙鹤门有贼。十五日早,外贼沿江由上关、中关断我长围,城内更出贼袭东南之赵家洼。我兵东南至西百馀营,皆隔截不得通,人心恇惧,总统复遣张威邦及句容失守之粤人梁克勋往扎头敌御之,士益解体无战志。是日,总统见和,乞移营镇江,和不肯,下令走者死。营总宁夏都统多廉执刀守营门,营中自帮办光禄卿许乃钊、总办文案庐凤道萧盛远等皆不得出。夜三鼓,贼焚孝陵卫营,火光四起,翼长王俊亲兵斧营门而出,合营随之,和持洋枪自拟,其下夺之,扶掖上马而奔,一日夜至高资。时兵勇五万馀人,至者才十一,火器军械皆尽。方和之走,贼已至总统张营,张戒聚枪不发,俟贼麇至,合击之,遂得路出,其辖下军械独全云。

贼二月初入浙境,天色阴寒,凄风苦雨,雪雹雷电,凌杂交至。是月十九日,贼至杭州,天大雷,雨如注。自此至月杪,杭州受屠之时,无日不风雨,寒冷异常。三月中旬,贼始由浙回犯。十一日大雪,时去清明止三日,天意若示此贼之至江宁,我师当大衄也。今月初旬,风薶日晕,或大风雨。十二日天骤暄,至夜雨作,风声怒号,寒如仲冬,天意若示我之懈怠至甚,必有奇祸也。十五日立夏节,寒益甚,晨有霜,霰雪杂作,戴白老翁未睹斯异。是日大营溃,死者不可胜计,昭晰如是,天之哀悯下民,可为至矣。夫以我数万之兵,器物精利,环攻一饷尽援绝之孤城,功可翘足而待。然三尺之童皆疑其将败,察之人事而可知,征诸天象而不惑,其数岂有爽哉!常州城郭完好,濠池复重,新胜之卒,不下数千,而人事不修,天象未改,虽金城汤池以为守,吾不敢信。

二十二日丙辰(5 月 12 日) 阴,下午大雨

早同阿哥至伯厚大哥处,又至憩棠。下午到茶山茔,视坟人掘穴注灰毕,又至三堡桥茔,如法作之。并为嫂氏深葬卜日,堪舆人费氏布向,择明日丁巳上吉,过此即不利破土云云。将返而大雨至,城门将闭,冒雨急行,泥泞不可举步,一仆曳吾裾而走,比至城,几仆者

屡,袒衣尽湿。归与老兄言其溃营狼狈之苦,吾已略知其况。周子吕甥来自苏,接家信。

二十三日丁巳(5月13日)　晴,日光甚皎

下午舟至学前登岸,访杨君子芗,坐良久。同费君清亭到三堡桥为嫂氏落葬,酉刻掩土后返。又至子芗处,同到程姓家看风枪、鸟枪,傍晚舟返北岸。幼静自乡返。

二十四日戊午(5月14日)　晴

午前幼静等在憩棠。午间子良来访,二鼓子芗来访。

二十五日己未(5月15日)　晴

巳刻移舟,访敬伯,问江北路程,欲至通州、崇明诸邑卜居避祸也。申刻又访子芗、子良。

二十六日庚申(5月16日)　晴,日光昏暗

晨送幼静下乡。午后舟到南门,访管带鹏勇杨允之守备,成都人,现扎营德安桥。坐良久,其人谙营务,其友彭荫棠[①]树生,重庆人。亦来陪坐。是日登岸,与吾兄同榻,明日拟遣舟返渎,为渎舟不可至江北故也。

二十七日辛酉(5月17日)　晴,日色昏昧

庄蝶庵自都门来,获才叔手书,知已应驻藏大臣崇实之聘,远游康卫,阅书怅然。庄出都至山东齐河县渡河,黄流自决口以后,多年未合,遂夺清身东行入海,而旧河莽为平陆矣。袁浦以北,道途阻梗,数十里匪盗横行,客车集大帮募勇数百名护行,方敢过之。又言开封方被围,甚急,汴省捻势益炽。

① 彭荫棠,稿本作"彭荫堂"。

同子吕甥至总局。下午访杨守备，同至天宁寺。晚归，过伯厚大兄。

大营自溃后，钦差和春复自镇江退至丹阳，二十六日总统张国梁亦至，溃兵尚三万馀。贼渐逼，丹邑及金坛皆告急。两帅以军无战具为辞，欲调齐后由宜兴进剿。

武阳保卫局务自三年春汪方伯本铨。奉旨办理后，又续奉廷寄家伯厚兄振祚与汪同办。五年方伯下世，事权尽归兄。癸丑，庶常赵曾向制府何桂清之门生。亦与局事，与兄积不相能，今岁春寇急，吾常重整局务，两人意相忤，且各有羽翼交构之，庶常遂告制府更设一局，号曰团练。尸之者查前臬文经自常守平翰以下，皆日赴新局而旧局可张罗矣。斯举吾常有识者皆不平之。其实此邑危在目睫，司局者进无尺寸之柄，退则家族不保，訾议丛生，积毁销骨，无益桑梓而大害切身，是从井救人之类，仁者所不为。以物出物为之楔，新局之张，旧局之楔也，伯厚兄以此而去，天之厚儒者至矣。人方为之嘆喈，我则为之欣快。

夜与吾兄抵足论声曲原委，三代以上，歌舞二者绝不相蒙，干羽、笙歌，各有其曲。下迄宋元，舞曲尽失而诗体屡更，五言、七言日趋工巧。长短句之体兴而有词之小令，由小令而衍长之词牌遂不可胜举。南渡之际，文人好俗言而曲始盛行，一时士大夫无不擅顾曲之能，然犹未演之为剧也。金世供御有“四厢乐”，其两厢舞乐也。男名末泥，女曰旦儿，凡合乐号曰连厢。舞者皆依曲句而舞，然犹歌者自歌，舞者自舞。至元世始歌舞皆出一人，通场陪衬而不唱，号曰“北曲”。至明世始通场合唱，号曰“南曲”。而关节益繁，铺场日讲，所谓靡靡之乐，淫哇乱志者，职此之谓。自唐以来，供奉杂剧，类今茶肆中说书，一人升座设论，一人从旁问答，诙谐出之，其隐切时事，见之正史号曰谲谏者甚多。其原出于滑稽之流,与声曲截然两途。舞曲之详,虽不可知,其略当可意求。天宝时象马教舞,大会乐奏,皆能应节,以意度之,则歌舞相应,未必始于金之连厢,而唐世已然矣。行箧无书可查,姑录所知如此。

二十八日壬戌(5月18日)　晴,日昏有晕

访伍云峰承祖,江宁人,其兄力臣与余好。于南门外马镇军大营,下午来答访。拜新任本府郭公。福州人,时僦居余宅。访青岩、子良。

丹阳来信,总统张国梁无故马惊受伤,扶曳而返。吾兄言钦差和春,先自庐州军营赴任时曾马惊受伤,甫至江南而有句容之败,左臂受枪,至今数年军卒不振。月中溃营之先数日,翼长王俊亦无故落马,军中咸指为不祥。六年前钦差大臣向荣败退时,营中时有狐祟,其纛旗自鸣。今岁二月迄今,营中常牝鸡司晨,卒之祸乱不爽。吾下人有自苏州来者,言省中城哭,人静则闻,如是者二夜,傍城居者,皆能言之。

二十九日癸亥(5月19日)　晴,天日清朗

晨与吾兄至双龙、憩棠,又至总局。闻宜兴被攻,欲赴江北,觅舟不可行。午后,趁振远舟至新桥乡,遂拟由乡雇车北渡。时兄欲息力于常州,强之同行,不可。乱离之际,分手临歧,为之黯然。比出北门,回望不觉涕下,见者犹以为怪。下午,舟抵郭浪桥登岸,道逢难民,扶携而下,则云贼已至奔牛矣。急行到新桥投方寓,幼静、耕亭咸闻信惶急,遂同至市中问信,或云丹阳已失,奔牛尚无事。初鼓,溃勇纷纷而来,彻夜不绝,村民大扰。是夜余犹安卧。

三十日甲子(5月20日)　晴,日光清皎,亭午有晕

传言丹阳昨晡被陷,钦差和春已退至常州。溃勇千百为群,由

新桥赴常州,附近之安家舍诸处皆被掠,合村居民及寓客有舟车者尽徙,惟方处及陈彦修家属以无车不得行。下午,遣两奴到郭浪桥为方处觅车,得四乘,约定明早来,拟且至三河口李宅停顿,再觅舟同余到江阴。一路又专人到西小湖放车及小舟,亦约明日来。是日闻城闭,吾兄不至,心益焦灼。

四月建辛巳

朔日乙丑(5月21日) 晴,午后日色昏蘙

五鼓,村人椎门言贼至,相去仅数里,一时大乱。村中止有车一辆,拔刀强之来,先载方处女眷,馀老稚扶挈而奔。甫出村,望火光腾起,锣声乱击,余手搅幼静三子发辫,向东北走,寻家眷车不见。天黎明,抵一村,名张家村,见车在前,遂借村民家暂息。遍属村民雇车不可得。信息益警,讹言贼已至,村民东西驰走,顷刻散尽,但闻枪声轰轰震耳。辰刻,幼静返新桥,料理行李及车,午后尚不至,两奴同往亦杳然。或言村外有一舟停泊,急往雇,已不可得。申刻,幼静自离此七八里之李家村雇车三辆来,遂挈众且往。坐甫定,余一奴来,言昨日雇西小湖舟车已至。幼静急往,约行李先下舟,再放车来接眷。一去,抵晚尚不至,望眼欲穿,而吾兄忽自城中来,幼静亦至,心中大慰。急询车何往,当何处下舟?幼静言舟遇兵过,已不知何往,车已为耕亭下人运伊家行李他徙矣。吾兄言在城获一舟,泊东北乡之会头,但须雇车前往。是夜与村人约定驾车四辆,明日一早行,且抵会头下舟,闻振远舟亦在彼相候,耕亭家眷在振舟,而自来此取行李。

初二日丙寅(5月22日) 阴,晨及晡微雨

清晨起身,余与二奴裹头急装,拔刀护车行。辰至史墅,见难民东西交走,啼哭满路。晡至西小湖,望常城烟火炽腾,宽十馀里,心中惨结,目不忍观。申后到会头,而舟不见,耕亭觅一小舟来,遂以行李入舟。吾兄同方处女眷登车,先到乌墩寻坐船。吾守行李露坐,乡人来问余踪迹,视余刀械,余见其色动,俟其去,急解戎服匿之,易难民弊衣。少选,耰锄蜂涌而至,四顾嚄唶不复识,乃去。余亦行。是日,方处觅坐船不得,不及下舟,暂借乌墩姚氏宅过夜。吾兄弟住舟中,夜望火光,天半如绛。

闰月二十九日,贼攻丹阳,我军出八成队迎战,至午大败,贼遂陷城。钦差和春率各军溃退常州。三十日三鼓,总督何桂清托言赴苏调饷,遂遁。邑绅公呈乞留不可,众复往跪香,何挥亲兵枪伤数人,乃退。贼是日早已至奔牛,苏常总统新授广西提督张玉良、大名镇总兵马得昭御之,复败退,贼势张甚。何既走,张、马诸兵亦皆溃。初一日,纵火焚城外民房,火日夜不息,幸城尚未闭,居民出者甚众。城守兵勇,夹持白刃,难民出者不得持一裹,进者不禁,故得脱者皆孑身无物。张、马二军之败,死者三千馀人,血流入河,如瀑之涌,故两将皆丧胆云。

初三日丁卯(5月23日) 阴

辰刻,移舟到河口李处,皆分避各乡,独炳甥尚在,使随吾行。另雇一小舟,约送至木渎。闻振远在石燕,又云在双庙,拟见之后,分遣方处一舟,同伊至常熟。吾再返寓乡挈眷,往同渡江。议既定,巳刻解维,午到石燕。乡民方围杀溃勇,骈尸十馀,积草焚之,掷头河中,累累相属。晡到双庙,遍觅张舟不见。同行有陈氏昆季,吾友彦修之子与张至亲,其家尚在新桥,无力他徙。远来觅张不遇,遇丁

光庸舟,言张在北渚,或又言在年岱,去此皆数十里,不能再往。吾遣奴子送之返新桥,分耕亭昨所雇舟与之。既行,吾舟复进二十馀里,泊一小村,复晤丁光庸,吾舟窄不能卧,移宿其舟。闻伯厚大兄在石燕为乡民所害,惊痛欲死,丁言非实信,心复少慰。

初四日戊辰(5月24日) 午以前大雨

辰刻冒雨行抵北渚,而张振远舟仍不在。幼静与吾兄弟计,张踪迹不可知,信息既日警,前路难行,不能复往返相觅。吾小舟行捷,遂分与耕亭,俾至年岱觅振远,接其内人。大舟径路前进,约相候三十里外之新塘桥。午刻舟行,薄暮到期处,杳无一舟,居民寥落,留泊甚孤。闻无锡已被溃兵焚掠。

初五日己巳(5月25日) 晴

日加巳,候小舟仍不来,不得已,书榜黏桥下,告以舟不能候,复约至木渎相会,舟遂行。吾行李及方处物皆在小舟,大舟反尽载耕亭行李,今既相左,有无遂不可必矣。午刻舟到常泾浜,泊舟问路。酉刻舟到潘墅,去苏六十里,居民言苏州昨日已被溃勇焚爇,舟不可进。吾家与两姊在渎,惊惶可想,念之五内如焚。欲抛坐船先往,而觅小舟无有,傍晚后始趁一舠,约送至距城二十二里之黄土桥,当刻即行,约吾兄偕幼静俟吾常熟。

初六日庚午(5月26日) 阴,午间微有日色

辰刻到黄土桥,登岸步行,前日雨后,泥泞犹甚,步欲跌,购路人草履着之。七八里至金黄桥,难民来者纷纷不绝。田父皆持耕锄为劫,余时戎服,拔刀大呼,皆迸走,为之一笑。又数里,至虎丘山后,绕道渡山塘河,夹岸市肆,十去其九,断砖摧栋,纵横满道,尚吐焰不息,惟虎丘寺嵬然尚存。自山塘至枫桥迷失道,彳亍田陇不能出,手足

尽沾涂泥。比至枫市,溃勇方聚掠典铺。适数舟来城移家,舟人数十皆持军器,劫者疑官军来捕,急逃匿,掷衣物蔽流而下。一野人赤足持扁担,身袭摹本缎狐皮袍,踉跄而走,形状可掬。吾借一肆门少息,过来凤桥,由御道行过高桥、狮山诸处,景地妍秀,殊忘(骈)〔胼〕胝之苦。申刻微雨,行抵渎镇。到弢甫家,知已同吾家居舟中,停胥口候信,他往尚无定向。访璞臣,觅得一舟到胥口。是日步行六十馀里,生平未有,一家相见,自忘其劳。六姊全家已泛湖去四姊家,与吾舟并泊。弢甫昨日上城,邓二叔自通州归,亦在胥口,住张纯甫处。

初七日辛未(5月27日)　　晴,下午大雨片刻

早放舟返渎,捡行李,家眷船仍留原处,令炳甥收拾书橱。吾傍晚返胥口,二鼓时弢甫返自城,谭至三鼓方散。

初三日,常州溃勇抵浒关数万人,苏抚徐有壬以下皆惶遽无策,弢甫自愿往招抚之,轻舟至关,遍觅各头目,与约既定,俟明日发饷安插。初四日,弢复偕长洲县李翰文以令箭四支,银二万往,行至半道,遇难民来者塞途,李怯不敢进,遁返城,携银而走,弢持空令无所用,遂亦返。比至城,城门已尽闭,则署藩司蔡映斗所为也。溃勇既久候抚不至,始纵掠,事遂大坏。下午,逃将大名镇总兵马得昭至,告徐抚欲守城者必尽焚城外民房而后可,徐抚遂出三令箭与之,首令居民装裹,次令移徙,三令纵火。马部兵以三令一时出,顷刻火光烛天,徐率僚属登城坐观,署臬司苏府朱钧痛哭下城。城外遂大乱,广、潮诸人尽起,溃勇亦大至,纵横劫掠,号哭之声震天。自山塘至南濠,半成灰烬。先二日,总督何桂清逃至苏州,苏州不纳,遂率其亲兵至常熟,故常熟亦惊惶迁徙。钦差和春自常逃至浒关而死,昨日尸至苏,苏抚以二百金为赙,敛以柳棺,理其事者,其巡捕徐厚轩

一人。和坐拥重兵,贪刻致败,死不足惜,与死于苏,曷不死阵,其愚不可瘳矣。

初八日壬申(5月28日) 晴

访张纯甫。下午,同弢甫诸君返渎,家眷亦归家,装捡行李。弢甫欲募勇千馀,驰救故里,约吾同事,拟安家属远处,即来与之驰驱。是日,常州唐姓逃至此,传伯厚兄死耗已确,为之痛哭。

初九日癸酉(5月29日) 晴

早觅弢甫舟,已开行至城。午接其手书,劝吾眷属且勿他往。晡作书复之,告以吾意宜先安家属,与商进止。时苏州各乡皆结乡团,自初四日广勇焚掠之后,齐心见广东人即杀,甚有本省道员颜培嵘避难至东山,为土民所戕之事。其风始起于横塘,初有一广勇方肆掠,土民获其人,得金约指二十馀,由是四方闻风起者日数千,乡团不劝而集,转为行旅之害。吾函告弢甫,当出告示,溃勇上岸滋事,居民格杀弗论,仍许给奖。该匪所有衣物,各团首存记充公。如敢掠取尺寸,事平之后,照土匪查办,决不待时。如此绝其利心,庶团有实效。否则掠兵勇不足,渐即及于难民,又不足,且涎及住户,人众聚而不可散,彼时虽欲弭其祸,不可得矣。

初十日甲戌(5月30日) 阴

早接幼静来信,知自吾初五日行后,次日即遇振远,因常熟被何督兵焚燹,已改计先至太仓暂居。得信狂喜。下午,到胥口访纯甫,村人假盘诘为名,索余腰间。有刀械及金银即加害,幸余无所携,至者益众,又欲挤余水中,谭笑而道,竟得解。纯甫留吾宿,与之同榻。闻常州失陷而不得确耗,又得伯厚大哥为北乡民所害时事情形,一夜心神震荡,不能着枕。

十一日乙亥(5月31日)　阴

鲍松山以骑送吾返渎,辰刻到家,而信息大警。城中溃勇到者又数千人,时吾已决计挈眷到太仓,与吾兄见后再定他往之计。弢甫在城,方欲集勇举义,数书来招,吾允以家属定居,即返苏共事。弢全眷拟住木渎左近,四姊来吾家送行,相向失声。下午,在四姊处终日。家中已雇舟二只,下行李、书橱二十馀藏一舟,衣物一舟,上下人口十六人。邓子期二叔及九弟适在渎,曹湀不死来投吾,俱同行。留家下老妇守宅,留李甥助四姊料理。是日,眷属咸住舟中。

十二日丙子(6月1日)　晴,日光淡白

辰刻解维,由横泾至花泾港,出吴江塘不得,闻前有兵,舟返横泾暂避。路见苏州烟焰半空,难民充塞而至,闻贼已到城下。有被掳得脱者,与一姥泣道旁,问之,言父与弟及妻皆陷贼,又言贼已至观音山扎营。

十三日丁丑(6月2日)　晴,日色如昨

舟复出花泾港,又折回到横泾。难民益众,或云木渎有贼。初与四姊约,伊家住天宫寺前,遂拟且往一见,再定他往。行未到岸,民言渎镇已被焚掠,舟子不肯前进,强之不可。吾转计贼锋既逼近,天宫寺决难居,六姊在湖州大钱口,四姊亦必往,得至彼手足一晤,死亦不恨,遂决计南渡。傍晚舟到东山天水桥,泊舟,逢一舟子告言,曾见弢甫之仆,弢甫父子已出盘门,其家眷尚在舟中,住胥口,大约亦渡湖矣。

十四日戊寅(6月3日)　阴,大风,午间略雨,雨后晴

早发东山,三十馀里到三山,浪猛,舟不敢进,遂避山坞中。岸上有人问吾踪迹,具告之,叩其姓氏,曰吴爽楼,名浩,延吾至家,煮茗

待客。村民会者数十人，争问吾兵贼之事，与略谭大营及诸处致败之由，皆扼腕詈和、张、何诸贼奴。吾喜是地淳厚，欲居之。又念两姊不可不往一候，遂留家眷一舟，自乘次舟到大钱口。忽见李甥在岸上招呼，急赴之，乃知四姊一家于十三日泛至西山，欲登岸卜居彼处，乡团不容，现尚在舟中，而遣李甥来此约会六姊，遂成巧遇。方欲进觅六姊舟，又遇其下人阿增，始知已移至湖州北门外潘公桥停泊，相将急往，傍晚到船，与六姊相见悲喜。槐亭亦在舟中，谭彻丙夜，约明日再入湖，同四姊及吾家到湖州，再赴上海一带谋生路。是夜月甚皎，登潘公桥，望西方兵气高及天半，吾告槐亭，长兴、安吉复将有祸。

十五日己卯(6月4日)　晴

黎明小舟至大钱口入，吾次舟顺风张帆，未午到三山，复访吴爽楼，少谭。午后遣眷舟先赴湖州，吾复乘次舟到西山接四姊，湖程十里至石公，循麓又数里至消夏湾，四山围合，中间湖荡，宽约十里，一望尽芰荷，群峰参差水上，苍黛欲滴，不类凡境。申刻，望见四姊坐船。先一日舟至西山，弢甫之兄持刀于船首磨淬，村人哗言贼至，欲纵火焚舟，幸董事徐勤甫、马信斋等知余及弢甫，力为推解，仅仅得免，然相约不纳之。舟人又坚不肯他行，不得已捡装，姑欲登岸，而居停尚不可得，狼狈无策。吾告四姊，贼锋已至胥口，两山富饶，必不免祸，且人情如此，亦难托足，不如且至湖州，吾手足生死一处。四姊以弢甫及虔甥尚陷贼中，不欲他往。吾念斯地危甚，且弢老父子必无恙，即出亦必至湖州相见。四姊意肯，公执亦觅一舟至，遂卸原船易新船。馀物纳吾次舟，约明早解维。又登岸晤马信斋，其老居在此，故避居之。时张纯甫、徐勤甫、葛青士皆在西山不及见，璞臣及少愚在天宫寺前。

十六日庚辰(6月5日)　早雨,午少晴,晡大雨

辰刻舟行,风逆。酉刻将至大钱,雨大至,平湖万顷,弥漫一白,凭舰乐之。夜二鼓到湖州北门,与六姊舟并住。是日在三山,闻苏州于十三日被陷,木渎于十四日为贼焚其半。

十七日辛巳(6月6日)　雨

凌晨闻有呼者,声似弢甫,家众报弢已至,狂喜急出,弢已至舟。始知苏州于十三日黎明张玉良开门纳贼,城陷。弢及子吕以次被掠者十馀人。弢住贼中一夕,冒险奔逃得脱,馀得出者惟姚彦嘉。子吕与彦嘉同一贼馆而未得脱,已约明赍银往赎,闻日内可返,为之稍慰。是日,议所向不决,弢定见偕吾赴沪津,谋泛海;槐欲至武林,渡钱唐。相与往复,夜三鼓尚无成说,约明日再议。

弢甫言伊奉苏抚徐札,招义勇凡二千人,分常武、武定与前募胥定共三军,尚未点名发兵械,而贼已于初六日破常州。初八日到无锡。苏常总统广西提督张玉良一战即溃至苏州。钦差和春、总统张国梁已先死。帮办许乃钊方遁居苏州,力言于苏抚徐,纳张兵助守,商之于弢,弢坚执不可,备言张之不足恃,徐惶惑无定见。署苏州知府吴云与许意合,力耸恿纳之,遂不听弢言。十二日,张率其勇二万人进城,分扎阊、胥、盘各门,其势汹汹,情不可测,徐觉其异,大虑之。时在城现兵尚四千人,弢请于徐,率是勇及民团上城弹押,吴云复沮其议。是日晡,贼由浒关焚掠而东,前锋及城,城中犹恃张不恐,不知是夜张已扁舟独遁。十三日黎明,其下三江兵勇开阊门纳贼,白布裹头,先贼焚掠。苏抚徐有壬自刎,家人死者七人,藩司蔡映斗缒城出遁。辰刻,贼帅忠王李秀成疑城中有伏,调其兵出城,张之兵勇亟遮留之,遂又入城。城中红头、白头交织于路,挨户搜抢,虽穷巷小家,无一或免。白头者,贼今岁初有是令,凡降人以白为号,三江

子弟率江宁人为多,处处为贼先驱云。

弢是日被掳至一贼馆,贼中向之言,十一日过无锡时,张玉良即约降,先至苏献城。十二日,忠王下令攻城,其众见濠河宽广,相顾失色。十三日方饱食傅城,城门已大开,遂令扎筏渡河,唾手而得,众皆踊跃颂天王福大。又言:"汝家老张已死,仅一小张复为我用,尚谁敌我?"气焰张甚。张三月中收杭城,功震江浙,凡民无不尸祝之,不图一败再败,不死尚可,竟丧心通贼,今又扁舟到杭,东南半壁,不尽不止,真非人类中所宜有。吾自离常郡至今,二旬之中,天地反复,欲归无处,失业之人,无虑亿万,地狱之设,若辈万劫不得出矣。

十八日壬午(6月7日) 晴

四姊、六姊与吾家议先至嘉兴之西塘,再谋东走。佥议既同,凌晨发舟到大钱,以弢甫将遣访虔生,又将易舟,斯地近湖,新舟在之故也。午刻,各家舟齐,时同行凡十馀姓,邓二叔携内弟叔度为一家,弢甫及其二兄公执为一家,槐亭为一家,程子良之太夫人挈一孙、一母家侄为一家,李甥炳照及其姊妹为一家,与吾全眷共六家。外愿从者常州陆某一家,弢仆周庆一家,馀单身附舟者尚四五家,上下大小男妇百馀人,凡舟十艘,是日齐泊大钱。申刻,南阳君举一女,虽难中舟次,而大小无恙,可为大幸。闻贼至隔浦,距大钱四十里。

十九日癸未(6月8日) 雨

早发大钱,闻贼陷长兴,湖州大警。辰至湖州东门三里桥。午过钱山漾,水宽三四里,沿岸多山,苕霅佳地也。申至担头,大雨阻行,槐亭改计欲至杭,意甚决,度不能强,听之。六姊以将别,涕泣不止,为其今岁所生子三奇乞吾昨生小女作媳。夜三鼓,遣将聘至小女八字。庚申、壬午、壬午、壬申。沿途土民吹螺声呜呜,沿岸来窥,意不可测。余与槐亭仆马升坐脚踏船,轮流择路而行。先是槐亭恋一官,又不肯令家属从余东行,故议久不决。前暮余登潘公桥望西方氛色愈恶,即向槐亭言,长兴旦夕必有变,槐摇首不信。昨果报警甚急,槐始信余言,许同行。今日闻邑已陷,舟遂东发,未数十里,或有云杭州守御固者,槐又改计挈眷晋省,盖其惶惑不定如此。

二十日甲申(6月9日)　晴暖稍类夏令

早同发,巳至双林,槐仍从前议,其船人不肯行,停候其家换船。酉刻甫开,〈夜〉抵马窑泊,与弢上岸茗饮。是日路闻湖州炮声。小女生第三日,以产于苕溪之水,锡名苕生。

二十一日乙酉(6月10日)　阴,巳午间有日色白而淡

早发马窑,迷失道,久之得通行。未刻后到乌镇,为浙东镇市之冠,广长十馀里,以兵警未泊。酉抵一村,名乌龙浜,泊舟。

二十二日丙戌(6月11日)　雨,午后晴,甚冷

五鼓即行,以南过王江泾,冲道恐遇兵也。湖、秀之间,运河惟王江泾可以对穿而过,馀皆须行运河中数里,故取道于此。辰刻渡泾,在市东铁条港泊舟。午刻欲行而风雨大至,未、申间始解缆,后知是日晡后,贼即到王江泾,亦险矣。顺风甚大。所经地多湖漾港汊,连络如贯珠然,宽处数里以来,狭仅寻丈,盖浦江之上流淤垫,至此实五湖之委而在淞江之南,疑即古所谓南江之迹也。酉刻舟抵西塘镇,槐亭之尊人挈全眷在此,遂大众同泊,登岸茗饮。遇常州人,言贼破城后,扎营南至闵黄,东至洛社,北至仓头桥,西至丫河,周数十里,城中死者万计。吾乡何罪,沦为鬼境,闻之气结,无泪可挥。

二十三日丁亥(6月12日)　早阴,甚寒

闻上海兵勇纵掠,不可行,弢拟先往,家众泊西塘,徐议所向。

晡偕弢至近乡李庙一行。

二十四日戊子(6月13日)　晴

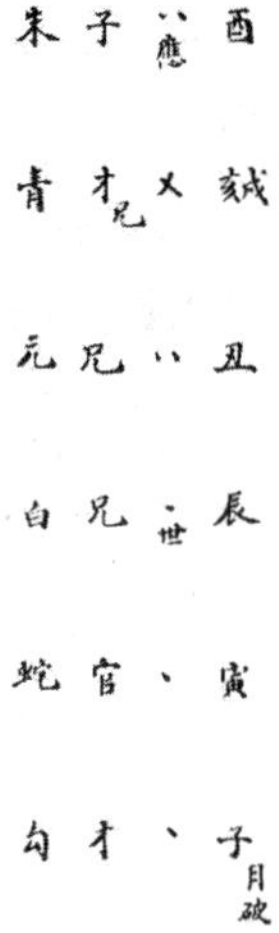

仍泊西塘,弢黎明趁舟赴沪。

午建子日。敬占赴上海出吴淞口到崇明或转江北吉凶何如。得地天泰之水天需,坤宫土。

朱	子	、、应	酉
青	才兄	×	亥戌
元	兄	、、	丑
白	兄	、世	辰
蛇	官	、	寅
勾	才	、	子月破

自四月十二起行,六月十一到崇明作寓,两月之久,然家属幸尚无恙,卦象殊验。

卦遇六合,世爻得月建生扶,福爻在应,皆系吉象。官爻来克而不动,前路无妨,惟重重劫财,多费钱而难到。又卦象泰者,安也;需者,缓也。虽保安全,而无遄行之利。

《易林》贞卦辞曰:"有求陈国,留连东域。须我王孙,四月来复。主君有德,蒙恩受福。"

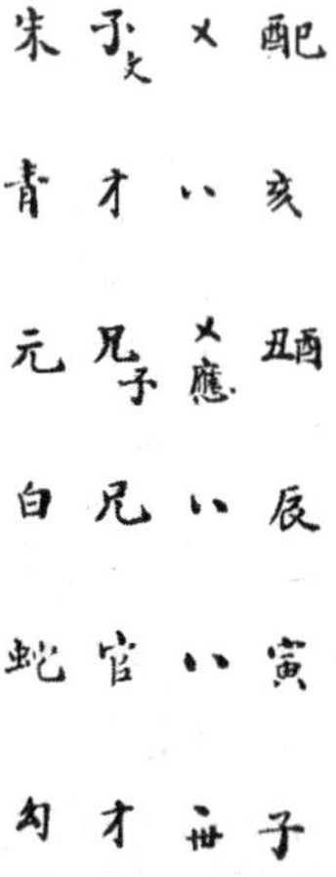

之卦辞曰:"四并兼用,君子所服。南征述职,与福同德。"

又占周、陈二姊家有平湖一路之行,同往何如。得地雷复至火雷噬嗑,坤宫土。

朱	子父	×	酉巳
青	才	、、	亥
元	兄子	×应	丑酉
白	兄	、、	辰
蛇	官	、、	寅
勾	才	、世	子

卦象类前,惟前卦劫财多而福在应,行李虽费而所至即安。此卦财持世而兄在应,道路用省,而到彼未能安静,吉凶之象,昭昭可见。

《易林》贞卦辞曰:"周师伐纣,克于牧野。甲子平旦,天下悦喜。"

之卦辞曰:"逐金出门,并失玉瓦。往来井上,甑破缺盆。"

又占吾兄在常熟、太仓一带安否,现居何处?得山风蛊之兑为

朱	才	兄	○應	寅未
青	官	文	×	子酉
元	父	才	×	戌亥
白	才	官	○世	酉丑
蛇		父	、	亥
勾	子	才	×	丑巳

泽,巽宫木。

占后六日,即得吾兄在上海之信,言四月十五以前在常熟、太仓奔走,日夜不宁,至十六交五月节,十七日到上海甫定。

朱	才才	○	戌未
青	官	、	申
元	子	世	午
白	才	、、	辰
蛇	兄兄	×	寅卯
勾	父	應	子

酉金官鬼持世,寅木用神屡应而受克,彼处必有兵凶。六爻发动者五,不知又移何所。幸日辰生用,卦上两重原神相助,尚无大妨。目下午火月建克制鬼爻,计交五月节后当已脱险。

《易林》贞卦辞曰:“鲂生江淮,一转为百。周流四海,无有难恶。”

之卦辞曰:“南山高冈,麟凤室堂。含和履中,国无灾殃。”

勾	文	、、	戌
朱	兄文	×	申戌
青伏子孫亥	官兄	○世	午申
元	兄	、	申
白	官	、、	午
蛇	文	×應	辰卯

又占烈后日际遇何如,家室获全否?得天雷无妄至兑为泽,巽宫木。

月建临福爻持世,寅木动爻化进神,生扶辰戌才爻,有气旺动,所至皆吉。

《易林》贞卦辞曰:“夏台羑里,汤文厄处。皋陶听断,岐人悦喜。西望华首,东归无咎。”

之卦辞曰:“抟猬逢虎,患厌不起。遂至欢国,与福笑语,君子乐喜。”

二十五日己丑(6月14日)　晴,连日日光昏昧

留西塘候弢信不至,访本地顾三余字锦文,其所辖有枪船数十,有众数百人。是日槐亭全眷赴浙,将由常玉山旋楚。午月建。敬占外甥周世澄陷贼吉凶何如,何日得脱?得雷山小过至水火既济,兑

宫金。

兄 官 世 寅未
子 才 乂 子酉
才 兄 乂 戌亥
子 应 申
官 父伏神 乂 午寅
才 兄 乂 辰子

午火官鬼持世,月内难以脱,然幸鬼爻落空,而伏神身强,足以制贼,又得太岁生扶,决无死忧。

贞卦辞曰:“初虽惊惶,后乃无伤。受其福庆,永永其祥。”

之卦辞曰:“众邪充侧,凤皇折翼。微子复北,去其邦国。”

后于五月二十六日得脱,十九日已交六月节,午火退位,不能制伏神故也。

又占妇叔邓子楚先生在丹阳得脱归否。得艮为山之泽天夬,艮宫土。

此卦亦系官鬼持世,然用神得令而强,福爻在应,已得善地。

《易林》贞卦辞曰:“君孤独处,单弱无辅,名曰困苦。辅心涌泉,碌碌如山。”

兄 世 卯
子 、 巳
才 、、 未
官伏神 应 酉
父 〇 亥午
才 、、 丑

之卦辞曰:“虐除善疑,难为攻医。骥穷盐车,困于衔御。”

《易林》繇辞甚凶,而卦象无碍。后得确耗,知为贼所迫,死于水中,涌泉之句验矣。卜筮长短信有之矣。

又代周占夫徐元铠陷贼生死吉凶。得巽为风之风山渐。巽宫木。

劫财持世,受制于官爻,用神不为贼害。虽月建害用而日辰生之,本月节内亦难脱免,至未月节土旺生金,当可出险。

《易林》贞卦辞曰:“温山松柏,常茂不落。鸾凤以庇,得其欢乐。”

之卦辞曰:“戴盆望天,不见星辰。顾小失大,福逃墙外。”

后其人九月中得脱,盖酉金当令,无所制伏故也。

又代李占父在常吉凶。得山雷颐之风水涣,巽宫木。

后得常信,知李君已被贼害,盖日克月破,用神受伤太甚也。

官鬼不现,酉金官鬼伏而不动,于用神无伤。而用神动而受日辰之克,流徙之灾而已,无大妨碍。

《易林》贞卦辞曰:"家给人足,颂声互作。四夷宾服,干戈卷阁。"

之卦辞曰:"火息无光,千载不长,殷汤远明。"首二句后验。

又占姊丈陈钟英挈眷由浙旋湘吉凶。得地天泰之雷风恒。午建丑日。坤宫土。

用神持世,月建生之,福德在应,间爻有合无刑,此去尚吉。惟卦逢六合,寂然不动,未能即行。

《易林》贞卦辞曰:"有求陈国,留连东域。须我王孙,四月来复。主君有德,蒙恩受福。"

之卦辞曰:"蔡侯适楚,留连江湖。逾日历月,思其后君。"

又代杨占父在常陷贼中凶吉之象。得山风蛊之山水蒙。巽宫木。

酉金官鬼持世,欲脱无由,幸用神为官鬼所生,而不为所克,无性命之险。至月克日破,家室毁伤之象,福爻不现,一时无路可走。

《易林》贞卦辞曰："鲂生江淮，一转为百。周流四浸，无有难恶。"

之卦辞曰："家在海隅，旋绕深流。王孙单行，无妄以趋。固阴沍寒，常冰不温。后入堕胎，大雹为害。"

后其人至秋金得脱至江北。盖金甚生水，世爻得力也。

二十六日庚寅(6月15日)　晴

遇常州人朱某，知常州失陷事甚详。贼初二薄城，官吏尽走，独民团尚撄城不下。初六日午刻，攻小南门急，统带团练五品衔曹禾督率民兵放炮拒敌，炮炸，伤数十人，城遂陷。贼怨吾常杀其人多，大肆屠戮，婴孺不免，皆曳至北门外吊桥，受刃死者数万，血凝桥面，厚几尺。周城数十里内，焚爇殆尽。天乎！吾常民多读书好善，虽愚民亦柔弱无悍风[①]，胡为酷至于此！曹君素忠义，与吾交最厚，官绅既尽，独效死不去，城陷之日，贼恨之，剞劂而死。吾兄伯厚死于土匪，公私涂炭，惨不忍闻。吾一人挈数十口，茫茫尚不知安往。有兄分隔，未知安在。群愁结胸，夜不能卧。槐亭家行至嘉善，而嘉兴已为平望败兵焚掠，遂折回西塘，与吾约偕至沪，明早大众放舟。

二十七日辛卯(6月16日)　晴，逆风甚大

舟行仅十馀里，风逆甚，潮水亦至，阻舟不得行。夜望西南两处，火光烛天，舟人告吾，此嘉兴火也。

二十八日壬辰(6月17日)　晴

舟复行，辰刻，逢平望溃回钓船四艘，各家之舟，一时皆泊，不敢进。余知事急，遂取衣冠径上钓船，候其将李姓，为之好语，事得解。

① 柔弱，稿本作"柔懦"。

午至大镇候潮,夜泊五沙口,黄浦江到浙中嘉、杭大路,约三十馀里。

二十九日癸巳(6月18日)　阴,顺风

早至西妏口,南通、洙泾、平湖诸处。有夷船守卡,讹言见外方船即开炮,各舟复不敢行。余见中流停一中国船插旗,知必有委员在此,径往拜,则熟识蓝君也。余与款曲良久,告以眷船过此,蓝问几舟,时从余行者凡七姓三十馀舟,蓝颇为难,强丐之后可,遣人告夷弁,舟乃行。午至德胜口候潮,夜泊闵行。

谢介鹤主簿名炳,安庆府人。带兵百名,驻守德胜,向与吾善,至其舟久谭,知上海情形甚悉。苏松太兵备道吴煦募夷兵助守,每日费万金供给之,夷人亦惮贼,守三日复罢。夷场诸行肆尚设,辎重已下火轮舟备警。外间争言夷已和贼,而当道尚恃为长城。主兵不及千人,以巨资尽填异族之欲壑,己不能募一可用之卒。合省大僚惟巡抚徐公有壬、署臬司朱钧死难;馀总督何桂清、署藩司蔡映斗、粮台总司查文经、巡抚衔江宁藩司薛焕、大营文案按察司衔庐凤道萧盛远、道衔苏州府吴云,皆奔逃至沪,居沙船为航海计。何督于前月三十日贼未至常时,行署悬牌欲赴苏督饷,夜三鼓开城将去,吾常绅民公呈吁留,环跪其公馆前,为其亲兵斫伤数人,众皆散走。既行到浒关,苏抚遣人拒之,何遂至常熟福山,将渡江到通州。会薛焕、查文经到沪,遣夷艘迎之至,与麾下数十人共一舟。具折言:"常州贼急,臣恐粮台有失,故督率总司为退守计。"复拜疏劾徐抚失守之罪。知者皆不平之。浙抚王有麟与何最昵,闻有书劝其自尽以谢天下,置不答。在沪向夷酋乞兵恢复,酋股掌玩弄之,卒未成约,而何礼之不少怠,其所为如是,足令人齿冷。先是有谣曰:"江南若遇人丁口,江南便是鬼门关。"妖谶征应如此,亦可异矣。

五月建壬午

朔日甲午(6月19日) 晴

清晨舟行,风顺水急,片刻行二十馀里,至周浦塘泊舟,地距上海三十六里,在浦江之东。东南至南汇县八十里,可进可退。拟住此,再遣人到上海探信,再定行止。巳刻,大帮舟齐,忽幼静全眷乘舟亦至此口,狂喜奔跃至其舟问讯。甫知吾兄及伊家自初五与吾分手后,转展流徙常熟、太仓诸处,俱不能定居。复由太仓到上海,欲雇舟到湖州相觅。闻湖州兵警不得行,吾兄为何督要去主笔墨,伊家欲且住上海候信。于二十五日适遇弢甫,得吾音问。二十七日同弢开船至西塘,三日仅行数十里,今果见吾同帮船,遂与偕来,而弢已另趁他舟,连夜到西塘,计三日可返。吾逢难之初,即立愿至亲数家,当生死一处,而四姊以弢甫故不能离木渎,六姊以槐亭故不能离湖州,吾以苏州之警,返渎迎眷,吾兄以方处孤孑,留为料理,四分五落,无复合之理。乃吾一至大钱,而两姊之秏皆得。比至沪上,而吾兄之信忽来。幼静一家,吾与吾兄竭力助之,得出常乡之险,今亦宛转相从,无心凑合,若有神助。惜周甥子吕陷贼不返,为一大阙陷,若得脱归,吾诸人扶携不舍,虽死亦无所憾矣。妇翁邓子期先生亦得其弟楚翁眷属在沪之信。又传闻楚翁在丹阳遇贼未返,欲即日至沪,遂分遣次舟送之。晤李伯盂,亦自昆山避难来此,将由海道入都。

初二日乙未(6月20日) 晴,天色甚暖,下午大雨

遇常熟舟人,得下路贼秏甚确。廿五日,贼大队始至八斥、平望,守兵迎战,大败,陆兵泅水脱走,水师亦尽散。当夜到嘉兴。廿六,焚北门外民居。廿七,焚东门六里街,前锋不指杭而东走,复烧

离城四十馀里之新芳,寸椽无剩。此吾廿七夜所见两处之火也。斯地为平湖水道之冲,贼所重掠夺,殆以嘉郡绅富东走者众,故为是举,亦未可必。

初三日丙申(6月21日)　雨

下午吾兄自沪来,邓二叔亦至,言沪无恙,遂决计明日放舟到沪。妇叔子楚在熊镇天喜营遇贼,出走,生死不得确耗,其眷属已先数日赴崇明。

初四日丁酉(6月22日)　晨风雨

早起放舟,遇风舟几覆,仍返周浦小泊。复行,中途有夷弁来舟搜索,恐有夹带军器,时余常佩洋刀及小枪数杆屏置一竹簏,因抚之曰皆在是,译者笑之,遂去。午抵上海小东门住舟,为妇翁另雇一船。

初五日戊戌(6月23日)　晴。天中节

早到各舟称贺。午为妇翁易舟,复雇得一大船,吾前来两舟,可并居之。上岸与两舟算账,乘坐不及一月,凡费二百二十缗。原雇船时,约两舟行日十六缗,坐日八缗,计在路开行者十四日,当二百二十四缗,坐八日当六十四缗,合计饭食等项三百缗外。舟人知余窘迫,且视舟人如至好兄弟,每泊岸,必拉至茶肆烟馆饮食劳苦之。故道中行住,惟余之意。时同行三十五舟,均视余舟所向,他舟有乘乱要挟者,余恒短刀帕首率奴子及舟人往与评理,无不折服。至是又不索全价,孰谓豚鱼不可以信孚哉!彼尸高位,拥厚糈而致下之离散,祸及天下,肉真不足食矣。妇翁有疾类湿温,命吾处方,吾以不精于此,谢不敏。李伯盂偕李晴湖司马宗泌。来访。

初六日己亥(6月24日)　晴

早起易舟,辎重累坠,半日始毕,书橱大半散坏,仓卒无力修治,任

之而已。下午至李伯孟舟，遂访晴湖，晤衣谷于茗肆。弢甫旋自西塘。

初七日庚子(6月25日) 晴

偕幼静到夷场，幼静觅弢甫于介福缎店。吾至宝顺访徐钰亭、曾季圃，晤徐少谭。问孝拱寓所，知在瑞珍洋行，急至瑞珍，孝留吾午饭。时周君公甫、魏君盘仲下榻孝拱所，共饮良久，公执偕吾兄亦至，饭讫，同公执至介福晤桐君，弢甫亦至。日下春时，复候孝拱少坐，孝贻我洋刀一。

初八日辛丑(6月26日) 晴

午间在孝拱家饭，同坐李伯孟。饭后至挹清楼茗肆，冯耕亭同吾常金瑞甫来，道吾常初二贼至，初六城陷始末甚悉。金全家殉难，其兄仁甫先出，不知所往。伊为贼掳至无锡，冒死脱走。且泣且道，咽不成声，同辈无不下泪者。复至介福晤金眉生都转，坐语移晷。是日，请弢老为吾妇翁处方，病少剧故也。闻曾涤生侍郎放江督，何桂清革职拿问。

初九日壬寅(6月27日) 晴

同伯孟至介福，又访孝拱，不遇，到挹清茗肆，弢甫、幼静皆来。弢觞我景兴之肆。得孝拱与吾书，作书复之。槐亭以金瑞甫无所归，延之舟中，约定居后为之教读。

瑞甫言初二下午贼至时，城中官绅先一日去，仅一总捕通判、一县丞在城，老局尚馀赵纯甫一人，新局阒然皆尽。城中精勇三百许人及民丁皆结盟固守，有言降者立磔之。是日，水师统领记名总兵曾秉忠以家属在常城，令箭开小北门迎取，甫出而贼骑五十馀突入，民勇闭城截击，尽歼之。益固守之不下，贼度难攻。初三日，射书城中诱降，常城以二十万犒师者，当越城不攻，东往无锡。若不愿降，可开东门出走，誓不相杀。城中获书置不答。时连日大雨，民兵婴城固拒，昼夜立雨中不退。先是，逃将张玉良、马德昭建议烧民房，尽择市肆焚掠，附城者反不及，贼得潜身其内，开墙成炮眼，坐而攻击，我兵枪炮皆不能害之。我势渐危，日夜望救不至，城中妇女，投缳溺井者三日夜无虑数万人。初六日，贼急攻，弹丸如雨，陴者皆不能出头瞭望，贼遂缚梯登城，南北门一时皆陷，大队入城，居民犹巷战不已。贼纵戮一日，凡在街巷者皆死，馀阖室自尽者不可胜计。四品衔举人赵起合家投池死，其侄曾向设新局，与赵宫赞振祚为难者，反得脱走。其馀孰死孰生，音问皆不能通，金多不及知。初八日，金即为贼裹胁至无锡。十一日，始得脱，滨于九死。城初陷时，金投水已气绝，为贼救，苏言初溺时饮水数十口，无甚苦，及将至百口，觉肤腠寸寸欲裂，痛极而死，遂冥无所知云。

初十日癸卯(6月28日)　晴

槐亭欲挈眷由平湖、海宁赴杭，是日遂解缆别去。同乡盛君隽生、久曜，德生弟。恽君次园及汤彦升家眷与幼静及李伯盂，皆欲同吾到江北，以吾先有通州之议故也。方欲雇舟，而闻吴淞盗甚横，大众罢议。

十一日甲辰(6月29日)　晴

同弢甫访潮州人萧君桐村，遂至蕴记楼，识广人潘德舆都转，仕成，由岁贡因捐资万五千金钦赐举人，荐升至运使，曾特任本省监司。能造水雷，曾捐造数具，奉旨天津试放。其始末见《海国图志》中。出汉赵飞燕玉印见示，面作“倢伃妾赵”四字。“倢伃”古与“婕妤”通，飞燕官婕妤时刻也。赵字独作鸟篆，意含飞燕名义。玉质纯净无点瑕，方今尺一寸厚三分，上刻鸳纽，精美无对。向售龚祠部定庵先生家，价五百金，后与他物俱押潘处，价甚廉，龚竟无力赎之。孝拱尚藏此印拓本数纸，吾曾获其一。晤马锐卿，远林中翰胞弟也。远林与邓楚翁同在熊营被害，此信虽未尽确，然十有八九矣。

十二日乙巳(6月30日) 晴

妇翁病服弢药少愈，然脉象虚芤已极，诊者皆言棘手。以地图一部贻孝拱，不纳。识顾户部菊舫，苏州人，亦避难来此，将赴崇明。

十三日丙午(7月1日) 晴

访英人李泰国，晤其友孙澄之，江宁人。闻邓楚翁死已确，不敢令妇翁知之。

十四日丁未(7月2日) 晴

振远、柳亭来，两君皆居上海乡之高桥镇，得信来晤，饭后同至夷场。弢甫昆季为其怨家掷石，伤顶及胸，知而来会者十馀人，同至其人所寓问故，不遇，遇之途。弢及其人复交詈，强拉之返。幼静将同汤、盛二家赴浙，吾以为难行，劝之不可，约明日解维。患难相从，临别涕陨。幼静乞吾次女为子妇，许之，各以年庚互易。得洋刀一，视孝拱贻我者益佳，以孝刀转赠李伯盂。

十五日戊申(7月3日) 晴

幼静赴浙，至离沪数里之白莲泾，闻贼至松江而返。槐亭舟已行数日，尚在松江之东，亦为贼阻，归泊闵行镇。衣谷来访。下午访衣谷于老闸，同到夷场。至蕴记访徐钰亭。妇翁疾如故，不信弢甫药。是日马锐卿荐苏医邵杏泉来诊，疾本温疟，挟饮湿郁为热，津液不行，故大便不利，舌本枯燥。邵认为实火伤阴，与细生地六钱，鲜石斛一两，又以麻仁丸六钱，败其胃气。病者见方甚合意，促煎服之。比吾归已三进是药，吾知不可，然无术挽回矣。

十六日己酉(7月4日) 晴

妇翁疾甚，一夕病形大变，叔度复延邵医至，亦知必殆，更定一方,用犀黄、珠粉,尤无伦理。吾急觅弢甫至,诊脉已无术可施。更觅一徽人吴星堂来诊,亦言危甚,勉处一方,用半夏泻心法,吾知其无及,劝且勿服,但与参饵,至戌刻遂气绝。南阳君及叔度号恸不欲生,舟中燃灯施位①,悲惨万状。回忆六年七月吾奉方淑人讳时,景象正同,今昔共悲,涕下不可止。勉劝叔度止痛,回舟少卧。

十七日庚戌(7月5日)　晴,天色颇凉爽

黎明,合帮移舟至老闸,以彼地棺殓一切较便也。上岸候同乡庄君咸之、何君兆梅,属同往购殓具,不意自十五贼陷松江之后,上海信息大警,市肆尽闭,又棺榇此地向用海木,无西板,海木入土即败,不可用。自辰迄申,脚根尽肿,觅诸物俱无,心急欲死。忽遇一徽人言有山沙一具,索价甚昂,急往观,遂以四十五元得之。殓服用吾箧中所存纱袍褂及故者遗衣,合用衾绞诸件,夷场一小肆尚有,附身一切尚为无憾。是夜至四鼓方殓。

槐亭、六姊舟来自闵行,幼静与盛、汤诸君又欲同至江北,亦不成行。

十八日辛亥(7月6日)　晴

遣奴到高桥致书振远,托为妇翁邓子期先生求厝地。同幼静、李伯盂、庄威之茗饮挹清楼。槐亭趁白鳖壳船将由海赴宁波,吾送之。其舟甚大,同舟几二百人,拥挤不堪,槐悔不欲行。吾以为上海安危不可知,槐亭又浙官,不可不往,强劝之行,槐再三始允,遂为捡发行李,与六姊话别,至夜甫归。得振复信,知有地可厝,拟日内赴之。经手瞿裁缝名洪远,其侄瞿全宝,高桥人。

① 施位,稿本作"设位"。

十九日壬子(7月7日)　晴

到挹清茗肆饮，又到冯耕亭家午饭，又到李伯盂舟中。吾以连日劳烦悲感，遂疾作。

二十日癸丑(7月8日)

四姊来吾舟问疾，汤衣谷来问疾。

二十一日甲寅(7月9日)　晴

晨放舟到高桥，幼静、汤、盛二姓皆行。风顺潮落，顷刻而至。力疾，与吾兄、幼静三人棹小舟访振远，途遇之。同至其家少坐，疾复作，寒热类疟，复勉强到所借厝地一观，归途狼狈几死。至舟昏卧，谵语彻夜。

二十二日乙卯(7月10日)

疾如故。是日邓子期先生灵榇登岸暂厝，吾疾不能送，悲泪而已。吾兄往为料理，亦以劳乏得恙。

二十三日丙辰(7月11日)　晴

疾少间，略进饮食。先两日不啖他物，惟饮烧酒及桃李鲜果而已。弢甫、四姊坐海船将赴崇明，道出此，遂至吾舟问疾，勉力至四姊舟少坐。

二十四日丁巳(7月12日)　晴

以书数簏交弢舟先携至崇明，约到后原舟来迓吾往。叔度九弟以楚翁家属在崇明先往，曹淦亦趁弢舟去。吾始愿崇明、通州二处依栖，避难中多乖迕，遂沉滞至今未达。百患备尝，方略有可行之机，然海道多梗，弢舟归日正不可卜耳。

二十五日戊午(7月13日)　晴

幼静及吾兄执意居高桥，吾以高桥与上海、宝山、嘉定俱安危难必,主张渡海,力劝之,俱不听。是日遂卜居市稍,即刻登岸,吾力疾至其处,下午归。

二十六日己未(7月14日)　晴

夜候吾兄及幼静,留宿其寓。

二十七日庚申(7月15日)　晴

巳刻返舟。

二十八日辛酉(7月16日)

二十九日壬戌(7月17日)

接衣谷来信,言贼自松退出,东窜四泾、七堡,上海告警。高桥妇工纺纱,三缕齐撚,其车制与吾乡迥殊。

(以上《能静居日记》四)

六月建癸未

朔日癸亥(7月18日)　晴

辰刻到高桥市肆,偕张君柳亭、张君振远、方君幼静、盛君隽生、恽君次园茗话良久。候弢甫舟,久不至。致书施逸云司马询之。施名天嵩,崇明绅士,同知加府衔,丁巳春正吾识之苏州,时同寓陈渊如观察家。

初二日甲子(7月19日)　晴

初三日乙丑(7月20日)　晴

有崇明船来,求载吾往,吾欲候原舟,不果从。

初四日丙寅(7月21日) 晴

李甥伯房以原舟来,知弢老廿六到崇,进当沙头港,卜居地名堡镇,离港口三里,崇明之东南乡也。初一日方登岸,原舟候风,故今日方至。崇邑风俗淳俭,惟房屋可居者少,地饶鱼虾,产瓜瓠甚多云。曹淦至崇遇其友涂顺,京师人,亦先君旧仆。在彼地分县汪君虎溪处,相见甚欢,遂迎曹往同住,侍辈中好义如此,可为寡矣。

初五日丁卯(7月22日) 晴

至吾兄寓所,以兄孑身寄居多病,幼静甚贫,不如同至崇,言至再再,吾兄言赴崇后有好机遇再来迓。是夜幼静为吾设饯,幼方欲到宁波度山,绕道至汴,亦不肯往崇。相对惘惘,饮为不欢。

初六日戊辰(7月23日) 晴

发行李过海舟,下午茗饮高桥市,与诸君话别。晚携肴到幼静家,答酬之觞既终,同人复送我高桥市,始揖别。

初七日己巳(7月24日) 晴

候李甥不至,伊前日赴上海,约归后同渡海。乃负约二日,至下午始来,即刻解维,片刻抵吴淞江口,住舟候伴。

初八日庚午(7月25日) 晴,顺风

无伴不可行。

初九日辛未(7月26日) 晴

仍停舟,午前上岸茗饮。

初十日壬申(7月27日) 晴,顺风

四鼓有两舟开行,遂亦出口,望左岸宝山城上戍火明灭不定,柝声正繁。天明至东带沙,在崇明、宝山界中,亦名崇宝沙。有盗舟三艘起

帆来追,时天风甚微,乘舟不进,舟人急问有枪械否。吾开箱出小洋铳,倍药三发,殷訇如连珠,匪窥有备,敛帆不追,会风至帆急,遂脱去。辰刻舟到港口,登岸,访弢甫。弢至顾斗南家住,两日方返,其家尚未定居,四姊借桐君家侧厢暂住,卑隘不堪。少坐,即偕公执访本地人龚君允之,属为觅屋。再访汪少尹虎溪,守愚,嘉兴人,寄居上元,与吾妇家有戚。其兄龙溪,名元鲁。曹淦即在其署中。复偕龚君相宅,市北施氏平屋六间尚可居,赁之。又访杭人冯小农,锡麟。并识吴君竹影,亦杭人。顾菊舫亦与同居,中隔一篱。晚访施铁云司马及其家映溪。

十一日癸酉(7月28日)　晴

发舟上岸,倥偬一日,候居停施君廷村令侄问渔茂才。文舆。

十二日甲戌(7月29日)

弢甫返,来访。

十三日乙亥(7月30日)　晴

弢甫家移居赁寓。下午虔甥自贼中来归,伊自四月十三苏城陷贼,二十二日被裹至平望,为贼贴写,贼首刘某遇之无人状,鞭笞常有。在平望月馀,五月廿六湖州绅士赵景贤竹生,前楚抚竹泉先生讳炳言子,候选道,本州防务。率兵三百渡莺脰湖,贼怯遁,官兵近贼营而不敢入。营中尚难民千馀,伊适在头敌,遂高叫贼已走,大兵速进。兵勇闻之始至,反将头营难民二十馀尽杀,仅馀伊一人,以知赵及归安县廖名得免,犹受二刃,随众至湖州,复自湖州到沪渡海归。被掳四旬,几死者屡,然体貌如旧,非灵祇默佑能如是耶?两月以来,喜事无过于此。访桐君。

十四日丙子(7月31日)　晴

作书寄六姊、阿哥。

十五日丁丑(8月1日) 晴

汪君虎溪来拜,饭后在小农处。小农以《会典事例》三本见还,先予是书为曹君青岩所借观,闰三月廿九往索还,交虔甥先携至渎寓。是日贼遂到奔牛,不十日城陷,获免于燹。予四月初六到渎,十二由渎出走,以书三十馀函四百馀册无大箱可藏,散放舟中,比至崇易舟凡三,书匣半毁,私意是书必无完理,检校果阙三本。小农适于无意中得之,可为快事,益信成毁天数,不可勉强。物犹如此,人之死生何所容心。是晚到轶云家贺其生子,即留晚饭。

十六日戊寅(8月2日)

叔度及其叔家住杨家河,距此五十里,遣奴来候。闻楚翁死丹阳城外运河,又言被贼掠去,生死尚无定说。南阳君得信,即日欲往唁。

十七日己卯(8月3日) 晴

十八日庚辰(8月4日) 晴,夜月甚皎

汪君龙溪、虎溪、叶君步洲、龚君允之来访,居停施问渔为东道主。

十九日辛巳(8月5日) 晴

四姊来。晡访弢甫、桐君、小农。

二十日壬午(8月6日) 晴,大风

偕南阳君至杨家河,小车行河干,河名大通,淤如一线,不容刀艇。斯地有人,亟宜疏浚,使行者无烈日之苦,不甚善邪。午后到邓寓,楚翁夫人急欲渡江求实耗,舟至即行,进语慰藉良久。出晤徐君仲蕃,同茗饮于市。

二十一日癸未(8月7日) 晴

同徐君至崇明县城,半道游寿安寺,寺后土阜本营总兵官张大

治筑,上有一亭可以俯瞩,为一邑胜概。日将中,到学署访郑君子乔,镜清,江宁人,去年乡榜,吾向识之万竹园。留吾午飧后同进城。城砖土各一重,市肆荒落,与乡镇无异。

二十二日甲申(8月8日) 晴

早发,与南阳君偕归,叔度亦同行。巳刻到新开河镇,吾分道到小溟界,访顾君斗南,应三,纳资为郎,吾向识之苏州。留吾点心,与剧谭甚久,日昳返堡寓。

二十三日乙酉(8月9日)

腹疾不出。

二十四日丙戌(8月10日) 晴

自十九至今,风吼日夜不息,室中无暑气。

二十五日丁亥(8月11日) 晴,风少止

到弢甫家同候小农。小农、竹影来。

二十六日戊子(8月12日) 晴

叔度返其寓。访弢甫。小农、虎溪来弢处,夜觞之。又访小农,三鼓返。

魏默深先生《圣武记》。

所载固伦额驸定边,左副将军策凌侍卫饮酒作歌,又圣祖俘噶尔丹,老胡作歌,歌辞悉拟《敕勒》。彼化外武人,安知韵语,为行文点缀无疑。馀如准夷阿奴可敦骑异兽,似驼非驼,诸事极类小说。

元顺帝北走和林,凡五易主,始去国号,称鞑靼可汗。至明景泰中,其汗为也先所篡,国人复立其子号小王子,相仍不改。其部落曰插汉,即察哈尔,世为蒙古共主,颇盛强。明末年曾助明与我朝为难,太祖举兵讨破之,国主林丹汗走死,子额哲奉玺降,封亲王,位冠诸蒙

古贝勒，编旗设佐领，比诸部落。圣祖时叛，复讨灭之，元亡始尽。

小金川之役，讷亲张广泗统兵攻剿，执以碉攻碉，以卡攻卡之说，顿兵坚阻，士夷过半。迨易傅恒经略，首疏陈形势攻法，略碉不攻，舍坚击瑕，分简精兵由间道直入，留兵围碉，即以围碉之兵为护饷、护后路之兵，数月而大功用蒇。伟哉！指发之机，为将者不可毫忽差也。

鄂尔泰西南夷改流，虽事势可乘，然未有文告先之。初举兵师，即以两酋族恶为内衅，以致事成复变。迨古州之役，张广泗功虽速成，而其后反复，杀戮无限，鄂尔泰阶之厉也。土目之设，由来已久，既无显过，安能尽除。若苗人劫杀，吏治苟善，何不可革？必欲尽去以快一时功利之心，而獉狉之风卒至今而不改。好事喜功，曾何益乎？吾欲正告天下，兵革之端，不可不慎！

二十七日己丑(8月13日) 晴

弢甫来，见示振远来信，上海寇警甚逼，振、幼诸君皆欲来崇。访虎溪，晚饭后归。

二十八日庚寅(8月14日)

二十九日辛卯(8月15日) 雨

晡后至弢甫处，携所寄存书橱返。

三十日壬辰(8月16日) 晴雨相间

虎溪见招，至其署，弢老先在，谭至定更时返。

七月建甲申

朔日癸巳(8月17日) 大雨

诸小汀孝廉来访。可志，杭州人。

初二日甲午(8月18日)　阴晴不定

晡到弢处,闻上海贼氛甚逼,进犯四泾七堡。吾兄及诸友均无信,奈何!奈何!

初三日乙未(8月19日)

弢甫到城中去,下午到小农家。

读《崇明县志》二十卷,乾隆二十五年知县赵廷健修。

唐高祖武德元年,扬州府海门县之南腾、涌二洲,名东沙、西沙。武后时,渔樵者乃著业,为黄、顾、董、施、陆、宋六姓。中宗时,始立镇于西沙,附通州之海门。宋仁宗天圣时,东西两沙渐坍,续涨一沙于西北,去旧沙五十馀里,有姚、刘二家避乱先居之,因名姚刘沙。徽宗建中靖国初,又涨一沙于东北,有句容朱、陈、张三姓居之,因名三沙。地饶鱼盐之利,张循王、刘婕妤、韩侂胄相继置庄焉。宁宗开禧三年,庄废。嘉定十五年,以姚刘沙为天赐场。元世祖至元十四年,升天赐场为崇明州,属扬州。时姚刘沙南渐坍,北渐涨。至顺帝至正十二年,州治坍没,城北徙十五里。明太祖洪武二年降为县,八年改隶苏州。成祖永乐十八年,旧城复迫于海,复北徙十里。孝宗弘治十年,以县属太仓州,而县治复渐坍。世宗嘉靖八年迁于东三沙,二十九年又坍,迁新涨之平洋沙。神宗万历十一年,新县又坍东北隅,卜迁于新涨长沙,即今县。前后凡五迁。国朝因之无改。

崇明地居江海之会,沙涂坍涨无常,三年不丈,则变迁难核。自元初定制"三年一丈,坍则除粮,涨则拨民,流水为界",世世奉之,称"十六字令甲"。通邑奏定额赋四万馀石,设里排一千一百名,以额赋责之,三年一届,尽丈合县新涨涂荡,分给各排,名曰恩拨。实则新涨之涂,方在潮汐之内,较之熟田十不抵一,故有"望水赔粮"之说。今则丈拨已成具文,里排贿通奸胥,以熟报生,以多报少,县官但获常例即一切不问,旧制荡然,去作《志》时恐不同矣。

本邑盐课向属两淮,后并归州征。明初灶地坍海,灶户逃亡,盐课编入条编,民田既输正供,复输盐课。明时题定不设商人,不颁灶帖,不发肩引,其海滨斥卤之地,悉听小民刮土煎煮,肩挑步担,以六十二斤八两为则,易银完课,仍岁纳灰场银二十九两,所以有"一田三课"之说。其灶地日久,地高土淡,即移灶就卤,现在额征实四千八百两零。

明倭寇陷城,设民兵。崇祯时,海寇陆大、顾荣作乱,水师增戍,奏设监军道一员。顺治时,明臣张名振攻崇,踞平洋沙,苏镇及各路兵分班防戍。十四年总督郎廷佐题设水师万名,撤监军道,设总兵一员,副将二员,共六营。康熙十六年,郑成功大举入寇,驻崇总兵梁化凤赴援江宁,破之,郑旋师犯崇,化凤急归救却之。嗣经分调数营移防吴淞,在邑水陆兵历奉裁减,实存三千馀员名。

初四日丙申(8月20日)

初五日丁酉(8月21日) 晴

下午吾兄及振远、柳亭诸君自上海来,甚慰。幼静全眷已同汤氏、盛氏至江北,将赴汴。闻贼由七堡进犯上海,初二日至虹桥,夷兵拒之。广潮人助为乱,县令遣人焚小东门外会馆,以覆其巢穴,夷兵遂益纵火,大小洋行街尽毁。或云夷人利其地址,有意为之也。初四日,贼益进,距夷场马路咫尺,夷人筑炮台自守。是日贼败,有退走之说,尚无确耗云。

初六日戊戌(8月22日) 晴

张柳亭来,同往看屋,未成。伊两家权僦弢甫邻屋居之。访施映溪。轶云弟。管子俊自沪逃来。

初七日己亥(8 月 23 日)

初八日庚子(8 月 24 日)

初九日辛丑(8 月 25 日)　大雨

中元合食。内弟君官、双官楚翁子。来,以馂馀待之。同柳亭、振远至乡间相宅,归遇雨。

初十日壬寅(8 月 26 日)

冯小农招饭,菜甚佳,食之果腹。识杭人王松年。

十一日癸卯(8 月 27 日)

午后访弢甫、小农。

十二日甲辰(8 月 28 日)

有腹疾,疲甚。

十三日乙巳(8 月 29 日)

顾斗南来见访,以疾辞之。

十四日丙午(8 月 30 日)

疾少间,斗南偕弢甫来,少坐去。弢甫明日即至海门。

十五日丁未(8 月 31 日)

十六日戊申(9 月 1 日)　晴

为振远僦屋一所,价甚廉,即为书券。又为柳亭僦屋,未成。龙溪、虎溪偕陈君莲叔来。嘉善人。

十七日己酉(9 月 2 日)　晴

施铁云来访,闻上海贼退。叔度来辞行,将以廿一日同楚翁全眷赴兴化僦居。作书致伯紫、季雨。

十八日庚戌(9 月 3 日)　　晴

重理《汉书》旧业,乱离流徙,自二月中旬迄今,漂摇湖海,荒失已半载矣。复事简编,不意馀生更有斯乐。

《张苍周昌赵尧任敖申屠嘉传》。

《郦食其陆贾朱建刘敬叔孙通传》。

为天下者常爱尺寸,况形扼之要哉?食其谏退巩洛以厄项楚,实佐策之良模也。

叔孙通历事诸主,脂韦之性,所如必合。变服取容,史盖短之。

《淮南厉王长王安衡山王赐济北王勃传》。

薄昭谏数厉王书,辞费安用尽载。

汉俗承战国恶习,士民率好纵横,诸王不学无良弼,多为所误。赞言荆楚剽轻之故,不尽然也。

十九日辛亥(9 月 4 日)　　晴,晡后雨

振远、柳亭来,吾疾少瘳,同看振僦新屋。

《蒯通伍被江充息夫躬传》。

躬上疏历诋大臣,小人而无忌惮者,然亦上之人有以作之也。

蒯通、伍被虽有祸乱之谋,犬固吠非其主。通之言可谓亮矣。被之拳拳正告,流涕呜咽,忠于所事,不当如是耶?充躬奸乱害国,败人骨肉,小人之尤,不当合之通、被,若与主父偃同传,庶几有当。

《万石石奋、建、庆卫绾直不疑周仁张欧传》。

《文三王梁孝王武、代孝王参、梁怀王揖传》。

汉既承秦法多刻,而王国臣下往往告讦其上以逞己私。诸王虽无行,亦何至尽同兽类,廷臣文致周内以削薄藩辅为忠能,而忘宗庙神灵之永恫,毋亦失之薄邪?谷永之疏实足挽鄙悖之风,史载之,见一时自有明识。

二十日壬子(9月5日)

《贾谊传》。

谊《鹏赋》命义玄邈，殆庄、列之流。

《陈政事疏》所为痛哭者，危亡之急；流涕者，兵革之祸；太息者，风俗之敝。由急以迨缓，每进而愈深。乱之所兴，治之由起，洞洞属属，同条合贯。惟积学致思，穷理尽性，而后能知之、言之，早作夜思，而后能得之，非苟而已，几乎圣人矣。汉承用秦法，文帝以有为之姿，当可为之时，一切因循不作，黄老自然之说有以中之，遂使三代隆模，千古不复。谊伤之痛之，流风之衰，江河日下，盖不独吴楚之患切于当世也。孟子曰：吾亦欲正人心。贤哲之见，固无异揆也。

割地分王之策，穷乱弭祸而不忤于人情，其计甚长，其术甚正。

谊所云流涕者二，皆指匈奴无事，分析谊言之亦无一定之方。所陈三事，此不免敷也。

李斯囚就五刑，君臣之体荡然已尽。至于汉而王侯贵人多被刀锯。谊一言而大臣不受刑，儒者有益世道如此。

《爰盎晁错传》。

错才具坚实，观其奏可知。前后三策，千古屯田备边，必当取法。错实奇特之士，非如盎仅以巧便捷给取富贵也。

观错所对策，以所问三层分配，五帝、三王、五伯浮泛不切，宛是一篇后世应举文字。独不知孟坚载之何心？

错才气坚实，锐厉锋发，虽固急功近名之士，然亦汉景之刻薄，有以相合，故多为严厉强切之举，流湿就燥，不当独责之错也。且吴楚之必反，自贾谊大儒已深忧之，错但不能以仁术行之，效法谊言耳。若诸侯之当削，岂错之私言哉？给斩东市，不使错知，景帝固无面见生错也。

二十一日癸丑(9月6日) 晴

同老兄访虎溪。同答候陈莲叔,见所藏戴尚书醇士熙。山水册页,淡远类傅青主,可贵也。

读《张释之冯唐汲黯郑当时传》。

按唐所言,军市有租,足用享士。谅为数足观,未悉征赋之法何如耳。

古之人才力矫强,用世之士,或以行谊,或以学问,或以亢直,或以柔和,或以口说,或以文法,登进之术,各名一家。杜少陵诗所谓"贤愚诚等差,自爱各驰骛",足以尽其理矣。史为张、冯、汲、郑之赞曰:"不如是,亦何以成名?"识见自异。凡目今人无一不能,实无一能,博而不专,殆风气使然。故登之朝廷,实用盖鲜。

读《贾山邹阳枚乘路温舒传》。

阳狱中所上书,繁辞缛采,其源出于韩非,其委流为骈俪。孟坚载之以见文体之一家,然史贵严简,多费方册何为?

贾山开发明主,劘其小失,其忠爱之心独至。路温舒奏书缓刑,盖有见宣帝之明察,欲以遏其流。两君之言,卓然冠世,邹、枚文学之士,去之殆远。

读《窦婴田蚡灌夫韩安国传》。

安国言攻匈奴不便,疾则粮乏,徐则后利,千古出塞之师,率此二患,以致中道而归。

田蚡市井无赖不足数。若婴与夫,势利薰灼其心,谬以名义自处,互为党援,轻忽朝右,取死宜矣。安国仁以为质,智以行之,庶几君子之俦矣。

二十二日甲寅(9月7日) 晴

汪龙溪、虎溪、陈莲叔来访。张君振远来访。李甥伯房、周甥子吕来。

二十三日乙卯(9 月 8 日)　晴

公执、桐君见访,闻弢甫有信归。张柳亭见访。

读《景十三王传》。河间献王德、临江哀王阏、闵王荣、鲁共王馀、江都易王非、胶西于王端、赵敬肃王彭祖、中山靖王胜、长沙定王发、广川惠王越、胶东康王寄、清河哀王乘、常山宪王舜。

河间先与立《左氏》博士,其时天下何向习者之寡,以致后为刘歆所轂邪。河间所对策,言得事中,文约指明,史既言之,何不略载一二,使后人睹见,不犹愈于邹、枚、扬、马之文邪?

王荣废死不得其所,史家怜江陵父老之流涕,及死,而燕为立冢。寥寥数语,悲悯之怀可见。

汉时以吴、楚之故,诸宗多蒙诬,不获自全。弱者忧蹙无聊,强者愤懑思逞,数十年间死削大半,名曰王侯,圈羊牢豕而已,其不罹刀锯者几希。既无师保教戒之美,俾自纵恣,及陷于罪,然后从而刑之,何有于同气之爱。中山之对,三复可以流涕。谷永上书理之,史亦于是篇言其吹毛求疵,笞服其臣,使证其君,良可叹矣。

主父偃推用贾生之言,诸侯分析,仁恩不衰。使文帝早为之,汉廷无吴、楚之祸,诸王鲜诏狱之迫,所益岂浅少哉。文帝遵用黄老,怠于改作,坐使骨肉零落,殃流子孙。甚矣!为学之不可不择术也。

读《李广苏建传》。广孙陵、建子武。

汉武使中贵人从李广勒习兵击匈奴,内臣监军大抵起是。

广简易,不用部曲,盖以军行绝漠,士卒劳苦,可以休息,使士气常逸,此亦兵家宜有。然所以能如此者,以斥候远、耳目明耳。程不识所行,自是将军常法,此各有所见,所谓运用之妙,存于一心,难以优劣论之。明人王而农以为李攻兵而程守兵,甚非。

以李陵治军，军行出塞数千里，兵卒尚匿妻妇，欲戎行之整，岂易事邪。

麟阁所画皆以定策之故，他虽有功不录。故传末纪载诸人，而云以知其选。

是篇史家作意为之，叙事曲折尽致。读陵、武诸人往还语，凄动肝脾。

《卫青霍去病传》。李息、公孙敖、李沮、张次公、赵信、赵食其、郭昌、荀彘、路博德、赵破奴。

去病不肯治孙、吴，曰："顾方略何如耳，不至学古兵法。"两言如天马行空，不受羁靮。与宋岳飞所云"运用之妙，存于一心"，俱为兵家旨言。

青、去病以椒房之恩，功次过当，然青谦和，去病勇敢，有名将之风焉。迹其当日之效，筑朔方之城，减西河之戍，绝大漠，逾祁连，汉人虽困疲，而匈奴永以衰落不振，至孝宣之时，单于稽颡请朝。师武臣力劳于一时，休于奕世，二人之绩，亦既伟矣。马、班于二人传，文义不异，皆短其为人，辞隐见达之，盖以李氏之故望之，且二人弃士大夫后世铅椠之士习，闻口说皆不乐称道之故也。夫李氏世世为将，广、陵皆屈身下士，故马迁理陵，躬冒不测无悔。陵虽卒败，而名盖一世，冤闻后人。虽然，为将者能谋能战而已，爱养士卒而已，彼结纳标榜之为，又安足道哉。

二十四日至二十八(9月9—13日)

理家中藏书竟，共装十二厨。此书自常至木渎，自渎至崇明，舟车七八易，残少不及十种，殆有呵护之者，尚能免于兵燹邪？弢甫二十五日自海门归。

二十九日辛酉(9月14日) 晴

龙溪过访，同至小农处，并晤逸云。闻贼陷嘉善，至平湖，东犯南汇。另股渡钱塘，攻陷嵊县、新昌、萧山，杭城援路告绝。

读《董仲舒传》。

汉武以成康刑措，为商之末政所贻。虽言为心声，抑何背戾至此。

仲舒三策，言理洞彻，百王之所为治，虽有难解，应之无留，学诣之精，千古无匹。于时君之偏好，尤拳拳焉。自汉初开国，人主不暇教化民俗，承秦、战国之弊，矜尚气节，多戾于道，其纯备者，贾、董两儒而已。大雅不群，斯之谓矣。

董君陈对，初盖欲极言武帝刑政之失，而进之于道，忠君爱上，无以过之，其立言悉本圣术，无一逾矩。武帝深知其立言之意，故为不解，多方以难之。至第三策，遂使之竟言天人今古之故，乃董君折于武帝之威严不能尽。末条指论诸臣好货之病，虽亦有汉朝臣通患，然揆之立言之本，格君心之非之志大左矣。甚哉！纳言听谏之难，而尽忠匡过之不易也。

愚常以为贾公才长于董，而霸杂未纯，董公学深于贾而明略不及，然有汉之世，两人而已。刘向称道董公，以为侔于伊吕，有过管晏。伊吕不可知，有过管晏，殆非溢论。

贾、董皆以立言垂美千古，其所设施，未尝能竟其学之什一。盖所遇不偶，难以强为也。《史记》两传不载《政事疏》及《天人策》，然则贾、董之学不几湮没无闻与？班史录之，过史公实远。

八月建乙酉

朔日壬戌(9 月 15 日)　阴

晡过虎溪。

初二日癸亥(9月16日) 晴

到张柳亭家。张柳亭、振远来。

读《司马相如传》。

相如赋称上林“左苍梧”,苍梧不当在长安左,疑陕豫之交,别有地名苍梧。昔人辨舜葬地,说之甚详,未审曾证诸此否。

每读马、扬诸赋,辄昏然欲睡,不知当时作史何以尽载其文?龙门且收此而略贾、董之作,弃本尚末,岂史家体裁。盖汉之诸儒,最尚名物训诂之学,故斯文足以倾倒一世。班氏《两都》祖述不替,然美则美矣,其于传之后世,垂为法戒,岂有当哉。

班氏好尚辞赋,多录夸曼,恐后世以为讥,乃以诗之风谏为比。夫赋兴六体,班班并在,安得淫靡之音若是者邪?质直通达,立言之要,所谓修辞立诚也。西京诸赋,足备文章一格,必以为有合道德,此偏护之说,不足辩也。

初三日甲子(9月17日) 晴

午后捡点藏画。

读《公孙弘卜式兒宽传》。

弘对策精义亦多,其间杂驳不纯亦自易见。夫圣人在上,正身以率下,安患民之不知礼。视民如保赤,安患民之不亲。上不尚刑,而民自不犯,不尚察,而民自不欺。方且与民涵濡以进于善,安在远近情伪必见,于上乃足成治乎。人之有智,所以明是非,别善恶,知所向用耳。以为术之原,浅之乎其言矣。言者心之声,不知言无以知人。观弘之对,其人之表里洞然矣。

弘对武帝之问卜式,精语卓然。汉武好货黩武,尚奇衺之行,民辄以此中之,朝臣自丞相弘以次多务自树异,为人所难为,天下翕然化之,不轨之民皆举首扼腕,思得一当,民气益以不靖,风俗益以不古。弘之折式,虽其学识足以及之,然亦同类之感也。

初四日乙丑(9月18日) 晴

初五日丙寅(9月19日) 晴

两日读老、庄各一过,略观其义,未能通也。

初六日丁卯(9月20日) 阴,有风,薄暮细雨

读《张汤传》。子安世,孙延寿,曾孙勃,勃子临,临子放。

读《杜周传》。子延年,孙钦,钦兄子业。

车千秋为丞相,欲平婿徐仁罪,霍光持之不获。夫桑迁实坐父反为随,人子岂能证父,坐之与反者,无异文致,甚矣。若侯史吴匿迁,不忘旧君之子,亦安得坐以匿反。光欲尽上官以逞私臆,亦既得矣,而枝蔓无少宽。充光之志,倾乱平法以快己心,虽使天下无父无君而不顾,与叛乱何异。妻显造逆,子禹受诛,光遗之罹也。

汤、周以酷烈显,安世、延年以宽厚称。并延其世,无独有偶,一何异邪。

杜钦忠事王凤,士感知己,世事固然。且汉兴,外戚相替枋国,彼知凤之执大权、秉国政而已,新莽移炎祚安从而逆料之,其父延年实佐霍氏而功名克终,而钦以事凤而世号从逆,毁誉之无常,成败之不可必也。虽然,士既好学读书,闻圣人之道矣,苟徇名利以忘其身,出处之不臧,其来讥固宜。

读《张骞李广利传》。

骞从西域并南山归。按南山即天山之阳,即今新疆之山南路,哈密以西是也。

初七日戊辰(9月21日) 阴雨

薄暮过弢甫及小农。闻贼陷常熟,先贼破苏,常熟绅民团守不

下，屡败贼。朝旨以邑绅庞钟璐为团练大臣，至是月初二，城陷于贼，庞来崇明。又闻朝议委江南之贼于各处团练，有民自劝捐、民自团练之说，直置东南半壁于不问，将使遗黎尽为贼得，灰忠义之心，千古败亡，如出一辙。

读《司马迁传》。

《传》注：如淳引《汉仪注》"太史公位在丞相上"。按文史星历近于卜祝之间，主上所戏弄，倡优畜之，《报任少卿书》明言之，安得此谰语。

汉人好尚黄老，学者皆宗之，皆好其保养之术，苟以自偷而已。其自然之故，无为无不为之道，殆鲜知之。谈总论六艺，进退百家，末推重于老氏，然守阴阳之聚顺，尚儒者之礼别，称墨氏之疆节，许法家之正分，善名学之核实，纷缴多端，已大悖乎清静之旨，尚何道之尊从？故曰汉人之好黄老，其偷心中之也，非实好其道也。

史公自拟尼山，故曰"自周公卒五百岁而有孔子，孔子至于今五百岁"，又曰"二十而南游，厄困蕃薛、彭城"，又曰"卒述陶唐已来，至于麟止"，皆总洙泗之行事而仿模之。学圣人而求其迹，释氏所谓"以色见，以音声求"也，虽不可曰僭圣，其情足哂。

迁序史引用诸书，一事两说，盖时去古远，简籍多逸，遗言淆乱，士生后世，既非圣哲，安得折衷群言，定其是非邪。并而称之，以待后之取法，此史家特异之识，班氏以抵牾病之，甚非。自后儒为辨黑白，定一尊之学，师心自用，说经益穿凿，论古多臆断，古人疑阙之风遂不可见。若其先黄老后六经，则汉初风气与东京专上儒术者大异，不当执今议古。其退处士，贱贫贱，迁自视寒薄，抱道不偶，有慨乎其言之，此非史体，庶几讥之当矣。

读《武五子传》。戾太子据、齐怀王闳、燕剌王旦、广陵厉王胥、昌邑哀王髆、王贺。

上官桀疏记霍光之失与旦,令告之,则旦奏中皆实光罪矣。昭帝觉其有诈,知桀为旦耳目也。故曰:“将军都郎属耳,燕王何以得知之?”非疑此奏不出于旦也。《昭本纪》又云“诈令人为燕王旦上书”,亦言桀挟诈与旦为比,代使人为之上书耳。师古注以为此传错误,殊否。

旦、胥以叛诛,其死固宜。而史书其歌诗嗟叹悲咽流涕,若重怜其无辜。霍光贪立少主,忌长王,昭帝之立,为武帝之意与否,亦不可必。旦之诛,其罪岂足尽信。若胥在宣帝时而亦不终,宣帝以孝武曾孙承统,胥武之亲子视宣帝为宜嗣。故废贺以不惠仅免,而胥卒自裁,史不能明言其故,辄形诸言外以写其冤,读者于此类宜察。

读《严助朱买臣吾丘寿王主父偃徐乐严安终军王褒贾捐之传上》。

助传载淮南王安书意甚善,然文冗辞复,但当节录,不合尽载。

偃先上书言北河之地斥卤,不生五谷,今复言朔方地肥饶。出尔反尔,始以见异,后以逢时,小人变态,不可穷诘如此。

乐上书语自善,但不知其指。读之觉敷而无味耳。

初八日己巳(9月22日) 阴雨

庭桂始开。

读《严朱吾丘主父徐严终王贾传下》。

严安上书,文义茂美。所云为民制使贫富不相耀,美哉乎言也。

征秦之穷兵以戒世主,言亦切至。若其以六卿之往事为言,似有见乎汉祚终于下移,然云郡守权重,失之太远。班氏尽载其文,其生平仅纪一二语,史体可法。

《贾捐之传》言出师击羌,一年四十馀万万,每千易银一两,当今二百馀万金,多寡不甚悬殊,足知汉之养兵甚费矣。

捐之与杨兴谋相保举,求执朝政,以退奸邪,卒为石显所陷。负且乘,致寇至,以小人之心行君子之事,己实不正,而欲以正本朝,其及固宜。事与唐王伾、王叔文大同小异。

有汉文学之士，皆能通识大义，发为辞语，文采斐然。然而揆诸实践，若不侔者。吾丘之难平津，主父之谏伐虏，严安之禁奢侈，王褒之颂遇合，贾捐之之议珠崖，咸卓然过人。馀如严助、朱买臣之流，亦皆长于议论，风发泉涌，足云华国者矣。乃其登进之初，无不躬服道义，言本圣贤，及乎仕宦通而富贵获，其所遵向一出乎邪诡，以要合取容为心，卒之功名不终，或身死异国，良足叹矣。以言取人，鲜不失之，要亦人主好尚佞谀，士之出茆屋，登殿陛，威严慑于上，富贵移其心，罔不低徊失据，丧其初真，上以风行，下以草偃，苟非学充操定，求其始终如一，安可得哉？

读《东方朔传》。

朔传曰"酆镐土膏，亩贾一金"，汉金十六两为一金，与今上等田价不甚相殊。

读《公孙贺刘屈氂田千秋王䜣杨敞蔡义陈万年郑弘传》。敞子恽，万年子咸。

武帝诸相自公孙弘以后，咸被刑戮。至屈氂之诛，至载之厨车以徇，虽桀纣暴秦无过于此。公孙贺涕泣辞相不获，而仍不免于死，不幸立乎暴君之朝，庶几东方朔之以仕易农，诙谐自隐而后可。而奔竞之流犹规进不已，朝带章绶而夕被桁杨，甘之如饴而不悔，廉耻荡然，上下各有其过，不能责之一边也。

杨恽坐一函书受诛，实以前语言狱之祸未竟，一触即发耳。其书意致落落，一何可喜，若汉廷之索瘢求疵，动成大狱，驺马之贱，祸倾搢绅，孝武之流风未衰也。

汉昭之时，丞相车千秋，孝武遗臣。王䜣、杨敞、蔡义相继登进，皆恭默取容，充位而已。敞、义又皆光幕僚，选厥曹掾，使秉国成，光之颛恣,无复臣礼,孝宣之不为山阳者几希。骖乘而帝,如芒刺在背。身尸未寒,妻子夷灭,夫有大功者,必食其报,岂天之或爽光之所为,有以召之矣。史于诸传中错见其跋扈之实,厥罪昭然。此以公孙贺、刘屈氂之猥琐,先乎诸人,继之陈万年之谄,郑弘之庸,物以其类,见千秋、䜣辈之卑屈无耻焉。

陈咸官媚当事,复残酷无人理,虽小有才,而平民实受其祸。与为咸之才而殃人,无宁万年之谄而自保。

初九日庚午(9月23日) 阴。秋分

读《杨王孙胡建朱云梅福云敞传》。

死者归神,冥漠无所复知。王孙乃以殓葬为留化鬲归,厚葬诚愚,棺椁衾绞之具,所以慰安孝子之心,无所系于死者。真人体道自然,有则仍其有,无则仍其无,遗形而游,委蜕而化,安事身后之计,预为之所哉!王孙好为名高,求异世俗而已。死而裸葬,未为老庄清静之旨,生为厚养,大背墨子尚俭之教,何所倚放邪?

杨王孙狷癖之士,云敞节尚自守,与胡建之急功近名,朱云之轻侠尚气殊不伦。史皆以王孙及云皆薄葬,故合之邪?梅福高旷,其上书有异躁竞之徒,然所言多迂远不切者。

读《霍光金日䃅传》。日䃅弟子安上。

光遭际国艰,手握神器,三引幼冲,秉政二十馀年,生杀在手,荣辱出己。所爱光五宗所怒及三族,亲吏遍于公卿,姻戚充斥机要,退抑寒畯,恣宠舆贱。躬冒大不韪之名,首创无忌惮之举,诡托伊周之义,开万世篡乱之端,为莽、操之先作。其覆宗绝胤,天之致罚,作俑倡逆者无少宽焉。以今思之,昭帝之得嗣,殆有可疑。史故明著封光等玺书,帝崩乃发之事,以见光之诈称大行以令天下,使后世深思

而得之。

日磾之不受莽何罗之封，亦以遗诏伪耳。不能明言，而托云帝少，故不受封，夫受封岂特壮主哉？定策之事，日磾不能得之于光，而独辞爵以见己志，日磾之忠也。至于贺之以罪被废，事尤文致不实。

昌邑从官将死，呼曰："将断不断，反受其乱。"盖贺君臣不平光之所为，谋欲诛之，机不密而害成也。田延年按剑横叱公卿，光之捉手脱组玺，虽莽、操凶横，无过于此。生平多行诈伪，夜夺玺不获，而朝增郎秩，奸雄作为，比比如是。光千古乱臣之首，徒以其才力过人，长于吏治，一时民气得之少苏，然亦承武帝兵祸连结，易为力耳。后世不察，多称许之，遂以伊、霍并道，可为迷谬之甚者矣。

读《赵充国辛庆忌传》。

辛武贤出塞，令人以一马自佗负三十日食，为米二斛四斗，麦八斛。按汉制十斗为斛，计每日为米八升，麦二斗六升馀。宋人得汉斛二，刻曰容十斗，较时斗仅受三斗。以此折算，此米八升，实止二升四合，麦二斗六升，实止八升馀，以饲一人一骑，较今饮食已倍。又以屯田奏所陈数计之，每人每月得谷二斛六升馀，舂米可有一斛三斗。以上实每日米四升六七合左右，汉斗即小，不当有此数，盖兵士一切资用不另与，故宽假之耳。

充国筹画，谋出必胜，不独汉廷收其明效，羌人以此得免死者殆不胜计。三世为将，道家所忌，若充国者，又何尤焉。

初十日辛未(9月24日)

阴雨日久，房屋湫溢，地沈如浆，日坐其中，支体为之不运。

读《傅介子常惠郑吉甘延寿陈汤段会宗传》。

《陈汤传》单于下骑,传战大内。时城未破,不当且行且战而入内室。当是"战"字有误,注遂从而诠之。

汤奉使绝域,勒兵深击,斩杀大虏,迹其勇敢之行,殆贲育不如。汉以武功开国,虽孝文专事休息,然犹出师北挞,以张国威。武帝勤求跅弛之士,功迈远漠。至于元、成之间,匡衡以儒臣当国,内无真实过人之行,以匡定君国,徒称经术,以自缘饰,与石显佞诈之臣为比,以伤武臣之心。此诸葛公所谓谈今论古,动称圣人,群疑满腹,众难塞胸者也。气息厌厌,国脉以之不振,使其时匈奴犹盛,西夷未宾,汉能无戎羯之祸耶?

读《隽不疑疏广、受于定国薛广德平当彭宣传》。

伪太子既云姓成名方遂,召乡里识知者张宗禄等为证,验坐斩矣。乃又云一姓张延年,足见其时狱状不能明白,所云左证傅为之耳。此等狱千古常有,终不能晓然无疑。

汉世奔竞货殖之风最盛,自公卿大臣,多以此贻祸者。二疏高举遐躅,足以发当世之士矣。至戒多金以贻子孙,此风虽自好者不知之。缙绅之家,善自封植,身死不旋踵而子孙饥寒及之,吾见是多矣。何则?凡人蒙业处安,鲜不偷惰失志,嗜欲无极,而居积易穷也。故膏纨之徒下者放佚,中者愚蒙,求其能自矫振,不陨家声者,千百无一,皆厚藏贻之害也。吾愿通显之士,三复广言,以当座右。

传中诸人,皆合廉退有行义之士以为一篇。首以隽不疑之远霍,终以彭宣之避莽,若有微义焉。两疏辞宠不居,有汉之风气为之稍靖,实足表仪千古。尝谓孝宣得人最盛,武尚奇士而佞邪充阙,元贵儒术而饰伪盈朝。然武以兴霸,元以肇亡,主德之昭昏使之异也。

十一日(9月25日)、十二(9月26日)两日

整理家藏制义读本,凡数千首,删去重复,合为一集。以为斯艺

萌于宋,盛于明,极于本朝。成弘正嘉之文,似苞甲未拆,精义覃覃而外不可见;庆历天崇,如花始舒,光采微露;国初至于乾嘉,如花方盛,绚烂盈目,而精实已输;至道光以来,则断红零落而已。此中变化升降之故已穷尽无馀,后来取士之方,恐将易辙矣。

十三日甲戌(9月27日) 晴,时复有雨,气候如黄梅时

访弢甫、小农。

十四日乙亥(9月28日) 晴

龙溪、虎溪来,同至弢处。

读《王吉贡禹龚胜龚舍鲍宣传》。

吉妇取枣食吉,此世俗恒情。伦常骨肉之间,无过当教导之,有过当掩覆之。子父交隐,所以称之为直,虽夫妇,何独不然。圣人以忠厚之旨教人,无往而不用,其悱恻之怀,惟大节所系,则以义裁之。吉之清操尚矣,毋乃非圣人敦笃之理欤?居己于清流,苛人之小过,犹是汉时矜尚之风,不足言也。

贡禹奏减不急之用,见诸施行,切矣。若宗庙礼文之制,皆盛时所当明厘,非可求之于奄奄一息之汉廷也。

龚胜,骨鲠之士,施之政事,未必为宜。要其清操足以绝俗,若其不屈新室,从容就义,虽夷齐何以加之。捐笃老之身,以明大义于天下,可谓得正而毙焉者矣。荣名垂乎千古,寿世愈于乔松。老父痛哭之言,犹是老庄之馀,非正论也。

十五日丙子(9月29日) 晴,夜月甚朗

弢甫来贺。至张振远、柳亭、弢甫、小农、桐君家贺节。

读《韦贤传》。子玄成。

韦孟二诗味隽而永,由其所怀忠厚,得于诗教故也。玄成两作

一仿祖制,可谓不忝矣。

玄成佯狂不受爵,伤父之素志不遂,不敢贪荣利以伤厥考心,所谓孝子养志,此殆近之。乃丞相史与之书咎其佯狂,惧不得垂名于后。是言曾足奏于玄成之前哉?

韦、匡论改郊庙之制,其时朝野无虞,当国之臣相与修明古制,舒摅才能,以定一代典礼,意甚休美。而不知元帝内乏道德之具,外有佞邪之臣,有位无德,礼乐何由而兴?诸君不务匡正君心,以一风俗,徒摭经义改削祖宗之制,是亦粉饰之治而已。自元迄哀,大祀四变,黩神慢祀,岂不悖哉!就诸论之言,刘歆最当礼意,班彪之言允矣。

读《魏相丙吉传》。

古人行军军市有令,而征赋之科则无闻,何也?

魏相虽亦笃好经术,其天姿固是刻核一流。丙吉初虽不学,其醇厚乃不可及,在位宽仁之政犹恒常有之。若躬卫孝宣于狱,及即位而不言。吁,难矣!

∩英冠,D法冠,小兵头。衣袖一红黄条辖十人,二条辖二十人。英、法皆然。

十六日丁丑(9月30日)　早阴,将午复晴

龙溪、虎溪来,同至桐君、小农处。

读《眭孟两夏侯始昌、胜,胜从父子建。京房翼奉李寻传》。

读书不能通达世情,是圣人之教不足为政天下也,复安贵儒者?眭孟妄言取死甚宜,独其友赐与之并命何辜。神圣禅代之事,惟尧能独断以与舜,舜能独断以与禹,使尧舜而不与贤,在廷虽皋、夔安能争之。即后世奸臣移国,亦惟一二爪牙心腹,与之同逆,使有疏逖之臣起而推戴,且诛之以示无私,孟而称道先师之说邪?吾知其愚,

抑欲附会权臣之心邪？吾笑其拙。

霍光以夏(后)〔侯〕胜为长信少府，授上官太后以尚书，太后置师傅，此千古仅事。

房创考功法，欲以补救吏治。夫臣下奉职称否，明主自能察之。主德苟昏，而欲以簿书司其黜陟，是增之诈伪耳。且催科逐盗可定胜负，使有良吏躬行修饰，以教其民，又岂能定其分度，致为优劣哉？房与五鹿充宗妒名争宠，及出而虑为所倾，数上封事称引卦气阴阳之咎，以谓皆为己而然。天道高远，岂因一人？京之此言徒令后人嗤哂。既无明哲之具，投身乱朝，犹欲哓哓不已，自取刑戮。学术至此，凌夷极矣。

元帝令王凤承制诏房，由今之廷寄。

李寻起家为王氏椽属，故其言多因丁傅而发，无一言及王氏者。

贺良等述甘忠可之言，哀帝信之，以陈胜刘为号，用召新莽之祸，妖由人兴也。

眭孟、京房、李寻所言，尤多不经[①]。夏侯胜敦朴之士。翼奉对元帝求言封事，颇当时弊，似当表异之。

十七日戊寅(10月1日)　晡大雨

夜，虎溪觞我，在座惟家昆。

十八日己卯(10月2日)

读《赵广汉尹翁归韩延寿张敞两王尊、章传》。

广汉治颍川，不务以礼让教民，使知守法，乃使之互为仇雠，其俗因以益坏，势所必至也。延寿召乡父老为设礼意，而讼习一改，虽

① 尤，稿本作“义”。

延寿未必真知礼,两人所用皆术,然相去高下之分,不可同日语矣。

霍光死后,群臣言霍氏者,牍满公车,严刻以迎主心,皆险诐之所为耳。敞之言独何厚哉!

广汉部吏捕治丞相,夫人跪廷下受辞。延寿劾御史大夫,不得通籍。二人所为,剽悍颇相类。尹翁归温让谦退,张敞通经尚儒,其奉诏察昌邑王贺起居,赖其一言,贺免于死。两人姿质皆近长厚,虽奉法刻廉,卒以全免,非幸而已。

十九日庚辰(10 月 3 日)　晴

龙溪兄弟来。

读《盖宽饶诸葛丰刘辅郑崇孙宝毌将隆何并传》。

许伯当时贵戚,宅成考落,重宽饶而请之,宽饶不知贵贵丞相在,而径据东乡之座,庸足为知礼乎?且轮奂之言,君子美其善颂,入人新室而遽为不祥之语,意诚何居?不务敬德,徒以虚气凌轹为高,其气量褊狭,亦复可鄙。王生以书戒之,用意拳拳,诵之可涕,而宽饶漫然不省。至其上封事称引三五禅代,几于病狂所为。魏相曰"次公醒而狂",深嗤其人之妄也。

宽饶、丰、并,生不逢武、宣之世,皆不竟其所为;辅、崇、隆,一鸣遂铩其翼,此君子戒仕乱朝也。孙宝志节厘然不苟,所为异诸剽悍强吏,其面折孔光等之颂莽,蹇谔之风,足厉庸懦,与宽饶、丰、并趣向不同,不当合传。

汉制:"大司马、左右前后将军、侍中、常侍、散骑诸吏为中朝。丞相以下至六百石为外朝。"见《刘辅传》注。

读《萧望之传》。三子育、咸、由。

魏相及望之皆与霍光有隙,光死,皆有报复之心,上言霍氏骄僭之罪。张敞亦尝忤光外调，然其言光家乃特近厚，胸怀视魏、萧远矣。

望之贪荣怀禄，左迁即移疾，得指复视事，庸浅躁竞，无复人臣之忠，儒者当如是耶？

张敞议诸轻小罪，令入谷西边得赎，不独悯边民之乏，盖从事吏治，睹汉法之刻深，株逮者众，思立法宽假之，诚仁人之用心，援甫刑以为言，亦不背于经旨也。望之以经生自居，顾不恤民之隐，毋宽大心，已大悖乎儒术，复哓哓强辩，其忌刻可知矣。

望之外托儒雅，内怀宠位，故在朝多所非毁，觊望相位，上言三公之非人。欲去丙吉而代之，反被诘责，可耻甚矣，犹不知退，以致降黜。其规进不睹事机，是读书不知世情，而衷怀不洁清者。望之终不得相，欲速不达，又足为竞名者戒。

望之援引郑朋，反为所陷，比之匪人，不亦伤乎？内乏知人之明，不仁而疾之已甚，皆取乱之道也。大臣以道事君，不可则止。元帝虽非明主，望之则甚被敬礼。史高恭显之奸，正言执退之可也。三谏不听，奉一身而退，为国为身，两无所歉，安用招致附助，授人以朋党之名哉？自古以君子而谋小人，鲜不反受其病。君子恒疏阔，小人多险阻，其理不敌也。又况不能无固宠专位之心，势利之见同于小人，其倾覆盖可立而待矣。

读《冯奉世传》。子野王、逡、立、参。

奉世功名有同陈汤，宣帝虽用望之言，不封为侯，然超擢其人，遂至列将之重。不封以防边衅，重用以尽人材，自是明主作为。元帝以后宫之故，不任野王，野王之不用，以石显之谮。御史大夫明知其贤而废之，何以劝善。古人内举不避亲，为臣犹然，况于君乎？汉世外戚继踵迭起，独冯氏诸子经明行修，皆以王舅见弃，虽后族妃家之异，独不能为贤者变乎？朝政凌夷，用可卜矣。及参一获封爵，旋随姊媛以死,一门才学,皆为女子所累,可悲矣夫。

二十日辛巳(10月4日)　晴

夜饮祝氏家。龙溪来。

读《宣元六王传》。宣子淮阳宪王钦、楚孝王嚣、东平思王宇、中山哀王竟,元子定陶恭王康、中山孝王兴。

读《匡衡张禹孔光马宫传》。

衡始进因史高,其与石显为比无足怪。

汉始以马上取天下,治法皆一切权宜之术。因事定制,虽未臻上理,文景以至武宣,天下称富强焉。及元之时,尊尚儒雅,韦玄成、贡禹、匡衡相继登进,经学昭明,宜有善应,而从此而败。再传之后,大盗移国,使后世疑诗书之教为无益,皆诸儒之罪也。衡贪利害义,又过前人,乡愿乱德,圣人之所深怒,衡之谓矣。

韦玄成、匡衡依阿处位,虽其脂韦由天性,然得君不若禹之专,犹足恕也,至禹而人理于是乎绝矣。人情虽至不肖,苟人以危疑之间,至诚相问,未有不竭所见以告者。盖血气之伦,不能漠然听之死,而知己之感尤不忍也。当成哀之间,国势岌岌矣,无智愚皆知王氏颛恣,刘祚将覆,出死命以为社稷争利害,禹以师傅之尊,有知信之素,虽莫之问,犹将言之,乃上方以国家存亡付之一决,而眷念子孙重为之掩覆焉。一患得患失之心,覆人宗祏而不顾,其行贱于狗彘,其名污于粪土矣。

孔光蔑礼忘义,不重在迎拜董贤,而重在于大行前拜受印绶。吉凶不相袭礼意,自古而然,斩焉缞绖之中,其邀利冒宠之心,尚不能以顷刻待,尚得为有人心者哉?

马宫庸庸之人,无好无恶,史以其无可比附,故置衡、光之末,以见沆瀣一气耳。

士人积学读书，伏处之时，常守身洁行，式如金玉。及其贡于王朝，充在僚列，犹能称道是非，匡救不及。迨位望日隆，名称益远，进居台鼎之位，天下拭目以观其化，乃率保位固宠，容身自肥，迹其行事，反不若功利之人，志节未丧，其故何哉？盖圣学深长，事端纷异，此既可比于义，彼亦足附于仁，自非身体力行，确然有见，不能审其所处，以折衷于是非，不能审其所处，以折衷于是非，则义利之分不能判然于心意。由是淄渑一乱，真赝混淆，外托公义，内营私利，称引先圣以自蒙饰，虽有至明，不能洞其窟穴。处地既高，人不敢议，为术复广，人更难穷。于是世俗鄙儒，争骛其间，以为容身保位之秘，始初激厉奋发，以求誉闻，终托宽厚敦让，以守富贵。用使天下之人，指儒为诟病，皆此类也。真实之士不可多见，毋宁他途进取之人，其情犹专，其学易晓。明君令辟，于人之情伪无不知，故不贵深衷厚貌之伪儒，而多任尚气矜节之志士，此由圣人不得中行，必也狂狷之意也。汉初诸帝，皆天纵圣哲，其所任皆非儒者。自武帝一用赵绾、王臧，两人终以奸败。宣帝不喜元帝，曰“败吾家法必太子”，其识可谓远矣。

读《王商史丹傅喜传》。商系宣帝母悼后之族。

王商忠节不挠，自商诛而凤益专，新室之篡成矣。

成哀之际，进用无非外戚，王章之讼商，何武之讼喜，虽其言当，然助一外戚，抑一外戚，天下岂遂无人，必椒房之懿亲始足为重哉？其时主臣士庶皆以外戚为心，一若非此不可居大位，国之不移他族，安可得哉！

读《薛宣朱博传》。

宣、博皆吏才，然宣布政优优，非博之操切比也。汉以守相高第者擢中二千石,因用为相而治尚刑名,吏皆核刻之流,不足以任鼎鼐之重。故起吏二千石至相者多败,理势然也。

二十一日壬午(10月5日)　晴

饭后访龙溪。闻贼于六月十九至杭州北关外,为刘总兵某击退,杭州得无恙。前传富阳渡江,嵊县、新昌、萧山俱到之信不确。

读《翟方进传》。子义。

方进亦强吏,是朱买臣等一流人。

读《谷永杜邺传》。

永阿党王氏,欺成帝仁弱,至对"黑龙见东莱"之问,其言恣肆,有类骂詈,尚何有事君之礼,小人之无忌惮如此。

王氏之盛,自帝师张禹亲蒙过问之言,犹为之善言,永、邺新进,孤生复何足怪。孝成宠待赵、李,哀帝倚重丁、傅,两人出死力争之,为王氏陨命无悔。使权臣得士若此,欲求安存社稷,不可得矣。

民虽俊秀,皆为衣食荣利所拘,利权所属之人,即为之百死而无悔。权由于上,则天下俯首弭耳,而治以顺成;权移于下,天下亦云合响应,而乱以逆起。惟深识不移之君子,为能去利言义,以定从违。

二十二日癸未(10月6日)　晴

petition甫自城中来,见访。

读《何武王嘉师丹传》。

治世多闻人善,乱世多闻人过。治世政宽,乱世政急。宽则吏治平,民气靖。急则吏治激,民气嚣。欲使天下无事,其必任人弗疑,而后可期也。少闻人之阴私,官吏得长子孙,然而不治者未之或有也。嘉求尊重宽假二千石官,有识哉言也。

嘉对狱方贤孔光,而光议嘉罪最重。光不能执正以救贤臣可矣，并无知遇之念，反从而下石，丧心甚矣。

嘉执正不挠，有大臣风。若不敢自裁，失算甚矣。不能暴白于乱君之前，徒使天下疑于大臣之屈节，此则甚谬。

哀帝封拜丁傅，夺王氏权，师丹上疏争之，其论卓矣。霍氏专于孝宣之世，帝畏之如芒在背。光死之后，帝犹以禹为列将，迨见其逆节，始以渐夺之，于事则安，于心则厚。哀帝不善王氏之盛是也，成帝大行在堂，而变置纷出，其心量褊窄，岂解难已祸之主哉。去王氏，进丁傅，以暴易暴，徒私心耳。既不能拔外戚僭侈之本，兴一族，废一族，以激其祸机，使元后蓄恨于内，诸王伏戎于外，身死不晷刻而群起以快其不平，天下之人亦若以王氏为屈抑，而当使居位。于是新莽手掇神器如取携焉，哀帝之不能忍，有以成之也。

武、丹、嘉皆成哀名相，三人中嘉有识执正，又称首焉。武与公孙禄更互相举，其时元后心在于莽，虽有强直之士，安能阻之。大臣志安社稷，但直言外戚之不当重任，侃侃争之，得罪而去，于义不愆足矣。武不知出此，乃授人以朋党之隙，一何拙也。丹受莽征复邑，月馀即死，其得免乎贼臣之手，幸矣。

二十三日甲申(10月7日) 晴

至弢甫家午饭。又至小农处不遇，归。虎溪自城归，过访，言贼在吴江出示云“清朝皇帝非亡国之君，其臣皆亡国之臣。目下杭州尚未归天朝，尔民且无蓄发，俟杭州破后，大事已定，再用天朝制度，庶不致胜负反复，有累尔等”云云。又在彼点粮总造烟户册，下等人纳口赋每日三十五文，中上渐加。又设立小票，每张二百五十文，有票许赴各处城市贸易，填明地方，不得逾越界限，票只得用十日，期满再换。虽征取甚重，然各处货物俱竭，执票往者无不倍利。其兵锋所及，浦江东岸已至洙泾、枫泾，接连嘉善、嘉兴，西至太湖、香山，诸民团多半被陷。枪船大头目费阿玉降彼,沙锅张四屡败受伤。吴江东乡沈氏、苏州永昌徐氏皆大族,出资与敌四月馀,援尽粮绝,俱不支。北沿大江江阴以至常熟、太仓、嘉定尽为所有,太仓刘河口亦扎营,有渡海之意。江之南仅存上海、宝山、川沙、南汇数县,赖夷兵支持,暂为完善,日后亦不可恃。钦差大臣总督曾公国藩远隔不能至。署督薛焕局促一城,恃夷为命,然以前贼退松江之事,冒功奏请,赏加头品顶戴,署藩司上海道吴煦二品顶戴,馀皆以次奖擢,不复寸土而膺厚赏。前督何桂清自五月初奉旨拿问,至今逍遥沪上,以道梗为辞,抗不赴逮,尤为仅见希有之事。以赏则滥,以刑则弛,何以鼓厉人心?何以恢复疆土?吾辈生此际,诚不知投足之所,言之足为愤叹呜咽!

读《扬雄传》。

《反骚》一篇,文约义深,真沉博绝丽之作。余尤爱"衿芰荷之绿衣兮"数语。

《解嘲》一篇,见当时君相庸庸无所为,士生其时,有志节者甘处陋巷,竞名利者殴归私门。主既不明,当轴悉妨贤害能之徒,国欲不亡,得乎?

雄以议论文章度出世表,其实事绝无可纪。《传》中尽载其文,其出处之际,于赞中论之,法真尽善矣。

雄高抗不谐于俗,故世人以投阁之故,群诟病之。积学如雄,沉没以老,莽时未能即退,然位不过大夫,亦吏隐之流者耳。以被恶声,重可悲矣。

二十四日乙酉(10 月 8 日) 晴

弢甫、桐君、子俊及诸同乡来。

读《儒林传》。

经学授受图

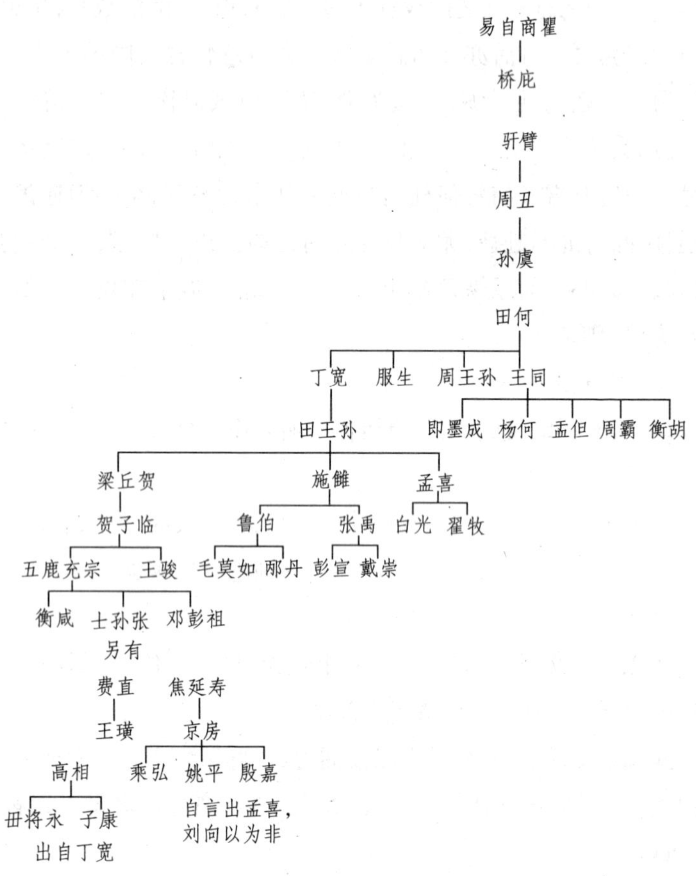
易自商瞿
桥庇
馯臂
周丑
孙虞
田何
丁宽
服生
周王孙
王同
田王孙
即墨成
杨何
孟但
周霸
衡胡
梁丘贺
施雠
孟喜
贺子临
鲁伯
张禹
白光
翟牧
五鹿充宗
王骏
毛莫如
邴丹
彭宣
戴崇
衡咸
士孙张
邓彭祖
另有
费直
焦延寿
王璜
京房
高相
乘弘
姚平
殷嘉
毌将永
子康
出自丁宽
自言出孟喜，
刘向以为非

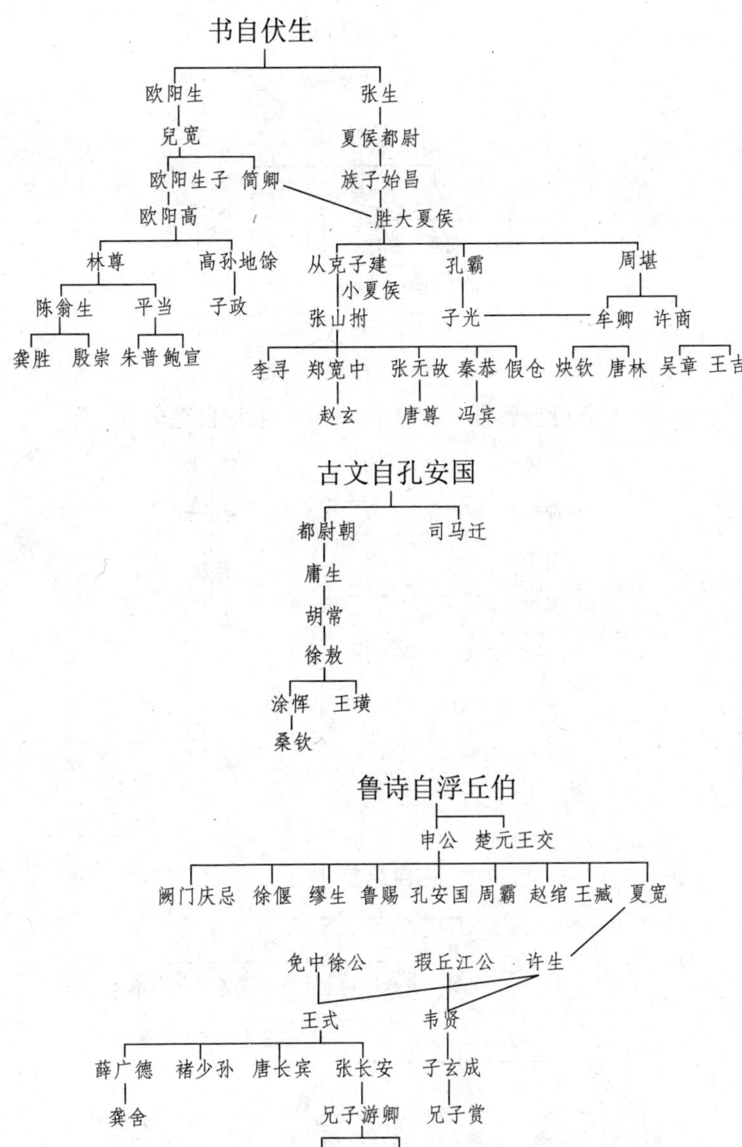
书自伏生
欧阳生
张生
兒宽
夏侯都尉
欧阳生子
简卿
族子始昌
欧阳高
胜大夏侯
林尊
高孙地馀
从克子建
小夏侯
孔霸
周堪
陈翁生
平当
子政
张山拊
子光
牟卿
许商
龚胜
殷崇
朱普
鲍宣
李寻
郑宽中
张无故
秦恭
假仓
炔钦
唐林
吴章
王吉
赵玄
唐尊
冯宾
古文自孔安国
都尉朝
司马迁
庸生
胡常
徐敖
涂恽
王璜
桑钦
鲁诗自浮丘伯
申公
楚元王交
阙门庆忌
徐偃
缪生
鲁赐
孔安国
周霸
赵绾
王臧
夏宽
免中徐公
瑕丘江公
许生
王式
韦贤
薛广德
褚少孙
唐长宾
张长安
子玄成
龚舍
兄子游卿
兄子赏
许晏
王扶

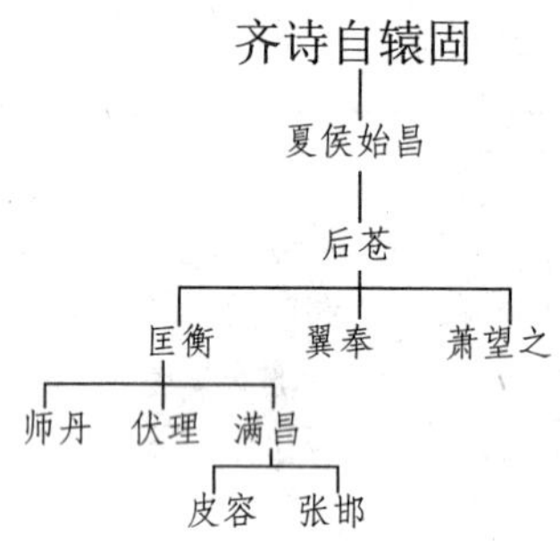
齐诗自辕固
夏侯始昌
后苍
匡衡
翼奉
萧望之
师丹
伏理
满昌
皮容
张邯

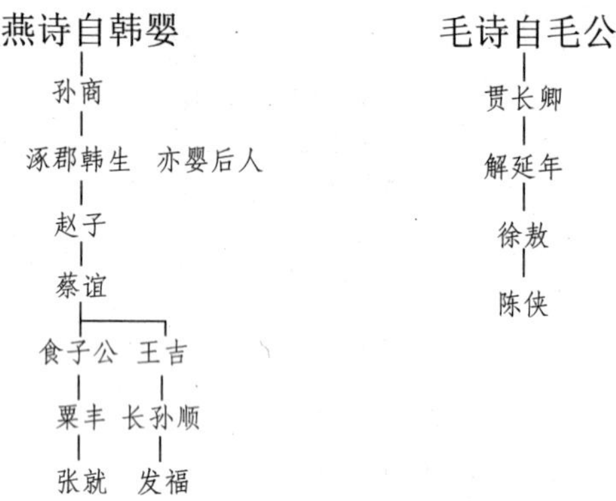
燕诗自韩婴
孙商
涿郡韩生　亦婴后人
赵子
蔡谊
食子公
王吉
粟丰
长孙顺
张就
发福
毛诗自毛公
贯长卿
解延年
徐敖
陈侠

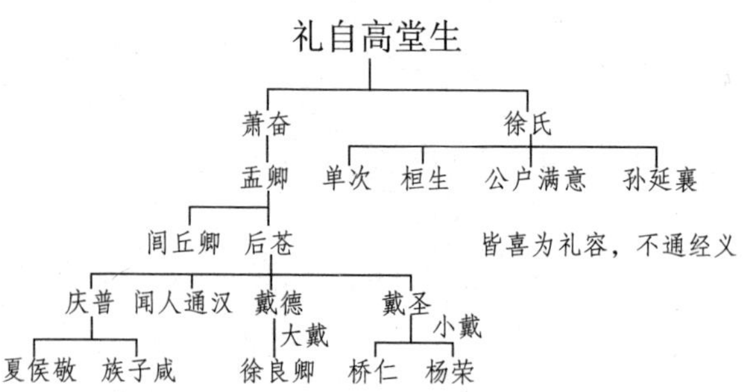
礼自高堂生
萧奋
徐氏
孟卿
单次
桓生
公户满意
孙延襄
皆喜为礼容，不通经义
闾丘卿
后苍
庆普
闻人通汉
戴德
戴圣
大戴
小戴
夏侯敬
族子咸
徐良卿
桥仁
杨荣

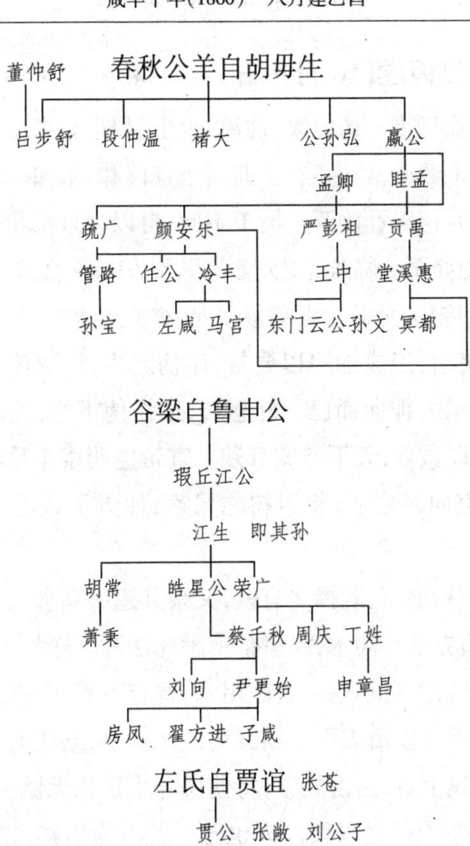
董仲舒
春秋公羊自胡毋生
吕步舒
段仲温
褚大
公孙弘
嬴公
孟卿
眭孟
疏广
颜安乐
严彭祖
贡禹
管路
任公
冷丰
王中
堂溪惠
孙宝
左咸
马宫
东门云
公孙文
冥都
谷梁自鲁申公
瑕丘江公
江生　即其孙
胡常
皓星公
荣广
萧秉
蔡千秋
周庆
丁姓
刘向
尹更始
申章昌
房凤
翟方进
子咸

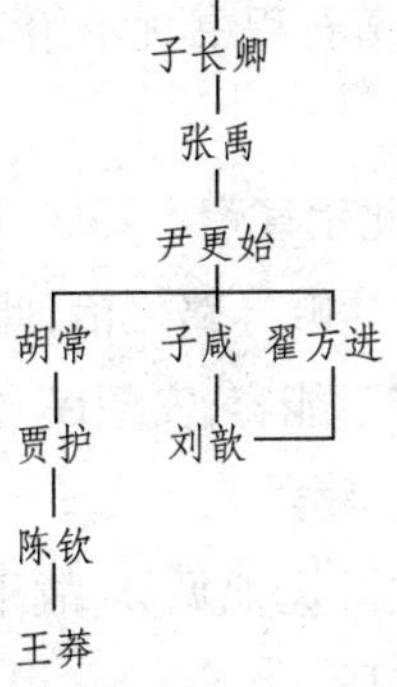
左氏自贾谊　张苍
贯公　张敞　刘公子
子长卿
张禹
尹更始
胡常
子咸
翟方进
贾护
刘歆
陈钦
王莽

二十五日丙戌(10 月 9 日)　晴

张柳亭、振远来。访龙溪、虎溪,少坐,弢甫亦来,遂同返。闻夷人攻天津,僧王败退,城遂陷,已拥兵至京议和,未知后事作何了结。朝廷以江南为可弃,置百万生灵于不问,自以为京都苟安目前,不图数月之间忧患倏至。临难忘忧,忧必及之,信哉斯言。

读《循吏传》。文翁、王成、黄霸、朱邑、龚遂、召信臣。

宣帝奖吏治,王成加户以要赏,诈伪之生,何道蔑有。虽然,为上端好恶,以示人趣向而已。好恶端,虽诈伪不绝,天下实受其福。好恶颇,虽日以诚告,天下益蒙其殃。宣帝岂明察不足受成之欺哉。一考核而长吏向善之心,将诅树之风声,使天下咸劝,一人之伪何损焉。

黄择廉吏行察事,既择之有素,又察其道中乌食肉事,以为明此与赵广汉谢边界亭长同术,汉诸察吏悉此法耳。守相于其下有君臣之恩,感以至诚,人自不欺。去诚用术,智有不周,明有不及,故其才可以治一郡,不可以治天下。霸又为民区葬事,某所大木可为棺,某亭猪可祭,为民上者,路由经常,将使民养生送死无憾。霸不能于此沾沾小惠,斯亦子产之以舆涉人也已。若以为明察,二千石一郡之主,将材木、六畜之毕知,虽衡石程书犹不给。史家亦不知为政,乃备称之,谬矣。

宣帝之时吏治多粉饰,此殆宣帝本好之,而下从风耳。此神雀、五凤之以祥纪年所由来也。让畔异路之治,此由为上者躬以率之民相与兴化。宣帝有至亲宗室不能容,安望民之兴让。张敞奏霸诈伪干名,其人风采烈烈,迥异凡辈矣。

霸能吏,不能相,吏治之外无他见异,故不为立专传,附《循吏》中甚是。惟本书中此类尚多耳。

读《酷吏传》。郅都、甯成、赵禹、义纵、王温舒、尹齐、杨仆、減宣、田广明、田延年、严延年、尹赏。

义纵、王温舒少皆为盗,汉即尚跅弛之士,何至以盗贼临民。观其为吏不尚治民,但取多杀快意而已。民之无辜并遭其毒,亦可伤矣。他吏尚能不避豪强,至温舒遂专鱼肉小民,尤下之下者也。

二十六日丁亥(10月10日) 阴

访虎溪,弢甫亦来,同返,至子俊家少坐。

读《货殖传》。

齐民致富拟王侯,要非智士不能。白圭之言用以处事进德,任公之约用以保身守家,仅仅取富之术哉?若鲁丙氏所谓贪贾,此中下乘。秦汉之君崇奖富民,比于封君朝请,王政之凌夷,其推波助澜之一端也。

读《游侠传》。朱家、剧孟、郭解、萬章、楼护、陈遵、原涉。

《佞幸传》。邓通、赵谈、韩嫣、李延年、石显、淳于长、董贤。

文帝吝百金之台,以为中人十家之产,惧伤民力,乃赐通至巨万以十数,何哉?

二十七日戊子(10月11日) 晴

读《匈奴传》。

龙城,今无其名,约在盛京锦州之境,元魏于此设龙城县。马邑,今朔州。萧关,今平凉府固原州北,唐置武州。河南,今河套地。朔方郡,今河套外。幕,与“漠”通,即瀚海。幕南,今内蒙古六盟地。幕北,今外蒙古喀尔喀地。焉耆,即焉支,北魏设县,在今凉州永昌县西,即祁连山东南支麓,东至古浪厅皆是。休屠王地,在今凉州武威县北六十里。居延县,属张掖郡。祁连山,在今甘州张掖、山丹二县之南,青海和硕特旗之北。定襄,今归化城土默特东。寘颜,唐置羁縻州，约在今内蒙西二盟乌剌特境。按卫青与匈奴战在幕北，追之又北，乃至寘颜山。其地当在喀部。姑衍，唐置羁縻州，在今陕西榆林府北境。霍去病出大同、宣化之间，当左王与战，胜，从河套归，然其山及狼居胥亦当在喀部。又李陵、赵破奴所至浚稽山亦在幕北，唐亦置羁縻州，于乌剌特地皆不合。今考其地望，今之鄂尔坤河、土拉之间，有兴安岭、杭爱山，诸峰绵亘，以当诸山颇合，特难定为何峰。瀚海，即沙漠，宽平无际，故曰旱海，后人以瀚代旱。酒泉，今肃州。敦煌，今安西府敦煌县。受降城，在归化城西，黄河左右，唐有中、东、西三城。卢朐，水名，即今喀部之喀鲁伦河，其西曲视汉之五原少东约千馀里。师古以为山，误。燕然，唐置羁縻州，亦在今内蒙古地。今按山即杭爱山之南麓，近鄂尔坤河地。乌桓，东胡，今盛京以北。阴山，在今河套内有麦垛山，铁可为兵，河柳可为笴，北夷必争之地，即贺兰山也。

匈奴三部，各有分地，逐水草移徙，与今蒙古诸部落分牧同。

匈奴之业强于冒顿，三传至伊稚斜而业衰，其子乌维遂鲜犯边，汉武始肆意游幸。

匈奴前有左大将之让，后有颛渠阏氏之让。有一君子，足掩其陋，况出之妇人，孰谓沙漠之地无人哉？

莽待匈奴时刻反复，可谓无理取闹。

天地之运，一南一北，而北常强，其民耐劳苦。中国得其地不能居，有其民不能治。胡常慕中国，而中国不慕胡，不独力不及，其心意亦不营焉。故自上古以来，胡祸不绝于中国，降至后世，遂与华夏迭为共主。以中国而臣服荒漠之地者，惟汉为能，然亦羁縻之而已，非能扫穴犁庭郡县之也。北方实中国心腹之患，不若三方之寇盗间作旋止，可疥癣视之也。圣君明辟，极心力以绸缪之，雄桀之君殚才智以争持之而常不给,故天运实然,不独人事也。晁错之策边得其术,侯应之谏罢守塞得其情,严尤之争伐匈奴得其道矣。

二十八日己丑(10月12日)　晴

弢甫、张振远来,四姊来家中竟日。

读《西南夷两粤朝鲜传》。

夜郎,汉县,今贵州遵义府桐梓县东。邛都,汉置越巂郡,今四川宁远府西昌县东南。叶榆,今云南大理府太和县东南洱海上,徙今四川雅州府天全州东。莋都,后为沈黎郡,今四川雅州府清溪县东南。冉駹,后为文山郡,今四川茂州汶川县西。白马,后为武都郡,今甘肃阶州成县西。犍为郡,今四川叙州府宜宾县西南。牂柯郡,今贵州平越州治。益州郡,今云南普宁州东。钩町县,属牂柯郡,今云南临安府通海县东北。连然县,今云南安宁州南。不韦县,今云南永昌府保山县北。儋耳,今广东儋州。珠崖,今琼州琼山县。南海,今广州番禺县。苍梧,今梧州府苍梧县。郁林,今浔州府桂平县东。交趾,今安南国交州府西。合浦,今雷州府海康县治。九真,今安南清化府西。日南,今占城北境。闽粤王都,治今福建侯官县。东海王都,东瓯,今温州永嘉。

文帝与南粤诏书,忠厚诚实,读之使人意消,虽有桀士,亦当为之俯首。一人让,一国兴让,岂不然哉!

二十九日庚寅(10月13日)　晴

日下舂,南行,访弢甫与振远,偕返。

读《西域传》。

西域南北有大山,今按北山即天山,发葱岭,东至哈密,隔绝山南北成二道,故哈密为西域门户。其南山在今和阗之南,东走中国,亦葱岭分支。出葱岭之河,即今塔里木河。出于阗之河,今即名和阗河。

蒲昌海，即盐泽，今之罗布泊，为黄河始源。鄯善，又曰楼兰，即今辟展。轮台，今布古尔回城。渠犁，在今塔里木河上河库尔勒回城之南。乌垒城，今之车尔楚军台，在喀喇沙尔西偏少南。蒲类，今巴里坤地。且末、小宛诸国无考。按其地或当戈壁大沙之地，意流沙迁变，没于瀚海，或当今布鲁特游牧各部地，均无的据。于阗，今和阗城。乌托，当今西属国之巴达克山回国地，在和阗西南千数百里，有悬度之险，唐之竭盘陀国。罽宾，今之克什弥尔，为北印度地，原塞王种。塞即释，故印度为释氏之先，今中印度痕都斯坦，民善刻玉，与本传"其民巧雕文刻镂"合。乌弋山离国，在罽宾西，条支东。条支，安息之海。今人考以为地中海两国之地，当是犹太、土耳其之境，则乌弋山离为今之亚富汗、俾路芝二国地矣。

安息国"书革旁行"之"書"字，《史记》作"畫"，"画革旁行"，今欧州各国皆是。而西国文字多出于犹太诸回教祖国之地，于西州最为声明文物之邦，故史载其文字之体。小月氏，在安息东，罽宾北，而系行国，随畜移徙，疑即今俄罗斯国都之南境，今西人称之为鞑鞑里者，其俗尚为游牧行国，已为俄国蚕食尽矣。妫水，疑即今里海，大月氏在妫水北，为今俄国之都。而保南山羌号小月氏者，为今里海南之鞑鞑里行国。

康居，即今伊犁西北之哈萨克游牧三部落，其酋寒暑徙帐尚如故俗。其右部有城五，以当五小王亦合。奄蔡国，准地望考之，当即今俄罗斯西北境之在欧州者。大泽，即北海。以今俄罗斯地合之《西域传》，其国都南境在里海之北者，当亦是大夏地故地，而为大月氏所都。在里海南之鞑鞑里诸游牧回部，今为俄国所有者，当是大夏地小月氏馀众所保。其国都北境临北冰海者，当是奄蔡之地。其少东与哈萨克毗者,当是《匈奴传》郅支单于所居之坚昆。其东境在喀尔喀北以达黑龙江诸地者,当是丁令国所在。

大宛,当是今西属国之敖罕回国。安集延城,其地在今喀什噶尔西五百里,与所称疏勒西逾葱岭,则出大宛诸国合,俗土著富强善贾,今亦然,本朝尝贡马京师。桃槐、休循、捐毒国,当今布鲁特东五部、西十五部之地,在葱岭、天山分干之间,汉乌孙西鄙也。莎车,今叶尔羌地,有密尔岱山,离城四百里,出玉,青色最多。疏勒,今之喀什噶尔,为今回疆西四城冲要。唐佉沙明哈宝哈克,历代西域建庭之所。

乌孙,在今伊犁。姑墨国,今回子拜城之西。温宿国,今阿克苏城。龟兹,今库车城,唐安西都护府治。尉犁诸小国,皆在天山南北山谷之间,今无考。焉耆,今喀喇沙尔国,近海水,即博斯腾泊此。前后蒲类国,在今伊犁、乌鲁木齐之间。车师前庭,今吐鲁番,唐之安乐城,少西为交河县。后庭,今乌鲁木齐,唐之高昌。

今洋银有名马剑,为骑马形,与罽宾、乌弋山离金银钱为骑马幕为人面合。今西手杖多金银饰,与乌弋山离杖饰合。西洋多驼鸟,与安息有大马爵合。今西人多嗜酒,葡萄酿者味酸,不贵,与《大宛传》合。欧州各国人深目须髯,善贾市,争分铢,贵女子,皆与大宛合。按宛以西即欧州地,贾人充使奉献,以求通市。西域通中国,多率如是。

汉西域所重在大宛、康居诸远境。今之天山南路诸回城,汉都尉所治者,不过抚绥之而已,不以为重。而通远国二道皆在山南,故史亦详于南而略于北。

九月建丙戌

朔日辛卯(10月14日) 阴

晡至虎溪署中,弢甫亦来,夜饭后返。

初二日壬辰(10月15日) 阴

下午弢甫及振远来,弢留此夜饭。

初三日癸巳(10月16日) 阴

傍晚至柳亭处。

初四日甲午(10月17日) 晴

张柳亭来,傍晚弢甫来,同访吾族兄祝棠。苏州人,与于冈叔祖家亲支,昨从苏来。又至弢家,晚饭后访施铁云、施轶溪。

家祝棠兄八月十九日从光福动身,趁舟由花泾港在苏州吴江之中。到上海而来。言木渎焚爇,十去其九,馀者土匪日夜搜括,屋材俱撤尽。光福独未到,曾至花山某村,去光福六里,地方大警,而竟未来。穹窿庙宇亦未被毁,香山外面有被祸者,其深奥之处尚团结死守。东、西山皆到过,与土民交仗,贼不胜而去。永昌徐氏庄在苏州北常熟南,适当要道,屡与贼战,多胜。八月初二,贼由江阴绕道攻常熟,陷之。永昌遂四面受敌,恐遂不支。祝棠原住常州东横林内,某遂送眷到彼存顿,并知常州事。各贼目来者皆先遣人扰各乡村,然后与讲贡礼,村民惧其扰,皆凑分纳赂而后免。每头目又必做生日,押诸乡官代敛寿礼。江宁老巢诸贼,视为利薮,故来者不久辄代,既到复踵行故事,征敛横暴,民不聊生。各贼头据城中,每做寿,辄演剧,酣嬉醉饱,一如官场旧习。据所言,深悉实情,贼不足为已决,未审起而救民者当在何时何地。以事理卜度,贼无岁月之规模,而诸义民焚烬之馀,在在尚有,英灵间气,其在斯乎。

在弢甫处见金眉生致伊书云:

> 夷人于六月十九破僧邸兵,进据津门,我师退保通州,京都大震,遣官与议和,该夷索偿兵费千万,并欲留兵都城,如西州各国之例。连旬不决,夷人有进兵之说。僧邸奏请圣驾东幸盛京,诸邸不可,朝中大哄,后事尚无定耗。呜呼,二百年宗社,危于俄顷,初不意其如是之速。夷人无君中国之心无已,为城下之盟,犹足少延残喘。今事与元至正戊申异,必欲蹈其败亡之辙,此僧邸之私心,惧已与夷战胜,不利和议耳。迁幸之事即不成。

此信一闻,天下为之震动,大江之外,非清有矣。

初五日乙未(10月18日) 晴

弢甫来,晡答访之,晤顾问藜斗翁长君。

初六日丙申(10月19日) 晴,夜雨

弢甫置酒饮顾君斗南,往作陪。傍晚候桐君。

读《外戚传上》。高祖吕后。孝惠张后。高祖薄姬。孝文窦后。孝景薄后、王后。孝武陈后、卫后、李夫人、赵倢伃。孝昭上官后、卫太子史良娣、史皇孙王夫人。孝宣许后、霍后、王后。

甚哉,绛、灌之卤莽也。选立其君,不以其才贤,而以其外氏之仁善,惩羹吹齑,几何不误?汉之获文帝以为君,天也。彼武夫曾何足为社稷臣哉!

张安世本霍氏党类,又于兄贺欲妻宣帝,时有恶言。故霍氏败后,宣帝欲用安世继霍禹位,安世惶恐,涕泣引辞,惧前事觉,宣帝治其党罪也。以宣帝英主,安世抑敛以救前失,论者乃以谨厚称安世,夫恶知其先之纵恣哉。

读《外戚传下》。孝成许后、班倢伃、赵后。孝元傅昭仪、定陶丁姬。孝哀傅后。孝元冯昭仪、中山卫姬。孝平王后。

孝成之初,数有灾异,诸臣如谷永等以为咎在后宫,成帝遂用废许后。皇天告警在外戚,而成帝蔽之以后宫;成帝宠媟在贱妾,而诸臣蔽之以嫡后。君之爱有所移,而假正义以济其私;臣之执有所慑,而窥上情以沽其直。天变之可畏,而上下各遂其胸臆,有是君,有是臣,成之肇止可见于是。

班倢伃事昏主,侣阎妻,而其自处之道,虽士君子之修行有不逮焉。诗有之曰:"淑人君子,其仪不忒。"又曰:"既明且哲,以保其身。"倢伃之谓矣。

初七日丁酉(10 月 20 日) 雨竟日

早至弢甫处,终日后返。顾斗南阻雨,尚宿其家。

初八日戊戌(10 月 21 日) 雨

读《元后传》。

权臣专世,必先锄懿亲,披枝伤根,有由渐也。成帝生平无他善,惟友爱定陶共王,不念旧怨,实人所难。凤必去之以遂其私,其意憯矣。元后外与帝同厚定陶,而内亦忌之,不然岂不能得之于凤哉? 内外比谋,借天变以挠国是,而成帝遂亦受之。上天之疾威,转以资权臣之利口,成之昏足以覆国,凤之恶足以灭家矣。

呜呼! 莽之篡国,哀有以起之矣。王氏专政数世,私恩洽于人心,天下人士之所奔走,荣利之涂,衣食之出,名称归之,一唱百和,虽无一饭之惠者,亦随和之不容口。其执已不可拔矣。人情多愚而好利,较然于是非义利之间者,惟贤者能之。故凡明君于此之类,必阳尊以位,而阴夺之权,使下发其奸而已,不致遣使天下晓然于是非而归厚于上,然后诛之以罪,而群庶始聉然而无辞。不知如此而昧然行之,愈急则下愈不平,天下且助之以争于上,虽在臣下,隐然有敌国之势,一旦时移祚改,后事遂不可问,有以激之使然也。莽之成篡,始于成而终于哀。成之进之,天下犹或非之,其焰犹可扑;哀之退之,天下方且冤之,其决不可堤矣。故曰成之佑王氏三,而哀之佑王氏七。

人之私心,恒多败家亡国而不觉。妇人有内外二家,求其无私,万亿中无一人。故妇人处权势而不坏人家国者,亦万亿中无一人。妇人酒食之外不许有所与,古人杜患防微,深切著明如此。愚迷罔觉,甘祸如饴,既以覆亡。哲妇之祸人家者,必还以自祸其家而不爽。呜呼,私心之为祸惨矣!

读《王莽传上》。

莽椎玉以遗孔休,以将至诚,休不得已,受而后遂不见之。莽动作非人情,可以愚小人,难以罔君子也。

张竦为陈崇草奏,称莽功德,其文体为后来九锡文之昉。淫辞不直,可以毋载。文又拟莽于舜,莽窥国之心,下晓知之,故群士若狂,以要后福耳。诈伪如莽,不能自隐其恶志,以诈遇人,人亦以诈报,夫岂有同心不二之士哉!

皇后有子孙瑞,为妊身也,通道,殆欲为利产之兆。彼时想有其俗,或古说有之邪?

黄支,今南海岛夷,见《地理志》。鲜水,今青海地。

读《王莽传中》。

莽孙千为功隆公,后又封女晔为睦修任,捷睦逮任。与男以睦、女以隆为号不合。

初九日己亥(10月22日)　雨

客中过重九令节,寂寂寡欢。吾常黄先生仲则《重九雨》诗曰:

“地无一片登临处，天送满城风雨来。”可为今赋。

读《王莽传下》。

平尊诈伪效莽以求赏异，上有所好，下必从之，虽作为鬼魅之形，苟以得富贵而不愧。汉世父子继相，称韦、平以为盛，晏既亲辅伪朝，尊尤辱其祖德，视韦氏之清修不逮矣。

公孙禄前以与何武互举为莽逐，今出而为之忠言，以干暴贼之怒，其不没于祸幸矣。进不能光复旧朝，退不能守节不仕，为新朝不论不议之臣，庸庸以殁可矣，乃欲沽直于乱朝，一何失据至此？

坚壁清野，千古治流贼不易之成法。见田况之奏。

廉丹送符印于王匡，独没贼军，其校尉汝云等闻丹死，曰：“吾谁为生？共死不退。”以死绥，得士如此，名将不过尔，不当无御军之术。史又记关东民谣：“更始杀我。”若与匡类者何哉？

莽世伪学群作，上有“伏戎于莽”之妄引，下有“丧其齐斧”之谬解。上好下甚，千世以为笑，而当时不知愧，慎亦甚矣。

刘歆与董忠、王涉等谋劫莽东降，此何等事，死生一瞬，利害呼吸，乃欲待太白星出而后举事。一时人心为谶纬星历之妖说迷蒙牢固，无复一隙之明，故世祖中兴，即位命相犹待符记，何况馀人。此风始于眭孟、京房，唱于甘忠可之书，至莽之世，其毒盛而始发经术之失，扇为妖风。故左道必诛，而后书犹言纬书为圣作。

崔发畏死降汉，复称说符命以取诛，天夺之魄，固不足惜。而申屠以弟子害其师，不有愧于端人耶？

莽在位行事颠倒，固矣。其臣汉之时，虽云矫节厉行，然所为皆不近人情，足以欺下愚，不可以罔君子。迹其生平，实一妄人。所以能奔走天下，以元后卵而翼之，权柄所在，非有腹心爪牙、忠谋至计为之佐命也。故居摄而甄丰不悦，末年而刘歆作变，其初心不同故也。使无元后为之城社,即百莽不足夺汉祚。班氏以元后与莽连传,以著哲妇之倾祸,不在于侈口蹙颐之愚莽,真良史哉!

读《叙传上》。

成帝早年向学,师礼郑宽中、张禹有加,实可与为善之中主也。禹等不能以理养其蒙,以义充其馁,出入左右,徒以弋富贵、尸爵禄为心,使金华之业不久而绝,谁执其咎耶?

西京以前,皆尚黄老,不尚漆园。老与庄外相似,而内实截然者也。宗贵放荡之言,好尚玄渺之说,始见班豹答桓谭之书,由老以逮庄,亦见世风之迁变焉。

读《叙传下》。

(以上《能静居日记》五)

时上章涒滩之岁斗柄在戌之月

朔日辛卯,越十日庚子(10月23日) 雨,初寒

读《圣武记》十四卷。

圣祖征噶尔丹,出塞谕云:"瀚海水草虽乏,然脉泉凿之甚易,一卒可得二三十井,又有郁尔草最宜马驼之食。"

直隶总督于成龙《年谱》载:康熙三十五年征噶夷时,公以左都总督粮运,造车六千两载米出塞,每车需牲口四头,凡数万头,猝难得。奏请敕下捐私马急公者与之叙录,甫一月而数过之。三月二十日,公督领粮车次第前进,行至和尔拨昂吉尔地方,荒沙弥漫四百馀里,陷至三四尺,人马难行,重车愈甚。公下令无论大小官员、军民,能伐道左柳枝、用泥沙垫成车路者,必奏请升赏。于是自执佩刀先伐一柳,随运官员人等咸努力用命,数日路成。

乾隆戡定新疆回疆善后之计，北路详于南路，故屯田二十八万馀亩，南路不及五分之一。其官兵则北驻防而南换防，商民则北挈眷而南不得，固畛域视之矣。若道光中欲捐回疆西四城而守东四城，然东之膏腴不及西什之二，即北路伊犁亦不及焉，诚使仿移眷驻防之例，以回疆戍兵改为额兵屯田给饷，并许内地商民挈家垦种，以渐升科，计喀什噶尔、叶尔羌二城以东，两河沿岸原隰膏沃各数百里，有准夷沟渠遗迹，可各得万馀顷，利可殚述哉！

《钦定蒙古源流》八卷。

载蒙古之先出于中印度。今记其崖略曰：额纳特阿克国，即中印度。有乌迪雅纳汗者，于佛涅槃之戊子岁后千二百八十一年时为邻国所败，东至土伯特国，至其季子生有异表，遂为其国主。七传而为奸臣篡，旋恢复。又七传，至多里隆赞，得佛经典，始兴释教。又历七汗，距佛涅槃时二千七百五十年矣。此汗之子特勒德苏隆赞即位，以印度字母与土伯特字母重定三十字母，取巴布勒国王女，又婚唐太宗之文成公主。历四传，至特苏陇德灿，取唐肃宗女金城公主。又二传而汗无子，立其兄郎达尔玛嗣位，毁法灭教，为下所杀。又二传，至其孙，复兴佛教，此土伯特兴教源流也。蒙古乃土伯特开国第八汗之季子，当奸臣篡国时，逃走至必塔地方，土人戴以为主。十二传至多斡索和尔兄弟，为厄鲁特四卫拉特之祖。多斡索和尔生七子，其季勃端察尔始居鄂诺江，七传至哈布勒汗，又三传生铁木真，是为元太祖青吉斯汗，暨三弟哈萨尔、哈满锦、谔楚肯，并为蒙古各部之祖。

按：土伯特即汉之吐番，今之唐古特卫藏地。必塔，当在今青海。鄂诺江，岂即今敖嫩，昔之斡难邪？

嘉庆二年，明亮德楞泰奏，劝设民堡，为坚壁清野之始，而后始诏行之,川楚勘定实由此。

京师之兵,满、蒙、汉、绿四项共十万有奇,馀丁二万七千有奇。东三省及内各省、新疆驻防与陵寝、围场、边门守兵,满、蒙、汉军三项,共十万七千有奇。别有打牲、游牧二部落,打牲为东三省属部索伦之类,游牧为不设札萨克之蒙古察哈尔类。别编佐领。打牲属黑龙江将军,游牧属察哈尔都统,共二百六十七佐领又数千人。其各省及新疆绿营兵共六十六万一千六百有奇,统计内外兵九十万〈有〉奇。

八旗饷制:前锋亲军护军三营及诸营领催弓匠长月给银四两,骁骑营及铜匠弓匠月给银三两,皆岁支米四十八斛。步军营领催月给银二两,步军一两五钱,皆岁支米二十四斛。炮手月给银二两,岁支米三十六斛。教养兵月给银如步军之数。绿旗饷制:京师巡捕三营、马兵月给二两,步兵一两,皆月支米五斗。各省标马兵月饷二两,步兵一两五钱,守兵一两,皆月支米三斗。

雍正中定制:武职名粮虚额,提督八十分,总兵六十分,副将三十分,参将二十分,均马步各半。游击十五分,都司十分,守备八分,千总五分,把总四分,均马一步四。乾隆四十七年,以户库满至七千八百万,诏各省虚粮均挑补实额,别设养廉约二百馀万,其各省兵丁赏恤红白银,均准正项开销,又四十万。又京师增兵四千九百馀,陕甘兵调戍新疆后,内地伍虚,亦增万二千九百馀,又五十万。嗣是岁出增三百万。阿文成时在河南奏言,国家经费有常,岁增三百万,二十年即七千万。水旱、军需时所常有,请酌增边省之兵,其腹地无用概增实额。时遂不允,而行前旨。至嘉庆中,部饷告绌,敕下部臣核减,武职养廉至八十万。诏称阿桂逆料后来经费之难,不愧老成谋国。又言营伍积习相沿,名粮虚数仍属有名无实云云,然竟不能复旧制。

国朝马政有三：京外绿旗营额设十一万六千八百五十三匹，月给草豆银二两五钱，为之营马。热河密云及各省驻防共八万六千二十一匹，冬春月支豆九斗，夏秋月六斗，草均三十束，为之官马。又各处孳生马厂，如口外察哈尔地，为太仆寺厂，及新疆、蒙古又二十馀万匹，为之游牧草地之官马。康熙四十四年谕曰"历代马政均无善策，牧马惟口外最善，水草肥美，不费一饷，而驯牧日孳"云云。

国朝捐输助饷始于康熙三藩之变，复行于三十年噶夷之役。乾隆时有豫工、川运两例。

宜兴储氏大文极论元代分省惟务侈阔，尽废《禹贡》分州、唐宋分道之旧。合河南、河北为一，而黄河之险失；合江南、江北为一，而长江之险失；合湖南、湖北为一，而洞庭之险失；合浙东、浙西为一，而钱塘之险失；淮东、淮西、汉南、汉北州县错隶，而淮汉之险失；汉中隶秦，归州隶楚，又合内江、外江为一，而蜀之险失。故元明二季流贼时之用兵经略，统帅或至七镇总督，或至八省、七省、五省，又或总督以下并受节制，并分省不宜之咎。

十一日辛丑（10 月 24 日）　雨

振远、柳亭冒雨过访。

读《西域记》八卷，满州七十一撰。记新疆、回疆及西属国风俗沿革，粗漏甚多。又名《西域闻见录》。

十二日壬寅（10 月 25 日）　雨益甚

十三日癸卯（10 月 26 日）　雨

久雨困居，闷悒殊甚，朝铺后着屐往访弢甫，纵谭至晚而归。

致周弢甫征君论黑水书

《禹贡》黑水源委，说者纷纷，迄无定论。雍、梁相去，中有河源横亘,以二州之黑水为一邪,则不得午贯大河而界二州,以二州黑水为二邪,则禹圣人之书,不当二水一名,以淆名实。自汉以降,诸《传》言此者,皆合此牾彼。最足哂者,唐樊倬《蛮书》以汉《志》滇池旁有黑水祠之语,遂臆断以大理之洱海本名叶榆泽者当之。附和其说者,遂言其水之上源接东女国弱水,为雍州之界水。无论叶榆本夷语,强言榆叶渍水令黑,附会易显。即是矣,而东女国弱水亦在河源东,何由得越之以与梁界之黑水接邪?本朝胡氏《锥指》一书,一时推为绝学,于此亦止存疑,不能置断,何况其馀。

偶见尊著论《禹贡》文字,以为黑水即西汉水,其言似于地望为近,然反复思之,复有四疑。导水之文明言,导黑水至于三危。经师相传,三危之山在燉煌郡。《左传》允姓之奸居于瓜州。杜氏曰:"允姓之祖与三苗俱放于三危。"瓜州,今燉煌也。《水经注》云:"三危山在燉煌县南。"《括地志》云:"在沙州燉煌县东南四十里,山有三峰,故名,亦名卑羽山。"馀他传记多同,其地在今嘉峪关外废沙州卫地。而西汉水发源北嶓冢。今人说嶓冢有二,一在陕西宁羌、略阳之间,一在甘肃伏羌、礼县之间,与燉煌之三危相去皆不啻千数百里,与导水之文难合。又按,郑康成引《地记》云:"三危在鸟鼠之西,南当岷山。"《山海经》云:"三危之山,三青鸟居之,广圆百里,在鸟鼠山西。"一云三危在燉煌南,与岷山相接,山南带黑水,似与西汉水可相粘合,然今渭源鸟鼠山在巩昌府西北,去燉煌亦千馀里,而与岷州之岷山则在咫尺之间。若云近鸟鼠岷山,则不当云在燉煌南矣。其言荒忽,相为矛盾,殊难作据。且《经》言导黑水至于三危,则三危乃黑水下流,经过之地明甚。今即以《地记》、《山海经》为据,以三危为洮岷间之山,然犹与西汉水发源之嶓冢山东西相隔数百里,此西汉水与黑水上流不合。

其疑一也。

《经》文黑水入于南海，南海古又称涨海，即今交广之海。今西汉水下从东汉水发源之嶓冢山之西南流入四川界，更名嘉陵江，经保宁、顺庆府至重庆府与岷江合而东注，去交广海绝远。《尔雅》九夷、八狄、七戎、六蛮为之四海，不必溟渤之区乃有斯名。然《禹贡》治水之书，于水之所归，不当以既入戎夷而不究其所至。夫治之而不洒其下流所入，是殆以邻国为壑而非圣人之政矣。又况弱水之委亦于西戎之地，何以不言西海，故此说可释声教迄于四海之海，而不可释入于南海之海。顾氏炎武曰："《禹贡》之言海有二，东渐于海，实言之海也；声教讫于四海，概言之海也。其说分晰有理。"此西汉水与黑水下流不合，其疑二也。

又《经》云："岷山导江。"今言江源者，推其最初在川西松潘厅北，其下流至重庆始合。西汉水东下，今以西汉水为梁州分界之黑水，则岷山内移。按自汉以冉駹之地为文山郡，即今汶川县地，其时即以为江源在此，千载相沿不改。今欲易其地于巴东夔巫诸峡，夹江千嶂若有疏凿之迹，以当岷山，亦若可合，然凿空无据，难于定论。若云江源太远，禹迹不当得至，不有河源之积石乎？明人徐霞客著《江源记》，且以滥觞青海之木鲁乌苏河，其下流为布垒楚河，入滇为金沙江，至四川叙州而合大江者，为江之正源。以今之岷源太短，江源不当逊于河源，若此其言，亦凭臆之论，不足据以立说。然以西汉水之界不合岷江，遽疑江源之太远，义亦未允。此西汉水与黑水境内之川不合，其疑三也。

又况黑水之说，诸儒聚讼不决，标新立异，无虑数十家，卒不得其要领，然未尝有及西汉水者。且山经、地志种类繁赜，亦不闻嘉陵上流有黑水之号。使西汉水诚有可附丽，古人穷思极索，岂独忽诸目前。此则文献无征,其疑四也。

夫山川迁变,陵谷升沉,自禹至今,年祀攸邈。大河九委,遗迹仅存,碣石表海,不馀片砾,何独于黑水责之。屈子生于周世,而《天问》已有"黑水何在"之言,况在后世。宋程大昌于经筵说《禹贡》,好陈幽奥地理,以此左官,黑水之源不可知,岂今日邪?愿问先生,以俟后教。

十四日甲辰(10月27日) 雨

读《西域水道记》五卷,大兴徐松撰。

记新疆、回疆诸水,朗若列眉。松谪戍伊犁,身历各地,考订成书,非若山经、地志,荒幻不可稽诘也。人言此书中秘旧有,松盗著己名。夫新、回疆自汉唐置都护,亦仅羁縻不绝。元太宗西伐得其地,以分诸子,无几时而宗王称叛。两朝虽有其地,不能郡县置之。文学之士于役,出使绝域,类能记其游踪所及,如《西域记》诸书,安能周列岩疆,遍考其水流之源委哉?至宋则隔于西夏,明则视同瓯脱,更莫能过问。谁实为之,而造此不经之说哉!

《一统志》:"西藏有冈底斯山,在阿里之达克喇城东北三百十里,直陕西西宁府西南五千五百九十馀里。其山高五百五十馀丈,周一百四十馀里。四面峰峦陡绝,高出众山百馀丈,积雪如悬崖,皓然洁白,顶上百泉流注,至山麓即伏流。奇峰拱列,即阿耨达山,水即阿耨达池也。辨机《西域记》,《水经注》、《括地志》咸言阿耨达即昆仑,盖传释之异名。而昆仑之与冈底斯,又古今之异号矣。山别为四干,水为四流。北出之山曰僧格喀巴布山,实西域诸山之宗,当和阗正南,过和阗西北,趋千六百馀里,发为齐齐克里克岭,又西至和什库珠克岭,始北折而东为喀卜喀山,又北而东为喀克善山。自齐齐克里克至此,环千八百馀里,包西域西以周其北,总曰葱岭,外如米规,中为虚地,是曰昆仑之虚。"

和什库珠克岭东有大池,曰哈喇库勒,周数百里。《西域记》曰:"商弥国东北逾山行七百馀里,至波谜罗川,中有大龙池,东西三百馀里,南北五十馀里。"陈玄奘还至于阗,进表云渡波谜罗川,大象溺死,即此池也。此池魏默深以之当阿耨达池。

回部以派噶木巴尔初生为元年,至嘉庆二十四年六月初二日,为彼中第一千二百三十三年之终,以其推术与中历折算,当托始于唐高祖武德六年三月初三日也。

罗布淖尔邻吐鲁番为巨泽,叶尔羌、喀什噶尔诸境水六十馀汇之。《山海经》:"不周之山北望诸毗之山,临彼岳崇之山,东望泑泽,河水之所潜也。"《水经注》:"泑泽水积鄯善之东北,龙城之西南。"《括地志》云:"蒲昌海,一名泑泽,一曰盐泽,亦名辅日海,亦名牢兰海,亦名临海。"淖尔之水,伏流东南千五百馀里,涌出于巴颜哈喇山之麓。其地即今河源。河源鄂敦塔拉《元史》曰火敦脑儿。者,纵广百里,泉数百如星,故有"星宿海"之号。河源巴颜哈喇山之水尚在其西南三百里,行入星宿海,又曲折至东北千六百馀里,为大积石山,即汉《志》金城郡河关县下所云积石山在西南羌中者也。自章怀太子注《后汉书》,误认龙支县之小积石为《禹贡》之积石,杜佑踵其谬,至蔡传遂以释经,而大小积石合而为一矣。小积石山在今甘肃河州西北七十里。

伊犁北境,汉匈奴地;南境,乌孙地。《汉书·西域传》:"乌孙治赤谷城,东至都护治所千七百二十一里。"又曰:"温宿国北至乌孙赤谷六百一十里。"按今阿克苏为古温宿,自其城北至伊犁沙图山口已六百六十五里,可知乌孙北境不逾特克斯河矣。特克斯河,伊犁之上流。《陈汤传》云:"郅支侵陵乌孙、大宛,如得此二国,北击伊列,西取安息。"谓得乌孙乃可击伊列,是又伊列自为一国,在乌孙北之证。《旧唐书·突厥传》或作伊列,或作伊丽,与今之名伊犁皆音之转。

俄罗斯者,北边之大国,《一统志》云:"俄罗斯地在极北,秦汉之间,服属匈奴。汉有坚昆、丁令,唐时有黠戛斯、骨利幹等国,元时有斡罗思及吉利吉思撼、合纳谦州、益兰州等处,皆其地也。"

右书所考西域地理甚详,尚有《伊犁总统事略》一书曾进呈者,志新疆事尤详。又《汉书西域传补注》二卷,均读史者所当览。读《唐书》、《元史》更要得此,庶能悉其条理。

西域之水,北路新疆以巴勒喀什淖尔为大宗。喀什河、空格斯河、特克斯河,凡伊犁南境,天山以北诸水皆会伊犁河,西北注之南路回疆,以罗布淖尔为大宗。葱岭北河、南河,叶尔羌河,和阗河,皆会塔里木河东注之,即波河也。

十五日乙巳(10月28日) 雨

十六日丙午(10月29日) 雨

公执、弢甫、振远来。本家倬堂兄要饮。疏族,与于冈叔祖家近,向住苏州,避难来此者,其子即克卿。

读《后汉书·光武纪上》。丁巳二月曾阅此十卷,今重阅。

高祖不事生产而大业成,光武性勤稼穑而景命亦集。英雄未遇之前,岂有品格邪?

是非利害之际,君子于此可争则争,不可争,置之而已。生死成败,自有天命,岂口舌所能挽回?力言之而愈以激其争,不如姑任之,而徐以俟其悟也。一笑而起,其气量千万常人矣,遂收昆阳之功,岂幸也哉?

成大事者有因有创,创者尚新,因者贵旧。司隶衣冠如故制,而识者于是属心焉。诗不云乎:"不愆不忘,率由旧章。"光武之谓矣。

百万之众，欲使之为鱼，仁者安忍闻此。夫王子林之足为后患，光武不知，即知之，亦不恤也。所贵仁者为民上，欲育元赤而诛鲸鲵也[①]。王子林之徒，鲸鲵之类也，仁者所必诛也，而计利害乎？

光武击铜马，于鄡坚营日守截其掠夺者，贼大败，此亦清野也。自古治流贼，皆视此矣。

谶纬之兴起，在西京叔世，天下靡然好之，新莽因以盗国。有圣人起，左道之诛，在所不赦，何光武承用不察邪？夫行一不义，虽得天下而不为，邪说诬民，不义之甚者，帝虽笃修好古，其不足复三代之隆，义不充而识因之惑也。

光武以刘氏子孙，光复旧物，名正言顺，何所不惬，而必欲托之符命，至以邪辞升告皇天古圣，燔柴用牡之文，安有是体？若承新莽乱政，以人名应谶，使为三公，匹夫刻镂拳握之物，足操朝廷鼎铉之隆，其惑更不胜道。且符谶有其名，而左右即有其人，其如哀章之自为道地，不问可晓。帝中兴英主，何以见不及此？盖已以谶兴，而记之所载，不得不升之以实其事耳。

王梁以符命为司空，不以德升才选，犹是王兴、王盛之类。其覆餗固宜，不图兴朝有此乱政。

汉之守相长吏擅专诛杀，及诏狱传逮，每至千人，皆不惬于人心者。民之所恶，去之，开国新政，不外此类。

西汉文景之世，好尚黄老，一变而为申韩；武宣以来，政尚严酷；至于新莽，淫刑无纪，天下涂炭。光武缵物，首重循吏，卓茂以爱民超擢台鼎。三年庚辰、五年丙子诏书，戒专杀，罢会逮，进柔良，退贪酷，孑遗之民出水火而登衽席，祛寒凄而被春煦。大哉！开国之规

① 鲸鲵，稿本作“鳄鲵”。

模,人心一定,而天下于是安固而不摇。呜呼,烁矣。

读《光武纪下》。

六年辛酉,诏曰:郡国有谷者给廪贫者如律。夫有无相通,竟有律以定之,古人守望相助之政未尽亡也。今之富者仓庾盈溢,贫者升斗不继。卒遇灾歉,县官劝募四出,十九不应。而多藏招尤,豪夺强取,又复比比,王政之亡,仁者之不作也。

是年六月辛卯诏书:省减吏员,省官则政简刑清,治法莫尚乎此。呜呼,十羊九牧,欲不亡得乎?

开国之初,军务繁兴,未有不重征而民拮据,荒燹之馀,以供公赋,亦未有以此离心者。其仁厚洽于民心,民之视上如父母,不以之兴怨也。诗曰:"雨我公田,遂及我私。"周之民急公盖如此。光武之时虽未能乎,其于取民什一,拳拳之心,若不得已。呜呼,是心足以王矣。

光武初起,收降铜马数十万,至号为铜马帝。其人皆亡命盗贼,然遂不闻反侧者,其何以抚宁斯众邪?今观七年丁酉诏书,罢轻车、骑士、材官、楼船士及军假吏而得其故矣。此数者之制,起于高祖,郡县皆有,其数实多。由今城守营兵之制,遭吏承平二百馀载,类多疲驽虚伍,亦由今营伍之弊,其故可想。今一切罢之,使归田,而天下防守攻战之需,资之降众而适足,国无縻饷之忧,士无失业之患。远矣哉,讦谟定命,弗可及矣。

高祖四十八岁起兵,八年而即帝位,在位又八年,征战无虚日。光武二十八岁起兵,三年而即帝位,即位十二年,平公孙述而天下壹,又二十年而崩。故昔人之言曰:"高祖取天下如登山,光武取天下如走丸。"其开创难易之迹若相径庭,然光武即位后,勤兵至十有二载,而始定四方,小盗犹时有焉。自古王业之艰难如一辙也。高祖专武功,其爪牙之士皆与为难。光武重文治,而股肱诸臣咸服儒术,登进柔良,其效若此。帝曰"吾以柔道御天下",其识顾不韪哉。

十七日丁未(10月30日) 雨

读《明帝纪》。庙号显宗。

东平王苍,明帝之弟,乃帝即位,诏书即云"可受六尺之托",其言可诧。又云"方今上无天子",语亦谦不中礼,非一时情事之所当言。斯亦不智之列矣。

东京诏书,视之西京,有华实之别,修辞立其诚,相去益远。明、章以后皆然,惟世祖不若是耳。

明帝时屡以公田赐民,夫公田有限,贫民无数,不知何从差赐?不能制民恒产,每人而悦之,亦好行小惠之类也。

十二年禁民厚葬之诏,今按其言曰:生者无担石之储,而财力尽于坟土。其时或有此风,若食无糟糠而祭用牲牢,则人情所必无者。为上者能慎终追远,民德乃始归厚,人孰不为;旦夕升斗之计,教之以丧祭之礼,犹尚简于其亲,不顾日食以致孝鬼神,孰则能尔。故夫货殖富家,葬祭逾制,当为之法度以裁奢僭耳。不揆情理而禁人所不犯,徒作法凉薄以贼人之孝,思小民哑然笑之,君子戚然讥之矣。

明帝恭俭孝弟,不可谓非令主。然暗于政体,好为粉饰,其姿性如是邪。

读《章帝纪》。庙号肃宗。

章帝下诏克己,辄遂改元,盖欲与民更始,改号肆赦也。昔贤论赦非美政,矜夸之主多好为之。建初、元和、章和之屡易,殆亦是类邪?

元和二年诏三公称,俗吏矫饰伤化。按此皆前汉吏治恶习,帝下诏挢正之,确有所见而言,故其文理长于辞。东京诏书文多实少,此独不尔。然其言犹是黄老之遗。自光武以来,躬服儒术,言必称经，而要其所归，的系无为自然之学，读者自能辨之。

帝终年巡历，视民疾苦，非不勤也。屡施大赦，施与无算，非不惠也。而不足感动当时，及后世而仅称之为长者，才力不充，而无诚以将之也。谓之为庸，殆无所辞。

读《孝和孝殇纪》。

汉以外戚亡国，窦后不知戒，苟因利乘便，以私其家，不畏天怒，不恤人言。嗟呼！哲妇之颛悍自恣，岂计人之家国邪！

窦宪内秉国成，外仗王钺，卫青、霍光之专，兼之一身矣。居外戚覆国之馀，嫌疑之际，但务功名权利，为众指摘而不畏，不旋踵而及于祸难，宜矣。

永元十一年，诏禁厚葬逾制，其言视明帝诏书近情。

和帝恺弟乐易不及明、章，而聪察为过之。

读《孝安帝纪》。清河孝王子，嗣和帝统。

论世者皆以和熹邓后为贤母，夫殇帝襁褓在位，诚赖拥祐。安帝嗣统，年十三矣，可已不已，史故讥之。然安帝未及冠龄，未有成人之德，临朝犹不得已之心，尚可说也。若夫使兄骘与政典兵，蹈袭乱亡之迹，不亦可以已乎？故夫妇人私厚其家，虽贤者不免。

和帝邓后时皆旱，皆幸洛阳寺决狱，还宫而澍雨降，飞廉、雨师亦知奉行故事邪？夫母后听政非盛事，上亲庶狱非美德。东汉一代多文饰，犹符命祥瑞之馀习，此类大不足信。

邓后临朝称制，或者云拥佑幼主，不得已也。至率命妇有事宗庙，其好事喜游豫，曾是常人不习礼法者所为而谓贤者为之乎？有美含章，阴之义也。妇人不得已而与外事，遭家不造，方当悲痛怵惕，以弘济于艰难，何心何虑而自恣佚若此？若邓后者，才智能钤束臣下类元后，其不知礼如之，幸不及倾覆，而后世以贤名归之，呜呼！

过矣。

邓后迎安帝于清河邸第而立之,拥策不为无恩,乃甫崩三日而追尊私亲,不逾月而诛及其手足,何其薄也。浅人无顷刻容人之量,观帝所为,若大不满于后。时虽后专政可以召怨尤,安之为人亦足见矣。

读《孝顺孝冲孝质纪》。顺帝,安帝子。冲帝,顺帝子。质帝,肃宗元孙渤海孝王子。

后汉安、顺之间,才臣卒鲜,储后之废由奄寺,其立也亦由奄寺,斡乾转坤之大事,出之残秽下贱之刑人,欲求威柄之不下移,国运之不衰替,安可得耶?故曰安帝始任宦寺,其焰犹未甚也。自孙程等有定策拥戴之功,而其势遂成燎原。呜呼!孰执其咎耶。

顺帝崩,以九月葬。是岁,群盗发宪陵。大行甫葬而为盗掘,其时贼乱纵横至此,亦后世希有事。

梁后女谒嬖宠,专窃国政,其饰辞干誉之文,安足多载,史家此类裁之可也。东汉一代诏令,皆虚美不实。观其文告,则治等成康;迹其行为,则乱浮幽厉。此风自明、章开之,至和帝少变,安、顺以降,遂滔滔焉。使其行必践言,何代而非谊主。记之以示后世,名实淆而诈伪昌,故不载为愈。

冲、质之世,女主干政,权臣专朝,弑逆乱民,所在称兵,马勉、陆宫等,皆僭尊号。天下岌岌,不可终日矣!亡国之势,肇自顺帝之优柔不察,以宦寺为恩己,而任其专恣,天下因之大乱,身死未寒,而丘陇不保。复遭国统再绝,沦胥以铺,固不待桓、灵而始垂其乱也。

读《孝桓纪》。肃宗曾孙,蠡吾侯翼子。

胡广大臣党奸,使梁冀不道之谏,发于椓人奄寺,渎政乱纪,益致不轨。此前汉张禹、孔光之流,不足比数人类也。

桓帝时,将兵奔北者皆伏诛,威令犹行于下,故名将不绝,而四方称乱,一起辄灭。虽无补乱亡,其军政固足称也。

十八日戊申(10月31日)　雨

李甥伯房来,知周甥等返自沪上。所闻近事记左:

吾常有人来云,贼令城乡各民,纳钱与布一方,上有印记,悬门首以当门牌,分大、小户,大者洋钱三四元,少者一元。又每一烟灶,按月纳钱四百二十文。贼又于各要路置卡,吾民往来贸易不禁,但需按货纳税。又有贼以掠得衣物出售,每包洋二元,不许拣择,有得珍裘者,有得败絮者。又闻贼首英王陈玉成至安徽,不知何事,大约因曾钦差自宁国东进,故往御。下路苏、松各处俱停兵,嘉兴尚据守,我兵围之。

英、佛、米三国兵至天津,我师败退,敌连胜,遂入都城大掠。驾出东华门,欲东走,旋给夷议和,约令退兵,不允则闭城决一死战。彼兵移至城外八里扎营,我兵乘其不备,击之大胜。现在英国上海兵尽调往再战,而佛国兵不与协和,已将撤归。又闻该国兵船驶入直沽口,均搁浅不能进退,口粮、牛、羊将绝,土人不与通市。又地寒,水将冰,狼狈无策,欲归不得。而上海官民乃事夷如神,以七月初御退贼兵,以为贼实畏之,募其兵守城,每名日食洋银一元,城上皆树其帜,夷兵有不戢,莫之敢禁。夷场皆建坚栅备守具,马路市屋半被爇,某家宅高,火不及,二炮决之,椽瓦立尽,此皆七月初事。其时法兵纵掠,受害者多已控于诸国领事,英国、法国兵方互赖不决,未知其后作何平决。此条未尽可据。

上海城中市肆渐复,诸大肆有开张者。高桥诸处繁盛,转倍于前,以商贾絜货俱在其地也。吴淞口有外勇五百名设守,贼扎营罗店,相去廿馀里,火光相见,各自守不攻。松江无贼亦无官,青浦及嘉定、太仓等城俱贼据。署督薛焕调副将向魁率兵来沪,约四千人,闻欲进攻嘉定。前督何桂清诏逮不赴,匿上海舟中。薛督与浙抚王会奏,诡言其部曲溃兵,公辞吁留,令张玉梁部卒公呈,即据以入告,尚未得旨。

读《孝灵纪》。肃宗玄孙,河间孝王开曾孙,世封解犊亭侯。

桓帝在位,尚有恩诏宽政,以结下心。至于灵而并此不为,日夜怠敖而已。昏德若斯,犹得没身,幸矣。

读《孝献纪》。

帝于锋镝交横之际,能收恤难民,赈施全活者颇多,宜其终身虎狼群中,而不遭搏噬也。且其尊赐耆儒,愍其困学,不为不仁;作糜董试,而知侯汶之奸,不为不察。使当守成之际,居然令主,但乏拨乱才耳。

李傕胁帝幸其营未脱,忽诏立皇后伏氏。寇乱之中,忽行嘉礼,何其闲整邪。

汉两代之主,光武才不下高祖,而笃行好善,几跻圣贤之域,非高祖所企及也。若其后人,明、章两主,世称令辟,且不能并肩景帝,安望孝文。迹其用人行政,皆庸庸无足称道,故世祖之业,再世而衰。和帝颇聪察,然不能及孝昭;安、顺视成帝尚不如;桓、灵方孝哀为尤厉,后嗣之弱世,不逮高远矣。天实为之,夫谁为之哉!

读《皇后纪上、下》。

纪者,一书之作,本所纪也。安妃安得称之。

后史踵《史记》、《前汉》之体,每篇多有一序冠之,《史通》讥之甚是。后先相复,千篇一律,殊可不必。

光武减省宫御,史称其琢雕为朴,然升阴抑郭,非重色而何?后世妇德之不修,效法之不善也。故前世以外戚覆国,而明、章以后,窦、邓、阎、梁干与枢要，祸乱不绝。内则嫔御生子，而遭害者有之，女谒祸极，与国终始。创业垂统之人，不得辞其责也。

光武亲睹王氏之盛，莽以盗汉社稷，而外戚犹贵宠赫奕。郭氏之侯四人，恩及他姓，赏赐之多，号为金穴。何弊政难革若是邪？用知重色之心，贤主不免。

光武既欲立阴后，何不早断之于前；阴后既欲让郭氏，何不固陈之于后？幸东海躬服至让，不然祸乱岂胜道邪？

世祖以谶兴言祥瑞可矣，若后纪但当直叙生平，安得一一传致奇异之兆，复沓不已邪？

和帝政事无大过失，即于窦氏，能不念旧恶，此一端已为忠厚。而其后嗣夭落至皇子不育者十数何邪？天道难言，殆不欲汉道之昌邪？

和熹邓后当和帝时，外家官爵谨让，不愿兄骘位止郎署。及帝崩，而骘以车骑将军定策矣。汉世外戚以贵盛被祸者多矣，后既明于大义，犹但口让而实不能，安望馀辈。故安、顺以后，阎、梁踵祸，彼且将借口贤后以为故事，天下于是咸以为当然，明、章防闲外氏之制，于是乎荡然。孰谓后家族之后患为不幸邪？

邓后于安帝在时，多征宗室子弟置之京师，宜其为安帝之所怨畏。宗室子弟犹云强宗干、树蕃屏之义，多招己之私亲，又何为哉？后之不能无私母家，固矣。若此者，树怨于身后，殆不智之尤者。

邓康知机谨畏，方后盛美流布，乃能见其非是，虑于将来，可谓贤矣。后遂不察，转以为谴，不且类定陶傅太后之为乎？手足之亲有善不及知，而一婢足以间之，后之贤明安在？史多记其美政，得无虚誉。

东京外戚枋政，多在母后之世。若后宫之父兄与朝权，则安帝阎后实始之，遂成废立之乱，神器几于倾覆，中人恣横，亦由是兴。呜呼！内宠之祸，至于此极，君人者亦可思矣。

邓、梁诸后皆言先世有阴德，子孙必昌。夫敌体天王，诚贵异矣，及后子孙诛戮，家徒流徙，不知为殃乎？为庆乎？无稽不根之语，史犹比比载之，识逊前史，不可道里计。

史既云顺烈梁后夙夜勤劳，推心仗贤，委任李固矣，安得又任兄冀杀之。且冀弑质帝，使后知之邪，是一同恶乱人；使不知邪，其夙夜勤劳系何政事，而昏昧至此？蔚宗何所根据，而书之曾不一思邪。

邓后封兄演之事，按当在有司奏后系邓香女之后，不然既知为邓氏，又改姓薄邪？蔚宗失考。

东汉诸外戚虽尊重世有，而无以令终功名震奕人世者，至于末世何、董之流，尤猥猥不足道。天之所废，孰能昌之，其斯谓矣。

皇女事迹，既无与于朝廷，其有异者，因事见之可矣，安用别为篇。

十九日己酉（11 月 1 日） 雨

读《律历志上、中、下》。

《八志》。司马彪《续汉书》纂用蔡邕、张衡之旧以成《律历》、《天文》、《五行》；用承洽伯始之作以成《礼仪》、《祭祀》；用应劭、谯周之记以成《百官》、《舆服》、《郡国》，则地理旧志因而撰之。自范书《志》亡，梁刘昭因取彪书之《志》重为注补，后遂与范之《纪》、《传》合行。

读《礼仪志上》。

二十日庚戌（11 月 2 日） 雨

读《礼仪志中》。

仲夏之月，以朱索连荤菜等及桃印施门户。荤菜，即今以蒜安门上也。又注引《吕览》曰:"汤始得伊尹,祓之于庙,薰以萑苇。"今俗吉凶之礼,自外至门,皆燔柴薰足而后入本此。

读《礼仪志下》。

读《祭祀志上》。

光武即位告祀文。《纪》已备载,此不必再书。

读《祭祀志中》。

明堂之说,以蔡邕为最长,其博通足以破群疑。何后儒尚纷纷也?

"六宗"之说,晋人合论司马绍统,遍驳诸儒,诚皆得其隙矣,然其言亦复不安,经不曰"遍于群神"乎?以六宗当群神,失之复。吴商以为"禋"、"烟"义同。升烟报阳,非祭宗庙之文。《书》不云禋于文王、武王乎,安见周禋之与虞禋异也。总论其说,自以张髦"三昭三穆"为"六宗"义最通。若虞喜、刘昭之言,尤为自桧。

二十一日辛亥(11 月 3 日)　雨

读《祭祀志下》。

仲长统以为社即祭地,其义最长,深得古人精理。

读《天文志上》。

注引张衡《灵宪》之书曰:"八极之维,径二亿三万二千三百里,南北则短减千里,东西则广增千里。"与今西人言地形如橙,南北微扁之说合。不知当时何从得此义?又以为日月之径,当地广二百四十二分之一,亦不知何从测之。又有海人之占,岂其时即有西学。又言老子四星因伯王逢芮各一,错乎五纬之间,其见无期。按即今西说诸行星中之海王、天王,于合乎七类。

读《天文志〈中〉》、《天文志下》。《五行志一》。

二十二日壬子(11月4日) 午后雨止,渐有晴意

振远来此午饭,饭后同至弢甫处,傍晚归。弢甫言见上海人某来信,言夷艘初至津门,朝议恐僧邸败和事,召之来京,夷兵遂登岸,破天津府城。朝中大恐,驾将东幸辽沈。僧邸自纠其蒙古兵八千人迎战,大破夷兵,京都始安云云。其说如此,然路梗无明文,尚未必确信。

读《五行志二》。

和帝长子平原王胜有厥疾不笃,邓后违众议而立安帝,废长立幼,致来安、顺昏主,虽谓汉之覆国,祸在邓后可也。女祸之无极,其至也无方,熸矣哉。

安帝时,凉州叛羌为害太甚,诸郡寄治冯翊、扶风界。此六朝侨郡之昉。

读《五行志三》。

二十三日癸丑(11月5日) 晴,甚寒

自初七日雨至昨凡十六日,寓中上漏下湿,地沈如浆,坐立不可,出则泥深没踝,跬步俱艰,闷悒殆无生气。今早推窗,曦光穿户,觉举身愉快,如入大光明藏。

读《五行志四》。

通卷皆刘昭注补。何以此篇独无佚闻?

读《五行志五》。

刘昭补注。此卷多载小说,此类繁(颗)〔夥〕,岂有尽耶?

读《五行志六》。

袁山松《后汉纪》载献帝时日当蚀不蚀,庭臣皆贺。帝使尚书候焉,未晡一刻而蚀。帝精明不易欺,在后汉当为聪主矣。

读《郡国志一》。司隶校尉部郡七,县邑、侯国百六。

《志》纪县数不言县而言城,已是拢统不分,刊本沿明监本旧样,县名或阙或不阙,殊不可辨。今每县上一〇别之。

读《郡国志二》。豫州刺史部郡国六,县邑、侯国九十九。刺史治谯。冀州刺史部郡国九,县邑、侯国百。治商邑,即鄗,光武即位处。

常山国平棘下云有塞。按赵之边长城也,六国时分界处皆有之。

读《郡国志三》。兖州刺史部郡国八,县邑、公侯国八十。治昌邑。徐州刺史部郡国五,县邑、侯国六十二。治剡。

二十四日甲寅(11 月 6 日)　晴

早起,弢甫等来,同至点心肆中早食。又同访汪龙溪、虎溪。饭后,访弢甫。施逸云要饮,至三鼓甫返。

金眉生与弢甫书,抄来京都大变事,节纪如左,纪浙贼事并附:

八月初四日,英统帅纳尔金、通事兵头巴夏里与中堂桂良、蒙古王僧格林沁等在通州面议和约。时通州已为攻据,方议不决,忽奉廷寄许战,僧邸遂令马队兵将夷酋圈住,僧邸亲督兵围擒,该酋手发小枪者三,未中,遂于马上手擒巴夏里等数十人,当即交送都门,下刑部监严禁。初五、六日屡接仗,我军不胜。初七日将晚,召见军机大耳者,不载何人,盖指郑王。密奏数语,上即起入内,传旨闭皇城诸门,驾由后门出都东幸。时都中尚安堵如故,大栅栏戏园演剧未毕,俱不知圣驾已行。初八、九日,始有风闻者,亦不得确耗。各官宅有雇车出城者,单套车到保定向十五两,数时增至二十五两,上山东即要三十两。巡防处王大臣提督衙门出示弹押,如有乘机抢掠者,许百姓格杀弗论。大街犹照常买卖,惟百物踊贵,银价贵至十七八千文一两。初十日,密云县递回上谕一件,送来各部院卫寺钥匙四十九,分派豫王义道、尚书全庆、中堂桂良、中堂周祖培、提督文祥等留守内外城，恭王住圆明园办事，外间始知上真已东幸矣。

方驾欲出时，提督文祥苦谏不听，于御前向军机诸臣云：我等何以逃庸臣误国邪？何以如此轻此尚非不可为之江山社稷！五日未召耳朵，亦指郑王。一听其言，即决然乐从，真是奇事云云。皇后亦苦谏不从，遂独抱阿哥还入大内。皇上乘马而行，妃嫔皆男装穿靴。初八日，住石槽。初九，住密云，初十可以出口。临行亦未传知各处，并未修道，亦未预备行宫，只带蒙古包帐房名。露宿野次。向来巡幸，军机处带兵部及各衙门书办员役，今以仓卒无脚力川资，一概未用，后亦未来唤去。扈从惠王、郑王、军机大臣肃顺、穆荫之外，侍卫寥寥，现调各处圈马赶趁行在应用矣。

十二日，各国来文索还所擒夷酋，并云若诸人安全无恙，尚可议和，否则将京城铲平。而夷酋交部后，派员严审，跪链踹杠，巴夏里须鬓揪拉俱尽，恭王十分为难，差恒祺往向巴酋说法，该酋决裂无比。其时该夷已进扎花儿闸等地，张家湾一带亦被焚掠甚惨。僧邸及诸将帅等俱退扎京城西南门外齐队，三日尚未扎定，城上俱列炮位。十三、十四均未交仗。十五日已后吉凶尚无定音。又云海张五天津人，向为海寇，投诚并捐输报效，已赏二品顶戴。与夷人在前屡次接仗，设法焚去夷船十馀只。又云夷人在天津、通州大纵焚掠，其国主帅亦不之禁。在通所得茶叶即值百馀万云。

七月下旬，嘉兴大营又为贼所溃。先是六月中，张玉良率馀兵拒贼于嘉兴，其下不戢如故，又多收潮勇，不辨兵贼。至是贼来攻扑，内勇为乱，张遂弃军先走，以至土崩。贼直至塘西、长安一带，处处纵掠，幸副将胡再升、本宁防周军门麾下。刘某来书不载其名。至，一战大胜。胜时贼方住宿造饭，弃之而走，杭城得以不陷。现在马镇得昭即在常先逃、在苏纵火焚民房者，苏省陷，遁至杭州，复领兵。七月中，署江督薛焕调至沪津救援,中途适贼至嘉善、平湖,遂复返。等俱扎营近长安镇地,塘西等处皆贼地,杭郡岌岌。又抄来新江督曾国藩与薛督移文,言其旧部皆留攻皖省,仅带来四千馀人;又新募五千馀人,俱不练行阵,须俟兵力稍集,然后由广德至嘉、湖一路进兵夹攻。又疏保按察使衔候选道李鸿章乞旨简放淮南运使,使之筹饷造备战船水师,以资攻剿云云。

二十五日乙卯(11月7日)　晴

作书寄幼静,闻伊家八月下旬尚泊舟淮安东门,赴汴东路、北路俱不通。幼静手无一文,久寄危地,咫尺之间,捻匪充斥,思之焦灼。书劝之退居阜宁、盐城诸地,俟路通再行,未知得达否。又一函与季雨,又一函与李伯盂。今日周甥将赴江北,俱交带去。日中时至弢甫处,下午龙溪等亦来,在弢处吃馄饨后归,已上灯矣。

二十六日丙辰(11月8日)　晴

弢甫来访,谈医理,遂以《神农本经》一部见惠,系孙刻本,极佳。同至弢家,饭后偕访小农,日下春归。振远来要饮,肴皆自制,极佳。

读《郡国志四》。青州刺史部郡国六,县六十五。治临淄。荆州刺史部郡七,县邑、侯国百十七。治汉寿。扬州刺史部郡六,县邑、侯国九十二。治历阳。

史于丹阳郡、芜湖言中江在西,吴郡、毗陵言北江在北。而删前《志》南江之文,则当司马彪之时已不信南江即松江之说矣。

二十七日丁巳(11月9日)　雨

访柳亭,振远,柳亭来。

读《郡国志五》。益州刺史部郡国十二,县道一百一十八。治雒。凉州刺史部郡十二,县道、侯官九十八。治陇。并州刺史部郡九,县邑、侯国九十八。治晋阳。幽州刺史部郡国十二,县邑、侯国九十。治蓟。交州刺史部郡七,县五十六。治赢。陵县移广信县,又移番禺县治。

二十八日戊午(11月10日) 晴

弢甫偕桐君等来访,闻曾督与徽防京卿张芾不洽,其部下交哄,贼乘间攻之,徽州陷于贼。逆氛东指,严州不守,距杭水路甚近,且东连金华、宁、绍。先苏、浙二省避兵者俱恃此为生路,今复围而蹴之,民命殆将无孑遗,可胜惨痛。吾六姊随姊婿赴浙后,仅得一信,今遂杳然,未稔尚能无恙否,念之气结。

集匡衡、诸葛武侯语曰:"淡泊可以明志,湛静戒于后期。"作楹联以当座右自警。又集句四言联赠弢老曰:"大雅不群,多闻第一。"并请吾兄书之。

读《百官志一》。

太傅,太尉、司徒、司空,汉之三公官。将军。

司徒,注中引应劭曰:丞相府旧在长安,时府有四出门,随时听事。国有大事,车驾亲幸其殿,殿西王侯以下,更衣并存。又引《周礼》"有外朝",干宝注曰:"礼,司徒府中有百官朝会殿,天子与丞相决大事,是外朝之存者。"

读《百官志二》。

太常、光禄勋、卫尉、太仆、廷尉、大鸿胪。

光禄勋与卫尉俱主宿卫门禁,无甚大别,何以并列二卿?

读《百官志三》。

宗正、大司农、少府。以上为九卿。

大司农由户部,少府由内务府。

二十九日己未(11月11日) 阴

读《百官志四》。

执金吾、太子太傅、大长秋、太子少傅、将作大匠、城门校尉、北军中候、司隶校尉。以上称陪卿,由今小九卿。

五校皆比二千石,而北军中候以六百石护之,以卑秩护尊官,亦犹刺史监二千石之制。而后世监军之名仿此矣。

光禄勋主宫中亲近备顾问之臣,故前汉有内朝,凡肺腑贵戚及诸将军、郎从官皆列内朝。光禄勋虽在九卿外臣之列,然亦称内朝,比近臣,其职由今领侍卫内大臣,实不主门禁。胡广释勋为阍,甚谬。卫尉专主宫掖门禁,由今各门行走。执金吾领兵徼巡宫外,亦宿卫扈侍之臣。城门校尉专主京师外门,今则步军统领兼其任。

读《百官志五》。

外官、护蛮夷官、王官、侯国、夷国、官奉。

读《舆服志上》。

车马。

读《舆服志下》。

冠服。

三十日庚申(11 月 12 日)　晴

十月建丁亥

朔日辛酉(11 月 13 日)　晴

傍晚弢甫来访,同访振远、柳亭、小农,返至弢家夜饭。接幼静八月在泰州信,知开孙二子一女免出,仲明家眷亦免,喜慰之至。是日又得程子良死信,其老母孤子留寄海门,殊可惨悼。

初二日壬戌(11 月 14 日)　晴

傍晚弢甫、桐君来访。同弢甫赴小农之招,三鼓归。

初三日癸亥(11 月 15 日) 晴

饭后访虎溪,道遇子安、伯房,同至北镇,夜归。

初四日甲子(11 月 16 日) 晴

午前斋供准提菩萨,重持《准提神咒》,以癸亥年十月四日为满。同吾兄及弢、振诸人茗饮,遂访小农。饭后与至施映溪家,又返至弢家,四姊留吾食饼,虎溪等亦来。又同至小农家,三鼓偕返。

初五日乙丑(11 月 17 日) 晴

写书与开孙,告江南兵事始末,书凡五千言。又一函与衣谷。下午弢老来,同吾兄去象棋。

初六日丙寅(11 月 18 日) 晴

彦嘉从常州乡间来,闻姊丈李子乔秀才于四月十八日为贼所害,以见所负神主有官诰字样,故及于难。幸其弟老五躲避乡僻,闻信来收其尸,草草殡殓。平生诗才清绝,肆学博丽,而落磊不羁,故处况贫窘特甚,然秉性率易无成见,实君子之流,不图竟遭凶终,可悼之至。一子二女得信恸极,见之凄恻。拟明为设位,令诸甥成服。

初七日丁卯(11 月 19 日) 晴

晡后哭李君于僧庙。使三甥往奠,哭如礼。

初八日戊辰(11 月 20 日) 晴,夜雨

午后同彦嘉上城,顺道访顾君斗南,谭少久。比行至城已二鼓矣。雨将至,城门呼不可开,即宿城外客寓。

初九日己巳(11 月 21 日) 雨

访郑子乔广文,言叔度渡江后迄今无信,为之悬悬。自郑处出,访施逸云司马,时寓其族人施智珠家,因识主人智珠前令翟叔度之爪

牙。及其弟砺卿茂才,又沈若渠、朱兰溪,皆本地绅富。

初十日庚午(11月22日)　雨益甚

不得出寓,与彦嘉谭竟日。

十一日辛未(11月23日)　雨止,寒甚

访虎溪少尹,时亦在城寓关帝庙,同至新令姚瓯亭曾翼。公馆,识其诸郎。小瓯朴园因留午饭,其婿常熟张鹤孙与弟雨生,一文秀,一英爽,于诸人中矫矫,有所携字画甚多,使余饱观。

是日,闻上海贼信复紧,贼至龙华,我水师败衄。夷酋与薛督言,欲代收苏、常,未之许。其兵自北撤归,俱集于沪;另三千人住城隍庙养伤。在城不戢,官弗能问。北京闻已与议和,尚未十分融洽。夷酋欲见恭王不得,因火圆明园,宫殿尽毁,又必欲如前约,驻兵京都。车驾尚在热河,朝议欲迁都西安避之。然夷法国都俱驻公使大臣,各邦皆有,不过欲通知风俗国政,初非恶意,如欧州俄与英、法世仇,而兵事一息,即互置公使,不独行之中国。即挈兵而至,计不过数千人耳,都中禁旅如云,何必畏之若此,而出此迁都下策,殊不可解。且彼所欲驻兵国都,以空城畀之,岂能塞其意?我能往,寇亦能往,西安岂天上邪?当局愦愦若此,闻之且愤且叹。

十二日壬申(11月24日)　晴,寒甚始冰

晨发县城,至二条竖河早饭,至新开河,与彦嘉分路。余又访斗南,是日遂留,下榻其家。

十三日癸酉(11月25日)　晴

饭后与斗南别,北至大椿镇,访沈子汀,本地富家,自募勇结团。闻其豪侠,故往一见,殊不惬望。下午到家,遂访弢甫、小农。

十四日甲戌(11月26日) 晴

访弢甫,饭后归。夜至虎溪处饮。

十五日乙亥(11月27日) 晴

函致斗南,以字画属消。弢甫来,约去肆中早餐。函致衣谷,交弢带至沪,伊明日行也。下午,约弢甫昆季、振远、彦嘉及小农、竹影来吃馄饨。

十六日丙子(11月28日) 晴

到弢处、小农处。

十七日丁丑(11月29日) 晴

夜在逸云处。

十八日戊寅(11月30日) 晴

弢甫等动身赴沪,走送之。归访桐君,在其家午饭。

十九日己卯(12月1日) 晴

读《伤寒悬解》十四卷。

国朝黄元御撰,病《伤寒论》芜杂,重为编定。以为伤寒无不传经,而六经皆统于太阳,其在六日之中,伤寒皆可用麻黄,中风皆可用桂枝。若表证倏罢,病为入里,其人阳盛,则传阳明之府,阴盛则传三阴之藏,而非复经病,是为危症,于是有承气四逆汤各法。凡病本在经,而医误变症者,更立坏病之门,分列救逆之法。条分缕析,展卷了然,伤寒之书,始可读矣。立意专主于温,力矫前人专用寒凉之谬。痛斥叔和牵改《素问》经文,以热混寒之误,详辨伤寒各家传经为热之非。戛戛独造,洵为有功造化。然而矫枉过正,与仲圣本意未合者有之,盖寒毒之感,轻重既殊,而禀赋之伦,阴阳互异。执一之论,每患失中,不能为之讳也。伤寒专用大青等凉泄之剂,自唐孙君已举其非,盖自叔和混热于寒,世医遂以热病之治治寒病久矣,辞而辟之,功岂鲜哉!

中风、伤寒,脉俱有浮象,然一则浮而缓弱,一则浮而紧数,阴阳之分是其大指。故脉见浮紧,即不可与桂枝,当辨紧弱,不论浮也。

中风水逆,五苓散主之。水逆,得水即吐,故治之用散。此症外邪微而里水盛,故泄水数缓发表。

《千金方》阴旦汤:桂枝,桂用桂心,姜用干姜,加黄芩三两。阳旦汤,即桂枝汤。本方喻嘉言有阳旦加芩,阴旦加桂之说,不知何据。

四逆汤,重在救里通脉,则重温中,故用四逆原方,而倍干姜、甘草。

读《千金翼方》卷九、卷十内重定《伤寒论》。其意以为伤寒不过桂枝、麻黄、大青龙三主方,其柴胡承气各法,皆以救逆而非本法。亦因原文错杂,故加论审,分六经病状。太阳则又分出痉、湿、暍三症,桂枝、麻黄、青龙三法亦甚明了。惟多窜易句字,则后儒所不敢也。

二十日庚辰(12月2日)　晴

读《素问释义》十卷。

吾邑张翰风先生撰。以本书为王氏冰窜易更改,舛讹重出。因据林氏亿校称,全氏元起古本分注篇下而为之释,其讹谬显然者,间以己意正之。

《上古天真论》,丈夫二八肾气盛,天癸至。天癸,不独女子经,后遂不知。

壮火食气少,火生气壮,火者,阳明血气俱盛之阳。少火者少阴,一阳潜伏之阳。

《五藏别论》,云或以脑髓为藏。即今西人医学脑气为一身之主,其说本此。

二十一日辛巳(12 月 3 日) 晴

《异法方宜论》云:"西方者,金玉之域,沙石之处。北方,其民乐野处而乳食。"按此则昆仑之虚,大莫之野,其时皆隶版图。黄帝合符釜山,其说盖信。

二十二日壬午(12 月 4 日) 晴

钱淑人忌。四姊来家。桐君见访。

二十三日癸未(12 月 5 日) 晴

吉止至四姊处。

二十四日甲申(12 月 6 日) 晴

至四姊处,借来医书数种,又访施逸云。

二十五日乙酉(12 月 7 日) 晴

二十六日丙戌(12 月 8 日) 阴

二十七日丁亥(12 月 9 日) 雨

虔甥举一女,往候。奴子盘生窃衣一包遁。

二十八日戊子(12 月 10 日) 阴

彦嘉自上海返,来访,言在沪得北信,朝廷已与英国议和,与之兵费八百万,在五口关税内扣除,其原议五十六条俱从之。该国已撤兵南返。苏、常贼事如故。署常州府周沐润闻讹言常州贼退,遽报收复,旋知其误,复报陷。又闻新总督曾公在浮梁大获胜仗。

桐君过访,公执过访。同二君出门,遂至四姊处,晚饭后归。又同公执、彦嘉饮肆中。

二十九日己丑(12月11日)　阴

张柳亭来约早点心,遂至桐君处午饭,又到四姊处。晚间邀彦嘉市饮,饯其返常。识江阴人彭信古,住寿兴沙。

十一月建戊子

朔日庚寅(12月12日)　晴

李甥同彦嘉返常,送之至北镇。因识本地人龚少华,在其家午餐,归途访龙溪。下午访竹影,作书与里人吴君勖仲。

初二日辛卯(12月13日)　晴

借得《海运水程图》,甚详,绘之竟日毕。

初三日壬辰(12月14日)

初四日癸巳(12月15日)　晴

至桐君处借归洋画戏镜,两幅合看,注视久即合为一,人物皆能凸起纸上,毫发毕现,生动异常。忆戊午夏在沪上李君冰叔处,曾见此画,最异一种黑纸白文,缭绕数笔,注视即成巨井,深不可测,望之栗栗。冰叔云此中有算法。

在桐君处识桐城方昂卿,其叔鹤泉先生与先人丙戌同年,仕终漳州知府。昂卿新自上海将至江北过此,言夷贼事,今撮记之:

英国议和,我国赔与兵费八百万,内库先发百万,馀四百万在五口关税每年按扣二成摊抵。和约于五十五条之外增十八条,凡中国地方欲立埠通商者,听其任便买地造房,不得拦阻,其房地业主亦不得措勒不卖。又其商货过处,地方官须代办船只,价目仍由该商自给云云。俱由恭王承旨主议,称钦差大臣出示张挂。又闻各国官商时有至苏州者,与贼魁亦已约和,现在料理船只,将由长江驶至汉口,择地立埠,不日即行。贼则按兵如故,而围攻湖州甚急。其别支在德清,窥杭西路,严州尚为所据,其警信最急。时离杭省仅十馀里,富阳、桐庐俱为贼有,旋为官兵败退,现在杭城三面有贼。

读《金匮玉函经》十二卷。

赵以德衍义,周扬俊补注。前月二十六阅起,今日毕。

读《金匮心典》三卷,尤在泾集注。

第一篇第一首云"脾能伤肾,至肝气盛"云云。夫既伤肾矣,肾为肝母,肾伤则肝之化原绝,乃欲俟火旺肺之被制,以为补肝,一何缭绕至此?必非古人之言。

第二首"千般疢难,不越三条"云云。此等文句,亦不类古人。

阳病十八,头痛、项、腰、脊、臂、脚掣痛。阴病十八,咳、上气、喘、哕、咽、肠鸣、胀满、心痛、拘急。衍义以为阴阳各有三经,三六十八,然阴病实不止六。《心典》以为荣病、卫病、荣卫合病配阳成三六十八,而以虚实二者配阴病二九,亦十八也。然阳病独无虚实之分乎?亦为牵强附会。且此等排比成数之言,实不类古人之书。即是矣,其间出入断不能分划,阙疑可也。穿凿附会,说医者之大病也。

第二篇"太阳病无汗"至"葛根汤主之"。按此乃津液内聚于中,无气以行之,筋脉不和,故刚痓将作,葛根散阳明之气,行津液于外也。

痓病、脚挛、齿龂与大承气。尤氏疑之,执伤寒胃热之用承气以例痓病,非是。仲圣大意病太阳邪,实皆当表,病阳明邪,实皆当下。

痉至筋急而脚挛、齿龂,为热深矣,不下何待?

第二篇所言湿专主外湿,而言内湿,则另有专门。尤氏以为中湿者,必先有内湿,而后感外湿,非是。

湿家用麻黄加术汤,麻黄汤发汗,加白术温固中阳而制麻黄之惴悍,即发其汗欲微微者之法。湿家治法宗此。

甘草附子汤,仲圣于湿自外来者,治用附子居多,助内阳以祛外邪也。

太阳中热至白虎加人参汤主之。尤氏以为胃阴待涸,求救于水。其说非热则伤气,中热肺受其祸,方名白虎,正是肺金主治。

百合病。赵氏以为即《内经》之解,亦不知何据。

百合病多发于伤寒热病前后,凡言下之后、发汗后,皆指伤寒汗下之成斯症者而言,非百合病复被汗下也。

下之后,见百合是热在下焦也,故滑石代赭镇重之品引之于下,而百合清热为主治也。

病者脉数,无热微烦一条,或以为狐惑,或以为阴阳毒,详其症沉绵恍惚,决为狐惑无疑。

病名阴阳毒,且急暴如此,殆非常灾厉之气感之而病也。其气中于口鼻,故不曰邪而曰毒,时行瘟疫之流。

温疟用白虎加桂汤,凡伏气外出,而病于春夏者,皆温之类,其症皆有热无寒,温病、热病皆是。其治皆先清金以伏邪,内发必先伤肺气也。

衍义引《内经》温疟有二,皆先热后寒,一由于先受风后受寒之故,一由于冬感风寒之伏邪自内而出。此篇所言,则又但热无寒,详温之义,自合如此,其有寒者,亦必征不足言。

疟多寒,名曰牡疟条。衍义言阳邪为心所收,故但有寒,心为牡藏，以曲释牡字之义，此之为牡义甚费解，必勉强诠之，与病情不合。

柴胡去半夏加括蒌根汤，治疟病发渴，亦治劳疟，按发渴内有热，多劳则阴分伤，故用括蒌清热，寻常疟多湿，此不可用。

夫风之为病，至此为痹。尤氏注：风彻于上下，故半身不遂，痹闭于一处，故但臂不遂。按痹者总名，重者半身，轻者一臂，而皆由于风。以风痹分二，大误。

防已地黄汤，用生地蒸之入剂，此即熟地也。后人哓哓，以为古不用熟地何邪？

肺痿吐涎沫诸症，甘草、干姜汤以温之。脾胃阳败，则津液不上行而肺痿，甘姜以温培其中，宫土得热而蒸润，地气上升于天，有云行雨施之妙。此等方非圣者不能制。

奔豚之起，疑肾经必有伏邪，乘重汗阳虚而动。

奔豚当是中气不足，而水木邪盛，气发于肝，惊则肝气张而克土，乘所胜也。气发于肾，寒引肾邪萌动而凌土，侮所不胜也。尤氏释发汗后脐下悸为心气不足，肾气乘之，尚不尽当。

肾著之病至，甘姜苓术汤主之。周扬俊补注以为，论病皆下焦症而立，方皆中焦药。阳气原于下而盛于中，厚培脾土，欲使阳旺，不及下焦药，恐反动水邪。此说固可，然未能通透，盖此名肾著，以其著于肾之外府而言，其病原实则湿也。湿为水邪，治水者必助土，一定之理也。

凡治湿之病，不欲药性之惴悍，一过即去，盖湿性停滞濡着，必药之守而不走，温蒸透彻，方能尽去无馀。然湿又善结蓄，非峻利毒药复不能去，故制方必以急疾直走之品为主，而以温缓之味监之，方臻极妙。《痉湿暍篇》之麻黄加术与此之甘遂半夏汤，皆是其法。

卒呕吐,心下痞膈间有水眩悸者,小半夏加茯苓汤主之。此即小半夏症,而水邪为甚,故加茯苓。悸则心受水凌,兼恐有肾邪,茯苓行水并治肾邪也。下节五苓散症,吐涎而眩,饮家本有至脐下悸,阴邪牵肾气动矣。此为小半夏加茯苓症之进而益甚者,故用桂枝、泽泻专治肾邪为君。病甚于饮,不能徒事饮也。

《消渴篇》第二首,数即消渴而大坚。坚是胃中实而大便坚。故下解之曰:溲数则坚,消数津液竭,故大便坚,义本甚明。尤氏释为胃坚。胃坚乃鬲证,于此何与?

呕而发热,小柴胡汤主之。柴、芩清泄胆邪,姜、半降逆,参、甘、枣安中。凡呕皆胃受伤,用药必兼安中。下节大半夏症,系胃木病,不兼他经,故但用甘温补中,辛药降逆,不须他味也。其大黄、甘草证,食已即吐,胃满不受也。故用大黄推荡之。生姜半夏汤,即小半夏汤,彼以半夏为君,此以姜汁为君。

下利脉数而渴至,有热故也。按伤寒少阴证,下利便脓血者,悉属虚寒,以桃花汤主治,此则以阴退阳,复之太过,更贼其阴,而有此候。何以知之?于脉数渴知之。桃花汤症,脉必不数也。

又按,少阴伤寒五六日自利而渴,小便白者为肾虚引水自救,便白则非热可知。

下利清谷至胀满清谷,即飧泄。《内经》:"清气在下,则生飧泄。"若不治阳虚,而转攻其表,浊阴上填,故满。

下利便脓血,桃花汤主之。此疑虚寒,阳气不固,而肠胃之脂血随利而下,盖肠垢之类,故用石脂固脱,干姜去寒。衍义以为肾寒水盛,与血相搏,渗入肠间,积久化腐,而成便脓,殊未能合。

《妇人妊娠篇》"妇人宿有症病"一节,文不可解,必有脱误。《玉函经》本"衃"字,作"不血"二字,益见讹错,诸注俱非。

妊身者多患水湿，盖胞阻腹中，气道不利，原有水湿必停蓄不泻，或水聚生寒而为疞痛，或湿郁成热而动胎元。故妊不系于中宫，而古方多用白术除湿，此其故矣。

妊娠。常服当归散主之。按此方不用地黄，恶其滞也。妊娠气多滞，滞以益滞，不独胎前不宜，且使临蓐不利。故芎、归最善，以能补血而兼能行气也。方之斟酌尽善如此。

产后风至阳血汤。按阳血汤，《千金》载其加减之法，而其正方又曰：治伤寒中风，发热、往来汗出、恶风、头项强、鼻鸣、干呕，桂枝汤主之。然则阳旦即桂枝无疑。林亿亦以为即桂枝汤。成无已云："阳旦，桂枝别名也。"陈修园云："《伤寒·太阳篇》云证象阳旦，按法治之。后又云证象桂枝，因加附子、参，其间增桂令汗出。然则桂枝加附，增桂即所按之阳旦法也。"烈按：下节竹叶汤用附子，所主亦产后中风，则此方用附亦无不可，但不测微义所在耳。

初五日甲午（12 月 16 日）　阴

下午桐君、龙溪昆弟来。

余家向来命名多取葩经。廉访公乳名上景下福，烈辈幼读《诗》讳景曰大。吾兄乳名来成，吾乳名来求，吾殇弟乳名来燕，吾今名烈文，皆在于《诗》。儿子克昌初生，先淑人亦取《诗》"克昌厥后"之句以名之。今克子辈读《诗》讳不胜讳，又不可直呼，辄改易一二字，以附言在不称征之义，深虑积久致讹经典，自后皆当另取，记以告后。

初六日乙未（12 月 17 日）　晴

早至公执家。晡访虎溪，留彼晚饭，识吴江金小韩。虎溪云邑侯姚君欲募地方绅富捐资募勇，雇舟为水师捕盗，每口设二三舟不等，每艘日需十千。吾以为无益，为陈梗概，会人众未尽言。

初七日丙申(12月18日)　晴

桐君、龙溪兄弟来。

读《彻悟禅师语录》二卷。师讳际醒,乾嘉时人,俗家直隶,姓马氏。其言主禅净同门,以诃执禅讥净者,事理融彻,确有见地。

读《无隐禅师略录》一卷。师讳□泰,常州人,俗姓丁氏,乾隆时人,亦性相双修者。

初八日丁酉(12月19日)　晴,晡后阴

斗南之子问藜来,斗南有书见与,即复之。至四姊处。

崇明防患说拟视虎溪赞府

崇邑当宋元之季,未遭兵祸。明末有海寇顾荣、陆大之乱,有明臣张名振、郑成功之师,通邑为之涂炭,皆由僻处海中,口门多于蜂穴,敌师之来,在在可入,而我防不胜防。故御备之法,不重在守口,而在防海。

国初总督郎廷佐奏设提镇大员水师,万人之多,不独保此蕞邑,且为大江南北管钥之寄,定舟师会哨汛地,防海饬边之法详尽无馀。故海中氛祲数起,而崇明未有犬吠之警。无如日久营政废弛,视为故事。每遇哨期,师船驶至内洋僻屿停泊,而遣兵持会哨文书交易而返。虽有大帅监督营务,然多升自本营,此等伎俩,向所素习,安望其能振作。内地督抚视海中荒沙,有如瓯脱,更不过问,故养兵甚费,而实无一人可恃。现在本营历奉裁撤,及调驻他汛外,尚不下三千人。三年洪逆猖乱以来,多半调充艇船水勇,颇见阵仗,而素无纪律,徒染军营恶习,无赖之名为各营称首。此时犹幸江北尚支残局,水营尚有驻扎之地,一旦贼师北渡,此辈惟有一溃呼啸而归,其为崇明心腹之患与否,难可逆料。外患未加,而内祸先作,思之寒心。

今邑侯姚公下车甫一月，念崇邑西南逼近嘉、太，逆焰仅隔一水，而海中盗艘充斥，深虑日久人众势张，登陆滋事。且虑道路梗塞，商货不来，为患非细。纠劝绅富募设勇船，各驻口门，不时出海巡缉。长算远虑，为地方起见，使江南守令皆能如此用心，何至一败不可收拾。然侨民迂僻之见，以为防内祸急于防外患，用新勇不如用旧兵。崇地瘠薄之名向著，外来难民复不抵江北十分之二，贼之垂涎不为甚切。海中游匪多宁帮，往来无定，无土民与之合伙，决无登陆之理。而本营在外之兵万一溃归，实为今日隐忧。较量情势，外轻于内。查本营留兵不下千馀，守汛是其专责，器械所素有，粮饷所素支，因而用之不费铢两，其有捐集之资以充犒劳，士气可以倍奋，使御外患不难。而留兵与艇师抽调往来，彼既受惠于前，岂复能桀黠于后，一举两得，内难之弭，如操券矣。

审料安危兵便于勇。说者或以兵权属于总兵，非令君所能过问。夫兵权固不在县令，然以恩义结人，此非总兵所能禁也。本营名粮向归县库支发，若能不羁时日，更为除剔克扣之弊，以售此辈之心，不啻反手之易。更视其中魁杰、众所信服者，结为心膂，饵之以财利，不患不为我用。一旦有事，挥之使前，虽有百总兵，岂能掣吾分寸之肘。兵无赏，士不往；兵无财，士不来。天下之权，孰有大于利权者？草野之夫，能急人之急，即足得人死命，况百里之君，利权在手，而反不能之。此在深心大力，行之有素，事会既凑，而一转移之，应如桴鼓。安内攘外，事定于不劳，固非旦夕之期，一饮食之惠，操切而望奢者所能得也。不能于此而思，雇舟募勇之举，亦必先择能兵之士为之首领，使各队有所统一，兵将相习海中行驶之法，炮火迎击之用，与商船出洋大异,必使讲求熟练,然后可以收效。将来防祸未至,虽不能弭内衅,而外患可已。若各口分设数艘,阿谁出资?阿谁为政?无事则高拱糜饷,有警则畛域各分,是虚姚侯之盛心而徒弃各捐户之钱于无益也。

兵者凶事,非能实有见地,明于利害之分者不可为也。而今世多好言之,慕浮名,昧实事,视金鼓、旌旗为儿戏炫耀之具,不知此中杀机攸伏,行之无术,必酿大殃,不可不慎。愿告姚侯,毋以斯言为河汉。

初九日戊戌(12月20日)　阴

晤顾君菊舫,新从苏之东北乡陆宅来,得贼事甚夥,撮录于下:

苏州城外自渡僧桥以北,筑一外城,包北濠,凡三门,号卡子门。永昌徐氏自四月起与贼鏖战,前后杀贼甚多,贼无奈之何,因与通和。贼帅熊某闻系官裔。与徐约为兄弟,两不相扰。贼初至时,木渎结团与抗,贼大队往,民团破败,纵火焚民居,灵岩梵刹俱尽。贼首忠王怒,以为不当毁名胜,贼往者骈斩四十馀人。苏、常一带,道路通行无碍,来往者人货俱抽厘税,不蓄发亦可。

初十日己亥(12月21日)　冬至。阴,微雪,下午放霁

早至四姊处贺节,归,荐祀先祖,客中草草,不能备礼,展拜之际,怆然神伤。

十一日庚子(12月22日)　晴

早起出门,欲觅海舟赴沪,闻十三日有。下午到虎溪处辞行,又至四姊处,上灯后归。

十二日辛丑(12月23日)　阴

下午到东北乡村看屋一所,以现居逼窄之故,所看亦不成。作

书与斗南，庀行李物件。二鼓，振远、子安自沪归，来访。

十三日壬寅（12月24日） 晴，西北风，帆颇利

辰发南沙头港，午至胡港镇口停舟，候关吏来验税，因上岸茗饮，含山人守备衔唐某付茗值。其人吴淞口防兵姜都司所辖。下午，闲步海塘，口门夷艘充塞，旌旗满目，为之抚髀喟叹。塘岸一钟半没沙中，不知何年古迹。

十四日癸卯（12月25日） 大风雨

黎明舟趁潮行，逆风折戗甚苦，蒙被避风，自早至午不得食，闭息咽津亦不觉饥。未刻至上海小东门外，住舟登岸，到小南门城局访衣谷，因偕吾至城内，不数步，即其寓。以屋小，另为吾择居左近之三官塘，而饭于衣谷处，识衣谷尊人熙台先生。宝珩。又于城局识陈君顾岩、起新，江西新城人，候补直隶州判。系石士先生讳用光之族孙，子鹤先生之堂弟。石士先生，先君乙酉座主。子鹤先生则乙酉拔贡，与乡举亦叙年谊。子鹤先生今以军机入直。屠君子爽，祖垲，湖北江夏人，前常州小河巡司。并晤齐君小梅，学箕，今名良，婺源人，梅麓先生次子。与余幼在宜兴时熟识。又识刘君云樵。文炳，武昌人。

十五日甲辰（12月26日） 晴

早与顾翁长谭，顾翁意甚见爱。午间出城至夷场，晤曾君季圃，学时，香山人亦余旧识。并识徐君芸轩。徐钰亭侄。申刻返城，晚在念匏龚君宝琦。处饭，并晤周君贡甫，同至余寓谈良久。

十六日乙巳（12月27日） 晴

出城至南会馆访冯小农，时从崇来沪未归。饭后，小农来访。夜同衣谷访江夏童八问渔，椿，原名和谦，石塘先生子。爽直有豪士风，以衣谷言慕余綦切，愧无以当也。

十七日丙午(12月28日)　阴,细雨

访周贡甫、屠子爽,少坐归。竟日在衣谷家,下午到城局一坐,夜与顾岩久谭。

十八日丁未(12月29日)　晴

同衣谷至问渔处,同出城访魏君盘仲,彦。在马路茗肆坐良久。归至问渔处,晚饭后归。

代陈顾岩占家属在横泾遣迎即来否,得火风鼎。

巳未酉酉亥丑
、應、、世八
兄子妻妻官子

官鬼持世,不克用神酉金才爻,岁月旬日众力相扶,决其安然无恙。二用皆在间爻,离世至应,日内业已在途,期卯、酉二日可至。

读《韩诗外传》十卷。诗正而葩,此以说诗,葩则葩矣,而未尽出于正也。然汉以上书,熟而玩之,正如披沙拣金,往往得宝。盖去圣未远,遗言犹在也。读者其可忽诸。

打牲部落。以射猎貂鹿、采参为生计。

老满州五部:兴京西地,东界兴京,西界盛京,北界扈伦部。金人之裔。五部皆万历十馀年间收服。城郭:阿克苏护河。在兴京西,今属盛京将军。

浑河:在兴京西,今属盛京将军。

完颜:在兴京西,今属盛京将军。

栋鄂:在兴京西,今属盛京将军。

哲陈:在兴京西,今属盛京将军。

扈伦四部:兴京北境,东界东海部,西界昌图厅柳边,北界松花江,南界兴京。金裔。今并称满州。城郭:

叶赫:盛京北边,开原边外地。明之北关,今属盛京将军。天命四年收服。

哈达:盛京北边,今威远堡门地。明之南关,今属盛京将军。万历二十七八年收服。

辉发:兴京东北,吉林盛京界地。今属盛京将军。万历三十五年收服。

乌拉:兴京北,今之吉林城地。属吉林将军。万历四十一年收服。

长白山二部:兴京东境,东南界东海部,西北界扈伦部,西南界满州。亦金后,今并满州。城郭:

讷殷:疑即今额赫诺因河。属吉林将军。

鸭绿江:属吉林将军。万历十七年收服。

东海三部:兴京东北地,东南界鸭绿江、图门江,南界辽海,东北至宁古塔,北界混同江,西扈伦、长白山、满州三部地,今并称满州。三部皆太宗天聪、崇德间收服。城郭:

瓦尔喀:在兴京东南濒海地,南近朝鲜。今属盛京将军。

库尔喀:即虎尔哈。在兴京东北,宁古塔少西至三姓城等地,有虎尔哈河,即所谓金源。属吉林将军。

渥集:即乌稽,译言"老林",在兴京东北,今宁古塔、长白山之间。属吉林将军。

外有绥芬路、宁古塔路、萨哈连路、诺罗路、锡拉忻路各部,皆东海小部,俱打牲部落,今并称满州。

吉林东北各部:东界海,西界黑龙江,北界俄国,南界东海部。穷荒之地,今亦羁縻而已,虽亦称满州,预朝贡,皆不编佐领,属吉林将军。土著。

赫哲:即使犬部。

奇勒尔费喀雅:即使鹿部。

库页:在海中岛。

鄂伦春:在海中岛,设佐领,属黑龙江将军。

尚有诸小部不记。

黑龙江诸部:东界吉林,北界俄罗斯,西界喀尔喀,南界内蒙古。土著。

孛伦:在黑龙江极北,兴安大岭之麓,精奇里江、额尔格江之间。辽之后裔。属黑龙江将军。天聪、崇德间收服。

达尔瑚:与孛伦同地。康熙中,编入满州。属黑龙江将军。

墨尔根:在黑龙江城西,大约亦辽人部落之后。康熙时来归,编四十佐领,号新满州。属黑龙江将军。

锡伯:在嫩江左右。

卦勒察:在嫩江左右,本属内蒙古科尔沁,因系打牲部落,于康熙时献归满州,分驻于伯都纳、齐齐哈尔二城,属黑龙江将军。其二部有居近吉林及伯都讷地,即编隶吉林将军。

游牧部落。以牧马、牛、羊为生计。

漠南内蒙古东四盟:东界吉林,南界盛京、直隶,西界西二盟,北界黑龙江、喀尔喀。其兵即统于各部汗王,复于其酋内简授扎萨克理其事。

哲里穆盟四部:

科尔沁:元太祖仲弟哈萨尔后,明初置兀良哈三卫地。国初后族皆此部。世祖冲龄践祚,入关扈戴之力最多,功伐为诸部冠。故其诸王币俸居二十四部上。

郭尔罗斯:元太祖仲弟哈萨尔后。

杜尔伯特:元太祖仲弟哈萨尔后。

扎赉特:元太祖仲弟哈萨尔后。

召乌达盟八部:

札鲁特:元太祖十八世孙之后。或曰达延车臣之后。

喀尔喀左翼:达延车臣之后,本居漠北。康熙三年,台吉衮布伊勒登以其汗为同族所戕,部众溃散来归,赐牧于此。

奈曼:元太祖十五世孙达延车臣之后。

敖汉:元太祖十五世孙达延车臣汗后。

翁牛特:元太祖弟谔楚因后。

阿鲁科尔沁:元太祖仲弟哈萨尔后。

巴林:达延车臣后。

克什克腾:达延车臣后。

卓索图二部:

土默特:分左右佐领。右旗元太祖十八世孙后。左旗元太祖功臣济拉玛后。异姓同牧。

喀喇沁:元太祖功臣济拉玛后。

锡林郭尔盟五部:

乌珠穆沁:达延车臣后。

浩齐特:或曰亦达延车臣后。

阿巴哈纳尔:元太祖季弟勒格图后。

阿巴噶:元太祖季弟勒格图后。

苏尼特:达延车臣后。

漠南内蒙古西二盟:东界东四盟,南界山西、陕西,北界喀部,西界阿拉善。

乌兰察布盟四部:

四子部落:元太祖仲弟哈萨尔后。

喀尔喀右翼:达延车臣后,本在漠北土谢图。顺治十年,台吉本塔尔与汗有隙来归,赐牧于此。

茂明安:元太祖仲弟哈萨尔后。

乌喇特:亦元子孙,分支无考。

伊克台盟一部。在河套。

鄂尔多斯:达延车臣子巴尔苏始居之。有九子,今为七札萨克之祖。

直隶、山西游牧蒙古:北界内蒙古,南界长城。

察哈尔左翼:即察汉。元顺帝后,嫡支。顺帝北徙居和林,五传始去帝号,称鞑靼可汗,后为下篡,旧臣立其子,遂称小王子,明末强盛。其林丹汗暴恶,为太祖击破之,其子额哲奉国玺降,封亲王,位冠诸蒙古贝勒上。康熙三藩反时复叛,大学士图海讨灭之,以其故地为太仆寺内务府牧厂,移其部落于今地,不设札萨克,辖于都统。

归化城土默特:元太祖十八世孙△△之裔,明顺义王俺答后。太宗时降,以其部长为左右翼都统。后携贰,遂灭之,而统于△△将军,惟存辅国公世爵一。按此部虽蒙古,而城郭居之。

漠北喀尔喀蒙古四盟:先止七十四旗,乾隆中增至八十二旗。其兵隶于定边左副将军,有事奏调,常年则换防屯戍乌里雅苏台、科布多及沿边卡伦。

车臣:北界俄国,南界内蒙古,东界黑龙江,西界土谢图,居克鲁伦河左右,为喀部东路,其盟地曰巴尔和屯。元太祖十五世孙达延车臣季子格呼森扎赉尔之后,太宗崇德时来聘。顺治三年,纳我叛人,旋降。康熙二十七年,噶尔丹大举入其庭,与同族土谢图札萨克来奔,诏借牧内蒙古地。车驾再亲征,殄噶酋而反之于故地。

土谢图:北界俄国,南界内蒙古,东界车臣,西界三音诺颜、乌梁海,居土拉河左右境。为喀部中路,其盟所曰罕阿林。世系建立与车臣同。

扎萨克：北界乌梁海、科布多，南界阿拉善，东界三音诺延，西界镇西居杭爱山西。为喀部西路，其盟所为毕都里雅。世系建立同。

三音诺颜：西北界札萨克，南界阿拉善，东界土谢图，居翁金河北，亦喀部中路，其盟所曰齐尔里克。达延车臣汗曾孙图蒙肯之裔。初明世刺麻红黄教争图蒙肯申黄教，西藏达赖刺麻贤之，授三音诺颜号其旗，仍隶土谢图。三传至和硕超勇襄亲王，特授大札萨克策凌，为外藩勋戚名臣。雍正时，分土谢图汗二十一旗隶之，另为一部，以酬其功。

青海厄鲁特蒙古：北界镇西，南界川藏，东界甘肃，西界回疆。东四城本汉鲜水羌地，后以为西海郡。唐为吐谷浑，唐末并于土蕃，始隶于卫藏，为唐古特四大部之一，明置西宁河州卫，领以番酋、国师等号。其后并于套酋俺答，再并于厄鲁特之和硕特固始汗，于是变为蒙古。

和硕特旗：元太祖仲弟哈萨尔后，与内蒙古科尔沁等同族，本厄鲁特四卫拉之一。明末固始汗即顾实汗。自乌鲁木齐来，据青海分左右二翼，子十人除分附察哈尔一旗，分牧阿拉善一旗，馀八旗皆留青海。崇德中，固始汗来聘；顺治中，受封入觐；康熙五年，内牧甘肃；十四年，为王辅臣所煽，复犯河西，皆达赖谕止之。三十六年平噶酋，内附始固，诏封固始汗子达什巴图为亲王，准部不靖，屡诏内地兵戍之。圣祖末年，达什巴图之子罗卜藏丹津叛，自号浑台吉。雍正初，年羹尧、岳钟琪讨平之，始令青海各旗蒙古各自为部，不属和硕特。

土尔扈特旗：元太师脱欢之后，厄鲁特四卫拉之一。国朝用兵厄部，置其降众于此。

绰罗斯特旗：世系同上，即准噶尔旧号。

辉特旗：世系同上。

喀尔喀旗。

阿拉善厄鲁特蒙古:北界喀部,南界甘肃边墙,东界内蒙古西二盟,西界镇西阿拉善。即贺兰山之转音。唐吐蕃,宋西夏。

阿拉善部:元太祖弟哈萨尔后,固始汗季子巴延阿玉什分牧套西,生子十六,其四子还青海,十二子留套西。康熙中,逼于准夷来降,诏牧旧地,内徙距边六十里为界。后叛,旋悔罪降。三十一年编旗,置札萨克如内蒙古。

额济纳部:元太师脱欢后,土尔扈特旗之降人。康熙四十一年编旗,与阿拉善同牧。

漠西厄鲁特蒙古:北界俄国,南界回疆,东界喀部,西界哈萨克,今之伊犁、塔尔巴哈台、科布多、乌梁海等皆其故地。本西域乌孙及北匈奴地,入于蒙古,为脱欢太师也先瓦剌可汗之后,分四大部,号四卫拉。卫拉即瓦剌。

绰罗斯部:旧牧伊犁。康熙中,其酋噶尔丹夺其兄子之位,自立为准噶尔博硕克图汗,故又称准部最强,袭诸部而臣服之,兼有四卫拉,南摧回疆至卫藏,东破喀尔喀而据其土。康熙中,再驾亲征,破诛之,于是科布多以东皆隶中国。其旧汗之弟策妄那布坦复有伊犁,逐土尔扈特于俄国,袭和硕特于西藏,于青海。其杜尔伯特旧为所伏,复为四部汗。雍正时死,其子噶尔丹策零立,亦狡黠好兵,屡犯边。七年,讨之,提督纪成斌等为所败。九年,复败大将军傅尔丹之师于科布多,遂寇喀尔喀,超勇亲王策凌破之,十年,复大破之,旋乞降。乾隆十年死,国乱,其臣阿睦撤纳内降召兵,绰罗斯以亡。阿睦撤纳本和硕特部人,固始汗之元孙。拉藏汗之孙丹衷之子,丹衷初赘策妄女而生阿酋策妄,旋破其国,留之准部,见其内乱,遂来降,导将军班第参赞鄂容安往灭之。大兵甫撤而阿酋叛,将军参赞被害。二十一年冬,将军兆惠始讨平之,伊犁荡平,其遗种无几矣。

和硕特部:旧牧乌鲁木齐,其酋固始汗于明末袭踞青海,又以兵袭藏巴汗而有其喀木之地。分为三支,一留青海,一居套西,皆世其土;一入卫藏,为拉藏鄂尔齐汗。传之其子,诛第巴桑结,受封后,准酋策妄那布坦袭杀之。其子丹衷赘策妄女,生阿睦撒纳,后叛,诛其部落在藏者。康熙末定藏地,封其旧臣康济鼐、颇罗鼐,分主前后藏。康济鼐后为下所害;颇罗鼐之子朱尔墨特乾隆时为乱,都统傅清杀之,而亦被害,今无酋长。

土尔扈特部:旧牧雅尔,即塔尔巴哈台。其酋和鄂勒为邻部所逼,全部投俄罗斯,其地则辉特部居之。故厄鲁特仍为四部。及其曾孙阿玉奇复归,长其旧地,后又为准部策妄那布坦逐归俄国。至其孙乌锡巴,当乾隆平伊犁,后复叛俄来归,谋踞旧地,中途为哈萨克、布鲁特所围,不得已降。高宗受其降,封汗王,设新旧二部札萨克,其原有部众为旧,其厄鲁特平后各部投之者为新,赐牧哈喇沙尔以北地,可耕可牧,如其旧俗焉。

杜尔伯特部:旧牧额尔齐斯河,其地在今科布多、伊犁之界,最弱,服属于准部,其俗游牧而兼耕种。阿睦撒纳袭杀其台吉达什,胁降其子,自迁其地而有其众。准部初平,高宗遂封阿酋为杜尔伯特汗,及阿逆叛,改封车楞为汗。后四部皆从阿逆,车楞独否,伊犁荡平,遂迁其部于科布多东之拜达里克河,获保全云。

辉特部:亦脱欢裔,土尔扈特投俄国,辉特部居其地,补四部之缺。后阿酋为其部台吉,随之内附,后从逆同诛灭,馀众亦徙科布多东。

札哈沁部:亦元裔,不知其氏族。准部谓守汛卒曰札哈沁有宰桑辖之。乾隆十九年,其宰桑降,后死阿逆难,遂另立其部。此厄鲁特之不在四卫拉中者。

乌梁海蒙古:在喀部北,北界俄国,南界三音诺颜,东界土谢图,西界科布多。亦游牧而非元裔,旧属厄鲁特。乾隆中,荡平伊犁,始归王化。有四十六佐领,其属定边左副将军者二十五,馀属喀部。

科布多蒙古:在镇西北,北界俄国,南界镇西,东界札萨克,西界塔尔巴哈台。本厄鲁特地,康熙平噶尔丹,始拓入版图。其游牧各部有七族,皆厄鲁特旧部。

天山南路回部:在甘肃西北,北界伊犁,南界青海、藏卫,东界喀部、阿拉善部、甘肃,西界葱岭。唐以前为吐鲁番地,皆佛教、回教。回教始祖曰谟罕蓦德。当隋唐之际为墨德墨克国王地,在葱岭之西数千里,西域诸国尽臣服之,尊之曰派罕巴尔,译言"天使"。其教浸淫东布,及今回疆诸域皆崇奉之。而其汗则元太祖次子哈萨岱之裔分封于此,无回酋也。迨明末谟罕蓦德二十六世孙曰玛墨特者,始逾葱岭至喀什噶尔,行教其地,为教长,回地靡然从之。会元裔为厄鲁特所灭,地遂为回酋所有,而服属厄鲁特,不知何时复为准部劫之为质。乾隆中荡平准部,高宗遣其酋故玛墨特之孙布那敦、即博罗尼都。霍集占归主故地,号大小和卓木,后以众叛,将军兆惠讨平之,各城置参赞办事大臣,而统于伊犁将军。道光时,布那敦之子张喀尔复叛,诛。

藏卫番族:在四川西,北界回疆、青海,南界缅甸等国,东界川滇,西界廓尔喀等国。喀木、即察木多。中卫、后藏与青海称唐古特四大部,亦称土伯特。今青海别为一族,遂与极西之阿里并称四部,其始祖从中印度迁来,为土伯特汗。传至唐时,其裔吐番赞普强盛,崇尚佛教,其分支又为蒙古始祖部落,蕃衍遍西北。元之初封八思巴为帝师,以领其地。明初亦有法王、国师之封,其徒朝贡、世袭如土司。至宗喀巴起，永乐间始立黄教，大弟子第一世达赖根敦珠巴者，即赞普裔，世为番王，至是舍位出家，始以法王兼藏王事，而其族姓仍为番酋，称藏巴汗。国初灭于厄鲁特之和硕特固始汗，番酋之汗位遂绝，而国移于蒙古固始之子鄂齐尔汗。达赉汗孙拉藏汗相继嗣位。康熙时，以诛第巴桑结事封后准酋策妄那布坦，赘其子丹衷于伊犁，因留之，旋起兵诈言送丹衷归，遂袭灭之。康熙五十七年，定西藏，逐准部，而以拉藏旧部臣康济鼐、颇罗鼐主前后藏。雍正初，康济鼐为下所杀，颇罗鼐讨平之，诏使主藏，始设驻藏大臣。至乾隆时，颇罗鼐卒，其子朱尔墨特袭封，旋叛，为驻藏大臣傅清拉布敦所杀而亦害于贼党，既平后遂不设汗王云。其民介居国行国之间，似城郭非城郭，似游牧非游牧，有番族为其土著。有黑帐蒙古，疑即厄鲁特诸部之遗。

右外藩建置，氏族、舆地沿革考，杂取《会典》、《蒙古氏族考》、《圣武记》、《西域三记》、《西域水道记》诸书所载，录之以备遗忘。本朝龙兴辽沈东方三省，其民风俗生计、语言文字，皆同其服属，亦最先文皇抚辑内蒙，圣祖收豢外喀，湛恩汪濊，与天地比其高深，宜其奔走臣服，如子事父。嗟乎！斯岂兵革之利，师臣之力所能得之于远人哉。善农者深耕而易耨之，至于秋成而食廪实焉。国家之于蒙人深且厚矣。遭世不造，崇奖王室，其惟蒙乎？若西北之卫拉，威慑之也。西南之回部、卫藏，羁縻之也。后服先叛，其心不固，使关陇无缺，犹足以收臂指，不然，无足恃矣。

十九日戊申(12月30日) 雨

竟日在问渔处。

二十日己酉(12月31日) 雨，微雪

竟日在渔处，衣谷傍晚亦来，遂同返。

二十一日庚戌(1861年1月1日)　晴,寒甚

同盘仲、问渔出城,至夷场马路,下午归。又在问渔处晚饭。

二十二日辛亥(1月2日)　阴

至问渔处,下午归。同问渔在念匏处夜饭。

二十三日壬子(1月3日)　阴雨

问渔、盘仲来访,同在衣谷处,饭后散。同衣谷访陈顾翁于其新寓,即留晚饭。

二十四日癸丑(1月4日)　阴

同问渔出城访盘仲及曾季圃,下午归。是日途遇同里管子俊、庄咸之、岳调甫。

二十五日甲寅(1月5日)　阴

夜卧为寒侵,觉体中不适。小梅来吾寓。

二十六日乙卯(1月6日)　阴

到问渔处,盘仲亦来,盘桓竟日。闻贼扑宝山甚急。记己未七月上海民变事:述童君问渔言。

法国人利民洋行肆主某,至宁波诱买华人,载至外国贩卖贱役,仅给价数十元,至彼后获利甚巨①。被诱者多死,风声传播,人多不平之。是夏复来诱上海人,不得,遂令其水手上岸,于傍晚时掠人,以布囊连头一罩,即肩荷而去。初尚无人知,后失人渐多,始有闻者,相戒弗敢独行。六月杪,有法人在北门外掠一医生,幸遇通事熟识者得脱,而掠其舆人去,市众大哄,群至江边探看。适利民行主挟

① 巨,稿本作"厚"。

数黑鬼至,众中一人喝打,遂群起扭结攒殴,有他行主来问,众告之故,遂将利民行主及黑鬼交付巡捕管押,人众始散。七月朔日,利民行主有人取保释放,前众复聚,逢外国人即攒打,并至城中欲毁天主堂。适英人李泰国与其友人出游见之,李问缘由,众亦告之,李因叱其不当聚众行凶。众大怒,向李攒打,李狂奔数十武,突有一人以小刀从后刺其腰腹,中之,肠出数寸,李以手掩仍走,得脱。众聚至万人,英人亦调兵登岸,会天晚,未交手而散。越日,英、法人移文索行凶者,上海县刘公郇膏字松岩,江南人。固执不可。且言此事祸由该国掠人而起,吾民聚众,不过为救死之计。若必欲恃势,强累无辜,酿祸无悔。两国官酋闻其言,遂止不索人。故沪人戴刘如父母。

又记庚申七月上海兵事:述陈君顾岩言。

六月二十五日,伪忠王遣贴示于夷场,约三日内到沪。至二十九日由法华、龙华焚掠而进,城中戒严。苏抚薛、署臬江守西门,署藩吴守南门,馀各分信地登埤,每城英、法兵助守。七月初二日酉刻,贼至城下,外国兵于城上三枪毙其二人,旋退。初四日,法人焚东门、南门沿城民房,搜广潮人杀之。夷场隘口俱树栅设炮,马路口外兵持火器,贼由此过赴城下,彼此不问,亦莫测其故。是日,贼至益众,登城上望见伪忠王麾盖指挥攻城,英、法兵放炮御之,水师俱悬炮桅顶,向下遥击,贼旗帜行列甚密,炮中之,散如圆圈,三合三散,遂奔退数里。初五、六日未战。初七日,英、法遣通事来,言已与贼和,准其今日进城,问各大人意旨何如。薛抚惶惧,不知所答;署臬江公名清骥,字小云,仁和人。挺然曰:"贵国与贼无怨,议和可耳。吾辈受命官此土,贼乃吾不共戴天之仇,若入城,惟有迎战,不胜则死,何问为?且逆徒禽兽之类,与之交约,恐亦非贵国之利也。"通事既去,旋复来言:"各大人言甚是,我决不与和,今日必令退尽。"下午,贼果尽去。始知其言尝我,使非江公正色答之,贼遂至城,沪不可守矣。

二十七日丙辰(1月7日)　晴

早至问渔处,同盘仲出城访季圃,下午始归。又在问渔处夜饭,饭后衣谷亦来,遂同返。至寓门外桥上,东北望见火光绛及天半,复不知何处遭劫。诸当事局促一城,与虎狼并首而卧,及其未啮而谓无伤,念之增叹。小农、子俊来访,时余俱未归。

二十八日丁巳(1月8日)　雨

下午同衣谷访问渔,吾半途歧至子俊寓中少坐,遂到问渔处,夜饭后归。作书与槐亭及六姊,托衣谷觅便。

二十九日戊午(1月9日)　雨

终日在家。

三十日己未(1月10日)　雨止,北风甚厉,夜复雨

夜写家信,属冯君小农代寄。

英国戊午年所定和约五十五条,内第二条言:两国交派大臣诣两国京师。第三款言:英国大臣朝见皇上不能跪拜,止行彼国见君之礼。第四款:英国大臣欲送文专差,驿站一律照料。第五款:英国钦差在京,皇上特简大学士、尚书一员,与之会办事务,平仪相待。第六款:大清他日若派使臣到英国,彼国亦照此相待。第八款:不得禁阻耶苏天主教。第九款:英人准听持领事官执照,由地方官盖印,前往内地各处游历。第十款:长江一带至汉口,准其择地立埠通商,不逾三口。第十一款:原有五口之外,于牛庄、登州、台湾、潮州、琼州,悉准通商。第二十一款:中国民人因犯法逃匿英人船只、房屋中者,中国官照会英官交出。第二十二款:中国、英国民人有债务不清

潜逃者,两国官兵严拿追缴。第二十七款:此约十年一更,有不便者重修。第二十八条:欲将洋货进内,内货出洋,途经各卡抽厘,查明数目,一次并纳。洋货则于各口收缴,内货则于首经之子口收缴,此后毫不另征。第四十六款:中国各口收税,严查偷漏之法,均准其办理。第四十七款:英商在各口之外沿海私做买卖,即将船货一并入官。第四十八款:英商走私,亦可严行驱除,不准在口贸易。第四十九款:所指罚款及入官船货,俱归中国。第五十款:嗣后英国文书,俱用英字书写,暂时仍以汉文配送,俟中国选学生学习英文、英语熟习,即行停止汉文。自今文词辩论之处,总以英文作为正义。第五十一款:嗣后各式公文叙及英国不得提书夷字。第五十三款:中国海盗于商民大有损碍,意合会议设法消除。

又,另一专条云:前粤城动兵,致英国商亏银二百万两,兵费银二百万两。大清皇帝已允由粤省设措,俟此项清后,粤城仍交大清管属。

又本年续增九条。第一条:戊午年五月所定和约,后于己未年五月大英钦差进京换约,行至大沽炮台,该处武弁阻塞前路,以致有隙,大清大皇帝甚为惋惜。第三款:戊午年原约后附专条作为废纸,所载赔偿各费大皇帝允以八百万两,本年十月十九日在津郡先收五十万两,馀于各关口所纳总数内扣缴二成摊付。第四条:天津郡城海口作为通商之地,与各口划一。第五款:中国民人愿赴英国外洋承工者,不得禁阻。第六款:粤东九龙司地方,前经粤抚劳崇光租与英国,兹将该地划归英属。第九条:津城、登州、北海、广东各处英兵需俟赔款八百万清后方能回国。法国条约大略同。

《庚申和约》书后

庚申之岁,英法二国和议成,其约新旧六十馀条。其要者有五:一、驻官京师。二、朝见行彼礼。三、不禁彼教法。四、增设口岸。五、赔偿彼国兵费。馀者皆商贩铢两之事,无他要言。能静时客上海,见约款,因论之曰:英法诸国,僻在海陬,去中国六七万里,本无臣主之分。向因其国不解中国文义,强使尊称大皇帝,视同奉正朔、列朝贡各国,本属粉饰之事,在大英雄、具有识见者,必不自欺欺人,为此夸举。夫朝鲜、暹、交各国,非以德化,即以兵威,彼英国何为哉?开元初,大食国入贡,不肯跪拜,有司劾之,张说以为殊方慕义,难责以中国之礼,玄宗下诏宥之。事见《文献通考》。夫礼以将敬,顾其诚意何如耳,岂必顿首屈膝始足为重哉?且跪拜申一足,事见《三国志·东胡传》,自本朝犹有其制,而何责于荒邈不臣之国。若其免冠之礼,中国古今通有,亦见其法之未尚不近情也。驻官京师,若甚可疑,然东西各国皆然,非以欺诈伺吾之便,实欲通知各国政务耳。使吾政美善邪,何畏于人;不足邪,四海之内皆得起而争之,何间于远近。

耶稣之教虽浅陋可笑,然犹是兴仁兴让之端,彼国獉狉之俗因是而革,则亦善者之化。因其俗不易其教,王者抚绥之大权。唐之世,景教、大秦、末尼流布天下,卒于中国圣人之教无损毫末。我朝绥服蒙古、卫藏百千万亿之众,不过因其重喇麻之俗而为之加隆,于是异类翕然归仁,夫岂有异哉?民之所好好之,如是而已。且吾闻之,欲明其道者,当躬行亲服,使其心悦,不可以口舌争,故拒杨、墨者,非圣贤不能。若恃其兵众战胜以争教法,此外国结习,往往伏尸百万,以成一家之言,皆粗犷之俗未化。有其教而无其义,虽彼土立言之人,未必欲其然也。中国圣人如日之明,如天之大,使彼教畅行华夏,亦惟是一二屠夫、贩竖、无赖、不得志之徒，与之作队耳。就有士人好奇尚异，乐其夸诞，此亦中国之弃才耳。安有躬服道义者，一顾其门哉？日月在天，虽有萤爝之光而不可睹，况能与之争明哉！凡此三者，皆不足置口颊而与之争。

若增口岸，是与敌共险要也；偿军费，是敝国而益匮竭也。且粤事之争，祸先彼国，我亏已甚，而转为之偿兵费，是彼养兵贼中国，而中国赏其虔刘我边也。彼之理曲，而犹慑然从之，是则可议者也。虽然，古有之矣。吴之强也，栖越于会稽，悉索国赋以事吴，而后卒伸焉。老子曰：吾以天下之至柔，驰骋天下之至刚。使有其人，安在不可转败而为胜，因祸以致福哉？其人其人，顾安在哉！吾为之神往矣。

为闵鲁孙印谱序名沄，杭州人。其尊人小农名钊，江苏同知。

印有谱，谱有序，非古也，后世乃有之。曷为谱？曷为序？谱者，列也。作者列其所得，而程其功能也。序者，进也。观者美其能，而进之于道也。若是者，谱之可，序之亦可。

闵鲁孙，今之佳公子，吾不之识，于其友汤衣谷而闻其英奇。鲁孙之印，今印人之师古者也。吾不多见，见一、二章，而叹其精雅。以鲁孙之才若美，进而益工，虽秦之玺、汉之章，曾何足艰，此风雅之士所共望鲁孙也。虽然，鄙人之言窃有进，夫为印亦由之为学也，择吾身之良知良能而切磋焉，以出于正，粹之如金，温之如玉。是由印之必取田黄、青田诸美石，切方劘圆，以成器也。就吾性之所好所近而勤索焉，以发其光，扬之春华，折之秋实，是由印之朱白粲粲而为文也。鲁孙其以印之砥砺而为道德之士与？其以印之刻镂而为才学之士与？将砥之刻之，惟在印于以发名成业与？必有所以辨其志矣。是则印虽小技,亦显道也,安在而非学者之所究心哉!

衣谷示吾谱而请为之序,吾惟诸君子称鲁孙之印已备,而无可更言也。然而鲁孙贤者,不可以未之识而靳吾言也,敢为鲁孙进。

读《李卫公》三篇,语多中肯,非后人讹造书。其中实实有见识处,非阅历人不能道。

十二月建己丑

朔日庚申(1月11日)　阴雨

夜访问渔。

初二日辛酉(1月12日)　阴,甚寒

出北门至夷场,在盘仲处少坐。午后访徐钰亭。傍晚归,道路泥泞数寸,北风吹面如割,往还甚苦。途人络绎奔走,半多被难后来此谋食之人,观其容貌,无不蹙然有忧色。诵《北门》之诗,不知几许人当下泪矣。

初三日壬戌(1月13日)　阴,夜雪

早在城局见段君从洞庭西山来,知贼于前月十六日到山下,俱驾坐八浆船。本地绅董徐德甫赍银一千八百往迎,遭掌责叱辱,随赴水死。贼即登岸,纵掠数日,捆载四十馀舟而去。东山吉凶尚未保,大约亦难幸免。夏间诸友人俱以两山水乡可恃,惮于远行,欲留居者半,吾见吾军水师战船多被夺,湖面数十里一棹可至,极口劝勿苟安,今果罹厄。王君朴臣、徐君勤甫、张君纯甫、马君省斋俱有富名,此役殆无瓦全,念之怦怦。

初四日癸亥(1月14日)　晴,晨光皎洁,半月来未有

同问渔出城,访吴君子石,出其贵族吴子铃其人现在江北。条陈

一本见示，见识明白，文笔通畅，虽一切信奉外国人法，然实有见得到处。广人信多才哉！子石出示外洋车轮炮样一具，前车二轮载炮，后车二轮载子药，中有钩擐可开可合。挽用七人一行，两行十四人。施放时将后车解放，两人立炮旁洗炮装药，十二人以次传递子药，装放甚速，二百斤炮远可五六里。西人秘之不以示人，子石自云窃诸其局中。又云鸭舌枪可及二百五十丈每杆十馀元。中把。吴子铃条陈云，外国造火药有机器，必须购得之。

未	、、世	文
酉申	●	兄兄
亥空	、	子
丑	、、应	文
卯	、	才
巳	、	官

初五日甲子（1月15日）　　阴

代问渔占求财，得兑至归妹。

卦遇六冲，中多破阻，文书两持世，应有空文而无实事。酉金兄弟动而克用，卯木才爻仅得子水月建生扶，馀俱无涉。或者逢春木旺，其有济乎？

未月破	、、世	文
酉	、	兄
亥空	、	子
丑辰	乂应	文文
卯	、	才
巳	、	官

初六日乙丑（1月16日）　　晴

问渔晨去，在余处共榻三日矣。下午盘仲来。

法国兵在圆明园掠归御用物甚夥，或持二扇见示。一牙骨双金面，富阳相国书画俱精，画用重色，花卉尤佳。一玉竹骨，款系子臣绵楷，当是宣宗兄弟。皆仁庙物也，不胜有金碗人间之感。

初七日丙寅（1月17日）　　晴

代盘仲占财运，得兑至夬。

卯木才爻当丑土之令，萌芽尚未得见，虽有寅木一扶，而木气不旺，相助无力。俟逢春寅建，庶几可望。且卦遇六冲，事难成而易散，动爻生劫不生财，世爻又逢月破，本月节内决其无望。

又自占求财，得乾至讼。

卦象与前无异，所胜者，寅为木之初气，发动最早，又今日丙寅临之，更得子水动爻一助，较前二课求财稍易矣。

最奇者，三课皆六冲，皆文书持世，应皆木气才爻，皆应生劫财，种种相同。吾与童、魏二公困塞之况有如一辙，卦象昭昭如此。

戌空	、世	文
申	、	兄
午	、	官
辰午	○應	文官
寅	、	才
子寅	○	子才

是日下午盘仲、问渔来，访小农。

初八日丁卯(1月18日)　　阴雨

代周贡甫占求差得否，遇颐至屯。

戌土财爻持世，土旺四季，是得令也。应爻、动爻两重文书俱受克于世，是彼受制于我也，事卜其必成。惟戌土被日辰合住，合待冲开。明日戊辰，决有分晓。

是日下午到顾岩处，夜饭后归。

寅	○	兄
子	X	文
戌	、、世	才
辰	、、	才
寅	、、	兄
子	、應	文

（以上《能静居日记》六）

上章涒滩之岁，斗柄在丑之月朔日庚申，越九日戊辰(1月19日)

读《南西厢记》十六篇。董解元原文，王实甫科白，李日华增改，金圣叹批阅。

友人好词章者，争以为《牡丹亭》胜《西厢记》，是真不读书人语，是真不解世情人语。夫情生文，文生情，情不至则文不成。其为文虽绝丽之作，而其言无所附丽，譬如抟沙作饭，无有是处。双文之于张生，其始相爱悦而已，中则有患难之交，终则有性命之感，然后逾礼越义，以有斯文。其情淳挚深厚，至不可解，沦肌浃髓，一字一血，耐人曲折寻味，故夫双文之于张生，不得已也，发于情之至者也。情之至而不得遂，将有生死之忧。人实生我，而己实死之，死之仍不获于义也，于是有行权之道焉。君子之所宽也。若《牡丹亭》，则何为哉？陡然一梦，而即情移意夺，随之以死，是则怀春荡妇之行检，安有清净闺阁若是者。其情易感，则亦易消，入之不深，则去之亦速，拈题结意，先以浅薄如此，虽使徐、庾操笔，岂能复作一好语。今见其艳辞丽句，而以为彼胜于此，是尚未知人情，安足以言读书。

戌冲	、	文
申未	〇	文兄
午	、應	官
酉	、	兄
亥伏寅财用神	、	子
子丑	㐅世	子伏文

代陈顾岩占家属安否，得姤至大有。

文书持世，动化子孙，文书为道路，子孙为福德。用神寅木伏于亥水福爻之下、飞来生伏得长生。眷属在彼，决其无碍。动爻化道路，又戌土文书暗动，定已在路，所以迟迟者，兄弟动而克用，非川费不足，即遣去接眷之人不得力耳。

是日辰刻出城，访季圃不遇，三到盘仲处。下午进城，在问渔处谭至二鼓，衣谷亦来，与同返。同在问渔处者，刘君云槎、文轼，安徽人。吴君兰孙。庭瑞，徽州人。小农来访，未晤。

初十日己巳（1月20日）　晴

县前书肆得卢校《白虎通》一部。下午同盘仲、问渔、吴兰孙、闵鲁孙茗叙，归途遇马君锐卿。杭州邹蓉阁在衡。来余寓，诗坛老宿也。

十一日庚午（1月21日）　阴雨，雹如小菽，下午微雪

管子俊令祖去世，往唁之。盘仲来，同往市中小酌，并招问渔、衣谷。访马君子巽锐卿，锐卿他出未晤。忽遇江阴祝君受谦，百十先生长孙也。谈乱离家室分散，为之惕然。又至问渔处，同问渔、盘仲茗

饮,傍晚归。顺访屠君子爽、周君贡甫。夜饭后潘君月槎桂森,歙县人。来访,坐良久,自言幼时目能视鬼。鬼恒不满三尺,多古衣冠,长袖委地,人家房屋及院落四隅最多,街市无有。每日过午,则背阴处憧憧往来皆是,但恍惚不能细视,目注之即仰仆而灭。有焰口佛事,鬼集至众,或其家有病重人,鬼亦群至,然未见狞恶者。渠年过十五乃不见之云。

十二日辛未(1月22日)　阴

周贡甫来访。访问渔,并晤袁君受卿。河南人。出城访盘仲,同至市中午食,并招罗君朴山,江西人。食后复返盘仲处,少坐返寓。问渔适在衣谷处。

读《尉缭子》五卷二十四篇。

《武议第八》言军市之政曰:"市贱卖贵,以限士人。"精矣哉言也。古之能兵者,未尝不治军市也。其故有二:货入无竭也,财出无滥也,而征缗之利其末也。今夫能战者,兵也。兵之所赖者,食也。推之日用所需,百物称是,皆于市乎出,军之不可一日无市,固也。然而不患其无也,患其多而无节也。军之所在,聚万千犷猂无赖之徒,平日甘酒食肉,非能制节之人也。厚糈在手,挥霍不计,骛利者多方以诱之,则虽罄倾帑藏以给,战士人食百金,亦不能餍之也。农民拮据而供之,若辈纵恣而耗之。所耗既广,于是夺衣食之正用;所用既迫,于是兴掠夺之乱心。禁之生怨,不禁酿乱,此军政所以不可问也。

以今论之,军中战士皆日食钱半贯,多者倍差,然而未有裕然者,军市无节,糜费多而不给也。使下一令曰:市之物必有品,以非法之物至者,杀无赦。更下一令曰:士所市必有程,以逾限之货入者,杀无赦。此为将者所不难得之于士也,然而军政之要未尝逾之也。吾不征诸远征之于近,川楚之役,当纯庙之季也,拥兵者皆厚奉养,将奢而日骄,兵疲而日惰。仁皇忧之,亲政之初,下玺书切责诸帅侈风,于是乎革专阃之尊,自奉不过一肉,三年之中,事不半而功倍。往事故班班也。

吾更征之今,罗承宣泽南,楚军之名将也。其教军也,糈入不尽与也,约所需而给之,馀以赡其家,士气之戢为诸军最,而其用未尝乏也。此又今之事未泯者也。奈之何浅者之言曰:尉缭之言,桑、孔之流也。夫此军市也,非一国一天下也,昔李牧以军市所入赏军,其数固无多也。且尉缭之言所重以限士人,下固已明言之,而责其市贱卖贵以为夺民之利,暗乎其言也。

十三日壬申(1月23日) 晴

早访何君兆梅,途遇朗甫族叔新从江北来,言及于冈叔祖后人仅馀一孙,其在外者昆甫叔,而昆甫之子亦在家死于难。一家数十口仅此孑遗,一何可惨。访小农,坐良久。问渔、盘仲来,下午同返问渔寓少坐。又同盘仲茗饮,访兆梅,知振远、子吕已来。晤袁君伯襄,见吴君晋英《哀江南》诗三十首,哀挚可诵。访周贡甫,同至衣谷所,并晤邹君蓉阁,言及蒙古王僧格林沁在徐州为捻所败,丧其骁将。又言粤匪在西洞庭扎土城,其别股扑湖州甚急,浙省枪船尽附其党。外间传言扬州告急,并有言已陷者。

十四日癸酉(1月24日) 晴

冯小农来访,周贡甫来访。访问渔,同至城外,到盘仲处。又同在挹清楼茗饮,逢振远,以家(言)〔信〕见与,家中大小无恙,惟地气甚寒,内子无裘衣御冬,并新绵袄亦不能有。诵黄仲则"全家都在风声里,九月衣裳未剪裁"之语,不觉酸刺肺腑矣。觞问渔、小农、振远于市楼。访李冰叔,日下舂返城。晚食问渔所,识江西辛君智之、鼎亨。福建苏君晴山。友昆。

十五日甲戌(1月25日)　大雨

同衣谷至城局少坐,子吕甥来自崇明,同到吾寓少坐,张振翁亦来。周君贡甫复来访,共谈至酉刻散。

十六日乙亥(1月26日)　大雨

访问渔,谭至饭后。访振远,时寓子俊处。同茗饮,识里人吴君世谦,八月内在贼中逃出者,言破城事甚详,与前所闻有少异,记之以参异同:

初一日,张玉良勇焚民房纵掠,总督何桂清走。初二合城文武尽走。在城者,官止候补同知毛姓,后降贼。现任总捕诺公,后死事。绅士在局者,赵纯甫为首。是日贼至城下窥探,合城公议出丁登埤,沿街鸣锣,催众上城。有张玉良长胜勇百馀人未出扎营,城头不许民兵登守,声言有我等在此,百姓不见阵仗,上城无益。众知其意叵测,不听之。

初三日,城中各栅俱闭,以防内变。将午之际,长胜勇作乱,由大北门下城,思夺门迎贼,民团尽杀之。下晡,邑人张世侯以伪令箭开小北门欲出,为众阻获,解赴总局磔之,悬首其家。是夜贼于北门外萝葡坝搭浮桥,城上开炮击散。先是城外民房虽毁,仅焚掠有市肆处,沿城小屋则俱在,故贼得匿其中,施放火箭,仰射城上。其进攻恒以夜半,白日不甚至。

初四日,贼伪示诱降,并插旗城外,上书“投献免死”四字,“投”字写作“头”字。邑富绅周某复以总局令箭开北门欲逃,众亦执之,以其世家未必通贼,仅罚金而贳之。是日大雨如注,守者衣襦尽湿,城上水没至足踝,众皆面无人色。城中官绅兵勇既尽,所留止团勇数百人,皆不谙火器。有轿夫顾顺福胆勇有力,在北门助守,常令开炮,屡却贼攻,至是炮炸焚死,邑人搜前令贾某公馆,得四品蟒袍补服以为殓，示激厉。

初五日，贼攻急，城中讹言天宁寺僧众与贼战，又言乡兵至城外，实皆无之。城中烛尽，百货渐缺，守者露立四昼夜，无处分更调者，一人归休，则邻近俱从之上城，不得少息。人众疲困欲死，俱知事不可为，妇女小孩十死五六。

初六日，势益殆，城中死者亦益多，浮尸蔽河，自溺者拨尸而入，每一井常十馀人。午刻，贼先登小南门外汤氏屋，攀缘而上，东西北一时俱陷。贼入数万人，从民居屋上奔走，有如平地，顷刻之间，城中俱满。居民凡在城逃下者，在街上者，尽被害，无孑遗。有适换班在家者，幸免万一，死三万馀人。贼纵火焚大街，甘棠桥至叶桥西瀛里，尚书码头至太初庵俱烬。凡寺院、神庙无得免者，文庙神牌亦弃掷，惟城北天王堂独免，以有"天王"二字云。

十七日丙子（1 月 27 日）　阴，雨止

晨起，占向曾季圃乞助得否，遇鼎至大壮。

酉金二重妻财得未土应爻、丑土动爻生之，且月建丑土亦来相助，财气颇佳。惟巳火劫财变动，财至即去，断不能久。而所好者，劫财仍化出原神，是则财虽去而仍伏来路矣。

子兄 ○ 巳戌
子 應 未
財 、 酉
財 、 酉
官 、世 亥妻
官子 乂 丑財

公执、子吕来，振远来，同访同乡袁君伯襄、管君子俊偕茗饮，遂饭子俊家，识屠君信之。吾同高祖姊之夫，其岳为顾塘桥素诚大叔。访问渔，同茗饮，又同到衣谷处，夜饭念匏处。

十八日丁丑（1 月 28 日）　阴

晨起，小农来言即日旋崇明，仓卒作书遣奴子趁其便舟同往，适曾季圃处见贷三十元，聊以寄家中作卒岁费。午刻，访小农，送其

行。公执、子吕来,子吕昨得弢老在杭寄归安信,言槐亭已挈全眷到豫章,渠本任仅得革职处分,并无馀罪,十分可喜。弢老即拟迎赴曾营,闻曾公尚在祁门云云。念匏约为其戚孙少庐诊疾处方,孙杭州人。同问渔茗饮,归途遇前盘门汛鲍松山。夜同衣谷至邹君蓉阁处,因觞我。

十九日戊寅(1 月 29 日)　大雨

振远、公执、子吕来,同到衣谷处少坐,复偕去茗饮,途过侯姓绿荫堂书肆,得《史记索隐》一部。茗后午食肆中,食后又茗。是日闻有便到汴,作书寄幼静,又作书寄周瀛士学博于菰城。

二十日己卯(1 月 30 日)　阴,下午雪

到子俊处,偕振远、子吕出大东门,旋至夷场。小东门外夏间泊船处焚爇其半,瓦砾遍地。江岸天后宫,吾六年冬在此见其营造,今则石础数枚而已,苦空无常,观此可以省矣。过桐君绸店,获弢甫书,云槐亭全眷业已旋湘,前留豫之说未确。槐亭功名已附收复严州奏案,可望复职。弢则前月廿后赴曾营矣。又言石达开骚扰楚南,围攻武冈。福建另起小刀会,流掠河口、铅山诸处,茫茫大地,求一片干净土,不可得矣。访盘仲,同访王兰卿,不遇。拯路旁受冻垂死一人,良久有活意,苦无安顿处。英国教士好先生来圆我功德,舁之医馆。天上人间,善知识岂有畛域哉? 返城,夜饭问渔所,识宁波人蔡君小园。

酉	世	子
亥冲	〃	才
丑	〃	兄
卯申	大應	官子
巳用 同上参	〃	父
未	〃	兄

二十一日庚辰(1 月 31 日)　晴

早起,天日晴杲,片云如缕,而六出纷飞,亦属异事。公执、子吕同来,襆被与吾共住。同子吕市中买物,遂访问渔,坐少顷,盘仲同兰卿来要吾同午餐。访子俊于其

家，复同诸君子茗。下晡归，童君、苏君晴山。过访。

二十二日辛巳(2 月 1 日)　　晴

为周甥子吕敬占其尊人在路安否，得坤至谦。

用神月生日比，子孙福爻持世，应爻官鬼，见动化财爻，所至吉利。亥才妻才暗动，财气亦佳。

为张图云敬占馆事就彼处安否，得雷天大壮。

戌	八	兄
申	八	子
午	世	文
辰	、	兄
寅	、	官
子	应	才

文书持世，官鬼不动，所求颇惬，无有惊险。

是日早访贡甫、子俊、问渔，遂出城至盘仲所。同公执、兰卿、问渔、盘仲、罗璞山午食市中。日下舂进城，到子俊家作吊，又到孙少庐处为重处方。夜赴袁伯襄熙赞。招。

二十三日壬午(2 月 2 日)　　晴，阴云时起

早同公执、子吕食市中，到南门城局少坐。访衣谷，同答候邹君蓉阁。振远来，同茗于市。兰卿、盘仲、贡甫过访。遇振远，至子俊家中访问渔，同茗于市。盘仲、兰卿、苏君晴山偕行。夜到书肆看书，又同振远诸人茗，归途访贡甫。作家书交振远。

二十四日癸未(2 月 3 日)　　微雨

晨出东门，送振远行。振远复改后日，遂偕至夷场。访盘仲、兰卿。见兰卿处东洋书甚夥，有《日本外史》廿馀卷为最巨帙，国人赖襄所著。赖，国之文学布衣也。《和汉年契》一卷，和者，自称其国，汉指中国。书中分列二层，上层其国纪年，下层中国纪年，依甲子排列。欲知其国事者，得此可知崖略矣。《太和本草》十馀卷，《毛诗品物考》七卷，皆有图。《三语便览》一卷，近年与西人通商后，翻绎英、佛、贺兰语，而以汉字、日本字冠之。馀书无甚要。剞劂精甚，绘图

尤工细。其强学精诣类西洋人,而学识大过之。其国史载开辟时事,有天神三,地神八,名号荒诞,作者亦存而不论。其记后世与中国交涉事,多云某年月日,中国某主遣某人来上表,其夸而自大若此。国主号天皇,亦有帝号,其政柄皆出于权臣,平、源二氏迭兴。世袭国将,其官号则曰征夷将军,每父死子继辄云某某公入拜征夷。间朝其主,亦书云某某公入朝京师,大类中国曹马故事,惟不敢篡夺君位。闻其上世有行之者,辄获殃咎,故惟专权政,弁髦其主而已,他不敢也。其国自称太和,亦云大倭,倭和声转,实则一也。按日本历世不臣中国,元世祖威遍华夏,兴十万之师而不能得之,于日本虽若有天助,然亦其国政治修明,足以御侮,非尽侥幸也。迩来泰西与之通商,炮火之精,舟楫之利,以蕞尔小国,夷然处之而不惊。嗟乎!安在地广人众始为强哉。

下午访问渔,座有言薛抚二事,足为发指。札谕各委员驱逐城内流民,妇孺啼哭载道。青浦教官金玉上策数条,悬牌痛斥,勒令到辕照所云捐借之法捐助,否则究办,为妄谈时政者戒。此二举若非丧心,何得狂悖若此?当轴昏愦恣睢,殆乎哉是邦!

二十五日甲申(2月4日) 立春

为周世澄敬占商货已售否,得大畜至颐。

子水才爻,得申金生。日下已交寅月节,丑土不克,故财运尚好。廿三日可售脱,午火与子冲也。

寅	、	官
子	八 應	才
戌	八	兄
辰	○	兄 兄
寅 寅沖	世	官 官
子	、	才

早起,衣谷来,少坐去,余至城局访之。饭后访问渔,夜饭后返。

二十六日乙酉(2月5日) 阴

午前在市中购得《吕氏春秋》一部四本,经训堂校。

访问渔,少坐,盘仲来,偕诸君茗,傍晚归。振远又改明日行,是夜下榻余寓。接家中信。

二十七日丙戌(2月6日) 大雨

子吕同振远返崇,子吕病甚,两日内服吾方颇效,吾劝之归家养息,而以贸易事交公翁。子吕年甫冠,后姿性秾粹,不能专意诵读,为家计所累,碌碌道路,仅有钱二百千,欲转化以作糊口,素不耐艰苦,两月载途,遂致狼狈万状。前日晚与吾联榻,言及家贫失学,至哽咽不能声,吾亦为之心恻。吾见今之子弟,藉履丰厚,但知嬉游,犹曰吾苦无事可为,不得不觅消遣法。呜呼!安知穷檐之下,有求学不得,若是之痛哉。

盘仲过访,与公执共煮菜根留之饭,衣谷亦来。晚同盘仲访问渔、苏晴山,留余饭。

二十八日丁亥(2月7日) 阴

衣谷来,同至城局,与顾岩少谈。兰卿遣要饮于童君寓斋,同座周君公执、童君问渔、苏君晴山、魏君盘仲、汤君衣谷。夜饭后归。

二十九日戊子(2月8日) 晴,将午复阴,有雪意

早过衣谷所,晤邹君蓉阁、陈君顾岩。同衣谷访问渔,偕兰卿、盘仲茗归,复过问渔,至孙少庐寓,为诊疾。三过问渔,夜二鼓乃归,仍过衣谷所。

三十日己丑(2月9日) 阴,甚寒,晡有日色

屠子爽来。衣谷来,要至城局少谭,晤顾岩、月槎。访问渔,并晤兰卿,同茗,又同至湢室浴。夜过屠君子爽、周君贡甫,因晤马秀山县尉。返至衣谷所,衣谷觞我,同饮者陈君顾岩、潘君月槎、周君公执,隔席为龚君念匏、齐君少梅。初鼓返寓舍,燃烛兀坐,怅然身世。